KARIN ROLLER
STEPHANIE EISMANN

Das große Buch des PATTERN TRADINGS

Alles, was Sie über harmonische Pattern wissen müssen – von Bat bis Shark

DEUTSCHER
WIRTSCHAFTSBUCH
VERLAG

Bibliografische Information der Deutschen Nationalbibliothek
Die Deutsche Nationalbibliothek verzeichnet diese Publikation in der Deutschen Nationalbibliografie; detaillierte bibliografische Daten sind im Internet über dnb.dnb.de abrufbar.

Wir freuen uns auf eure Anregungen und Fragen
info@deutscherwirtschaftsbuchverlag.com

Wichtiger Hinweis
Die im Buch veröffentlichten Empfehlungen wurden von Verfasser und Verlag erarbeitet und geprüft. Der Inhalt dieses Buches beruht ausschließlich auf den persönlichen Erfahrungen des Autors und erhebt keinen wissenschaftlichen Anspruch. Die benutzten Begrifflichkeiten sind wertfrei. Eine Garantie kann dennoch nicht übernommen werden. Ebenso ist die Haftung des Verfassers bzw. des Verlages und seiner Beauftragten für Personen-, Sach- und Vermögensschäden ausgeschlossen.

Originalausgabe
1. Auflage 2025

Deutscher Wirtschaftsbuch Verlag GmbH, Christoph-Rodt-Straße 11, 86476 Neuburg an der Kammel
www.deutscherwirtschaftsbuchverlag.com

Dieses Buch erschien zuerst 2018 beim FinanzBuch Verlag, einem Imprint der Münchner Verlagsgruppe GmbH, München.

Auch wenn eine gendergerechte Sprache wünschenswert ist, gibt es aus Sicht des Verlages bisher keine befriedigende, gut lesbare Lösung. Der leichten Lesbarkeit zuliebe haben wir des Öfteren von der Doppelung männlicher und weiblicher Formen Abstand genommen. Selbstverständlich liegt es uns fern, dadurch einen Teil der Bevölkerung zu diskriminieren.

Redaktion: Dirk Peter; Matthias Michel
Satz: Satzwerk Huber, Germering; Zerosoft
Cover- und Umschlaggestaltung: www.b3k-design.de, © 2025 Andrea Schneider & diceindustries
Korrektorat: Leonie Zimmermann
Druck und Bindung: DZS Grafik, Slowenien
Printed in the EU

ISBN Print: 978-3-69066-226-0
ISBN E-Book (PDF): 978-3-69066-228-4
ISBN E-Book (EPUB, Mobi): 978-3-69066-227-7

INHALT

VORWORT

Ich freue mich, Ihnen eines der interessantesten und dazu in deutscher Sprache verfassten Bücher rund um das Thema der harmonischen Patterns oder wie ich sie auch gerne bezeichne »der Harmony-Patterns« vorstellen zu dürfen. Denn zu meinen Anfängen, vor mittlerweile mehr als 20 Jahren, fand sich bedauerlicherweise keinerlei Lektüre für diese spannende Thematik aus dem Feld der tiefergehenden Technischen Analyse.

Mein Dank geht vorab an meine beiden geschätzten Kolleginnen Karin Roller und Stephanie Eismann für diese Aufklärung der besonderen Art. Pattern-Trading klärt über dieses umfangreiche und im deutschsprachigen Raum noch nicht bis kaum bekannte Thema der Proportionen und Verhältnismäßigkeiten auf. Mit Klarheit, verbindenden Elementen des Handels und insbesondere mit einer völlig neuen Sichtweise auf die Charts und die Technische Analyse wird im Allgemeinen wie Speziellen ein zweifelsfrei spannendes Themengebiet erschlossen.

Doch beginnen wir von vorn. Die harmonischen Patterns sind ein Fachgebiet der Technischen Analyse. Diese Definition von Pattern fand gerade einmal vor rund 100 Jahren ihren Ursprung. Wie konnte es zu den damaligen Zeiten des frühen 20. Jahrhunderts auch anders sein, mussten doch diverse Chartanalysen noch manuell durchgeführt werden. Dabei sei bemerkt, dass die Zeichnung von Chartgrafiken händischer Natur, auch mein Einstieg in das Thema der Technischen Analyse zum Ende der 90er Jahre war. Nicht wissend, dass es längst die »Picassos« zu diesem Themengebiet der Harmonielehre gab. Heute können Sie sich, dank sich unverändert stark entwickelnder IT, wie die beiden Autorinnen in einem kurzen geschichtlichen Abriss zu Beginn des Buches vermitteln, mithilfe Ihrer Computermaus und/oder sogar schon der Sprachsteuerung an den Charts versuchen. Übung macht auch hier den Meister und doch helfen die modernen IT-Systeme in vortrefflicher Art und Weise, effizient und zeitsparend zu agieren und diese Art der komplexen Muster einfacher zu identifizieren.

Diese Art von Patterns erscheint gegen einen eingeschlagenen Trend und stellt sich in ihrer Anwendung zunächst äußerst komplex dar. Es ist jedoch das geübte Auge, welches jene Muster erkennt, definiert und schließlich mit dem korrekten Risk- und Moneymanagement in die Handelsumsetzung führt. Das ABCD-Ausgangsmuster liefert dabei ein interessantes und gegebenenfalls auch Ihnen noch unerschlossenes Setup für Handelsideen, denn letztlich ist und bleibt es ein Spiel mit Wahrscheinlichkeiten. Allerdings kann mit dem richtigen Ansatz, die Wahrscheinlichkeit zum persönlichen Handelserfolg erhöht werden. Die klare Stärke dieser Patterns liegt im Ratio, welches ein Vielfaches des Risikos in Aussicht stellt, sofern das Muster komplementiert wird. Dass auch hier die Relevanz der Zeitebenen berücksichtigt werden muss, ist eine wichtige Tatsache. Die Zeiteinheit in Verbindung mit dem entsprechenden Volumen kennzeichnet die Relevanz dieser und generell aller Chartmuster. Ich selbst nutze daher diese Patterns vorwiegend in zeitlich größeren Ebenen. Der Tageschart bildet dabei eine solide Grundlage, der Wochen- oder gar Monatschart ist hingegen von weitaus höherer Bedeutsamkeit.

Abschließend möchte ich Ihnen auch meinen aktuellen und langfristigen Praxisbezug zum Thema dieser harmonischen Patterns visualisieren. Es handelt sich um das Major-Währungspaar Euro vs. US-Dollar (EUR/USD) auf Monatschartbasis während der letzten zwei Jahrzehnte. Das sich hierbei darstellende bullische Gartley-222-Pattern, erlaubte Ende 2022 sowie »spekulativer betrachtet« bereits rund um die Parität von 1,00 USD bullische Preisambitionen. Mittlerweile konnte der EUR/USD Niveaus jenseits der Marke von 1,10 USD erklimmen und es erscheinen sogar noch höhere Notierungen denkbar. Versuchen Sie sich daher direkt im Anschluss an dieses Fachbuch an der Betrachtung des Live-Charts des EUR/USD-Paares auf Monatsbasis. Beachten Sie dabei, ob a.) es Ihnen möglich ist, das nachfolgende Pattern zu definieren und b.) welche ableitbaren Preisziele noch erreichbar sein könnten.

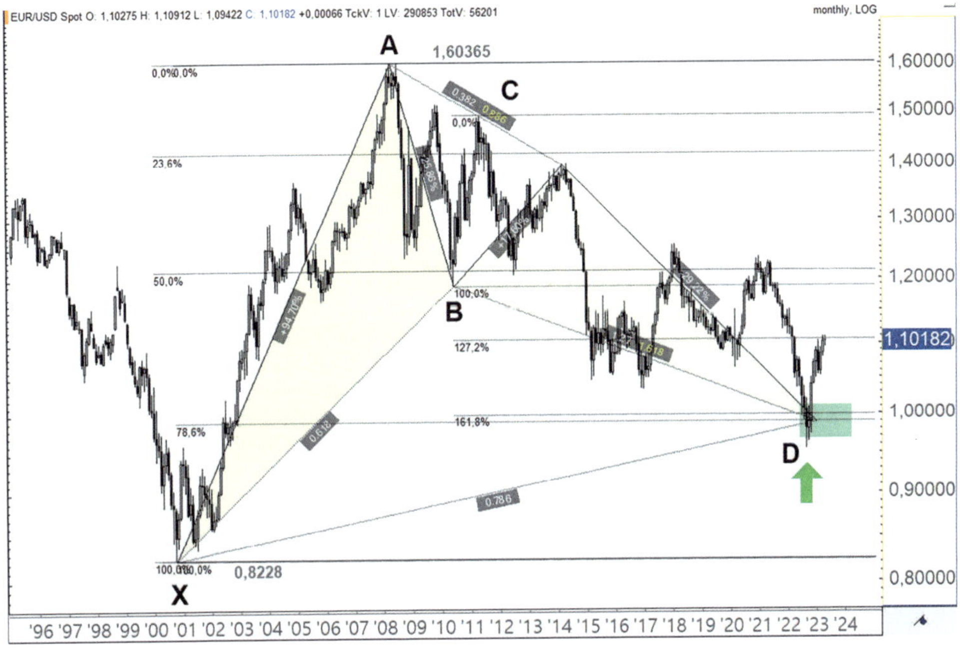

Ich wünsche Ihnen viel Erfolg beim Eintauchen in die hochgradig spannende Thematik rund um die eindrucksvoll visuellen Erscheinungen und an tierische Muster angelehnten Proportionen und deren Verhältnismäßigkeiten aus der Welt der Fibonacci-Ratios & Co. Die dargestellten harmonischen Patterns, gepaart mit effektiven Kombinationsmöglichkeiten für den praktischen Einsatz, können für Ihren persönlichen Handelserfolg einen großen Mehrwert liefern. Der zusätzliche Erkenntnisgewinn, der sich beim Lesen erschließt, ist ein wichtiger Bestandteil für ein umfängliches Verständnis der Technischen Analyse.

Ihr Christian Kämmerer
Technischer Analyst
www.TA4YOU.com
www.boersenbullen.de
Kontakt: info@ta4you.com

WAS ERWARTET SIE IN DIESEM BUCH?

Ein Buch über Patterns? Das sind doch ganz langweilige Muster! Was soll daran spannend sein? Kann man damit als Trader überhaupt Geld verdienen?

Da kaufen wir uns leistungsfähige Computer und für viel Geld eine Chartsoftware, mit der wir dann den Preis in komplizierte Formeln packen – die wir nicht begreifen, und uns viele bunte Linien im oder unterm Chart anzeigen lassen – deren Sinn und Zweck wir nicht verstehen. Wir verbrauchen jede Menge Zeit und Hirnschmalz, um ein Handelssystem zu programmieren – nur um festzustellen, dass dann hier und da noch ein bisschen gefeilt werden muss und es letztendlich doch nicht funktioniert.

Pattern-Trading – wofür dann die Chartsoftware und die vielen teuren Seminare, um sie auch zu beherrschen? Alles für die Katz? Beim Pattern-Trading werden doch nur simple Preischarts verwendet und als zusätzliche Information das Volumen – und das soll funktionieren?

Ja, tut es – und wir zeigen Ihnen, wie es geht!

Wie stellen Ihnen in diesem Buch die Patterns vor, die aus unserer Sicht maßgeblich für den Erfolg beim Trading sind.

2 Basis-Patterns:

- ABC
- ABCD

9 harmonische Patterns:

- Gartley
- Bat

- Alternatives Bat
- Butterfly
- Crab
- Deep Crab
- Cypher
- Shark
- 5-0

6 exotische Patterns:

- Dragon
- Pop Gun
- Pinocchio Bar
- Dead Cat Bounce
- Spike & Ledge
- Adam & Eve

Was wir Ihnen zeigen wollen, ist, dass erfolgreich Traden auch ohne Indikatoren und Oszillatoren möglich ist. Der erste serienreife Personal Computer wurde von IBM 1981 auf den Markt gebracht. Und erst mit der Erfindung des Internets und dem Online-Brokerage hat sich »Trading« und »Charting« so entwickelt, wie es viele von uns kennen.

Die wichtigsten Meilensteine auf dem Weg dahin präsentieren wir auf den ersten Seiten des Buches mit den beiden Zeitreihen:

1. Entwicklung der technischen Analyse und

2. Entwicklung der Informationstechnologie.

Erfolgreiche Trader und Strategien gab es bereits zu Beginn des letzten Jahrhunderts – ganz ohne PC und Charttools. Es wurden Muster getradet, die »klassischen« Formationen der technischen Analyse. Standard-Patterns wie zum Beispiel Dreiecke, Kopf-Schulter-Formationen, Doppeltops und Doppelböden. Nicht zu vergessen: Unterstützungen, Widerstände und Trends/Trendbrüche.

R. N. Elliott hat zwar die Kursziele seiner Elliott-Waves mit Fibonacci-Ratios bestimmt, aber *harmonische* Patterns gab es noch nicht. Erst Ende des letzten Jahrtausends wurden Patterns mit Fibonacci-Ratios versehen. In der Zwischenzeit gibt es eine ganze Sammlung harmonischer Patterns, die sich darin unterscheiden, welche Strecke mit welchen Fibonacci-Ratios definiert wird.

Keine Angst, Sie müssen diese Details nicht auswendig lernen. Für die harmonischen Patterns haben wir eine Matrix entwickelt, mit der Sie auf einen Blick das sich entwickelnde harmonische Pattern identifizieren können.

Ein wenig Geschichte

Gehen wir rund 100 Jahre zurück, vor unser digitales Zeitalter. Der Dow Jones Industrial Average ist bereits erfunden worden, Charles Dow hat seine 252 Editorials im *Wall Street Journal* veröffentlicht und damit die Grundlagen zur technischen Analyse gelegt. In den 1920er-Jahren waren bereits Muster wie die Kopf-Schulter-Formation oder Dreiecke bekannt und sie wurden auch getradet. Dafür braucht es eigentlich nur Papier und Bleistift und die Kursreihen. Ein Computer ist dafür nicht zwingend notwendig. Sicher, der Computer und das Charttool erleichtern uns das Leben, aber erfolgreiche Trader gab es bereits vor 100 Jahren.

Zum gedanklichen Einstieg ins Pattern-Trading präsentieren wir Ihnen an dieser Stelle zwei Zeitreihen, eine über technische Analyse, beginnend in Japan im

18. Jahrhundert, und eine zweite Zeitreihe über Mathematik/Informationstechnologie, die mit Leonardo da Pisa, genannt Fibonacci, beginnt.

Erste Zeitreihe: Technische Analyse

Wir reisen nach Japan ins 18. Jahrhundert. Damals waren Abgaben und Steuern in Form von physischem Reis an die Herrschenden abzutreten. Diese Art der Abgabe, der »Zehnt«, war keine japanische Erfindung, sie war bereits im Altertum über das Mittelalter und die frühe Neuzeit in den verschiedenen Kulturen des Morgen- und Abendlandes verbreitet. In vielen Dörfern und Städten in Deutschland gibt es noch mittelalterliche Zehntscheuern (Lagerhäuser) zu bestaunen, in denen damals die Naturalien an die Herrschenden abgegeben und gelagert wurden.

1697 bekam die Reisbörse in Dōjima, einem Stadtviertel von Osaka, vom Shōgunat die Lizenz zum Reishandel. An dieser zentralisierten Börse wurde die Liquidität gebündelt. Eine Liquiditätsbündelung ist übrigens eines *der* Kriterien für die Existenz der Börsen.

Mit dem Verkauf von Reis haben die japanischen Herrscher ihre Ausgaben bestritten oder es zumindest versucht. Denn bereits damals waren die Ausgaben höher als die Einnahmen. War der Reis und damit das Geld aufgebraucht, dann wurde die nächste, noch auf dem Feld stehende Ernte verkauft. Heute bezeichnen wir das als *Leerverkauf* – wir verkaufen etwas, das wir nicht besitzen. Für einen Leerverkauf wurden Belege ausgestellt und diese Belege wurden dann auch gehandelt. Damit war der erste Future geboren und auch der Future-Händler. Auf dem primären Markt wurde nach wie vor physischer Reis gehandelt, aber es entstand ab ca. 1710 ein Sekundärmarkt für die Futures-Kontrakte.

Der legendäre Munehisa Homma (1724–1803) war der berühmteste Reishändler der Reisbörse in Dōjima und verdiente ein Vermögen. Er analysierte die Reaktionen der Märkte (= der Marktteilnehmer) auf unterschiedlichste Einflussfaktoren, wie das Wetter, die Lagerbestände oder das Handelsvolumen, und konnte somit die Reaktionen des Reismarktes vorhersagen. Er nutzte die Preisbewegungen der Vergangenheit, um zukünftige Preisbewegungen vorherzusagen. 1755 veröffentlichte er das erste Buch über die Psychologie des (Reis-)Marktes (*San-en Kinsen Hiroku*, »Die Quelle des Geldes – Bemerkungen der drei Affen zum Geld«). Für

Homma stand fest, dass die Psychologie des Marktes und damit die Emotionen der Reishändler ein wichtiger Aspekt für den Handelserfolg sind und somit einen signifikanten Einfluss auf die Entwicklung des Reispreises haben. Er entwickelte bereits vor über 200 Jahren eine Contrarian-Strategie: Erwartete die Masse fallende Preise, dann war das Grund genug für steigende Preise und er positionierte sich gegen die Masse long – und vice versa.

Damit war die technische Analyse der Finanzmärkte geboren. Die Analysemethoden wurden über Generationen hinweg verfeinert und wohl im Jahr 1868 wurden die Candlesticks in der Form, wie wir sie heute kennen, erstmals angewendet.

Damals gab es keinen Taschenrechner, geschweige denn Computer, um Indikatoren oder Oszillatoren berechnen zu lassen. Es wurden die Candlestick-Formationen mit dem dazugehörigen Volumen analysiert, um zukünftige Preisbewegungen zu antizipieren.

Reisen wir – von Japan aus gesehen – in den Osten, und zwar nach Chicago:

CBOT – Chicago Board of Trade

In Chicago wurde 1848 die CBOT, Chicago Board of Trade, gegründet. An dieser Warenterminbörse startete der organisierte Handel mit landwirtschaftlichen Futures-Kontrakten. Die CBOT wurde nicht gegründet, um den »Zehnten« zu handeln. Sinn und Zweck der Börse war es, den Handel mit landwirtschaftlichen Produkten, wie zum Beispiel Weizen, in geregelte Bahnen zu lenken und den Marktteilnehmern – den Landwirten auf der einen Seite und den großen Verbrauchern auf der anderen Seite – die Absicherung ihrer Handelspositionen zu ermöglichen.

Stellen Sie sich einfach vor, dass im Herbst zur Erntezeit der Markt geradezu mit Weizen überflutet wird. Ein Überangebot eines Produktes bewirkt, dass die Preise in den Keller rauschen. Die Landwirte bekommen fast nichts mehr für ihre Ware. Es ist sogar billiger, die Ernte zu vernichten, als sie einzubringen. Im Frühjahr aber, wenn die großen Verbraucher, wie zum Beispiel Mühlen, ihren Vorrat aufgebraucht haben, explodiert der Preis geradezu, weil das Angebot extrem knapp ist.

Vereinfacht erklärt: Der Landwirt hat jetzt die Möglichkeit, eine bestimmte Menge Weizen zu einem festgelegten Termin in der Zukunft zu einem im Voraus festgelegten Preis zu verkaufen. Er hat Planungssicherheit über seine Einkünfte. Und der Großverbraucher kann seinen physischen Bedarf genau planen und hat bezüglich der Kosten für seine Kalkulation ebenfalls Planungssicherheit. So ein Termingeschäft ist für beide Seiten verpflichtend und die Börse übernimmt die Aufgabe des Marktplatzes, auf dem Angebot und Nachfrage zusammengeführt werden. Der organisierte Handel mit Terminkontrakten macht eine Standardisierung hinsichtlich Basiswert, Menge, Qualität und Liefertermin, den sogenannten Kontraktspezifikationen, erforderlich.

Was hat das mit Patterns zu tun?

Nun, in Japan wurden mit dem Handel an einer geregelten Börse die Candlesticks entwickelt und in den USA die sogenannte »Buchmethode«, die 1901 erstmalig von Charles Henry Dow im *Wall Street Journal* vorgestellt wurde. Zu diesem Zeitpunkt wurde sie aber schon seit über 20 Jahren verwendet. Aus der Buchmethode haben sich in der Folge die Point & Figure-Charts entwickelt. Da es Ende des 19. Jahrhunderts noch keine Computer gab, die Indikatoren oder Oszillatoren hätten berechnen können, wurden sie noch von Hand mit Bleistift auf Papier gezeichnet. Trotzdem wurde der Markt anhand sich ergebender Muster analysiert, um zukünftige Preisbewegungen zu antizipieren.

Charles Henry Dow

Auf der Zeitlinie der technischen Analyse sind wir jetzt bei Charles Henry Dow (1851–1902) angelangt, dem Sohn eines Landwirts aus Massachusetts und Begründer der technischen Analyse der westlichen Welt. Seine Aufsätze, die er als Herausgeber des *Wall Street Journal* zum Thema technische Analyse veröffentlicht hat, haben seine geistigen Erben als »Dow-Theorie« bezeichnet. Und die Dow-Theorie ist heute noch das Maß aller Dinge in der technischen Analyse. Mehr zur Dow-Theorie finden Sie im Anhang I (ab Seite 205).

William Delbert Gann

In diese Zeit gehört auch William Delbert Gann (1878–1955), Sohn eines Baumwollfarmers aus Texas. Er wurde zur Börsenlegende, als er 1912 für den *Ticker and Investment Digest* ein einwöchiges Live-Trading veranstaltete und in dieser Woche von 242 Aktientrades 228 mit Gewinn abschloss. Das eingesetzte Kapital hat er in dieser Woche verzehnfacht – alles unter Aufsicht und nur unter Zuhilfenahme eines Börsentickers und eines Bleistifts.

Gann war ein großer Geheimniskrämer und es gibt von ihm keine Aufzeichnungen seiner Methoden oder seiner Strategien. Alles, was Sie heute über das Gann-Trading und die Gann-Techniken lesen, ist – sagen wir – rekonstruiert.

Ticker Tape (= Börsenticker): Dieses wurde 1867 von Edward A. Calahan (1838-1912) erfunden. Calahan hat die Schule mit 11 Jahren verlassen und begann bei Western Union in Manhatten zu arbeiten. Damals wurden die Aktienkurse auf Zettel geschrieben und diese wurden von Boten (= runners) von der Börse zum Broker gebracht. Calahan realisierte, dass die Aktienkurse mit einem Fernschreiber viel schneller und effizienter versendet werden konnten. So erfand er den Börsenticker. Aus dieser Zeit stammen auch die »ticker symbols« für die US-Aktien, also zum Beispiel AAPL für Apple oder JPM für JPMorgan Chase. Auf dem Papierstreifen des Fernschreibers wurde dann das Tickersymbol, gefolgt von Preis und Umsatz, übermittelt. Für diese Erfindung wurde Calahan 2006 in die ***National Inventors Hall of Fame*** aufgenommen.
Heute nehmen wir unser Smartphone in die Hand, öffnen die entsprechende App – und bekommen die aktuellen Aktienkurse – die moderne Variante des Börsentickers.

Jesse Lauriston Livermore

Jesse Lauriston Livermore (1877–1940) gilt als einer der erfolgreichsten Trader aller Zeiten. Der Farmerssohn aus Massachusetts hat mehrere Vermögen gemacht – und auch wieder verloren. Als er 1940 durch Suizid aus dem Leben schied, hat er seiner Frau allerdings ein Millionenvermögen hinterlassen.

Livermore vermachte uns ein wichtiges Konzept: Ein Trade wird mit einer kleinen Positionsgröße eröffnet, und wenn er im Gewinn ist, wird aufgestockt. Verlustpositionen werden hingegen schnell zugemacht. Das führt zu großen Gewinnen und kleinen Verlusten. Ironischerweise hat Livermore sich selbst nicht konsequent an seine eigenen Regeln gehalten – und große Verluste bis hin zur Pleite gemacht.

Elliott-Wave-Principle

Kommen wir zu dem Mann, der das Elliott-Wave-Principle entwickelte, zu Ralph Nelson Elliott.

R. N. Elliott (1871–1948) war als Buchhalter für Eisenbahngesellschaften in Mittelamerika und Mexiko tätig. Nach einer schweren Erkrankung ging er 1929 mit 58 Jahren in Frührente. Seine Krankheit fesselte ihn ans Haus und er beschloss, sich mit dem amerikanischen Aktienmarkt zu beschäftigen. Er studierte Charts von Aktien und auch Indizes – die hatte Dow ja 1884 entwickelt –, und zwar vom Jahreschart bis hinunter zum 30-Minuten-Chart. Darin entdeckte er regelmäßig wiederkehrende Muster – 5-teilige Impulse und 3-teilige Korrekturen –, die in unterschiedlichen Zeithorizonten zu finden waren. Erst 1975 hat der Mathematiker Benoît Mandelbrot für solche *selbstähnlichen* Strukturen den Begriff »Fraktal« geprägt.

Zurück zu Elliott: Er nahm 1934 Briefkontakt mit Charles J. Collins auf, dem Herausgeber eines wöchentlichen Börsenbriefs. Nachdem Elliott ein Korrekturtief des Dow Jones 1935 fast auf den Tag genau und auch punktgenau prognostizierte, kam es zum persönlichen Kontakt der beiden. Collins ließ sich von Elliott seine Theorie erklären und hat diese dann niedergeschrieben. 1938 erschien sein Buch *The Wave Principle.* 1946 folgte *Nature's Law – The Secret of the Universe,* in dem er seine Wellentheorie mit den Fibonacci-Zahlen und Fibonacci-Ratios verknüpfte.

Elliott hat letztendlich die Dow-Theorie weiterentwickelt – ohne Taschenrechner und Computer. Er hat nicht getradet und war beratend tätig.

Mehr zum Elliott Wave Principle finden Sie im Anhang III (ab Seite 265).

Ichimoku Kinko Hyo

Goichi Hosoda (1898–1982) hat in Japan in den 1930er-Jahren seine Indikatorentechnik »Ichimoku Kinko Hyo[1]« entwickelt.

[1] Ichimoku Trading von Karin Roller, erschienen im FinanzBuch Verlag

Als Erster überhaupt verwendete er mathematische Ableitungen vom Preis – nichts anderes sind Indikatoren; wobei Ichimoku aus der Indikatorentechnik, einer Wellentheorie, einer Zeittheorie und der Kurszielbestimmung besteht.

Ein Tross Helfer musste Goichi Hosoda bei der Berechnung der fünf Linien mit Papier und Bleistift unterstützen, bis er die Standardeinstellungen für die Indikatoren gefunden hatte. Bei Ichimoku werden nur Mittelwerte verwendet, es sind also keine komplizierten Berechnungen erforderlich. Ichimoku Kinko Hyo ist heute noch in japanischen Handelsräumen sehr populär und hat auch in der westlichen Welt viele Anhänger gefunden.

Harold M. Gartley

Harold M. Gartley (1899–1972) – der Namensgeber des Gartley Patterns – wurde in Newark im US-Bundesstaat New Jersey geboren. Er machte seinen Bachelor-Abschluss in Commercial Science und seinen Master in Business Administration an der New York University. An der Wall Street lernte er das Börsengeschäft von der Pike auf, er war unter anderem Händler, Analyst und Ausbilder. 1935 veröffentlichte er seine Lehrgangsunterlagen als eine Art Ringbuch mit dem Titel »Profits in the Stock Market« – das Exemplar für 1.500 US-Dollar. Das entsprach zur damaligen Zeit immerhin drei Autos der Marke Ford! Die Käufer bekamen dafür umfangreiches Lernmaterial über Trends, die Dow-Theorie, Dreiecke, Gleitende Durchschnitte und Kurslücken (Gaps) – und über Muster (Patterns).

Zweite Zeitreihe: Informationstechnologie

Starten wir jetzt die zweite Zeitreihe, und zwar geht es nun um die Entwicklung der Informationstechnologie ... nicht in epischer Tiefe, sondern nur die wichtigsten Meilensteine.

Irgendwann haben die Menschen begonnen zu zählen. Sie haben Zahlen entwickelt und damit gerechnet. Die Zahl, die »Nichts« repräsentiert, ist keine Erfindung der Neuzeit, sondern es gab bereits in Babylon eine Vorstufe zur Null. Die Null, wie wir sie kennen, stammt ebenso wie das Dezimalsystem aus Indien. Der erste gesicherte Nachweis der Zahl Null stammt aus dem Jahr 786. Dieses mathematische »Nichts« ist wichtig, denn ohne die Null ist keine höhere Mathematik möglich.

Die römischen Ziffern kennen keine Null. Es ist ein einfaches Additionssystem, bei dem sich der Wert einer Zahl durch Addieren der Werte ihrer Ziffern errechnet. Ein Beispiel: MMXVII = 1000 + 1000 + 10 + 5 + 1 + 1 = 2017. Das Jahr, in dem wir uns aktuell befinden.

Leonardo da Pisa

Im Jahr 476 ging zwar das Römische Reich im Westen unter, es wurde aber mangels einer Alternative in Europa weiterhin mit römischen Ziffern gerechnet. Die Alternative wurde im Jahr 1202 von Leonardo da Pisa (~1170–~1240), genannt Fibonacci, präsentiert. Er hat 1202 in seinem Buch *Liber Abaci* das Rechnen mit den indisch-arabischen Ziffern – 0, 1, 2, 3, 4, 5, 6, 7, 8, 9 – vorgestellt und damit den Grundstein für die Ablösung der römischen Ziffern gelegt.

Mit den Ziffern 0 bis 9 wurde auch ein Stellenwertsystem eingeführt. Das heißt, dass nicht nur der Wert der Ziffer zählt, sondern auch ihre Position. Einfaches Beispiel: Die Ziffern 1 und 4 können als 14 oder als 41 zusammengesetzt werden. Je nachdem, welche Ziffer an welcher Position steht, sind Sie Teenager oder schon im besten Alter angekommen.

Die Änderung des Zahlensystems ging nicht von heute auf morgen vonstatten, sondern dauerte ein paar Jahrhunderte. Der deutsche Rechenmeister Adam Ries (~1492–1559) – genau der »nach Adam Riese« – hat entscheidend dazu beigetragen, dass die römischen durch die indisch-arabischen Zahlen ersetzt wurden.

Mehr zu Fibonacci, den Fibonacci-Zahlen und den Fibonacci-Ratios finden Sie in Anhang II ab Seite 231. Denn insbesondere die Fibonacci-Ratios sind wichtig bei der Identifikation der Patterns.

Gottfried Wilhelm Leibniz

Einen wichtigen Schritt in Richtung Informationstechnologie machte der deutsche Universalgelehrte Gottfried Wilhelm Leibniz (1646–1716). Er vollendete 1672/73 die Arbeiten an seiner Rechenmaschine mit Staffelwalze für die vier Grundrechenarten und – noch wichtiger! – er entwickelte das duale Stellenwertsystem mit der Basis 2 und den Ziffern 0 und 1. Diese binäre Logik ist nicht weniger als die Basis der elektronischen Datenverarbeitung.

Was glauben Sie, wieso Leibniz dieses duale Stellenwertsystem entwickelt hat? Für den tiefreligiösen Leibniz galt die Devise: »Ohne Gott ist nichts.« Philosophisch betrachtet gab es für ihn damit nur zwei Zustände: Mit Gott die Eins und für den Rest, das Nichts, die Null.

Die Rechenmaschinen wurden weiterentwickelt und um 1820 herum wurde das Relais entwickelt. Ein durch elektrischen Strom betriebener Schalter mit zwei Schaltstellungen, an/offen oder auch aus/geschlossen.

Gottfried Wilhelm Leibniz ist übrigens der Namensgeber für den »Keks mit 52 Zähnen«, dieser wurde 1891 auf den Markt gebracht.

Hermann Hollerith

Der US-Amerikaner Hermann Hollerith (1860–1929), Sohn deutscher Einwanderer, hat zwei technische Errungenschaften der damaligen Zeit kombiniert: Der französischer Mechaniker Joseph-Marie Jacquard (1785–1834) hatte die Idee, Webstühle mit Endlos-Lochkarten zu steuern. Und die Eisenbahnschaffner lochten die Fahrkarten an bestimmten Stellen, um Merkmale der Passagiere wie Alter, Geschlecht oder Hautfarbe zu codieren, sodass ein Ticket nicht von mehreren Personen genutzt werden konnte.

Mit diesen beiden Grundideen konstruierte Hollerith ein System zur Erfassung von Daten auf Lochkarten, das er 1889 zum Patent anmeldete. Bereits ein Jahr später, 1890, wurde sein System bei der US-amerikanischen Volkszählung verwendet.

1896 gründete Hollerith die *Tabulating Machine Company*, die er 1911 verkaufte. Die *Tabulating Machine Company* fusionierte mit der *Computing Scale Corporation* und der *International Time Recording Company* zur *Tabulating Recording Corporation* (C-T-R). Diese wurde 1924 in *International Business Machines Corporation* (IBM) umbenannt.

IBM hatte damals ein weltweites Monopol bei Lochkartenmaschinen und der Auswertung der damit erfassten Daten.

Computer der Generation 0

Bereits 1935 war IBM mit der Lochkartenmaschine IBM 601 am Start, jedoch wurde an der Erfassung und Auswertung von großen Datenmengen nicht allein in den Vereinigten Staaten gearbeitet.

Der Berliner Konrad Zuse (1910–1995), Ingenieur und Unternehmer, baute zwischen 1934 und 1938 den ersten »Computer« (Z 1): eine programmgesteuerte Rechenanlage auf mechanischer Basis, die mit dem binären Zahlensystem arbeitete und so groß wie ein Zimmer war. Im weiterentwickelten Z 3 von 1941 waren bereits Relais am Werk.

Computer der ersten Generation

Ab Ende der 1940er-Jahre wurden die Relais durch Elektronenröhren ersetzt. Diese Röhren-Rechner werden als Computer der ersten Generation bezeichnet; sie wurden bis in die 1960er-Jahre gebaut.

1961 kam der erste elektronische Tischrechner auf Basis von Elektronenröhren auf den Markt. Er hieß »ANITA Mk VII«, beherrschte die vier Grundrechenarten und wurde von der englischen Bell Punch Company angeboten.

Computer der zweiten Generation

In Computern der zweiten Generation wurden ab 1954 Transistoren verbaut. Der erste funktionierende Bipolartransistor wurde in den Bell Laboratories 1947 vorgestellt. Für die Erfindung bekamen die Physiker Bardeen, Shockley und Brattain, Mitarbeiter der Bell Labs, 1956 den Nobelpreis für Physik.

Der erste elektronische Tischrechner mit Transistoren wurde 1963 von der italienischen Firma Industria Macchine Elettroniche verkauft. Der »IME 84« brachte immer noch stolze 25 Kilogramm auf die Waage.

Computer der dritten Generation

Zunächst war eine Erfindung nötig, bevor ab 1961 die nächste Generation Computer gebaut werden konnte: der Mikrochip. Er wurde von zwei US-Amerikanern unabhängig voneinander erfunden: Jack Kilby (1923–2005), damals Mitarbeiter von Texas Instruments, entwickelte 1958 eine funktionierende Schaltung auf einem Halbleiter. Im Februar 1959 wurde dafür das Patent eingereicht. Der zweite Erfinder war Robert Norton Noyce (1927–1990), seinerzeit Mitarbeiter bei Fairchild Semiconductors. Er fertigte einen monolithisch integrierten Schaltkreis (Integrated Circuit =IC), dessen Entwicklung im Juli 1959 zum Patent angemeldet wurde.

Die beiden beteiligten Firmen, Texas Instruments und Fairchild Semiconductors, stritten erbittert um die Patente und die damit verbundene Ehre, als Erfinder des Mikrochips in die Annalen einzugehen. Nach zehn Jahren entschied das amerikanische Patentgericht zugunsten von Noyce, dessen Fertigungsverfahren dem von Kilby deutlich überlegen war.

Die beiden Erfinder hatten dagegen weniger Probleme im gegenseitigen Umgang: Sie einigten sich auf den Sprachgebrauch, dass Kilby die grundlegende Struktur und Noyce das Herstellungsverfahren des Mikrochips erfunden hat.

Für diese Erfindung, die Basis der heutigen Elektronik, wurde Kilby im Jahr 2000 der Nobelpreis für Physik verliehen (Noyce war bereits verstorben).

1968 verließ Noyce Fairchild Semiconductors und gründete zusammen mit Gordon E. Moore die Intel Corporation. Gordon E. Moore postulierte unter anderem das Moore'sche Gesetz, welches besagt, dass sich die Komplexität integrierter Schaltkreise mit minimalen Komponentenkosten regelmäßig verdoppelt; je nach Quelle werden 12 bis 24 Monate als Zeitraum genannt. Im Kern besagt es, dass sich die Integrationsdichte in Chips alle 1,5 bis zwei Jahre verdoppelt. In den Medien ist bis heute meist von einer Verdoppelung der Integrationsdichte alle 18 Monate die Rede.

Insbesondere die Rüstungsindustrie und die Raumfahrt waren die ersten Hauptabnehmer für integrierte Schaltkreise. Sie wurden als *Embedded Systems* 1963 bei den von Boeing gefertigten US-Interkontinentalraketen vom Typ »Minuteman« und 1966 von der NASA im Apollo-Flugcomputer eingesetzt, der von der Firma Raytheon beigesteuert wurde.

Apollo 11

Am 21. Juli 1969 betrat der erste Mensch den Mond. Die NASA hatte bei dieser Mission fünf Rechner vom Typ IBM S/360 im Einsatz. Zum Vergleich: Ein heutiges Smartphone ist um ein Vielfaches leistungsfähiger als die Computer, die Apollo 11 zum Mond und wieder zurückgebracht haben!

Computer der vierten Generation

Computer der vierten Generation qualifizieren sich dadurch, dass in ihnen hoch und sehr hoch integrierte Schaltkreise (IC) bei der Herstellung der Prozessoren verbaut werden.

Anfangs wurde die kommerzielle Bedeutung der ICs unterschätzt. Aber nicht nur das. Das Potenzial des Computers wurde verkannt, insbesondere für den Heimcomputer. Es wurden Großrechenanlagen entwickelt (Mainframes) und die Mitarbeiter bekamen einfache Terminals auf den Schreibtisch ins Büro gestellt.

Von Thomas Watson, Chairman von IBM, stammt der legendäre Satz aus dem Jahr 1943: »Ich denke, dass es weltweit einen Markt für vielleicht fünf Computer gibt.« Und dann verhalf ausgerechnet IBM dem PC, wie wir ihn heute kennen, zum Durchbruch und machte ihn zum Massenprodukt.

In der Folgezeit hat sich viel getan bis zum ersten PC. Firmen wie Intel, Apple und Microsoft wurden gegründet und machten bahnbrechende Entwicklungen.

In den 1980er-Jahren wurden die ersten PCs auf den Markt gebracht, von Xerox, Atari, Commodore und Apple. Aber sie schafften es nicht, den Markt zu erobern. Erst als IBM 1981 den ersten Personal Computer auf den Markt bringt, bekommt die Branche Flügel. Und seither boomt auch die Entwicklung von Indikatoren und Oszillatoren.

Computer der fünften Generation

Das Zauberwort bei dieser Computergeneration ist künstliche Intelligenz = KI oder auch *Artificial Intelligence* (engl.) = AI. Zwar ist der Begriff »Intelligenz« nicht genau definiert, aber mit KI ist gemeint, dass intelligentes Verhalten automatisiert werden soll.

Praktische Anwendungen, die beim Erforschen der KI Einzug in unser tägliches Leben gefunden haben, sind unter anderem Internet-Suchmaschinen, Übersetzungsprogramme (z. B. Google Übersetzer), Handschriftenerkennung (bei PDAs, Smartphones oder Tablets), Spracherkennung (z. B. Siri, Google Now, Cortana oder Amazon Echo), selbstfahrende Autos oder wissensbasierte Systeme (z. B. Watson oder Siri, Google Now, Cortana oder Amazon Echo).

Um zurück zur technischen Analyse zu kommen: Es gibt auch Analyse- und Prognosesysteme für Kursentwicklungen, die auf KI basieren und durch künstliche neuronale Netze unterstützt werden. Neuronale Netze sind selbstlernende Systeme.

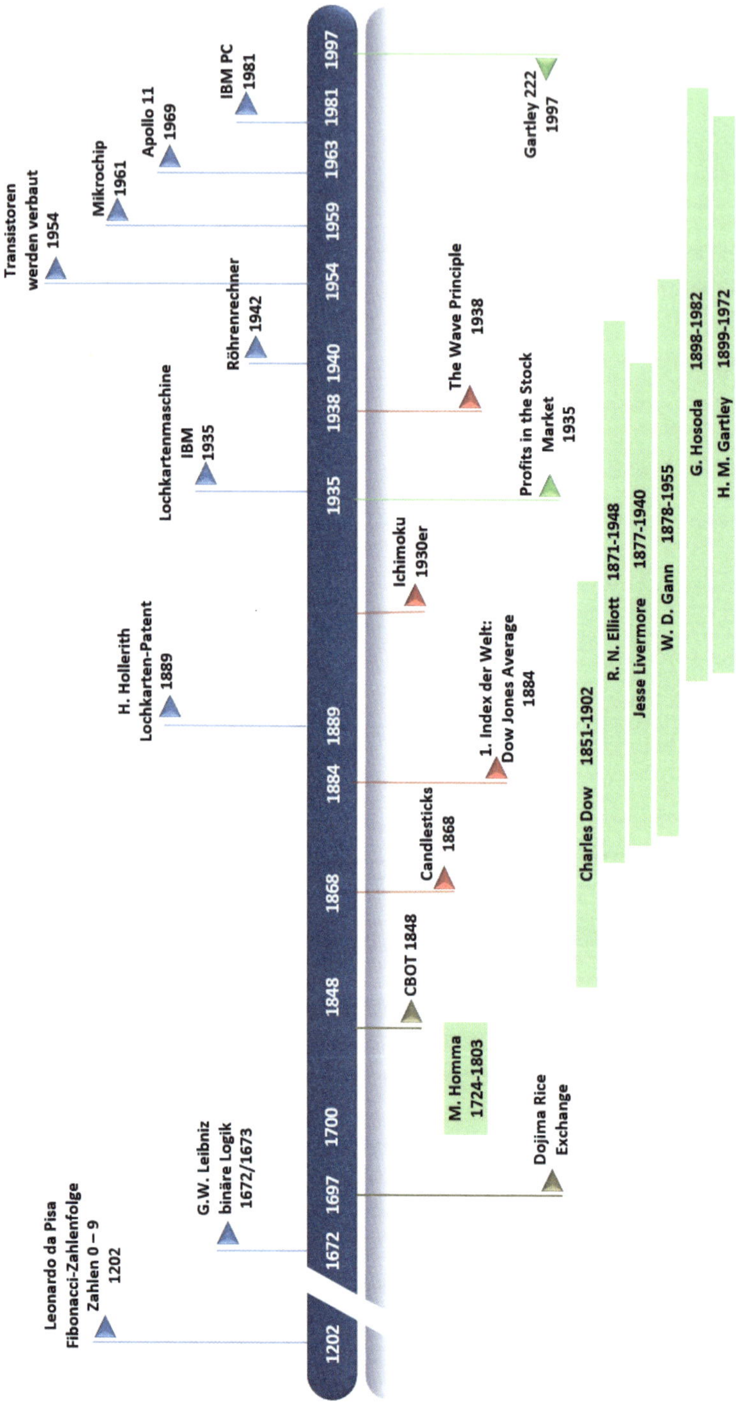

Abbildung 1: Meilensteine der beiden Zeitreihen

PATTERN-EINTEILUNG

Die technische Analyse der westlichen Welt ist ungefähr 120 Jahre alt. Glaubwürdige Unternehmensbilanzen als Basis der fundamentalen Analyse wurden erst ab den 1940er-Jahren entwickelt. Auch wenn die technische Analyse älter ist, gilt die fundamentale Analyse als »zuverlässiger« und ist weiter verbreitet – obwohl wir alle wissen, dass kreative Buchhalter Bilanzen nicht nur »aufhübschen«, sondern mit der entsprechenden kriminellen Energie auch massiv fälschen können und auch gefälscht haben.

Ein Chart hingegen drückt glasklar die Marktmeinung der diesen Wert handelnden Personen aus. Wichtig ist aber, dass es genügend Marktteilnehmer gibt, denn sie hinterlassen mit jedem ausgeführten Trade ihre Spuren im Chart. Und ein guter Fährtenleser kann aus diesen Spuren jede Menge an Informationen herauslesen.

Viele Trader glauben nun, dass ein Chart, vollgepackt mit mathematischen Ableitungen vom Preis (= Indikatoren und Oszillatoren), uns treffsicher durch den sprichwörtlichen Dschungel leitet und uns genaue Anweisungen geben kann: da long und dort short, hier die Position absichern und dort die Gewinne mitnehmen. Die Anweisungen bekommen wir – allerdings lässt das Ergebnis oft genug zu wünschen übrig: Dauerhaft verdienen die wenigsten Trader ihr Geld mit automatischen Handelssystemen.

Patterns – das sind regelmäßig wiederkehrende Muster im Chart. Ein Dreieck, eine Flagge, ein Doppelter Boden, ein Gartley Pattern oder ein Dead Cat Bounce. Jedes dieser Muster spiegelt die Absichten und die Verfassung der Marktteilnehmer wider. In welche Richtung der Markt getrieben werden soll, ob nur ein paar kleine Privatanleger handeln oder Profis von den Banken. Vielleicht wird auch nur auf die anstehende Zinsentscheidung gewartet oder der große Verfallstag wirft seine Schatten voraus.

Nehmen wir als Beispiel die Aktie der Audi AG. Es gibt insgesamt 43.000.000 Aktien (Angabe im Geschäftsbericht 2014). Die Volkswagen AG hält 99,55 % der Audi AG Aktien, also 42.807.797 Stück. Die ausstehenden 0,45 % = 192.203 der

Aktien befinden sich im Streubesitz. Von diesen werden höchstens ein paar Dutzend am Tag gehandelt. Das sind viel zu wenige Marktteilnehmer, als dass da eine Meinung über die Entwicklung der Audi AG kundgetan wird. Der eine verkauft zum Beispiel, weil er Geld für ein Geburtstagsgeschenk braucht, der andere kauft vielleicht mit dem Audi-Automobil gleich eine Audi-Aktie dazu.

Anders verhält es sich zum Beispiel bei der Daimler AG. Hier werden mehrere Millionen Stück am Tag gehandelt und damit wird die Marktmeinung vieler Marktteilnehmer kundgetan, denn sie schlägt sich im Chart nieder.

Tauchen wir wieder in die Vergangenheit ein und machen eine Zeitreise zurück zum Anfang des 20. Jahrhunderts. Computer, wie wir sie heute kennen, gab es noch nicht, daher wurden Liniencharts und Point & Figure-Charts von Hand gezeichnet. Technische Analyse bestand im Wesentlichen darin, wiederkehrende Muster zu analysieren, zu beschreiben und dann zu identifizieren.

Patterns lassen sich unter anderem einteilen in:

- **Standard-Patterns** und in
- **harmonische Patterns** oder auch **Advanced Patterns.**

Bereits in den 1920er-Jahren wurden folgende Standard-Patterns beschrieben:

- die Kopf-Schulter- und inverse Kopf-Schulter-Formationen
- die Untertassen und inverse Untertassen
- das symmetrische Dreieck als Top- und als Bodenformation
- Dreiecke
- der Doppelboden und das Doppeltop
- der komplexe Boden (multiple Kopf-Schulter)
- das broadening Top oder Bottom oder auch umgekehrte Dreieck

Auch Gaps waren schon beschrieben, was insofern nicht verwundert, da die Märkte damals nicht rund um die Uhr gehandelt wurden, sondern in festen Handelszeiten tagsüber mit einer großen Pause über Nacht. Ausbruchslücken (Breakaway Gap) und Erschöpfungslücken (Exhaustion Gap) deuten auf eine Trendumkehr hin. Fortsetzungslücken (Continuation Gap) und das common gap auf eine Fortsetzung des Trends.

Im Gegensatz zu den Standard-Patterns werden bei den harmonischen Mustern, wie zum Beispiel dem Gartley, Fibonacci-Ratios verwendet.

Sowohl die Standard-Patterns, als auch die harmonischen Patterns können weiter in

- **Umkehrformationen** oder auch **Reversal Patterns** und
- **Fortsetzungsformationen** oder auch **Continuation Patterns**

unterteilt werden.

Harmonische Patterns

Unter *harmonischen Patterns* versteht man Chartmuster, die mithilfe von Fibonacci-Ratios definiert werden. Diese Muster werden in der Regel aus fünf Punkten und vier Segmenten gebildet. Sie tragen Namen wie »Gartley«, »Bat«, »Butterfly«, »Crab« oder auch »Shark«. Die einzelnen Patterns unterscheiden sich darin, an welchen Fibonacci-Ratios eine Umkehr ausgebildet wird und bis zu welchem Fibonacci-Ratio eine Bewegung läuft ... nein ... Sie müssen sich jetzt nicht sofort die spezifischen Fibonacci-Ratios merken, die ein bestimmtes Pattern beschreiben. In diesem Punkt werden wir Sie mit einer speziellen Erkennungsmatrix und mit aussagekräftigen Grafiken unterstützen.

Wieso harmonische Patterns handeln?

Die Frage, die Sie sich natürlich zu Recht stellen, lautet: Wieso soll ich ausgerechnet harmonische Patterns handeln? Jeder Trading-Autor schreibt doch in seinem Buch: Das ist der Heilige Gral, mit dieser Methode werden Sie nur noch Gewinne einfahren. Morgen sind Sie reich!

Nein – mit Pattern-Trading sind Sie morgen nicht reich! Und auch beim Pattern-Trading gibt es Verlusttrades. Aber Sie können Ihr Strategie-Portfolio um einige profitable Strategien erweitern.

Mit Pattern-Trading kombinieren Sie einige sehr mächtige und effektive Tools der technischen Analyse:

- Dow-Theorie/Markttechnik
- Unterstützung und Widerstand
- Fibonacci

Beim Pattern-Trading wird ausschließlich die Preisbewegung analysiert. Sie machen sich damit unabhängig vom Interpretationsspielraum der Indikatoren und/oder Oszillatoren. Auf mathematische Ableitungen vom Preis – Indikatoren sind nichts anderes – wird also verzichtet. Zumal fast alle Indikatoren *lagging*, also nachlaufend sind und ihre Signale mit einer zum Teil erheblichen zeitlichen Verzögerung ausbilden.

Aber nicht nur die Wahl der verwendeten Methoden ist ein Argument für das Pattern-Trading, sondern:

- Jeder Trade wird in Ruhe im Voraus vorbereitet und geplant. Wir nennen das ***Schema F***, denn beim Trading mit harmonischen Patterns folgen wir immer demselben Prinzip: ***Identifizieren***, ***Prognostizieren***, ***Entscheiden*** **und** ***Ausführen***.
- Es wird nicht »einfach so« in den Markt gesprungen!

- *Set and forget* – will heißen: Vorab werden mögliche Einstiege, Stops und Take Profits definiert. Die Order wird entsprechend den Regeln aufgegeben – und vergessen.
- In Abhängigkeit der Kontogröße und des persönlichen Risk- und Moneymanagements wird vorab die Positionsgröße ermittelt, bei der Sie noch gut schlafen können und Ihr Konto bei einem Verlusttrade nicht ausradiert ist.
- Nach Eröffnen der Position folgt das Trade-Management. Da in der Regel in höheren Zeitebenen gehandelt wird, artet das nicht in Stress aus.
- Da bereits vor dem Einstieg der Stop und der Take Profit festgelegt werden, kann das CRV (= Chance-Risiko-Verhältnis) berechnet werden und Sie wissen bereits vorab, ob sich dieser Trade lohnt oder ob Sie besser auf die nächste Gelegenheit warten.
- Der Einstieg erfolgt in der Regel früh, der Stop liegt oft auch sehr dicht am Einstieg und ist »billig«.
- Pattern-Trading ist geradezu prädestiniert für höhere Zeitebenen wie H4 (4-Stunden-Chart) und Daily. Damit ist es eine Methode, die auch **berufstätige Trader** verwenden können. Pattern-Trading in höheren Zeitebenen ist auf jeden Fall wesentlich entspannter und weniger zeitaufwendig als Scalpen!
- Harmonische Patterns finden sich in praktisch allen Märkten: Indizes, Aktien, Rohstoffe, Edelmetalle, Währungen und Anleihen, ausreichend Marktteilnehmer vorausgesetzt.
- Sie müssen sich nicht mit den oft widersprüchlichen Aussagen von Indikatoren oder Oszillatoren auseinandersetzen.
- Sie benötigen auch kein tolles Charttool mit allem Schnickschnack. Ein Candlestick-Chart mit Fibonacci-Tools ist völlig ausreichend.

Kompliziert?

Klar, das Auge muss geschult werden, um ein sich entwickelndes Pattern zu entdecken. Aber keine Bange – in diesem Buch werden wir Ihnen Schritt für Schritt die Patterns erklären. Mit ein bisschen Übung springen Ihnen die Patterns dann förmlich ins Auge – und Sie können Ihr Strategie-Portfolio um einige profitable Strategien erweitern! Und mit der »Pattern-Matrix« geben wir Ihnen ein Tool an die Hand, mit dem Sie die sich in Entwicklung befindlichen Patterns identifizieren können.

Die ersten Schritte

Die erste Betrachtung der grafischen Darstellung eines Patterns ist etwas gewöhnungsbedürftig, daher wird das Basismuster = ABC Pattern sehr ausführlich erklärt, sodass Sie die ganz spezielle Darstellungsweise lernen können. Die Ratios sind in der Position eingezeichnet, wie Sie sie auch in der englischsprachigen Literatur finden. Apropos Literatur: Bei den harmonischen Patterns sind die Fibonacci-Ratios nicht in Stein gemeißelt. Bei Ihren Recherchen werden Sie feststellen, dass der eine oder andere Autor bei den Patterns etwas andere Fibonacci-Ratios verwendet. In der Regel wird noch das nächsthöhere oder nächsttiefere Ratio zusätzlich verwendet oder es wird auch eines weggelassen. Oder es werden Ratios verwendet, die keine Fibonacci-Ratios sind, wie zum Beispiel die Kreiszahl Pi (π).

Als Erstes stellen wir Ihnen eins der universalen Grundmuster (= Basis-Pattern) vor: das ABC Pattern (auch 1-2-3- oder ABC-Muster genannt). Dieses mächtige Pattern sieht ein bisschen aus wie der Schein einer Taschenlampe und besteht aus einem Trend, der Korrektur dieses Trends (Retracement), was oft auch als Rücklauf bezeichnet wird, und der Wiederaufnahme des Trends.

Ein weiteres Grundmuster ist die Weiterentwicklung des ABC-Musters: das ABCD-Muster. Es ist die Basis aller harmonischen Patterns. Sie können potenzielle Umkehrzonen (Potential Reversal Zone, PRZ) am Punkt D und Zielzonen auf Basis der Strecken AB und BC prognostizieren.

Es wird genau erläutert

- was die gepunkteten und gestrichelten Linien bedeuten,
- was die Zahlen bei den gepunkteten und gestrichelten Linien bedeuten,
- welche Variante der Fibonacci-Kurszielbestimmung verwendet wird,
- wo eine Position und in welche Richtung eröffnet wird,
- wo der Stop-Loss und wo der Take Profit gelegt werden sollten,
- wann das Pattern als gescheitert gilt.

Jedes Pattern gibt es in zwei Varianten: einer bullishen und einer bearishen. Jede dieser Varianten wird zuerst als gezeichnete Grafik und dann in einem echten Chart gezeigt.

- Die bullishe Variante impliziert, dass eine Long-Position eröffnet wird.
- Die bearishe Variante impliziert, dass eine Short-Position eröffnet wird.

Wie ein Trend und eine Trendumkehr definiert und wie sie identifiziert werden, können Sie im Anhang I über die Dow-Theorie (ab Seite 205) nachlesen.

Das Gleiche gilt für die Verwendung der verschiedenen Varianten der Fibonacci-Kurszielbestimmungen, diese werden im Anhang II (ab Seite 231) vorgestellt und ihre Verwendung und Anwendung beschrieben. Darüber möchten wir auf das Buch von Karin Roller, *Zielgerichtet traden mit Fibonacci*, erschienen im Deutschen Wirtschaftsbuch Verlag, hinweisen.

Die Basis-Muster: ABC und ABCD Pattern

Das ABC-Muster verkörpert das Prinzip von *Actio est Reactio* an der Börse: Jede Bewegung muss korrigiert werden. Alle Kurse bewegen sich in jeder Zeitebene in diesem Zickzackmuster. Charles Dow hat nach dem intensiven Studium von Charts seine 252 Editorials im *Wall Street Journal* geschrieben, auf deren Grundlage seine geistigen Erben die *Dow-Theorie* formuliert haben (ab Seite 205). Ralph Nelson Elliott hat die Dow-Theorie um das *Elliott-Wave-Principle* ergänzt.

Beim ABC Pattern gilt es, das Ende der Korrektur bei Punkt C zu erkennen, um sich dann in die von der Strecke AB vorgegebene Richtung zu positionieren und diese Position mit einem Stop-Loss auch abzusichern. Es ist ein Trendfortsetzungsmuster. Da noch niemand durch Gewinnmitnahmen gestorben ist, macht es auch Sinn, einen Take Profit einzugeben.

Das ABCD Pattern ist dann praktisch die Weiterführung des ABC Patterns um den Punkt D. Bei D wird wieder eine Gegenreaktion des Kurses erwartet, die bestehende Position sollte also geschlossen werden und eine neue Position kann eröffnet werden.

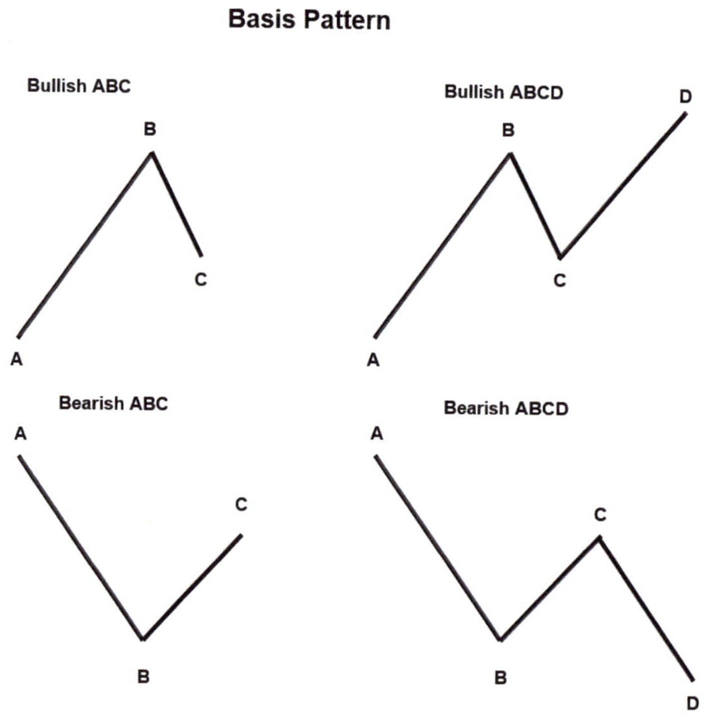

Abbildung 2: Die beiden Basis-Patterns in einer Übersicht: das bullishe und das bearishe ABC und ABCD

Diese beiden Basis-Patterns (Abbildung 2) finden Sie in jedem harmonischen Pattern. Wie Sie diese beiden Basis-Patterns erkennen und handeln können, erklären wir Ihnen ausführlich in den folgenden Kapiteln.

Das ABC Pattern besteht aus drei Punkten und zwei Segmenten, das ABCD Pattern besteht aus vier Punkten und drei Segmenten.

ABC Pattern

Das ABC-Muster oder 1-2-3-Muster besteht aus drei Punkten und zwei Segmenten und ist die direkte Umsetzung der Fibonacci-Kurszielbestimmungen in eine Handelsanweisung:

1. Die Fibonacci-Extension (ab Seite 248) der Strecke BC bestimmt den Punkt D. Sie findet Anwendung bei den *Standard* Patterns und wird in Blau eingezeichnet.

2. Die Fibonacci-Projektion (ab Seite 252), bei der die Strecke AB an Punkt C abgetragen wird und den Punkt D bestimmt (also mit Berücksichtigung der Korrektur), findet Anwendung bei den *Alternativen* Patterns und wird in Grün eingezeichnet.

3. Fibonacci-Retracements (ab Seite 244) sind in Rot eingezeichnet.

Bullishes ABC – Kurszielbestimmung Extension

In Abbildung 3 sehen Sie die grafische Darstellung des bullishen ABC Patterns. Die linke Zeichnung entspricht der Darstellung in der angelsächsischen Literatur. Zum besseren Verständnis wird bei den ersten Patterns diese Darstellung in eine uns eher geläufige Grafik modifiziert und »übersetzt« – wie in der rechten Zeichnung mit dem Retracement in Rot.

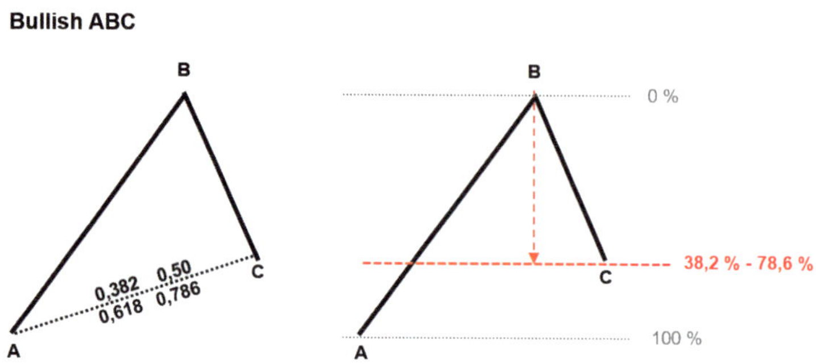

Abbildung 3: Grafische Darstellung des bullishen ABC-Musters. Links mit der angelsächsischen »Standardbeschriftung« und rechts entsprechend »übersetzt« in das rote Fibonacci-Retracement

- Das Pattern startet mit einer klar definierten Aufwärtsbewegung von A nach B. Die Strecke AB wird mathematisch mit $\overline{AB}$ dargestellt.
- An Punkt B kommt es zur Umkehr.
- Die Aufwärtsbewegung wird mit $\overline{BC}$ korrigiert.
- Dass $\overline{BC}$ eine Korrektur von $\overline{AB}$ ist, erkennen wir eigentlich erst, wenn nach einer Umkehr an Punkt C die Richtung von $\overline{AB}$ wieder aufgenommen wird. Streng genommen sehen wir das Ende der Korrektur erst, wenn ein Hoch über Punkt B ausgebildet wird!
- Die gepunktete Linie, welche die Punkte A und C verbindet, stellt das Retracement der Strecke AB dar.
- Die beiden Ankerpunkte für das Fibonacci-Retracement sind das Hoch bei B (= 0 %) und das Tief A (= 100 %). Die Zahlen über und unter der gepunkteten Linie bedeuten, dass die Korrektur an Punkt C ein 38,2 %- oder 50 %- oder 61,8 %- oder 78,6 %-Retracement erreichen sollte. Das geht auch kürzer – und wird dann in den folgenden Zeichnungen so geschrieben: 0,382 – 0,786.
- Die Fibonacci-Zahlen werden immer als Ratio angegeben. Das Ratio wird mit 100 multipliziert, um dann Verwendung in der technischen Analyse zu finden.

- Die Handelsanweisung lautet: Kaufen an Punkt C – wenn dort eine Umkehrformation ausgebildet wird.

- Um einen Trade zu eröffnen, gibt es jede Menge Möglichkeiten, die Sie im Anhang V – Einstiegsvarianten – finden.

Es muss nur noch geklärt werden, wo der Stop-Loss und der Take Profit platziert werden. Entwickeln wir also die Grafik weiter und ergänzen den Take Profit und den Stop-Loss.

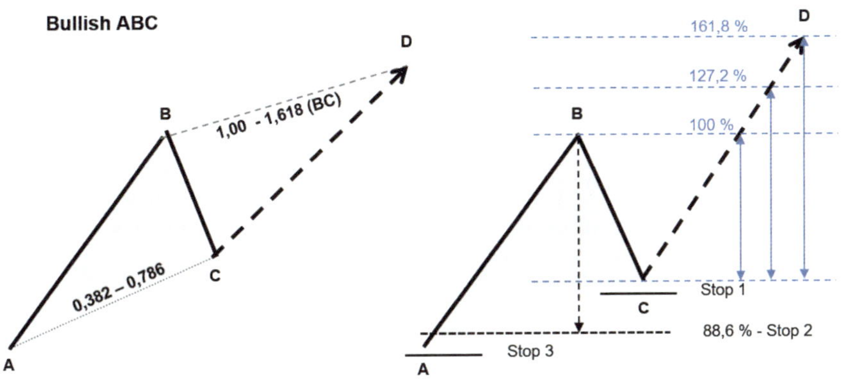

Abbildung 4: Die Ergänzung des bullishen ABC-Musters von Abbildung 3 um die möglichen Stop-Losses und die möglichen Take Profits. Die Kursziele werden mit der Methode der Fibonacci-Extension auf Basis der Strecke BC berechnet und sind blau eingezeichnet

In Abbildung 4 wurde die angelsächsische linke Grafik um die möglichen Take Profits ergänzt, Punkt D.

- Die gestrichelte Linie zwischen den Punkten C und D zeigt die antizipierte Trendrichtung an. Von dieser Bewegung soll ein Teil gewinnbringend herausgeschnitten werden.

- Das Kursziel für den Punkt D berechnet sich über die Variante der Extension von $\overline{BC}$.

- Die »erwünschten« Ratios, die 100 %, 127,2 % oder 161,8 % von $\overline{BC}$, werden an der gestrichelten Linie zwischen B und D angegeben.

- Die »übersetzte« rechte Grafik zeigt anschaulich, wie bei einer Extension die Kursziele berechnet werden: Die Strecke BC wird am Punkt C nach oben abgetragen. Das erste Kursziel liegt bei den 100 % von $\overline{BC}$. Würde der Kurs an dieser Stelle drehen, so würde das – logischerweise – einem Doppeltop entsprechen. Das zweite Kursziel liegt bei 127,2 % von $\overline{BC}$ und das dritte Kursziel bei 161,8 % von $\overline{BC}$.

Es stellt sich die berechtigte Frage: Woher weiß ich im Voraus, ob der Kurs die 100 %, die 127,2 % oder die 161,8 % erreicht? Diese Frage beantworten wir Ihnen in Anhang VII – Rund um den Ausstieg (ab Seite 313). Dort finden Sie auch viele praktikable Vorschläge und Tipps, wie Sie möglichst gewinnbringend den Trade schließen können.

Der Take Profit ist definiert, wohin jetzt mit dem Stop-Loss?

- Der enge Stop-Loss 1 wird knapp unter das Tief von Punkt C gelegt. Der Nachteil liegt darin, dass man draußen ist, wenn der Markt noch ein wenig fällt. Der Vorteil liegt klar darin, dass er »billig« ist.

- Der großzügigere Stop-Loss 3 liegt knapp unter dem Tief von Punkt A. Er hat natürlich den Nachteil, dass er im Falle eines Falles relativ teuer ist. Der Vorteil ist darin zu sehen, dass, falls der Markt noch etwas unter Punkt C fällt, man immer noch im Markt ist und nicht zuschauen muss, wie er in die antizipierte Richtung läuft.

- Es gibt aber auch noch einen Stop 2 dazwischen: Das ist das 88,6 %-Retracement (bezogen auf $\overline{AB}$). Das 78,6 %-Retracement gilt als »Last Line of Defense« oder »Last Chance Reversal Area«. Der Stop jenseits der 78,6 % gilt damit als relativ sicher, das sind die 88,6 %. Werden die 78,6 % nur mal kurz angetestet, dann ist man immer noch im Markt und muss nicht zugucken, wie es nach dem Abholen des Stops in die antizipierte Richtung geht. Die 88,6 % sind zudem auch billiger als die 100 %.

Wenden wir nun das bullishe ABC in einem »echten« Chart an, und zwar der Aktie der Deutschen Bank AG. Wir beginnen mit Abbildung 5. Die Deutsche Bank hat am 30.09.2016 ein beeindruckendes One Day Reversal hingelegt – das Tief bei 8,83 € markierte immerhin das (bisherige) Allzeittief. Bis zum 27.10.2016 geht es weiter aufwärts. Es kommt zu einer Umkehr, es werden tiefere Hochs und tiefere Tiefs ausgebildet. Ein Grund, ein Retracement zwischen die beiden Ankerpunkte A (dem Tief) und B (dem Hoch) reinzulegen. An den 38,2 % stockt die Abwärtsbewegung. Am 04.11.2016 wird ein Hammer mit einem Tief bei 10,71 € ausgebildet. Und die Bestätigung des Hammers erfolgt am Tag darauf mit der weißen Kerze. Die 38,2 % werden zwar nochmals getestet, es wird aber kein Tief unter dem Hammer-Tief ausgebildet. In diesem Fall war sogar der knappe Stop nicht in Gefahr. Dass die Korrektur an Punkt C tatsächlich rum war, sehen wir erst, als am 10.11.2016 ein höheres Hoch als Punkt B (Hoch bei 12,26 €) ausgebildet wurde. Spätestens jetzt wird es an der Zeit, Kursziele zu bestimmen.

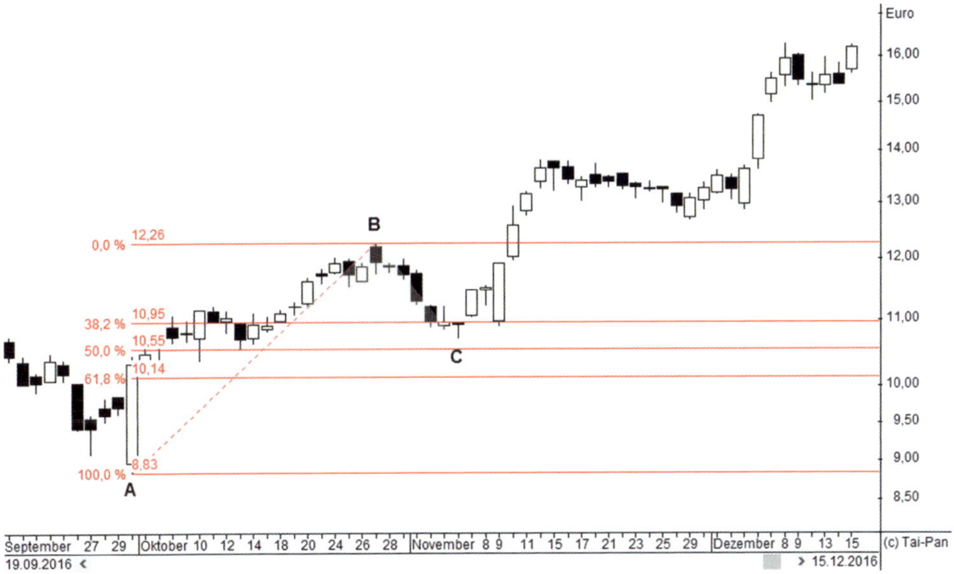

Abbildung 5: Die Aktie der Deutschen Bank AG als Candlestick-Tageschart (XETRA) vom 19.09.2016 bis 15.12.2016 mit Retracements zwischen den Ankerpunkten A und B. Die 38,2 % wurden mehrfach mit Eröffnungs- oder Schlusskursen getestet, bevor der Aktienkurs kräftig angestiegen ist

In Abbildung 6 wurden die Kursziele mit der Variante der Extension bestimmt. In diesem Fall entsprechen die 100 % der Strecke BC. Am Ende der Korrektur, Punkt C, werden diese 100 % nach oben abgetragen. Logischerweise liegt damit das erste Kursziel, eben jene 100 %, genau auf Höhe von Punkt B = 12,26 €. Auf Basis dieser Strecke werden dann die 127,2 % = 12,69 €, die 161,8 % = 13,22 € und auch 200 % = 13,82 € berechnet. Bei dem Chart der Deutschen Bank wurden die 100 %, 127,2 %, 161,8 % und 200 % innerhalb weniger Tage nach der Umkehr an Punkt C erreicht. Es schloss sich eine zähe Seitwärtsphase mit kleinen Kerzen an, bevor mit einer kräftigen weißen Kerze am 06.12.2016 die 261,8 % = 14,78 € abgeholt wurden.

Das ist einer der Fälle, in dem man sich mit einem festen Take Profit um einen zusätzlichen Gewinn gebracht hätte. Aber: Wenn der persönlich aufgestellte Trading-Plan besagt, dass die Position an den 161,8 % geschlossen wird, dann war das ein fachlich sauberer Trade, der mit einem Gewinn beendet wurde. Denn dass der Kurs der Deutschen Bank Aktie noch weiter nach oben läuft, kann niemand vorhersagen.

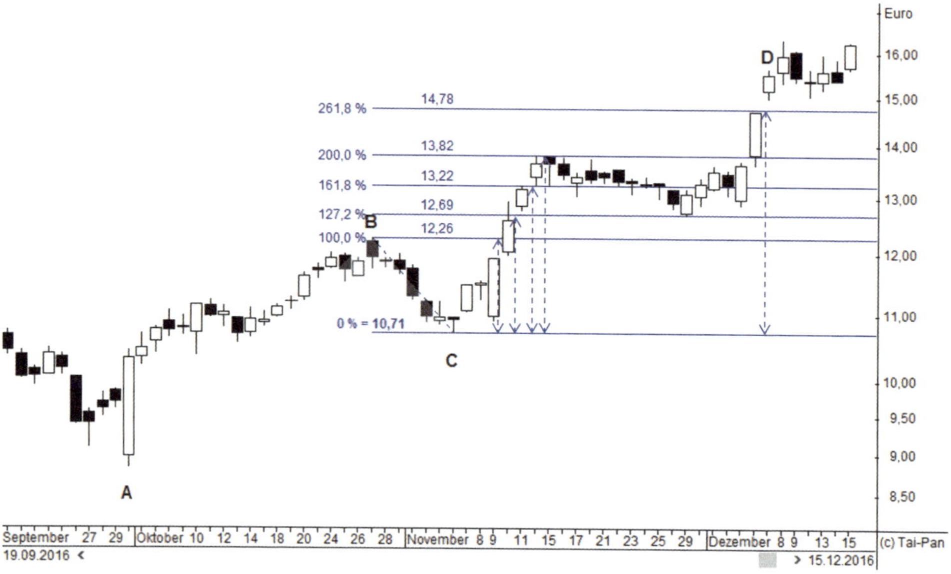

Abbildung 6: Die Aktie der Deutschen Bank AG als Candlestick-Tageschart (XETRA) vom 19.09.2016 bis 15.12.2016 mit der Kurszielbestimmung der Variante der Extension (in Blau)

Wenn wir diesen Trade genau nachrechnen, dann wären wir – realistisch – am Tag nach der Bestätigung des Hammers long gegangen, und zwar mit der Eröffnung der Kerze vom 08.11.2016 bei 11,47 €. Der Stop kommt unter das Tief des Hammers bei ca. 10,60 €. Der Take Profit kommt an die 161,8 % = 13,22 €, macht also ein Gewinn von 1,75 € je Aktie oder je CFD. Das Risiko beträgt 0,87 €. Das macht ein CRV von 1,75 € / 0,87 € = 2. Das ist auf jeden Fall akzeptabel.

Der »mutige« Trader, der direkt nach dem Hammer long gegangen wäre, wäre bei 11,07 € eingestiegen. Der Stop läge ebenfalls bei 10,60 € und der Take Profit bei 13,22 €. Macht dann ein CRV von 2,15 € / 0,87 € = 2,5.

Damit Sie sich jetzt vorstellen können, wie die Grafik des bullishen ABC Patterns mit angelsächsischer Beschriftung in diesem echten Chart aussieht, sind in Abbildung 7 beide vereint: die Grafik in Blau im Tageschart der Deutschen Bank. $\overline{AB}$ wird durch Punkt C um 45 % korrigiert und das Kursziel D ist eine 161,8 %-Extension von $\overline{BC}$.

Bei Fibonacci-Kurszielen handelt es sich immer um Zielzonen und nicht um exakte Punktlandungen. Sie müssen in Ihrem persönlichen Trading-Plan angeben, um wie viel Prozent der Kurs von einem Fibonacci-Ziel abweichen darf. ± 3 % sind eine akzeptable Spanne.

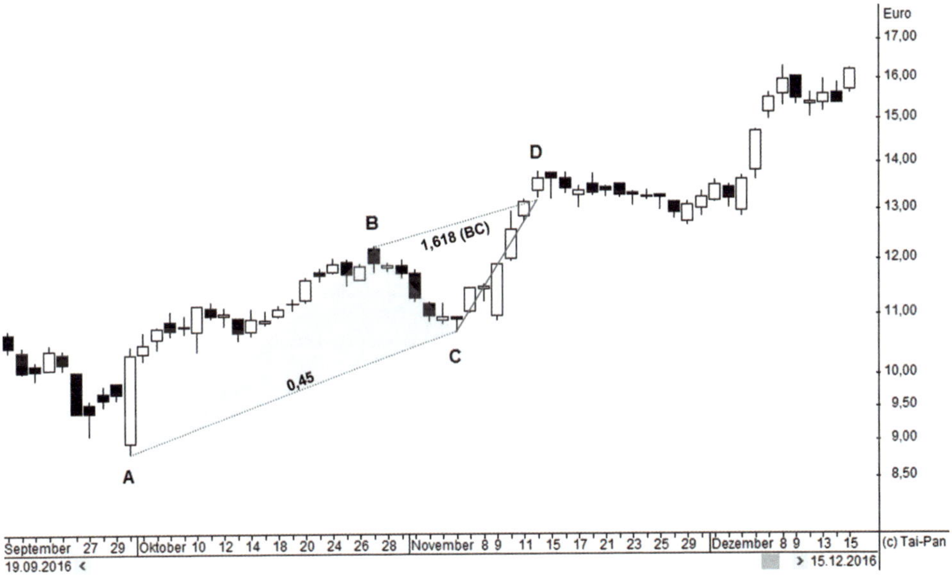

Abbildung 7: Die Aktie der Deutschen Bank AG als Candlestick-Tageschart (XETRA) vom 19.09.2016 bis 15.12.2016. In diesen Chart ist die angelsächsische Beschriftung direkt in den Chart eingefügt. Die Korrektur hat 45 % erreicht und das Kursziel mit der 161,8 %-Extension der Strecke BC innerhalb weniger Tage

Bearishes ABC – Kurszielbestimmung Extension

Die bearishe Variante verhält sich vice versa zur bullishen Variante. In Abbildung 8 sind nochmals beide Versionen gezeichnet, links die angelsächsische Version und rechts die »übersetzte« Grafik mit einem – beispielhaften – roten 38,2 %-Fibonacci-Retracement.

- Die Abwärtsbewegung startet bei Punkt A.
- An Punkt B kommt es zu einer Umkehr und die Abwärtsbewegung wird durch die aufwärtsgerichtete Korrektur $\overline{BC}$ korrigiert.
- Auch bei der bearishen Variante wissen wir erst mit einem Tief unter Punkt B, dass die Korrektur mit der Umkehr an Punkt C geendet hat.
- Wird ein Fibonacci-Retracement an eine Abwärtsbewegung angelegt, so liegen die 0 % am Tief, in diesem Fall Punkt B, und die 100 % liegen am Hoch, in diesem Fall Punkt A.
- Die Kursziele für den Punkt D berechnen sich über die Methode der Fibonacci-Extension der $\overline{BC}$.
- Diese werden über die gestrichelte Linie zwischen den Punkten C und D dargestellt.
- Die »erwünschten« Ratios, die 100 % bis 161,8 %, werden an der gestrichelten Linie angegeben.
- An Punkt C wird dann eine Short-Position eröffnet.
- Diverse Einstiegsvarianten werden in Anhang V – Einstiegsvarianten – vorgestellt.

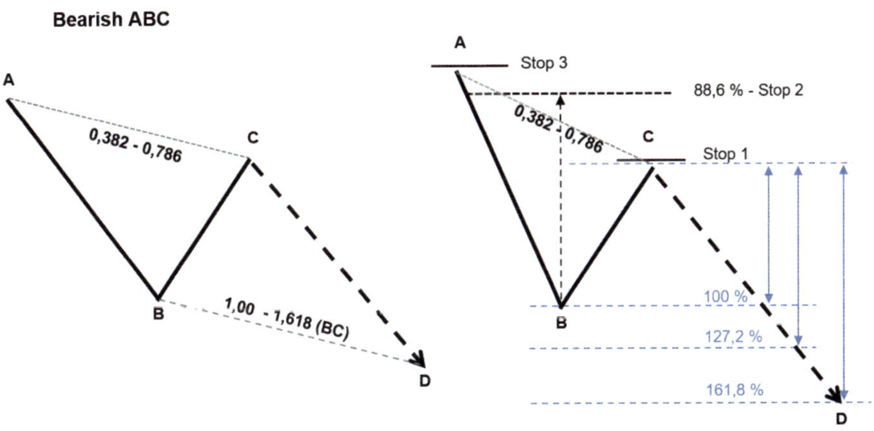

Abbildung 8: Grafische Darstellung des bearishen ABC-Musters. Links mit der üblichen Standardbeschriftung und rechts anschaulicher gezeichnet mit dem Fibonacci-Retracement, ergänzt um die möglichen Stop-Losses und Take Profits. Die Kursziele werden mit der Methode der Fibonacci-Extension auf Basis der Strecke BC berechnet und sind blau eingezeichnet

In der rechten Grafik wird das anschaulicher dargestellt: Beim ersten Kursziel, den 100 %, wird ein Doppelter Boden ausgebildet – sollte der Kurs an dieser Stelle wieder in Richtung aufwärts drehen. Es folgen die 127,2 % und die 161,8 %, die beide tiefere Tiefs ausbilden, bezogen auf Punkt B.

Auch bei der bearishen Variante wissen Sie nicht im Voraus, welches Ratio der Kurs erreichen wird. In einem sehr trendstarken Markt kann es auch noch mehr werden. Wichtig ist, sich an seinen Plan zu halten und diesen auch zu handeln:

Plan your Trade and trade your Plan!
… so lautet diese Börsenweisheit … Und dieser Plan muss als Trading-Plan verschriftlicht sein.

In Abbildung 9 ist die Aktie der Vonovia SE mit einem bearishen ABC Pattern abgebildet. Am 15.08.2016 startet eine Abwärtsbewegung bei Punkt A = 37,00 €. Am 12.09.2016 wird eine Umkehrkerze ausgebildet, das Tief der Kerze am B lag bei 32,63 €. Die aufwärtsgerichtete Korrektur bei C endet am 29.09.2016 bei 34,72 €, das sind mit den erreichten 48 % fast das erwünschte 50 %-Retracement. Die Umkehrkerze, die an diesem Tag ausgebildet wird, benötigt keine weitere Bestätigung, da ein Schlusskurs unter dem letzten Tief (die weiße Kerze) ausgebildet wird. Am Tag darauf, dem 30.09.2016, kann also zur Eröffnung bei 33,34 € eine Short-Position eröffnet werden. Der Stop-Loss wird knapp über das Hoch von C bei 34,80 € gelegt. Ab diesem Zeitpunkt können Kursziele für den Punkt D berechnet werden. Die Abwärtsbewegung wird zwar durch aufwärtsgerichtete Korrekturen unterbrochen, es wird aber kein Hoch über dem Swing-High bei Punkt C ausgebildet. Am 12.10.2016 wird die 161,8 %-Extension der Strecke BC (31,34 €) erreicht und der Short-Trade wird gewinnbringend beendet. In diesem Fall betrug das CRV 2,00 € / 1,46 € = 1,4. Nicht üppig, aber auch Kleinvieh macht Mist.

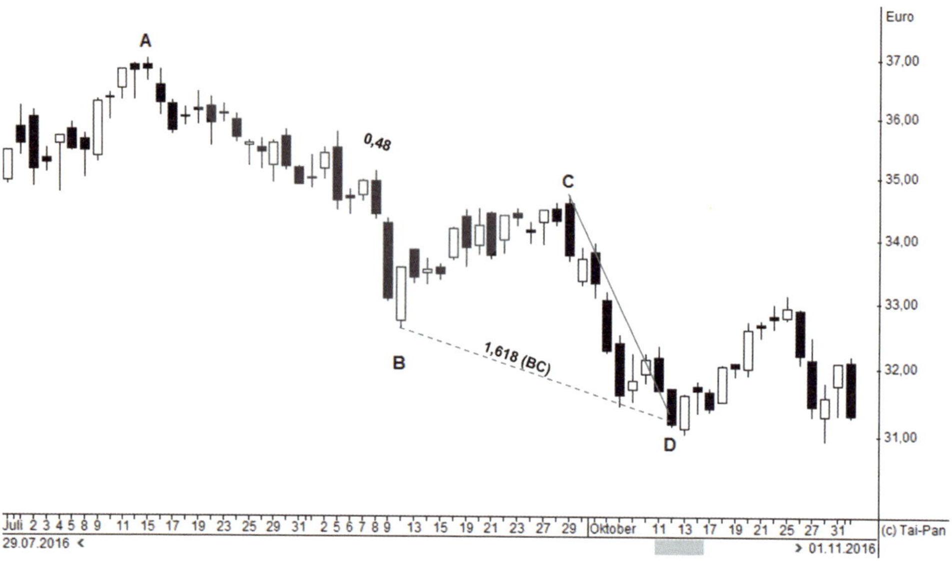

Abbildung 9: Die Aktie der Vonovia SE als Candlestick-Tageschart (XETRA) vom 29.07.2016 bis 01.11.2016. Die Korrektur hat 48 % erreicht und das Kursziel die 161,8 %-Extension von der Strecke BC

Alternatives Bullishes ABC – Kurszielbestimmung Projektion

Bei den »alternativen« Patterns bezieht sich das Wort »alternativ« auf die Kurszielberechnung. Beim »Pattern« werden die Kursziele mit der Methode der Fibonacci-Extension berechnet, bei einem »alternativen Pattern« mit der Variante der Fibonacci-Projektion (ab Seite 252).

Dieses alternative Pattern wird nochmals mit beiden Grafik-Variationen in Abbildung 10 gezeigt: Die linke Zeichnung entspricht der Darstellung in der angelsächsischen Literatur, die rechte Zeichnung ist die modifizierte Darstellung mit der Projektion in Grün. Beide bereits inklusive der Kurszielbestimmung zu Punkt D.

Das Pattern besteht aus zwei Segmenten und drei Punkten: Strecke von A nach B, Korrektur von B nach C und dann die Strecke von C nach D, welche getradet wird.

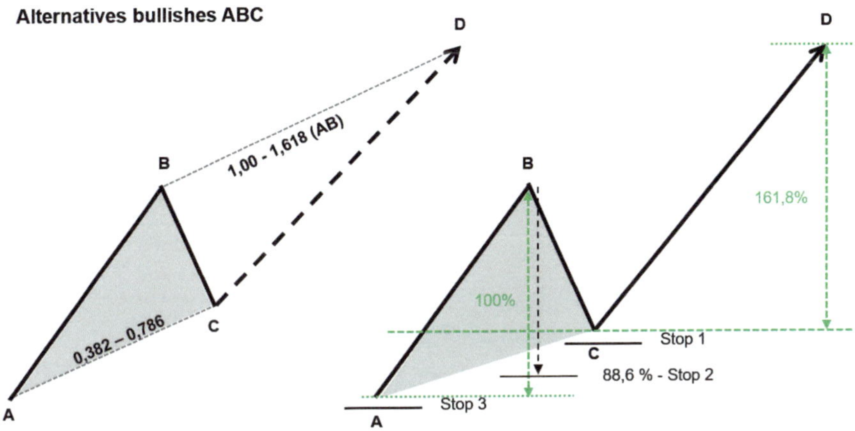

Abbildung 10: Grafische Darstellung eines alternativen, bullishen ABC-Musters. Links mit der Standardbeschriftung und rechts mit dem Fibonacci-Retracement und der grünen Fibonacci-Projektion, ebenfalls ergänzt um drei Stop-Varianten

Hier die Eckpunkte des alternativen Patterns:

- Die Aufwärtsbewegung $\overline{AB}$ wird um $\overline{BC}$ korrigiert.
- Die Korrektur endet am Punkt C und sollte ein Fibonacci-Level von 38,2 % bis 78,6 % von $\overline{AB}$ erreichen.
- Die Aufwärtsbewegung wird wieder aufgenommen und das Kursziel = der Punkt D, wird über die Fibonacci-Projektion berechnet – weil es sich um ein alternatives Pattern handelt. Erreicht werden sollten die 100 %- bis 161,8 %-Projektion.
- In der rechten Grafik werden als Beispiel die 161,8 % von $\overline{\text{AB}}$, am Punkt C nach oben abgetragen, erreicht.

- Der Long-Einstieg erfolgt an Punkt C und der Take Profit wird an Punkt D realisiert.
- Der Stop liegt bei diesem Pattern zum Beispiel:
  - Stop 1 knapp unter Punkt C oder
  - Stop 2 beim 88,6 %-Retracement von $\overline{AB}$ oder
  - Stop 3 knapp unter Punkt A.

Und nun ein paar Takte ausführlicher im Chart der Alphabet Inc.:

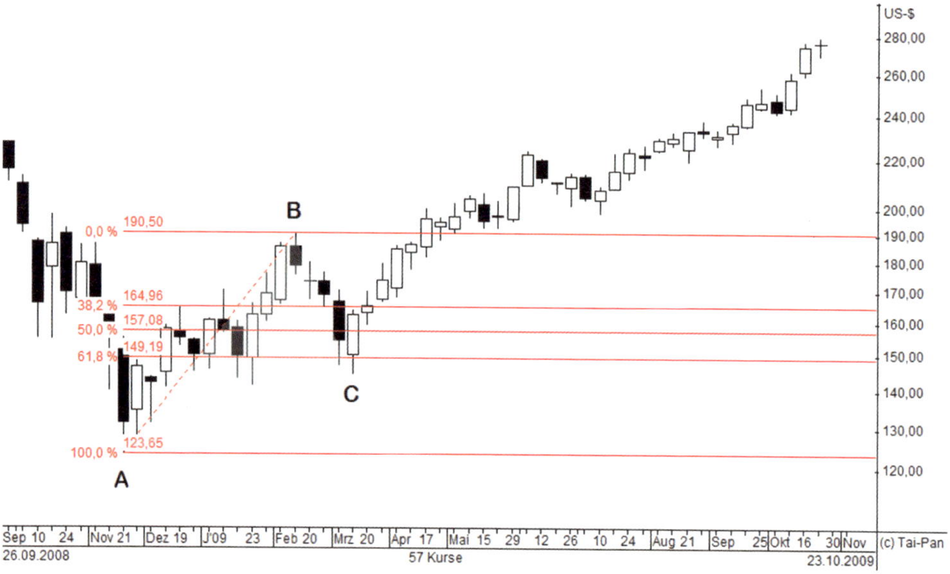

Abbildung 11: Alphabet Inc. (vormals Google Inc.) als Candlestick-Wochenchart (Nasdaq) vom 26.09.2008 bis 23.10.2009 mit Retracements zwischen den Ankerpunkten A und B

Abbildung 11 zeigt die Aktie der Alphabet Inc. als Candlestick-Wochenchart im Zeitraum von September 2008 bis Oktober 2009, und zwar in US-Dollar an der Nasdaq. Zwischen dem Tief A von 123,65 $ und dem Hoch B von 190,50 $ wird ein Fibonacci-Retracement angelegt. In der linken Grafik in Abbildung 11 entspricht das der gepunkteten Linie zwischen den Punkten A und C. Die Korrektur der Alphabet Inc. endete an Punkt C bei 144,73 $, das entspricht einer 68,5 %-

Korrektur. Dass die Korrektur an Punkt C vorbei ist, erkennen wir erst, wenn das Hoch von Punkt B überschritten wird.

Kommen wir nun zu der gestrichelten Linie zwischen den Punkten C und D in der linken Grafik von Abbildung 10. Nach der erfolgten Trendumkehr an Punkt C verläuft der Kurs wieder in die von $\overline{AB}$ vorgegebene Richtung, nämlich aufwärts. Die gestrichelte Linie von C nach D zeigt also die antizipierte Trendrichtung an. Das Kursziel für den Punkt D berechnet sich über die Variante der Projektion. Die »erwünschten« Ratios, die 100 % oder 127,2 % oder 161,8 % von $\overline{\text{AB}}$, werden an der gestrichelten Linie zwischen B und D angegeben.

Im Alphabet Inc. Chart in Abbildung 12 ist die Projektion grün eingezeichnet. $\overline{\text{AB}}$ entspricht den 100 %, diese werden am Ende der Korrektur, an Punkt C, nach oben abgetragen. Nach 28 Wochen werden die 161,8 % = 252,89 $ mit dem Hoch der Wochenkerze bei 253,50 $ erreicht.

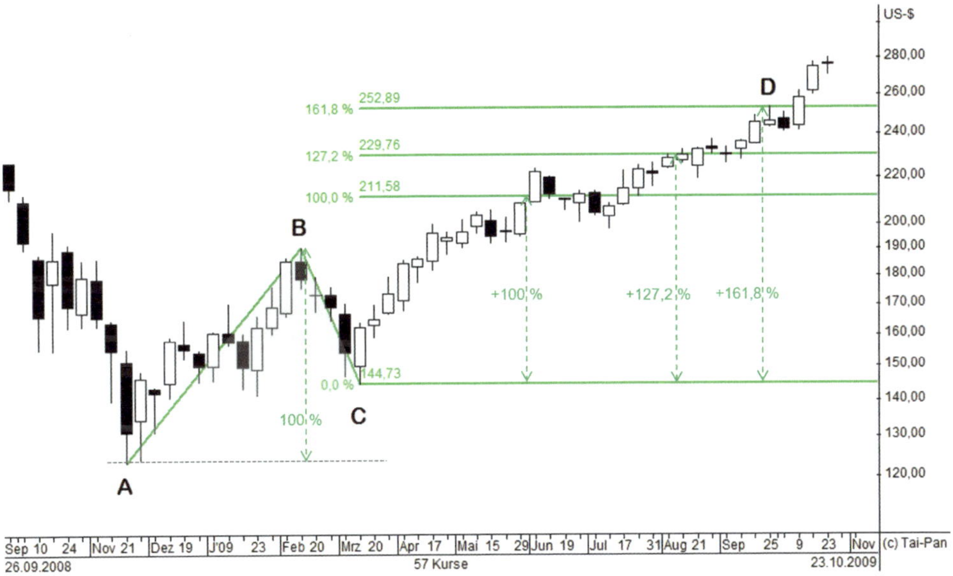

Abbildung 12: Alphabet Inc. (vormals Google Inc.) als Candlestick-Wochenchart (Nasdaq) vom 26.09.2008 bis 23.10.2009 mit einer Projektion, bezogen auf die 3 Ankerpunkte A, B und C. Das Kursziel liegt bei Punkt D

Damit Sie sich jetzt vorstellen können, wie die Grafik des alternativen bullishen ABC Patterns aus Abbildung 10 in einem echten Chart aussieht, überlagert die

Grafik den Chart in Abbildung 13: $\overline{AB}$ wird durch Punkt C um 68,5 % korrigiert und das Kursziel D ist eine 161,8 %-Projektion von $\overline{AB}$.

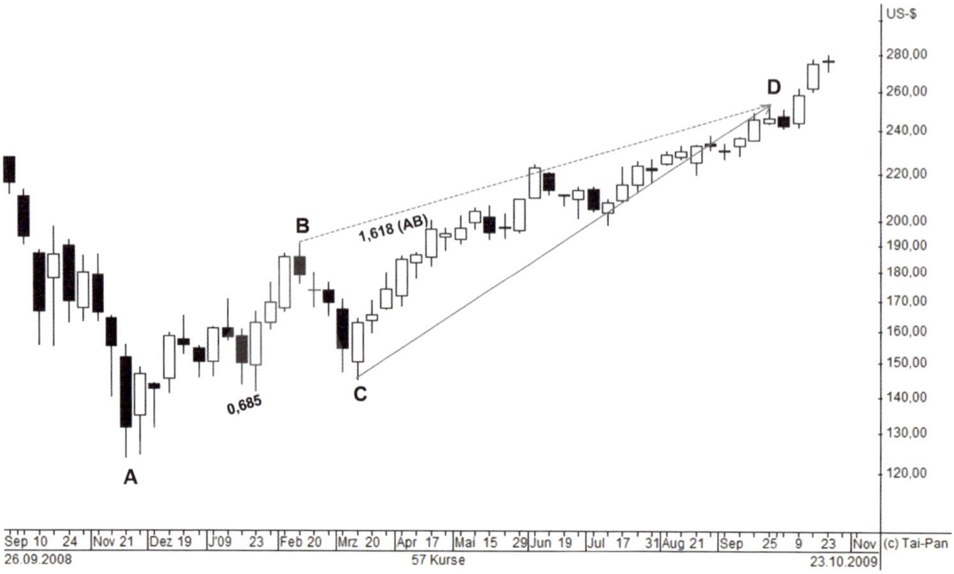

Abbildung 13: Alphabet Inc. (vormals Google Inc.) als Candlestick-Wochenchart (Nasdaq) vom 26.09.2008 bis 23.10.2009. In diesem Chart überlagert die linke Grafik von Abbildung 3 den Chart

Auch den Einstieg können wir hier noch etwas detaillierter besprechen, denn:

In den Wochencharts der Alphabet Inc. können wir ganz deutlich erkennen, dass an Punkt C ein Piercing Pattern (Abbildung 165) ausgebildet wurde!

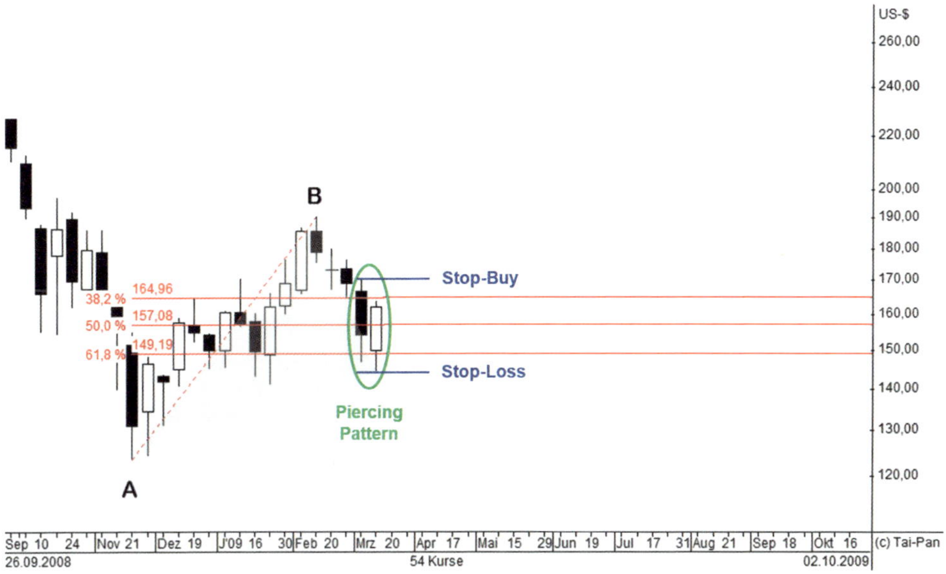

Abbildung 14: Alphabet Inc. (vormals Google Inc.) als Candlestick-Wochenchart (Nasdaq) vom 26.09.2008 bis 02.10.2009. Mit der grünen Ellipse ist die potenzielle Umkehrformation, ein Piercing Pattern, markiert. Der Stop liegt am Tief der Umkehrkerze und mit Überschreiten des Hochs der potenziellen Umkehrkerze wird ein Kaufsignal erzeugt

Eingefügt ist in Rot das Retracement der Aufwärtsbewegung vom Tief A zum Hoch B. Es schließt sich die abwärtsgerichtete Korrektur an. Die beiden letzten Wochenkerzen gehen als Piercing Pattern durch. Ein Piercing Pattern ist eine untere Umkehrformation, bei der eine weiße Kerze ausgebildet wird, welche unterhalb des Schlusskurses der vorherigen schwarzen Kerze eröffnet hat. Der Schlusskurs der weißen Kerze liegt über der Mitte des Körpers der schwarzen Kerze. Da diese beiden Wochenkerzen die 61,8 % nur mit der unteren Lunte getestet haben, kann davon ausgegangen werden, dass es sich hierbei tatsächlich um das Ende der abwärtsgerichteten Korrektur handelt. Knapp über dem höchsten Hoch der Formation (das ist das Hoch der ersten Kerze) wird ein Stop-Buy platziert. Diese Kauforder wird verknüpft mit dem Stop-Loss unter dem tiefsten Tief der Formation (das ist das Tief der zweiten Kerze) und mit einem Take Profit bei den 161,8 %.

Abbildung 15: Alphabet Inc. (vormals Google Inc.) als Candlestick-Tageschart (Nasdaq) vom 30.10.2008 bis 06.04.2009 mit einem Retracement. Die grauen Kästchen entsprechen den Wochenkerzen

In diesem ganz speziellen Fall bei der Alphabet Inc.-Aktie gibt es noch eine Möglichkeit, die Position etwas früher zu eröffnen. Da sich das Muster im Wochenchart entwickelt hat – eine Kerze umfasst den Zeitraum von Montag bis Freitag –, können Sie über den Tageschart einen früheren Einstieg wählen. Abbildung 15 zeigt die Alphabet Inc. als Tageschart im entsprechenden Zeitraum. Die grauen Kästchen markieren die jeweiligen Tageskerzen des Wochencharts. Gemäß der Handelsanweisung für das Piercing Pattern wird am Hoch der ersten Kerze der Stop-Buy gelegt (durchgezogene blaue Linie). Im Tageschart kann unter markttechnischen Gesichtspunkten der Stop-Buy über das Hoch der zweiten Wochenkerze gelegt werden (gestrichelte blaue Linie). Wird dieses Hoch auf Tagesschlusskursbasis überwunden, erfolgt der Einstieg etwas früher und der Stop-Loss ist nicht ganz so weit entfernt und damit nicht so teuer.

Tipp: Bei größeren Zeitfenstern kann der Einstieg über ein kleineres Zeitfenster gewählt werden. Bei einem Wochenchart kann der Einstieg über den Tageschart gesucht werden oder bei einem Stundenchart der Einstieg dann über den 5-Minuten-Chart. Der Ausstieg wird wieder über die höhere Zeitebene definiert. Diese Methode ergibt ein sehr gutes CRV!

Alternatives Bearishes ABC – Kurszielbestimmung Projektion

Kommen wir nun zum alternativen bearishen ABC.

In Abbildung 16 sehen Sie die grafische Darstellung zum alternativen bearishen ABC Pattern. Die linke Zeichnung entspricht der Standardbeschriftung, die rechte Zeichnung ist die Darstellung als rotes Retracement und grüne Projektion, bereits inklusive der möglichen Stops und eines 161,8 %-Kurszieles bei D.

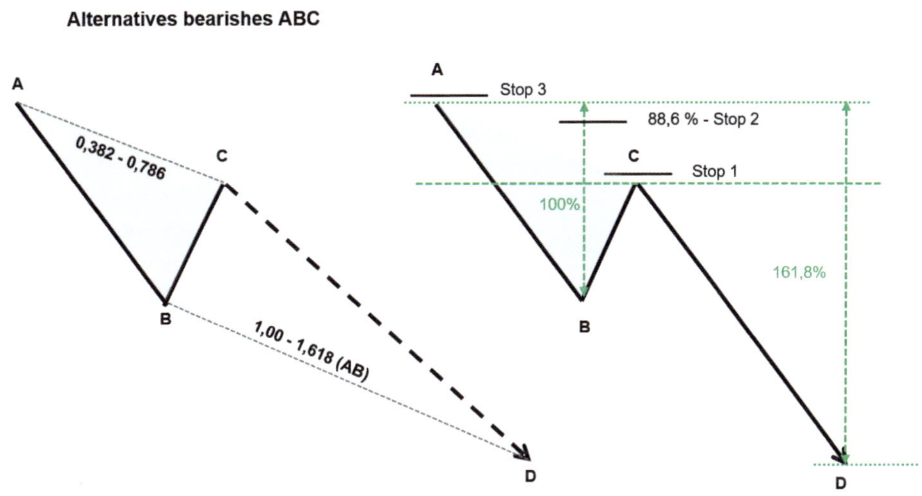

Abbildung 16: Grafische Darstellung eines alternativen bearishen ABC-Musters. Links mit der Standardbeschriftung und rechts mit dem Fibonacci-Retracement und der grünen Fibonacci-Projektion, ebenfalls ergänzt um die drei Stop-Varianten

In Abbildung 17 sehen Sie ein alternatives bearishes ABC beim DAX® in einem 5-Minuten-Candlestick-Chart vom 17.06.2016. Um die Beschriftung etwas zu üben, hier die Eckpunkte des Patterns:

- Die abwärtsgerichtete Strecke AB wird in diesem Fall um 78,6 % korrigiert.
- Die Korrektur endet am Punkt C.
- Die Abwärtsbewegung wird wieder aufgenommen und das Kursziel = der Punkt D wird über die Fibonacci-Projektion berechnet.

- In diesem Fall werden die 161,8 % von $\overline{AB}$, am Punkt C nach unten abgetragen, erreicht.

- Der Short-Einstieg erfolgt an Punkt C und der Take Profit wird an Punkt D realisiert.

- Beim Stop haben wir wieder – unter anderem – diese drei Möglichkeiten, diesen zu platzieren:

  - knapp über Punkt C oder

  - knapp über Punkt A oder

  - beim 88,6 %-Retracement von $\overline{AB}$.

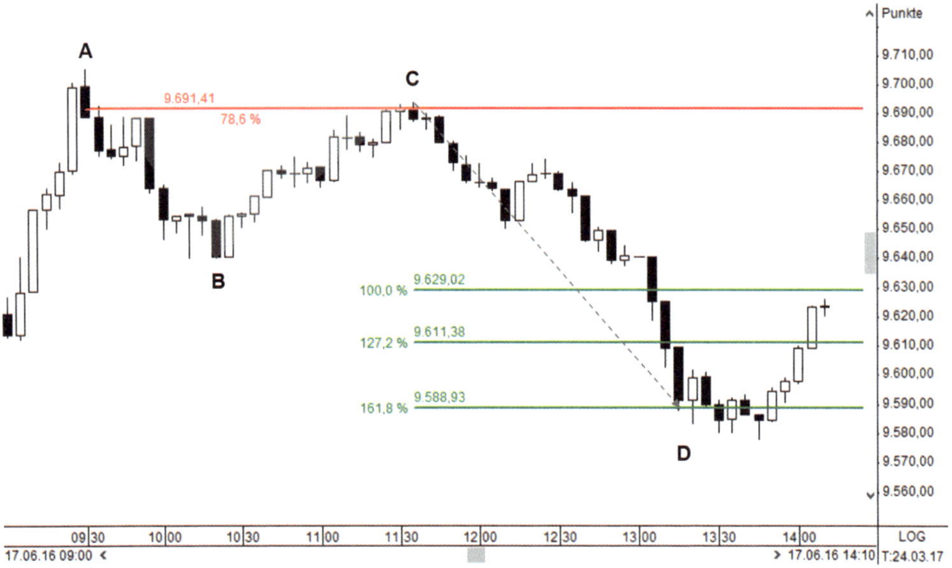

Abbildung 17: Bearish ABC beim DAX vom 17.06.2016 im M5-Chart

In Abbildung 18 überlagert jetzt die angelsächsische Grafik den Chart. Es sind auch die tatsächlich erreichten Prozentwerte eingetragen. Die Korrektur endete bei 81,5 % von $\overline{AB}$ und der Punkt D erreichte eine 176,9 %-Projektion von $\overline{AB}$.

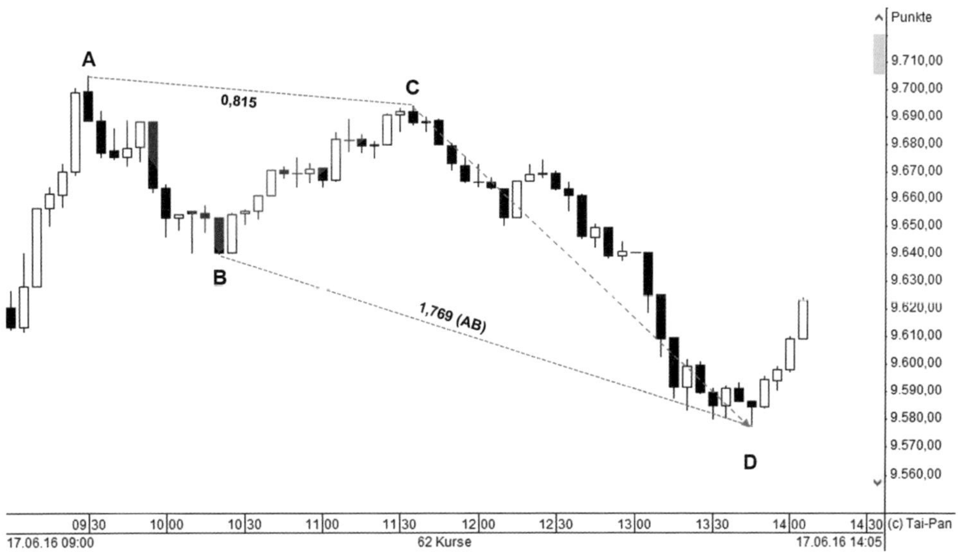

Abbildung 18: Bearish ABC beim DAX vom 17.06.2016 im M5-Chart mit dem exakten 81,5 %-Retracement und der Projektion, die bis zum Tief von D 176,9 % reichte

Wie hätte der Trade umgesetzt werden können? Dazu betrachten wir Abbildung 19. Die mit einer blauen 2 beschriftete schwarze Kerze hat ein tieferes Tief ausgebildet als die mit der blauen 1. Da das 78,6 %-Retracement erreicht wurde, besteht die Annahme, dass die aufwärtsgerichtete Korrektur beendet ist. Damit lautet das Handelssignal: short gehen mit dem Open von Kerze 3 = 9.679 Punkte. Der Stop wird an das rote 88,6 %-Retracement von $\overline{AB}$ = 9.697 Punkte gelegt. Das Kursziel liegt bei den grünen 161,8 % = 9.588 Punkte. Macht ein CRV von 91 Punkten/18 Punkten = 5,1! Das erfreut des Traders Herz.

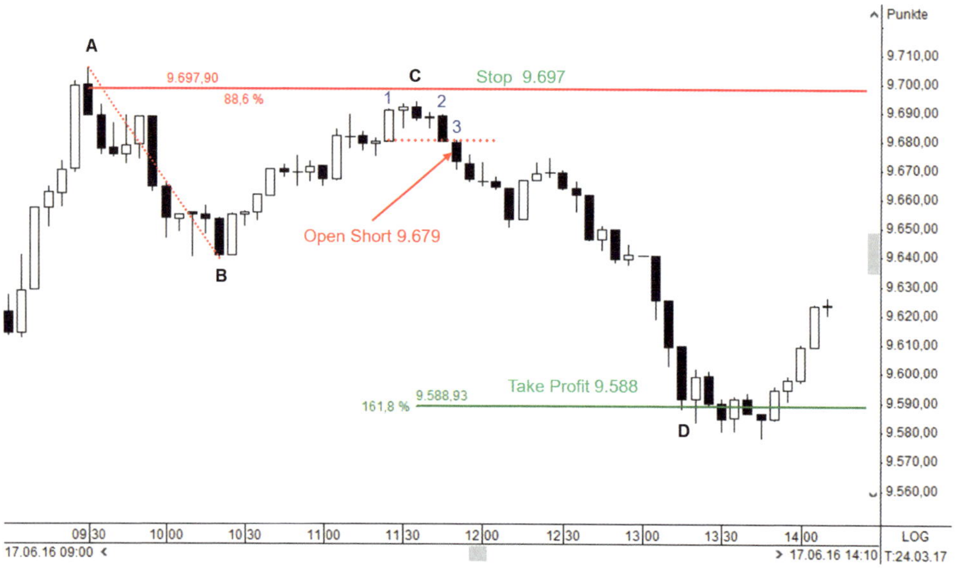

Abbildung 19: So hätte das bearishe ABC im DAX im M5 aus Abbildung 17 gehandelt werden können

Kurszielbestimmung mit Cluster

Theorie und Praxis – beim Trading liegen dazwischen Welten. Oder anders gesprochen: Das kann durchaus den Unterschied zwischen Gewinnern und Verlierern ausmachen.

Im Voraus lässt sich praktisch nicht erahnen, ob sich das Kursziel D bei einem ABC Pattern nach der Variante der Fibonacci-Extension oder Fibonacci-Projektion entwickeln wird. Diese Zwickmühle kann relativ einfach gelöst werden: Sobald es an die Kurszielbestimmung geht, also der Wendepunkt bei C ausgebildet ist, werden beide Varianten eingezeichnet. Als praktisches Beispiel muss die Aktie der Vonovia SE vom bearishen ABC (ab Seite 38) herhalten.

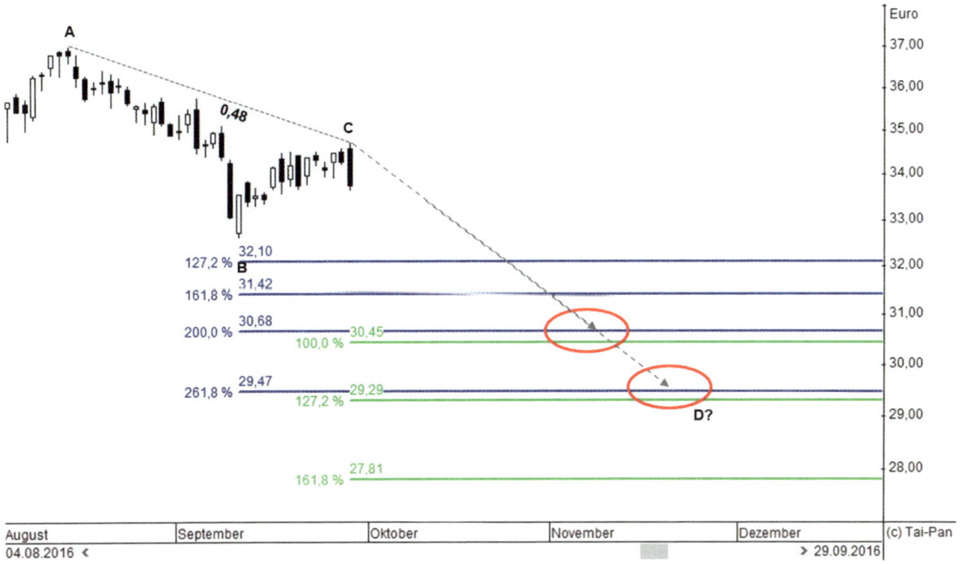

Abbildung 20: Die Aktie der Vonovia SE im Tageschart vom 04.08.2016 bis 29.09.2016. Nach der Umkehr an Punkt C können Kursziele bestimmt werden: in Blau mit der Variante der Fibonacci-Extension und in Grün mit der Variante der Fibonacci-Projektion

In Abbildung 20 ist die Ausgangssituation des bearishen ABC der Vonovia SE im Tageschart vom 04.08.2016 bis 29.09.2016 abgebildet. Die lange schwarze Kerze an Punkt C impliziert, dass die korrektive Aufwärtsbewegung von B nach C beendet ist. Bezogen auf $\overline{BC}$ werden in Blau die Kursziele mit der Variante der Fibonacci-Extension eingezeichnet und bezogen auf $\overline{AB}$ werden in Grün die Kursziele mit der Variante der Fibonacci-Projektion eingezeichnet. Die beiden Cluster sind in Rot eingekringelt: die blauen 200 %/grünen 100 % und die blauen 261,8 %/grünen 127,2 %. Was nie schaden kann, ist, einen Blick nach links zu werfen getreu dem Motto »Always watch left«. Das Ergebnis sehen Sie in Abbildung 21.

Beide Cluster haben bereits in der Vergangenheit als wichtige Unterstützungs- oder Widerstandszonen gedient. Die blauen 200 %/grünen 100 % bildeten im November 2015 einen markanten Widerstand aus, der erst im März 2016 mit einem Gap überwunden werden konnte. Die blauen 261,8 %/grünen 127,2 % bildeten im April und im Mai 2016 eine signifikante Unterstützung aus.

Wie können wir diese Erkenntnis umsetzen? Es bietet sich geradezu an, die erste Hälfte der Position am ersten Cluster zu schließen und die zweite Hälfte dann am zweiten Cluster.

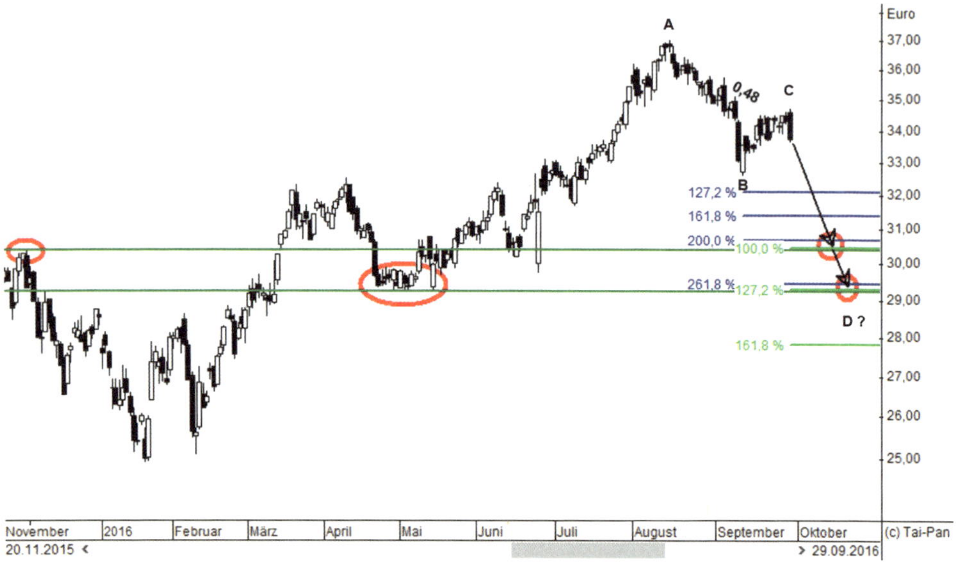

Abbildung 21: Die Aktie der Vonovia SE im Tageschart vom 20.11.2015 bis 29.09.2016, ergänzt um historische Widerstands- und Unterstützungszonen

Und wie hätte nun das Ergebnis ausgesehen? Dazu werfen wir einen Blick in Abbildung 22: Um es kurz und bündig zu sagen: Beide in Rot eingekringelten Cluster wurden erreicht. Die Short-Positionen konnten also im Gewinn geschlossen werden.

Auch hier rechnen wir nach: Die Short-Position wäre mit der Eröffnung der Kerze nach dem Long Day (dem schwarzen bei C) eröffnet worden bei 33,34 €. Der Stop liegt dann knapp über dem Hoch von C bei 34,80 €. Der erste Take Profit liegt bei 30,60 €, der zweite bei 29,40 €.

- CRV für Position 1: 2,74 €/1,46 € = 1,9
- CRV für Position 2: 3,94 €/1,46 € = 2,7

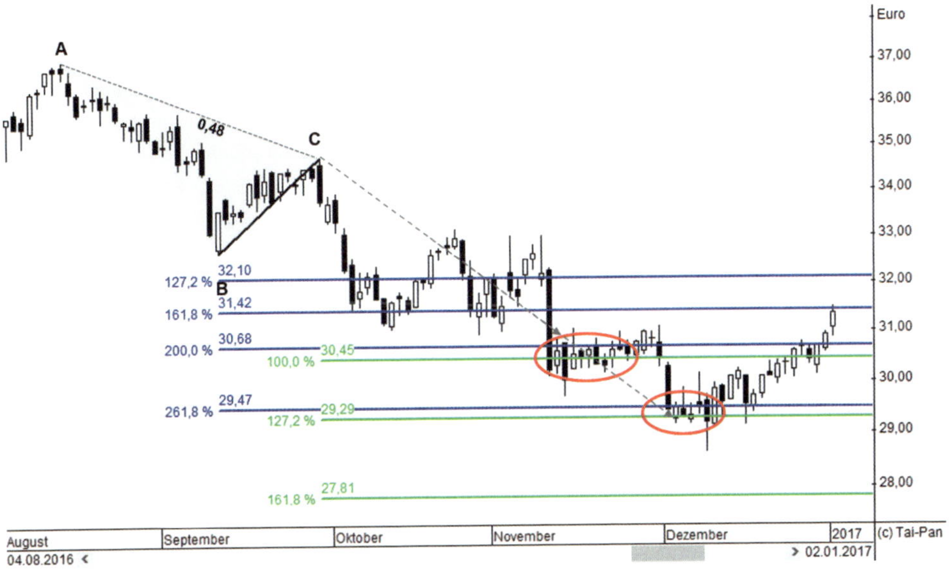

Abbildung 22: Die Aktie der Vonovia SE im Tageschart vom 04.08.2016 bis 02.01.2017. Beide Cluster wurden erreicht

Sie sehen: Durch die Kombination verschiedener Methoden,

- Einzeichnen beider Varianten der Fibonacci-Kurszielbestimmung (Fibonacci-Extension und Fibonacci-Projektion),
- Cluster definieren sowie
- Always watch left – also nach historischen Unterstützungs- und Widerstandszonen Ausschau halten,

können Trades mit einem guten CRV auf den Weg gebracht und Gewinne eingefahren werden.

Versagendes ABC Pattern

Wann versagt das ABC Pattern? Klar – allerspätestens wenn die Position in den Stop läuft. Bei einem

- bullishen ABC, wenn die Bewegung $\overline{BC}$ unter das Tief von A fällt, und
- bei einem bearishen ABC, wenn die Bewegung $\overline{BC}$ über das Hoch von A steigt.

Wie können wir im Vorfeld erkennen, dass das nichts wird – noch bevor die Position eröffnet wurde? Das ist schwierig, denn niemand kann den zukünftigen Kursverlauf prognostizieren, sondern nur einen *wahrscheinlichen* Kursverlauf.

Hier trotzdem ein paar Überlegungen, die Sie eigentlich vor jeder Positionseröffnung anstellen sollten:

Werfen Sie einen Blick in den Nachrichtenkalender: Werden zum Beispiel in den nächsten Minuten oder in ein paar Stunden Wirtschaftszahlen veröffentlicht, die das Zeug dazu haben, den Kurs des DAX oder der Währung stark bewegen zu können? Stehen bei einem Titel Quartalszahlen an? Wenn Sie Patterns in einem Wochenchart handeln, ist das nicht unbedingt so dramatisch. Aber es ist nicht gerade sinnvoll, wenn Sie im Stundenchart beim EUR/USD kurz vor der FED- oder EZB-Sitzung eine Position eröffnen möchten.

Sinnvoll ist es immer, eine Erkenntnis von Elliott-Waves (siehe Anhang III – Elliott Wave Principle) in Ihre Analyse mit einfließen zu lassen: Korrekturen sind in der Regel dreiteilig (von Ausnahmen abgesehen, wie einem Korrektur-Dreieck oder einer zusammengesetzten und komplexen Korrektur). Beim ABC Pattern ist die Bewegung $\overline{BC}$ ein Rücklauf oder anders gesagt eine Korrektur. Und da ist die Wahrscheinlichkeit groß, dass diese auch dreiteilig abläuft. Jetzt werden Elliott-Wave-Spezialisten sicher aufschreien ob der Vereinfachung – aber es geht hier ums Pattern-Trading und nicht um den korrekten Wave-Count. Da kann uns die *KISS*-Regel (Keep it Simple and Stupid) entscheidend weiterhelfen.

Zusammenfassung ABC Pattern:

Das ABC Pattern ist das Grundmuster für eine Vielzahl von Patterns, sowohl harmonischer als auch »klassischer«.

In Abbildung 23 ist die Long-Variante (links) und Short-Variante (rechts) als Grafik gezeichnet:

- Die Trendbewegung $\overline{AB}$ wird durch $\overline{BC}$ korrigiert.
- Die Ratios über der gepunkteten Linie zwischen den Punkten A und C geben Fibonacci-Retracements, also Korrektur-Levels, an – das sind immer Ratios unter 100 %. Die Ankerpunkte für das Retracement sind die Punkte A und B.
- Die Korrektur $\overline{BC}$ endet an einem Fibonacci-Ratio 38,2 %, 50 %, 61,8 % oder 78,6 % von $\overline{AB}$. In der Regel bildet sich am Korrekturpunkt C eine Umkehrformation aus.
- Die Ratios an der gepunkteten Linie zwischen den Punkten B und D geben die Ratios für eine Kurszielbestimmung der Variante Fibonacci-Extension oder einer Fibonacci-Projektion an.
    - Bei einem Standard-Pattern wird das Kursziel mit der Variante der Extension berechnet (xxx % von $\overline{BC}$).
    - Bei einem alternativen Pattern wird das Kursziel mit der Variante der Projektion berechnet (xxx % von $\overline{AB}$).
- Bei bullishen Patterns wird an Punkt C eine Long-Position eröffnet.
- Bei bearishen Patterns wird an Punkt C eine Short-Projektion eröffnet.

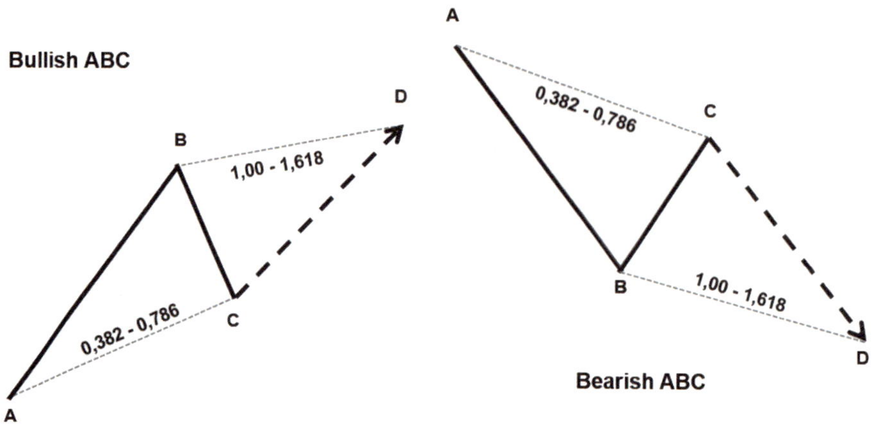

Abbildung 23: Das ABC Pattern – die bullishe und bearishe Variante

- Hinsichtlich Positionseröffnung werden einige Varianten in **Anhang V – Einstiegsvarianten** – aufgelistet.

- Die verschiedenen Einstiegsniveaus können auch zum Aufstocken einer bestehenden Position verwendet werden.

- Die durch $\overline{AB}$ vorgegebene Trendrichtung wird wieder aufgenommen durch $\overline{CD}$.

- Der Punkt D erreicht in der Regel 100 %, 127,2 % oder 161,8 %. Je nach Pattern mit der Variante der Extension (= Standard-Pattern) der Strecke BC oder Projektion (= Alternatives Pattern) der Strecke AB berechnet.

- Da Sie im Voraus nicht wissen können, nach welcher Variante sich das Pattern entwickelt, bietet sich eine einfache Methode an: Sobald abzuschätzen ist, dass der Punkt C ausgebildet ist, werden in den Chart beide Methoden der Fibonacci-Kurszielbestimmung eingezeichnet, also die der Extension und der Projektion. Sehen Sie nun ein Cluster (Erklärung ab Seite 260), dann bietet sich dieses Cluster als Take Profit an. Denn die Wahrscheinlichkeit, dass der Kurs dieses Cluster anläuft, ist hoch.

- An den verschiedenen Fibonacci-Kurszielen, den 100%, 127,2 % oder 161,8 %, können offene Positionen auch über Teilverkäufe nach und nach (= Scale out) geschlossen werden.

- Der Stop-Loss kann gelegt werden:
  - knapp unter (long) oder knapp über (short) Punkt C oder
  - am 88,6 %-Retracement der Strecke AB oder
  - knapp unter (long) oder knapp über (short) Punkt A
  - oder auch an eine andere, vom Trader bevorzugte Stelle, aber
- **ein Stop-Loss muss sein!**
- Der Stop-Loss muss immer zur Kontogröße und zum persönlichen Risk- und Moneymanagement passen.

Ein Satz zum Thema Stop-Loss, der zum Nachdenken anregen soll:
Even Monkeys fall from trees!
Selbst Affen fallen von Bäumen!

AB=CD oder auch ABCD Pattern

Um folgende Irreführung gleich klarzustellen: Das AB=CD muss nicht perfekt symmetrisch sein im Sinne von $\overline{AB} = \overline{CD}$, gemessen in Punkten, Pips oder Euro. Nur ca. 40 % der AB=CD Patterns sind perfekt symmetrisch bezüglich Preis und Zeit. Das heißt im Umkehrschluss, dass bei 60 % aller AB=CD Patterns $\overline{CD} \neq \overline{AB}$ ist. In der Regel erreicht $\overline{CD}$ 127,2 % oder 161,8 % der $\overline{BC}$ Extension. Aus diesem Grund ist es sinnvoller, von einem ABCD-Muster zu sprechen.

Das ABCD Pattern wurde von Harold M. Gartley (1899–1972) in seinem Buch *Profits in the Stock Market* beschrieben.

Abbildung 24: Eigene Darstellung von der Zeichnung von H. M. Gartley aus seinem Buch »Profits in the Stock Market« – auf Seite 222. Links die Variante A = Long-Trade und rechts die Variante B = Short-Trade

Harold M. Gartley (1899–1972) wurde in Newark, New Jersey, geboren. Er machte seinen Bachelor-Abschluss in Commercial Science und seinen Master in Business Administration an der New York University. An der Wall Street lernte er das Börsengeschäft von der Pike auf, er war unter anderem Händler, Analyst und Ausbilder. 1935 veröffentlichte er seine Lehrgangsunterlagen als eine Art Ringbuch mit dem Titel ***Profits in the Stock Market*** – das Stück für 1.500 $. Das entsprach zur damaligen Zeit immerhin drei Fords! Der Leser bekam dafür etwas zum Lernen über Trends und Trendlinien, die Dow-Theorie, Dreiecke, gleitende Durchschnitte, Gaps – und über Muster (= Pattern).
In seinen Unterlagen auf Seite 222 ist diese Grafik (Abbildung 24) abgebildet. Für Gartley war das »One of the Best Trading Opportunities" – eine der besten Trading-Chancen.

Das von Gartley beschriebene ABCD-Muster (Abbildung 24) ist eigentlich das Basismuster für alle anderen harmonischen Patterns, insbesondere natürlich für das Gartley 222 und das Gartley Schmetterlingsmuster. Sie sollten sich die Form gut einprägen, sodass Sie das ABCD Pattern in jedem Chart auf Anhieb erkennen können.

Zu diesem Pattern (der Long-Variante A) schreibt Gartley unter anderem:

Die Kunst in der Durchführung

... einer solchen Operation liegt darin:

a. So lange geduldig zu warten, bis eine Abwärtsbewegung mit ordentlichen Proportionen ausgebildet wurde und

b. bis alle festgelegten Bedingungen vorliegen;

c. den Mut zu haben, genau dann zu kaufen, wenn die untergeordnete Korrektur, welche den Boden testet, Signale aussendet, dass sie beendet ist;

d. den Mut zu haben, mit einem fairen Profit (10–20 Cent – so im Originaltext von Gartley, Anmerkung der Autoren) die Position zu schließen oder zumindest mit einem Stop zu schützen.

Das ABCD Pattern ist damit eine klassische Countertrend-Strategie: Buy low and Sell high. Countertrend kann nicht jede/r! Das muss erst im Demo-Account geübt werden – wie jede andere neue Strategie auch! Und: Sie finden dieses Pattern in allen Zeitebenen und allen Märkten. Aber nicht jedes ABCD Pattern ist es wert, getradet zu werden.

Das ABCD-Muster ist die Erweiterung des ABC-Musters um den Punkt D und besteht somit aus vier Punkten und drei Segmenten. Beim ABC Pattern wird die Position bei Punkt C eröffnet und an Punkt D geschlossen, es wird ein Teil von $\overline{CD}$ mitgenommen. Beim ABCD Pattern wird die Position am Punkt D eröffnet. Im Prinzip ist das ABCD Pattern damit der Folgetrade eines abgeschlossenen ABC Patterns. Die verschiedenen harmonischen Patterns, die sich vom ABCD-Muster ableiten lassen, unterscheiden sich in ihren Fibonacci-Ratios.

Beim ABCD Pattern gibt es sehr unterschiedliche Angaben bezüglich der Fibonacci-Ratios. Je nach Literaturquelle kann der Korrekturpunkt C »nur« das 38,2 %-, 50 %-, 61,8 %- und 78,6 %-Retracement der $\overline{AB}$ erreichen. Scott M. Carney[2] lässt

2 Scott M Carney: Harmonic Trading. 3 Bde., FT Press.

auch das 88,6 %-Retracement zu. Gleiches gilt für die Extension zum Punkt D, hier reichen die Variationen von 100 % bis 314 % (= die Kreiszahl π).

Hier noch einmal der Hinweis: Wenn Sie Patterns traden, müssen Sie jedes einzelne Pattern in ihrem Trading-Plan festhalten. Das gilt jetzt nicht nur für Patterns, sondern für jede Strategie, die Sie verwenden. Auch ist das Führen eines Trading-Journals unerlässlich. So können Sie jeden Trade auswerten und eine Statistik führen, welche Ratios und/oder Märkte und/oder Zeitebenen profitabel gehandelt werden können. Im Umkehrschluss können Sie dann festlegen, dass Sie ganz bestimmte Ratios und/oder Märkte und/oder Zeitebenen nicht handeln.

Doch bevor wir mit der Vorstellung der diversen ABCD Patterns beginnen, definieren wir für alle Varianten den Ausstieg. Beim ABCD Pattern wird an $\overline{AD}$ ein Retracement angelegt. Die erste Hälfte der Position wird bei 61,8 % von $\overline{AD}$ und die zweite Hälfte bei 78,6 % von $\overline{AD}$ mitgenommen.

Das **Trade-Management** ist ein wichtiger Bestandteil des Trading-Plans. Bei diesen beiden Vorschlägen müssen Sie bereits zwei CFDs oder zwei Futures-Kontrakte kaufen – oder ein Vielfaches davon –, um die Position in zwei Häppchen wieder zu schließen. Angenommen, Sie handeln nur einen Future-Kontrakt oder einen CFD, dann müssen Sie die Position auf einmal schließen und damit die Entscheidung treffen, an welchem Retracement Sie verkaufen.

Es ist natürlich jedem selbst überlassen, eine eigene Ausstiegsstrategie zu definieren. Wichtig ist nur, dass diese im Trading-Plan aufgeschrieben wird!

Zu jedem Trade gehört zwingend der Stop-Loss. Bei den bullishen ABCD Patterns liegt der Stop knapp unter Punkt D und bei den bearishen ABCD Patterns knapp über Punkt D. Falls Sie ihn woanders platzieren möchten, müssen Sie das auch in Ihrem Trading-Plan vermerken.

Eine Frage, die immer gestellt wird, lautet: Wann den Stop nachziehen? Eigentlich gibt es beim Pattern-Trading nur einen Initial-Stop. Der Stop wird also nicht nachgezogen entsprechend dem Motto: Set and forget.

Aber andererseits sind manche Patterns »große« Formationen und selbst ein kleiner Stop kann teuer werden. **Oberste Priorität hat immer der Kapitalerhalt!** Ist eine Position im Gewinn, dann ist es mehr als ärgerlich, wenn diese im Verlust ausgestoppt wird.

Es ist immer eine Gratwanderung zwischen: Stop zu früh nachziehen und dann Break Even ausgestoppt zu werden oder Stop zu spät nachziehen und dann im Verlust ausgestoppt zu werden – obwohl die Position bereits im Gewinn war. Hier gibt es leider kein Patentrezept außer den Hinweis: im Zweifelsfall die Positionsgröße verringern. Bei großen Patterns kann zum Beispiel mit einer Teilposition gestartet werden. Ist diese im Gewinn und entwickelt sich das Pattern nach Plan, dann wird die Position aufgestockt und der Stop auf Break Even nachgezogen. Ein *Scale in* sozusagen, oder anders gesagt: eine Pyramide bauen.

Für den Anfang beginnen wir mit dem *perfekten* bullishen und dem *perfekten* bearishen ABCD Pattern. Und zwar deswegen, weil wir es hier nur mit zwei Fibonacci-Ratios zu tun haben.

Perfektes bullishes ABCD Pattern

Dieses Pattern ist »perfekt«, weil nur zwei Ratios, nämlich der goldene Schnitt = 1,618 und sein reziproker Wert = 0,618 Verwendung finden. Aufgrund der Verhältnistreue von Fibonacci-Ratios bedeutet das, dass in diesem Fall AB = CD ist. Die Strecke AB hat also in Punkten, Pips oder Euro den gleichen preislichen Umfang wie die Strecke CD. Wenn jetzt noch die zeitliche Ausdehnung von $\overline{AB}$ der von $\overline{CD}$ entspricht, dann ist es absolut perfekt. Aber das »perfekt« hat auch einen Nachteil: Es kommt eher selten vor.

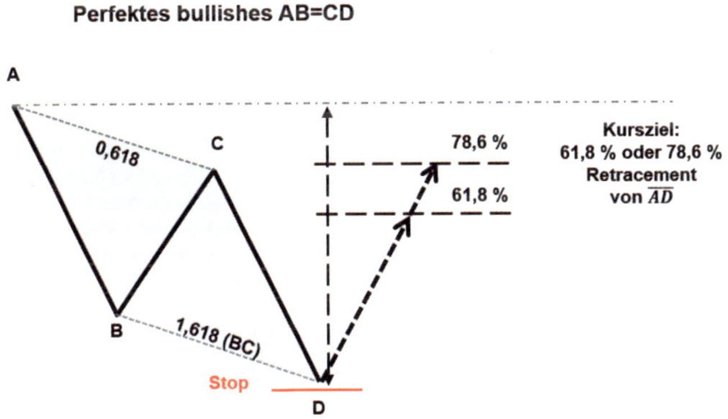

Abbildung 25: Die Grafik eines perfekten bullishen ABCD. Es ist »perfekt«, weil die Strecke AB um 61,8 % wird und der Punkt D einer 161,8 %-Extension der Strecke BC entspricht. Damit entspricht AB = CD

Das *perfekte* bullishe ABCD Pattern beginnt mit einem abgeschlossenen bearishen ABC Pattern.

Hier die Charakteristika des perfekten bullishen ABCD Patterns (Abbildung 25):

- Das Pattern beginnt mit einer abwärtsgerichteten Strecke AB.
- $\overline{AB}$ wird durch $\overline{BC}$ um 61,8 % korrigiert.
- Punkt D = 161,8 % von $\overline{BC}$, Variante der Extension
- Long an Punkt D
- Stop knapp unter Punkt D
- Die erste Hälfte der Position wird bei 61,8 % von $\overline{AD}$ und die zweite Hälfte bei 78,6 % von $\overline{AD}$ mitgenommen.

Am Beispiel der Chevron Corp. im Tageschart (in US-Dollar und an der NYSE) vom 27.10.2015 bis 18.03.2016 ist in Abbildung 26 das perfekte bullishe ABCD Pattern dargestellt.

Abbildung 26: Perfektes bullishes ABCD Pattern am Beispiel der Chevron Corp im Tageschart vom 27.10.2015 bis 18.03.2016 in US-Dollar an der NYSE

Die Abwärtsbewegung $\overline{AB}$ wird durch $\overline{BC}$ korrigiert. Das Korrekturhoch C wurde bei 93,95 $ ausgebildet, das sind 67,4 %. Die idealen 61,8 % notieren bei 93,14 $, eine Differenz von 0,81 $. Zur PRZ D bei 75,33 $ sind es dann 18,62 $, das sind 191,9 % von $\overline{BC}$ – statt der »erlaubten« 161,8 %. Der Hammer bei D wird durch eine weiße Folgekerze bestätigt und die Kursziele bei den 61,8 % = 89,74 $ und die 78,6 % bei 93,65 $ wurden nach wenigen Wochen erreicht.

Ob der Punkt D mit einer Abweichung von 30,1 % von den perfekten 161,8 % dieses Patterns als perfektes bullishes ABCD Pattern qualifiziert, kann diskutiert werden. Aber: Der Schlusskurs des Hammers notiert bei 78,98 $ und damit bei 154,3 % bezogen auf $\overline{BC}$.

Hier möchten wir eine weitere Diskussion beginnen. Und zwar geht es um den folgenden Kasten:

> Bei Fibonacci-Kurszielen handelt es sich immer um Zielzonen und nicht um exakte Punktlandungen. Sie müssen in Ihrem persönlichen Trading-Plan angeben, um wie viel Prozent der Kurs von einem Fibonacci-Ziel abweichen darf. ± 3 % sind eine akzeptable Spanne.

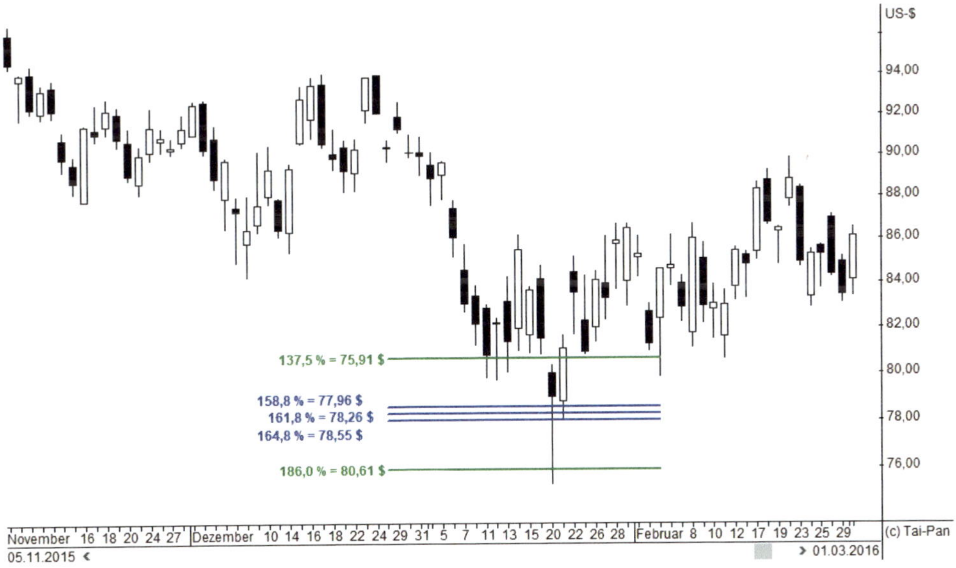

Abbildung 27: Worauf beziehen sich die Zielzonen von ± 3%? Auf den Kurs oder auf das Fibonacci-Ratio? In diesem Chart von der Chevron Corp. (in US-Dollar und an den NYSE) ist der Unterschied deutlich sichtbar. Die blauen Linien sind die Zielzonen der Fibonacci-Ratios, die grünen Linien die des Preises

Diese ± 3 %: Worauf beziehen sie sich? Auf das Fibonacci-Ratio oder auf den Kurs? Das rechnen wir einmal kurz anhand des Beispiels von der Chevron Corp. nach, um Ihnen den Unterschied in »harten« US-Dollar zu zeigen.

1. Rechnung: ± 3 % vom Fibonacci-Ratio. Das ideale Ratio sind die 161,8 % oder 78,26 $. Die akzeptable Spanne würde also zwischen 158,8 % bis 164,8 % liegen. Umgerechnet auf den Kurs der Chevron heißt das, dass ein Kurs zwischen 77,96 $ und 78,55 $ akzeptabel ist.

2. Rechnung: ± 3 % vom Kurs: Der auf das ideale Ratio berechnete Kurs sind die 78,26 $. 3 % von 78,26 $ sind 2,35 $. Damit liegt die akzeptable Spanne zwischen 75,91 $ und 80,61 $.

Dieser Unterschied ist in Abbildung 27 in den Chart der Chevron Corp. eingezeichnet. In Blau die ± 3 % vom Fibonacci-Ratio, also 158,8 % – (161,8 %) – 164,8 %, und in Grün die ± 3 % vom Kurs = 75,91 $ – (78,26 $) – 80,61 $. Ein ganz deutlicher Unterschied!

Ergo: Das sollten Sie wirklich ganz genau definieren in Ihrem Trading-Plan!

Wenn Sie das perfekte ABCD Pattern in Abbildung 26 genauer ansehen und auf sich wirken lassen, dann sieht das nicht gerade nach AB = CD aus. Wieso? Rechts unten im Chart von TaiPan EoD steht ein »LOG«. Das bedeutet, dass die Preisskala dieses Charts logarithmisch dargestellt ist. Da die Zeitskala arithmetisch eingestellt ist, nennt sich diese Chartvariante »halblogarithmisch«. Alle Charts in diesem Buch sind mit TaiPan EoD erstellt und alle Charts sind halblogarithmisch.

Angenommen, der Preis einer Aktie steigt von 10 € auf 11 €, das sind 10 % oder 1 €. Steigt der Preis einer Aktie von 100 € auf 101 €, dann ist das auch 1 €, aber nur 1 %. In einem arithmetischen Chart wird der Preisanstieg für jeden Euro oder – neutraler gesagt – für jede Preiseinheit mit einem identisch großen Abstand im Chart dargestellt – obwohl prozentual Welten dazwischenliegen können. Bei einem halb-logarithmischen Chart wird auf die prozentuale Veränderung Rücksicht genommen. So wird der 10 %ige Preisanstieg von 10 € auf 11 € mit der gleichen Strecke auf der Y-Achse abgebildet wie der 10 %ige Preisanstieg von 100 € auf 110 €.

Das bedeutet für Sie: Wenn Sie mit halblogarithmischen Charts arbeiten, dann können Sie nicht einfach eine Linie, wie beispielsweise ein Fibonacci-Retracement, kopieren und woanders im Chart einfügen. Dann stimmt das Verhältnis zwischen zurückgelegter Strecke in Zentimetern nicht mit der prozentualen Preisveränderung überein. Sie können nur in arithmetischen Charts Linien oder Fibonacci-Retracements kopieren und woanders einfügen.

Perfektes bearishes ABCD Pattern

Das *perfekte* bearishe AB=CD Pattern beginnt mit einem abgeschlossenen bullishen ABC Pattern. Auch dieses Pattern ist »perfekt«, weil nur der Goldene Schnitt = 1,618 und sein reziproker Wert = 0,618 Anwendung finden. Auch hier hat $\overline{AB}$ den gleichen Preisumfang wie $\overline{BC}$, im Idealfall auch den gleichen zeitlichen Umfang. Aber auch hier gilt: Die »perfekten« bearishen ABCD Patterns sind selten.

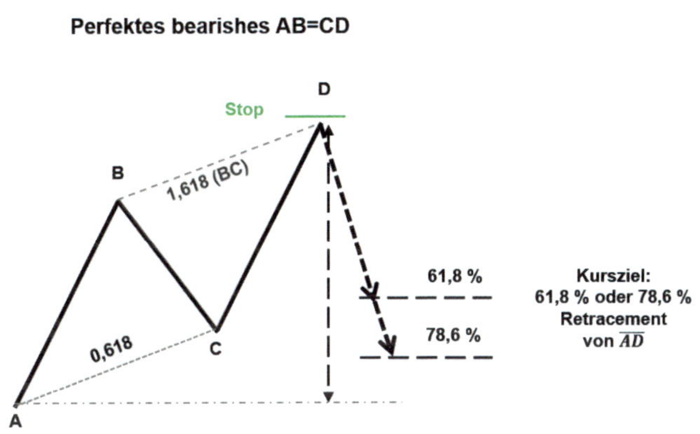

Abbildung 28: Die Grafik eines perfekten bearishen ABCD. Es ist »perfekt«, weil die Strecke AB um 61,8 % korrigiert wird und der Punkt D einer 161,8 %-Extension von der Strecke BC entspricht

Hier die Charakteristika des perfekten bearishen ABCD Patterns (Abbildung 28):

- Das Pattern beginnt mit einer aufwärtsgerichteten Strecke AB.
- $\overline{AB}$ wird durch $\overline{BC}$ um 61,8 % korrigiert.
- Punkt D = 161,8 % von $\overline{BC}$, Variante der Extension

- Short an Punkt D
- Stop knapp über Punkt D
- Die erste Hälfte der Position wird bei 61,8 % von $\overline{AD}$ und die zweite Hälfte bei 78,6 % von $\overline{AD}$ mitgenommen.

In Abbildung 29 ist ein perfektes bearishes ABCD Pattern am Beispiel von EUR/USD im Tageschart im Zeitraum vom 15.07.2016 bis 20.10.2016 abgebildet. Die Aufwärtsbewegung $\overline{AB}$ wird mit dem Korrekturtief bei Punkt C um 66,6 % korrigiert. Das Tief von C notiert bei 1,1046 $, die exakten 61,8 % liegen bei 1,1060 $, das macht eine Differenz von 14 Pips. Der Punkt D wird nun mit der Variante der Extension über die Strecke BC berechnet. Rechnerisch ergeben die 161,8 % 1,1351 $, das tatsächlich erreichte Hoch notierte bei 1,1366 $. Das macht eine Differenz von 15 Pips. Nachgerechnet sind das 170,2 %. Das Erreichen der beiden Take Profits hat ein paar Tage länger gedauert und mit den recht kräftigen Rückläufen doch sehr an den Nerven gezerrt.

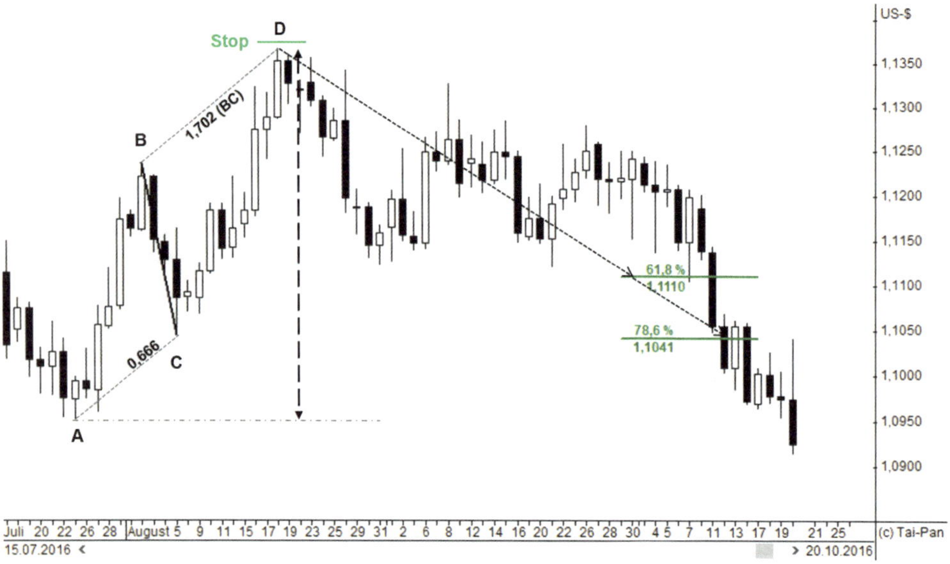

Abbildung 29: Perfektes bearishes ABCD Pattern am Beispiel von EUR/USD im Tageschart vom 15.07.2016 bis 20.10.2016

Angenommen, wir haben in unserem Trading-Plan definiert, dass das Ratio um maximal 3 % abweichen darf, so wäre das kein perfektes bearishes ABCD Pattern. Wenn wir in unserem Trading-Plan jedoch eine Abweichung von 3 % vom Kurs zulassen, dann liegt dieses perfekte bearishe ABCD Pattern innerhalb der von uns zugelassenen Toleranz und kann auch gehandelt werden.

Etwas anders formuliert:

Fibonacci-Ratios stellen ***Zielzonen*** dar, sie müssen nicht punktgenau erreicht werden. In Ihrem Trading-Plan müssen Sie genau festhalten, wie viel Abweichung Sie tolerieren und ob sich die Abweichung auf den Kurs oder auf das Ratio bezieht.

Alternatives perfektes bullishes ABCD Pattern

Zum perfekten bullishen ABCD Pattern gibt es natürlich auch die alternative Variante, bei welcher das Kursziel über die Methode der Projektion berechnet wird. Alles andere entspricht dem perfekten ABCD Pattern:

- Das Pattern beginnt mit einer abwärtsgerichteten Strecke AB.
- $\overline{AB}$ wird durch $\overline{BC}$ um 61,8 % korrigiert.
- Punkt D = 161,8 % von $\overline{AB}$, berechnet nach der Variante der Projektion
- Long an Punkt D
- Stop knapp unter Punkt D
- Die erste Hälfte der Position wird bei 61,8 % von $\overline{AD}$ und die zweite Hälfte bei 78,6 % von $\overline{AD}$ mitgenommen.

Am Beispiel von Gold im Tageschart (in US-Dollar und je Feinunze) vom 26.04.2016 bis 23.06.2016 ist in Abbildung 30 das alternative perfekte bullishe ABCD Pattern dargestellt.

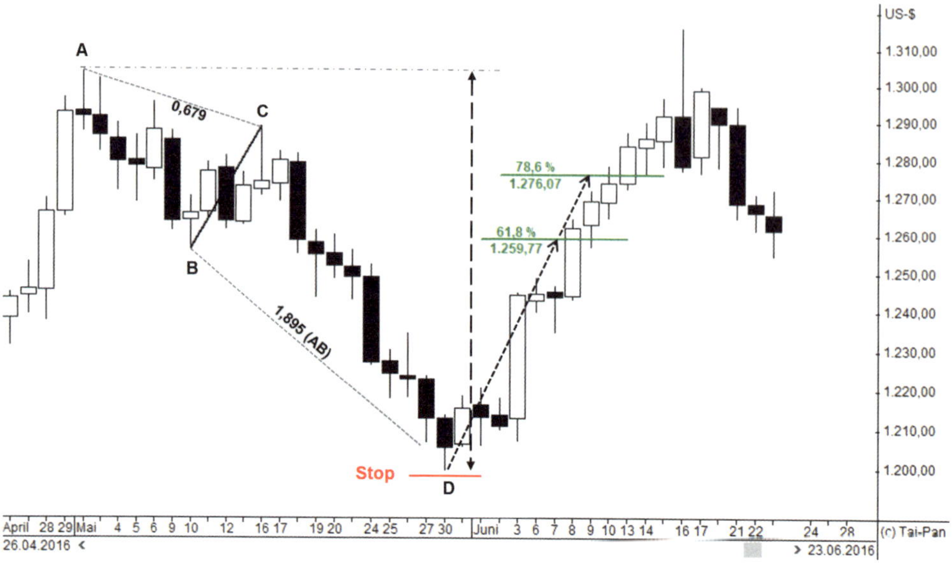

Abbildung 30: Alternatives perfektes bullishes ABCD Pattern am Beispiel von Gold im Tageschart vom 26.04.2016 bis 23.06.2016

Die Abwärtsbewegung $\overline{AB}$ wird durch $\overline{BC}$ korrigiert. Das Korrekturhoch C wurde bei 1.288,83 \$ ausgebildet, das sind 67,9 %. Die idealen 61,8 % notieren bei 1.285,94 \$, eine Differenz von 2,89 \$. Zur Umkehrzone D bei 1.199,82 \$ sind es dann 89,01 \$, das sind 189,5 % von $\overline{AB}$ – statt der »erlaubten« 161,8 %. Die beiden Kursziele, die 61,8 % und 78,6 % von $\overline{AD}$, wurden in wenigen Tagen erreicht.

Alternatives perfektes bearishes ABCD Pattern

Auch für das perfekte bearishe ABCD Pattern gibt es die alternative Variante, bei welcher das Kursziel über die Methode der Projektion der Strecke AB berechnet wird. Alles andere entspricht dem perfekten bearishen ABCD Pattern:

- Das Pattern beginnt mit einer aufwärtsgerichteten Strecke AB.
- $\overline{AB}$ wird durch $\overline{BC}$ um 61,8 % korrigiert.
- Punkt D = 161,8 % von $\overline{AB}$, Variante der Projektion

- Short an Punkt D
- Stop knapp über Punkt D
- Die erste Hälfte der Position wird bei 61,8 % von $\overline{AD}$ und die zweite Hälfte bei 78,6 % von $\overline{AD}$ mitgenommen.

In einem echten Chart sieht das so aus wie in Abbildung 31 in einem H4-Chart von USD/CAD vom 18.08.2016 bis 08.09.2016.

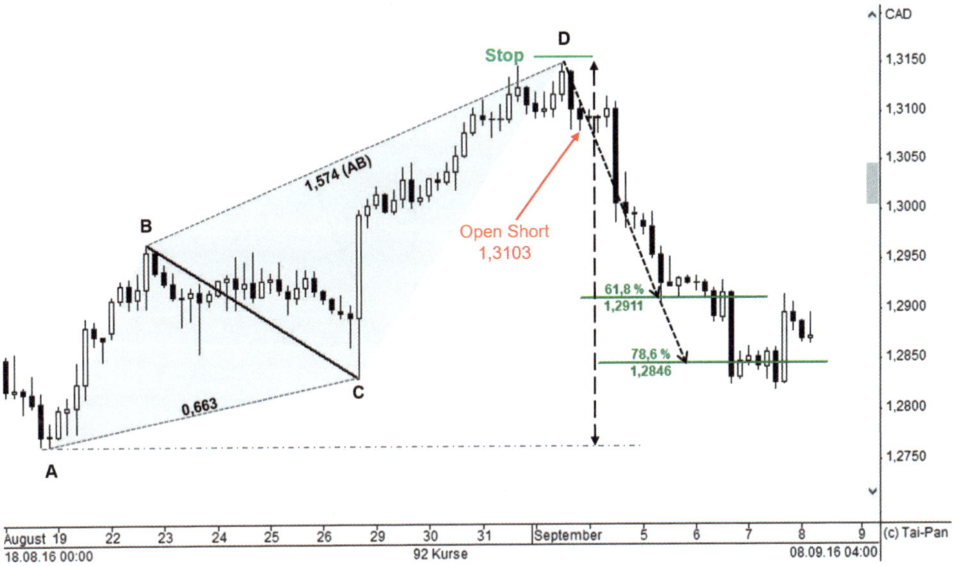

Abbildung 31: Ein alternatives perfektes bearishes ABCD Pattern am Beispiel der USD/CAD im H4-Chart vom 18.08.2016 bis 08.09.2016

Die Korrektur $\overline{BC}$ hat sich etwas hingezogen, doch mit der Lunte der Power-Candle wurde dann C bei 1,2832 CAD oder 66,3 % von $\overline{AB}$ ausgebildet. Das Hoch D bei 1,3150 CAD erreichte 157,4 % von $\overline{AB}$ und wurde durch eine schwarze Umkehrkerze mit einem deutlich tieferen Tief bestätigt. Eine sehr frühe Möglichkeit, den USD/CAD zu shorten, war dann zum Open der kleinen schwarzen Kerze (der zweiten schwarzen Kerze nach dem Hoch bei D, mit dem roten Pfeil markiert) bei 1,3103 CAD. Die beiden Take Profits, die 61,8 % und die 78,6 % von $\overline{AD}$, wurden planmäßig nach wenigen Stunden erreicht.

Bullishes ABCD Pattern

Beim bullishen ABCD Pattern werden praktisch alle möglichen Fibonacci-Ratios für die Berechnung von Punkt D erlaubt: Die Extension von $\overline{BC}$ kann alle Ratios zwischen den 100 % und den 261,8 % erreichen. Abbildung 32 zeigt dieses Pattern als Grafik.

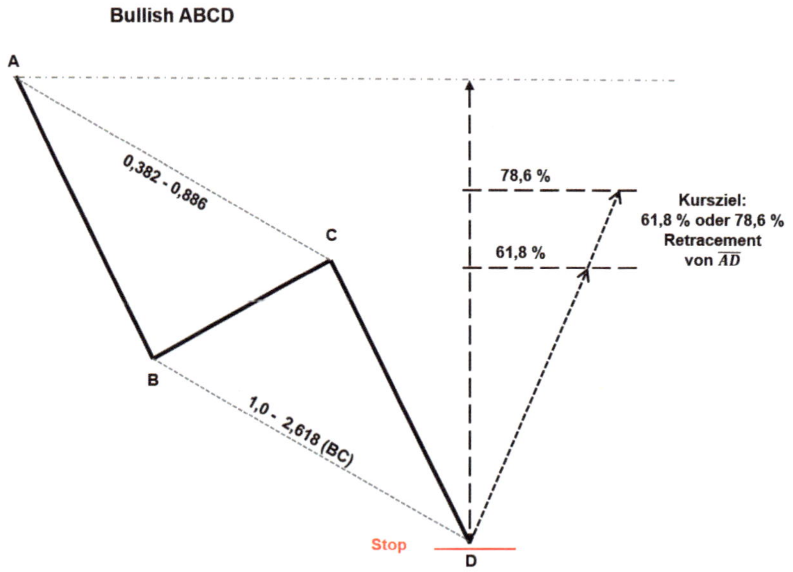

Abbildung 32: Die Grafik eines bullishen ABCD

Hier die Fibonacci-Charakteristika des bullishen ABCD Patterns:

- Das Pattern beginnt mit der Ausbildung der Abwärtsbewegung $\overline{AB}$.
- Die Korrektur zu Punkt C kann 38,2 % bis 88,6 % von $\overline{AB}$ erreichen.
- Die Abwärtsbewegung in Richtung von $\overline{AB}$ wird wieder aufgenommen.
- Das Kursziel von Punkt D wird mit der Variante der Extension der Strecke BC berechnet. Die möglichen Kursziele liegen bei 100 % bis 261,8 %.
- »Kaufen an Punkt D« lautet nun die Handelsanweisung.

- Der Stop wird knapp unter Punkt D gelegt.
- Die erste Hälfte der Position wird bei 61,8 % von $\overline{AD}$ und die zweite Hälfte bei 78,6 % von $\overline{AD}$ mitgenommen.

In Abbildung 33 ist das bullishe ABCD am Beispiel der Lufthansa Aktie im Tageschart vom 28.12.2015 bis 21.03.2016 dargestellt. Bei diesem Beispiel wird einem der Einstieg relativ einfach gemacht, denn es wird an der 200 %-Extension ein Hammer (Abbildung 159) ausgebildet. Das Tief der Lunte bei 11,85 € dieser Umkehrkerze vom 09.02.2016 liegt nur knapp über den 200 %. Bei einem Hammer sollte immer eine Bestätigungskerze abgewartet werden. In diesem Fall wird am Folgetag eine weiße Kerze ausgebildet, der Hammer und damit die Umkehr wurden also bestätigt. Die Handelsanweisung in so einem Fall ist recht einfach: Kaufe zur Eröffnung am nächsten Tag. Die Long-Position wird bei 12,49 € eröffnet, der Stop wird knapp unter das Tief des Hammers bei ca. 11,80 € gelegt. Die mit der Extension von $\overline{BC}$ berechneten Long-Kursziele werden innerhalb weniger Tage erreicht.

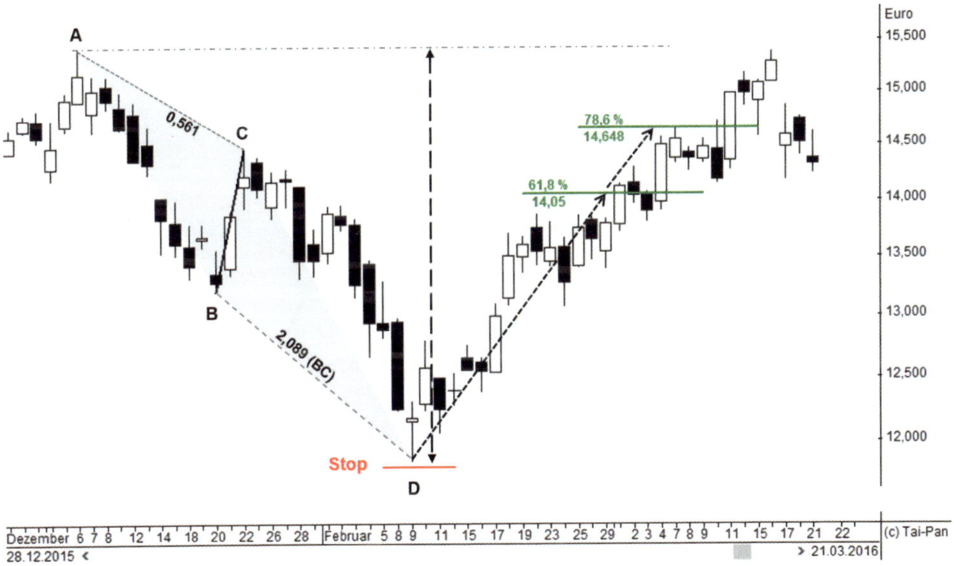

Abbildung 33: Ein bullishes ABCD Pattern am Beispiel der Lufthansa Aktie im Tageschart vom 28.12.2015 bis 21.03.2016

In diesem Beispiel mit der Lufthansa Aktie ist der Kurs im Hoch bis 15,38 € gelaufen. Klar, hätte ... wäre ... wenn ... dann wäre der Gewinn größer ausgefallen. Aber wir wissen nie im Voraus, wie weit die Aktie noch laufen wird. Wichtig ist, dass wir das Pattern entsprechend den vier Regeln 1) identifiziert haben, wir haben 2) die Kursziele prognostiziert, wir haben 3) entschieden, wann die Position eröffnet wird, wir haben 4) den Trade ausgeführt und wir haben in der Summe einen fachlich sauberen Gewinn eingefahren. Im Trading-Tagebuch wird dieser Trade also mit einem Smiley versehen!

Bearishes ABCD Pattern

Das bearishe ABCD besteht aus zwei Aufwärtsbewegungen, getrennt durch eine Korrektur (einem vollendeten bullishen ABC). Am Punkt D wird die Short-Position eröffnet. In Abbildung 34 ist das bearishe ABCD in einer Grafik dargestellt.

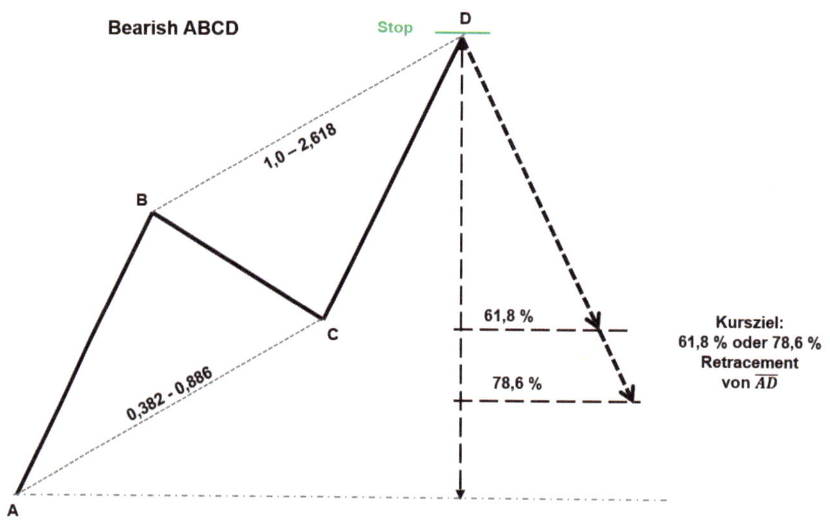

Abbildung 34: Die Grafik eines bearishen ABCD. Die Strecke AB wird um 38,2 % bis 88,6 % korrigiert. Die Extension von $\overline{BC}$ zu Punkt D kann viele Ratios erreichen, von 100 % bis 261,8 %

Hier die Fibonacci-Charakteristika für das bearishe ABCD:

- Das Pattern beginnt mit der Ausbildung der Aufwärtsbewegung $\overline{AB}$.
- Die Korrektur zu Punkt C erreicht 38 % bis 88,6 % von $\overline{AB}$.
- Die Aufwärtsbewegung in Richtung von $\overline{AB}$ wird wieder aufgenommen.
- Das Kursziel von Punkt D wird mit der Variante der Extension berechnet. Die möglichen Kursziele liegen bei 100 % bis 261,8 %.

Oder einfacher formuliert:

- Der Punkt C erreicht ein Retracement von $\overline{AB}$.
- Der Punkt D errechnet sich aus einem Fibonacci-Ratio zwischen 100 % und 261,8 % über die Variante der Extension von $\overline{BC}$.
- »Verkaufen an Punkt D« lautet nun die Handelsanweisung.
- Der Stop wird knapp über Punkt D gelegt.
- Die erste Hälfte der Position wird bei 61,8 % von $\overline{AD}$ und die zweite Hälfte bei 78,6 % von $\overline{AD}$ mitgenommen.

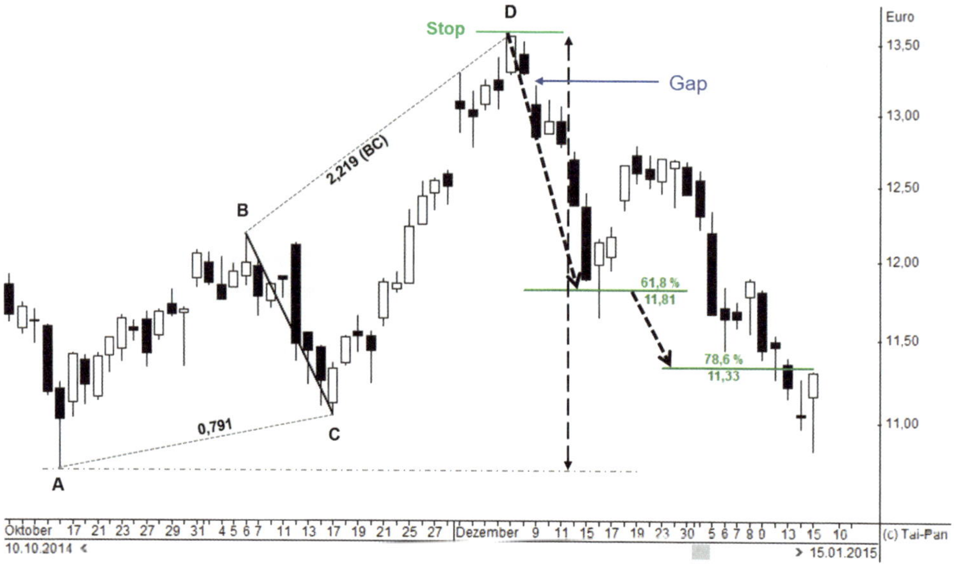

Abbildung 35: Bearishes ABCD am Beispiel des Tagescharts der E.ON SE vom 10.10.2014 bis 15.01.2015

Die Aktie der E.ON SE liefert ein gutes Beispiel für ein bearishes ABCD im Zeitraum vom 10.10.2014 bis 15.01.2015 im Tageschart (Abbildung 35).

Die Aufwärtsbewegung $\overline{AB}$ wird um 79,1 % korrigiert. Die folgende Bewegung $\overline{CD}$ verläuft mit der Elliott-Brille betrachtet impulsiv und erreicht 221,9 % von $\overline{BC}$. Die Kerze, die das Hoch bei Punkt D ausgebildet hat, und die Kerze vom Folgetag bilden auf den Cent genau das gleiche Tief bei 13,28 € aus. Wie hätten wir die Short-Position eröffnet? Mit der Kerze nach dem Gap, dann hätten wir bei 13,07 € die Position eröffnet. Der Stop knapp über dem Hoch von Punkt D und die Take Profits werden gleich mit Eröffnung der Short-Position eingegeben. Dann heißt es: Set and forget. Allerdings erfordert es auch einiges an Mut, die zweite Short-Position bis zu ihrem Kursziel laufen zu lassen, da der Markt nach dem Erreichen des ersten Kurszieles gegen einen läuft. Und wir wissen nie im Voraus, ob das nur eine kleine Korrektur ist oder ob der Markt an dieser Stelle dreht und dann weiter steigt.

Versagendes ABCD Pattern

Sobald die Bewegung $\overline{CD}$ beim bullishen ABCD kein Tief unter B ausbildet und beim bearishen ABCD kein Hoch über B, hat das Pattern versagt. Denn Voraussetzung für ein ABCD Pattern ist, dass $\overline{CD}$ größer ist als $\overline{BC}$.

Zusammenfassung ABCD Pattern

Das ABCD Pattern besteht aus vier Punkten und drei Segmenten (Abbildung 36).

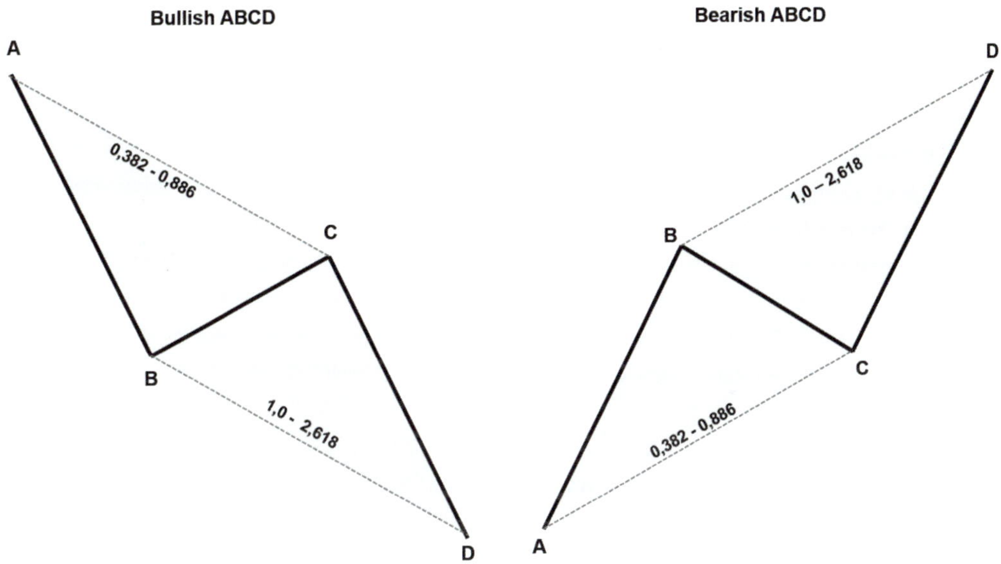

Abbildung 36: ABCD Pattern – die bullishe links und die bearishe Variante rechts

Es ist zum einen die Fortsetzung des ABC Patterns, zum anderen Basis für die Patterns mit fünf Punkten und vier Segmenten. In der Regel ist es eine korrektive Bewegung, denn das Muster erinnert stark an eine ZigZag-Korrektur von Elliott-Waves.

- Die Bewegung des $\overline{AB}$ wird mit $\overline{BC}$ bis zu einem Fibonacci-Retracement von 38 % bis 88,6 % korrigiert.

- Nach der Umkehr an Punkt C wird die Richtung von $\overline{AB}$ wieder aufgenommen.
- Das Kursziel von Punkt D wird über die Variante der Extension der Strecke BC bestimmt. Die möglichen Kursziele liegen bei 100 % bis 261,8 %.
- Bei dem alternativen ABCD Pattern wird das Kursziel bei D über die Variante der Projektion von $\overline{AB}$ bestimmt.
- Beim perfekten ABCD Pattern wird $\overline{AB}$ um 61,8 % korrigiert und der Punkt D ist eine 161,8 %-Extension von $\overline{BC}$. Aufgrund der Verhältnistreue ist $\overline{AB} = \overline{CD}$.
- An Punkt D wird beim bullishen ABCD long gegangen, bei einem bearishen ABCD wird short gegangen.
- Der Stop wird knapp über (bearish) oder knapp unter (bullish) den Punkt D gelegt.
- Die erste Hälfte der Position wird bei 61,8 % der $\overline{AD}$ – das ist ein relativ sicheres Kursziel – und die zweite Hälfte bei 78,6 % von $\overline{AD}$ mitgenommen.

Die Weiterentwicklung: Vom ABCD zum Gartley und mehr ...

Wird nun dem ABCD Pattern der Punkt X und damit die Strecke $\overline{XA}$ vorangestellt, dann erhalten wir ein Pattern bestehend aus fünf Punkten und vier Segmenten – ein harmonisches Pattern. Die verschiedenen harmonischen Patterns tragen zum Teil tierische Namen, unterscheiden sich in den Fibonacci-Ratios und lassen sich wie folgt einteilen:

Trendfortsetzungs-Patterns

- **Gartley + Bat:** C ist tiefer (höher) als A und D ist höher (tiefer) als X: $\overline{AD}$ ist nur eine Korrektur. Die Haupttrendrichtung wird durch die Richtung von $\overline{XA}$ vorgegeben – und in diese Richtung wird bei Erreichen der PRZ D investiert.

- **Cypher:** C ist höher (tiefer) als A und D ist höher (tiefer) als X. $\overline{XC}$ gibt die Haupttrendrichtung vor und in diese Richtung wird bei Erreichen der PRZ D investiert.

- **Shark:** C kann zwar tiefer (höher) ausgebildet werden als 0, aber dann ist das ein False Breakout. $\overline{0B}$ gibt die Haupttrendrichtung vor und in diese Richtung wird bei Erreichen der PRZ D investiert.

- **5-0:** Die lange Strecke BC gibt die Haupttrendrichtung vor. Nach Erreichen der PRZ D wird dann in diese Richtung investiert.

Trendumkehr-Patterns

- **Butterfly + Crab + Deep Crab:** C ist tiefer (höher) als A und D ist tiefer (höher) als X: $\overline{AD}$ gibt die Haupttrendrichtung vor und bei Erreichen der PRZ D wird gegen den Trend in die Trendumkehr investiert.

- **Alternatives Bat*:** C ist tiefer (höher) als A und D ist tiefer (höher) als X: $\overline{AD}$ ist nur eine Korrektur. Die Haupttrendrichtung wird durch die Richtung von $\overline{XA}$ vorgegeben – und in diese Richtung wird bei Erreichen der PRZ D investiert.

* Anmerkung:

Das alternative Bat könnte man auch als Fortsetzungs-Pattern sehen, wenn man das Unterschreiten von X durch Punkt D als False Breakout wertet. Die Leser unter Ihnen, die streng nach der Dow-Theorie vorgehen, werden das alternative Bat als Trendumkehr-Pattern sehen, da wir mit Punkt D ein tieferes Tief (oder höheres Hoch) als Punkt X bekommen. Ihre Gewinnziele hängen davon ab, ob Sie das alternative Bat als Trendfortsetzungs-Pattern oder als Trendumkehr-Pattern sehen.

Ohne Klammern beziehen sich die Angaben auf das bullishe Pattern, in Klammern ( ) stehen die Angaben für das bearishe Pattern.

In Abbildung 37 sind die bullishen Patterns und in Abbildung 38 die bearishen Patterns (welche in diesem Buch vorgestellt werden) als schnörkellose Grafiken dargestellt. Für die Klassifizierung in ein Trendfortsetzungs-Pattern oder ein

Trendumkehr-Pattern ist die Position von C in Bezug auf A und von D in Bezug auf X relevant.

Apropos Position der diversen Umkehrpunkte: Die Position von B in Bezug auf $\overline{XA}$ ist das erste Kriterium, welches Pattern sich da entwickeln könnte. Diese Bewegung – XAB – ist nichts anderes, als das ABC Pattern, welches wir Ihnen als *das* universale Grundmuster der harmonischen Patterns vorgestellt haben (ab Seite 33). B sollte relativ präzise an dem vorgegebenen Retracement ausgebildet werden, die Toleranz liegt bei maximal 5 % (bezogen auf das Fibonacci-Ratio), eher sogar weniger.

Wurde B ausgebildet, dann können Sie mit der Matrix, die wir Ihnen vorstellen, schnell die Patterns identifizieren, die noch infrage kommen. Dann müssen Sie nur noch die Fibonacci-Ratios der folgenden Bewegungen abhaken. Sie wissen dann lange vor Ausbildung der PRZ D, welches Pattern sich da entwickelt, und können in aller Ruhe den Einstieg, den Stop-Loss und die Take Profits bestimmen und die Order aufgeben – also das *Schema F* abarbeiten.

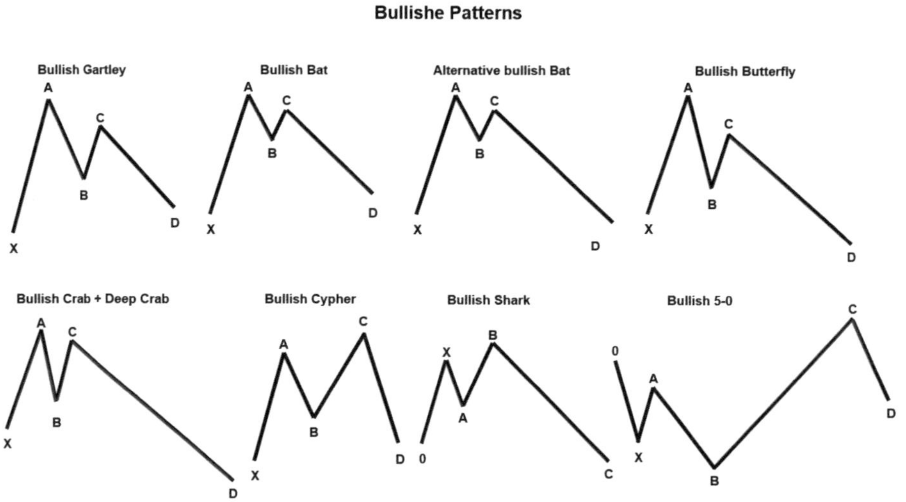

Abbildung 37: Pattern-Tour bullishe Varianten

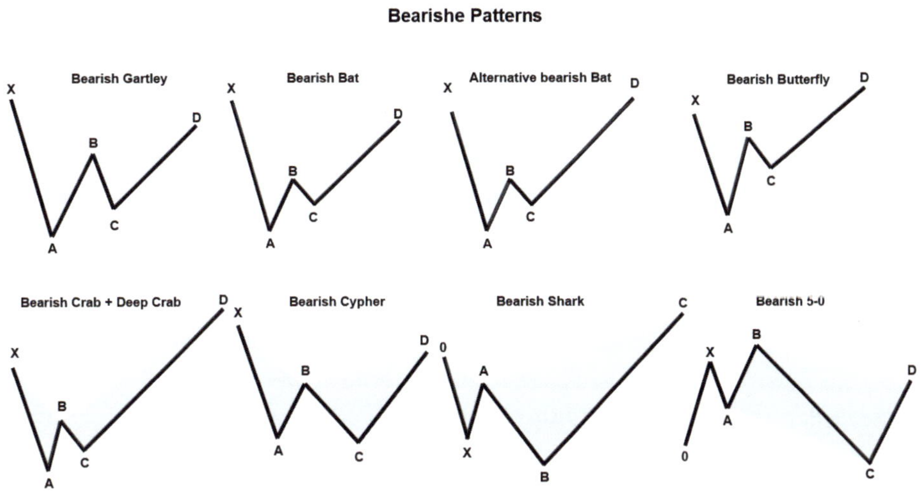

Abbildung 38: Pattern-Tour bearishe Varianten

Sollte das berechnete CRV zu schlecht sein und/oder ist der Trade mit Ihrem persönlichen Risk- und Moneymanagement unvereinbar – keine Bange, morgen gibt es auch noch »Börse« und Patterns werden immer wieder ausgebildet.

Grundsätzliches

Auf den folgenden Seiten werden wir Ihnen neun harmonische und sechs exotische Patterns vorstellen. Zur schnörkellosen Grafik und der Beschreibung der Patterns kommen jeweils ein Live-Beispiel für die bullishe und bearishe Variante dazu. Wir stellen Ihnen eine Matrix vor, mit der Sie ein sich ausbildendes Pattern einfach und sicher identifizieren können. Denn je eher Sie wissen, welches Pattern sich da ausbildet, desto präziser können Sie den Einstieg planen.

Auch stellen wir Ihnen die konkreten Einstiegsszenarien vor. Zu jedem Live-Pattern werden die relevanten Kursdaten, die tatsächlich erreichten Fibonacci-Ratios, der empfohlene Stop-Loss und die möglichen Kursziele angegeben. Auf Basis dieser Zahlen und mit dem Einstiegskurs berechnen wir CRVs, sodass Sie sich ein Bild davon machen können, wie lukrativ und entspannt Pattern-Trading sein kann. Die Berechnung der CRVs erfolgt ohne Betrachtung von Slippage und Kosten.

Bezüglich der Take Profits: Diese werden in der Regel auf die Strecke mit der größten Ausdehnung des Patterns, *und zwar ausgehend von der PRZ D*, berechnet. In der Regel ist das 38,2%-Retracement der sichere Hafen, die 50 % und 61,8 % bringen dann gute Gewinne und das Sahnehäubchen sind die Patterns, die auch in das 78,6 %-Kursziel laufen. Das impliziert aber auch, dass Sie mindestens mit einer Positionsgröße arbeiten sollten, die durch 2 oder durch 3 teilbar ist – nur so können Sie häppchenweise an den jeweiligen Fibonacci-Ratios Teilpositionen schließen. Diese Vorgehensweise bezeichnet man auch als *Scale out*.

Zwischen den Patterns und den Mustern der Elliott-Waves bestehen viele Parallelen – zum Beispiel die 38,2 % als erstes Kursziel für einen Rücklauf. Handeln Sie entgegen der Trendrichtung, dann sollten Sie nicht auf dem 78,6 %-Take-Profit beharren. Da sind 38,2 % oder 50 % realistische Kursziele. Bei einer Bewegung in Trendrichtung hingegen können Sie auch mit dem Erreichen der 61,8 % oder sogar 78,6 % rechnen.

Aber auch beim Pattern-Trading gilt: Niemand kann den zukünftigen Kursverlauf vorhersagen! Es geht immer nur um Wahrscheinlichkeiten, in welche Richtung sich der Kurs entwickeln wird! Wenn dann ein schwarzer Schwan vorbeigeflogen kommt, dann kann es sehr schnell vorbei sein mit der mustergültigen Ausbildung eines Patterns! Aber für diesen Fall gibt es ja den Stop-Loss ... der allerdings nur ausgeführt wird, wenn auch Kurse gestellt werden!

Als **schwarzen Schwan** bezeichnet man an der Börse höchst unwahrscheinliche Ereignisse. Historisch betrachtet geht das zurück auf die Entdeckung des australischen Kontinents durch europäische Seefahrer. Die Europäer sahen dort zum ersten Mal in ihrem Leben schwarze Schwäne. In Europa sind Schwäne weiß (bei uns ist der weiße Höckerschwan ***Cygnus olor*** heimisch), die Trauerschwäne (***Cygnus atratus***) in Australien sind eben schwarz. Die europäischen Entdecker haben sich erst mal die Augen gerieben, als sie schwarze Schwäne gesehen haben.
Mathematisch betrachtet sind das die ***fat tails*** der Gauß'schen Glockenkurve. Börse ist eben nicht »normal-verteilt«, sondern die Ausläufer der Glockenkurve sind häufiger besetzt, als uns Anlegern lieb ist. Ein Beispiel aus jüngster Vergangenheit ist die Entkoppelung des Schweizer Franken vom Euro am 15.01.2015, die quer durch alle Assetklassen hinweg heftigste Kursschwankungen ausgelöst hat.

Schema F

Das Pattern-Trading besteht aus vier Schritten – wir nennen es der Einfachheit halber **Schema F**:

Das Pattern muss

1. ***identifiziert***,
2. ***prognostiziert***,
3. ***entschieden*** und
4. ***ausgeführt*** werden.

Jedes harmonische Pattern hat klare Regeln. Nach diesen Regeln kann es bereits *identifiziert* werden, während es sich noch in Ausbildung befindet. Dann kann bereits der weitere Verlauf *prognostiziert* werden. Es wird *entschieden*, wo der Einstieg, Stop-Loss und die Take Profits liegen. Sie werden als Bracket-Order aufgegeben und dann *ausgeführt*.

Zu jedem der neun in diesem Buch beschriebenen harmonischen Pattern werden wir Ihnen die Regeln vorstellen und dann die vier Schritte von Schema F durchexerzieren.

Eigentlich sollten Patterns streng nach diesem vorgestellten Schema F gehandelt werden. Natürlich wissen auch wir, dass sich der eine oder andere Leser schwer damit tut, »fremdgesteuert« zu handeln, und gerne mal eigene Erfahrungen sammeln möchte, das Pattern um eigene Trading-Erfahrungen ergänzt, erweitert oder ändert. Das betrifft insbesondere den Einstieg, das Setzen des Stop-Loss und den Ausstieg. Wichtig dabei ist dann, dass Sie diese Variationen in Ihrem Trading-Tagebuch festhalten. Denn nur dann können Sie überprüfen, ob Ihre individuelle Anpassung profitabler ist – oder nicht.

Auch Patterns können versagen. In diesem Fall minimiert der Stop-Loss die Verluste. Bei Patterns heißt es *set and forget*. Trotzdem sollten Sie regelmäßig Ihre Positionen überprüfen. In der Regel entwickelt sich das Pattern nach 4) Ausführen zügig in Gewinnrichtung und die Gewinnziele werden rasch erreicht. Sollte die Bewegung ins Stocken kommen oder – als Daumenregel – zeitlich länger andauern als $\overline{CD}$, dann sollten Sie über ein vorzeitiges Schließen der Position nachdenken oder aber zumindest den Stop in den Gewinn nachziehen.

Gartley Pattern

Mit dem Gartley Pattern kommen wir zu dem ersten aus fünf Punkten und vier Segmenten bestehenden Pattern. Die Konstruktion ist denkbar einfach: dem ABCD Pattern wird der Punkt X und damit die Strecke XA vorangestellt. $\overline{XA}$ definiert damit die vorauslaufende Bewegung, gefolgt von dem bereits bekannten ABCD Pattern (ab Seite 59). Mit der Elliott-Brille betrachtet sieht ein Gartley also in der Regel aus wie ein Impuls, gefolgt von einer 3-teiligen Korrektur.

Das **Gartley Pattern** ist ***das*** harmonische Pattern schlechthin. Wobei ganz klar gesagt werden muss, dass H.M. Gartley, als er 1935 »Profits in the Stock Markets« veröffentlicht hat, dieses Pattern auf Seite 222 nicht mit Fibonacci-Ratios versehen hat. Diese Ehre gebührt Larry Pesavento[3]. Er versah die Zeichnung von H.M. Gartley (Abbildung 40) mit Fibonacci-Ratios und bezeichnete es dann als »Gartley 222«, weil es in dem Buch von Gartley auf Seite 222 abgebildet ist.

In Abbildung 39 ist links das bullishe Gartley und rechts das bearishe Gartley als schnörkellose Grafik dargestellt.

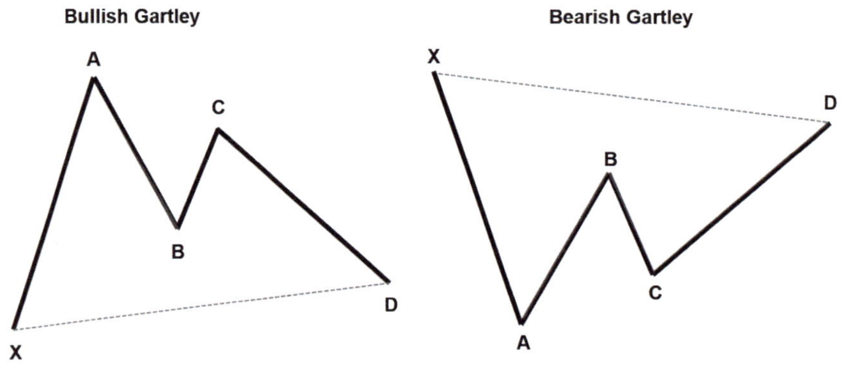

Abbildung 39: Das bullishe Gartley (links) und bearishe Gartley (rechts) als schnörkellose Grafik

[3] Larry Pesavento, Fibonacci-Ratios with Pattern Recognition, erschienen 1997 bei Traders Press, Inc.

Was Sie auf den ersten Blick beim bullishen Gartley sehen:

- C notiert unter A
- D notiert über X

... und beim bearishen Gartley:

- C notiert über A
- D notiert unter X

Hier in Abbildung 40 nochmals das Original von Gartley:

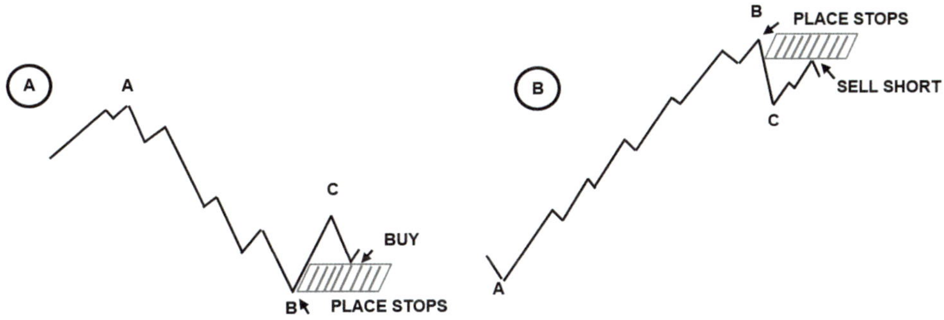

Abbildung 40: Eigene Darstellung von der Zeichnung von H. M. Gartley aus seinem Buch »Profits in the Stock Market« – auf Seite 222. Links die Variante A = Long-Trade und rechts die Variante B = Short-Trade

Das Original von Gartley um Fibonacci-Ratios ergänzt sieht dann schon etwas anders aus (Abbildung 41):

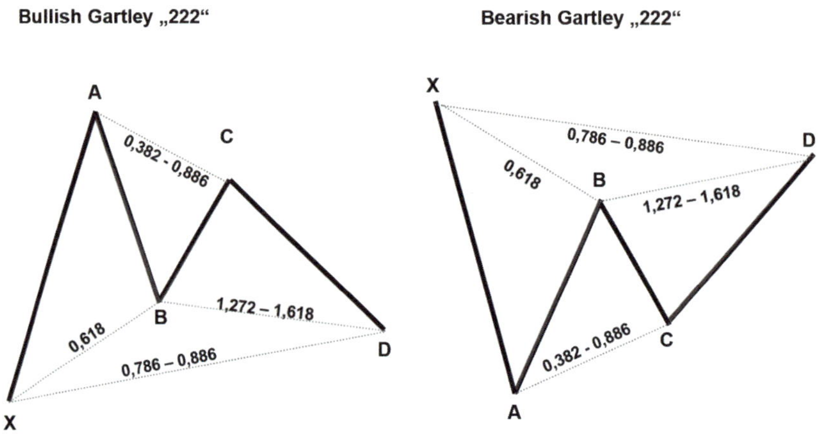

Abbildung 41: Links die Grafik des bullishen Gartleys 222, rechts die Grafik des bearishen Gartleys 222, jeweils ergänzt um die Fibonacci-Ratios

Das Gartley Pattern ist eine Trend-Fortsetzungsformation. $\overline{XA}$ gibt die Trendrichtung vor, es folgt eine Korrektur (ein ABCD Pattern), die den Beginn der Trendbewegung, den Punkt X, nicht unterschreiten (bullishe Variante) beziehungsweise überschreiten (bearishe Variante) darf. Gehandelt wird in Richtung des Trends (= die Richtung von $\overline{XA}$), wenn die *PRZ = Price Reversal Zone* = Punkt D erreicht wird. Da hier in Richtung des Trends gehandelt wird, sind auch die 61,8 % und 78,6 % der Strecke AD realistische Kursziele.

- Das **bullishe Gartley** beginnt mit der Aufwärtsbewegung $\overline{XA}$.
- Punkt B wird am 61,8 %-Retracement von $\overline{XA}$ ausgebildet.
- Beim Punkt C ist mehr Flexibilität erlaubt. Er liegt zwischen dem 38,2 %- und dem 88,6 %-Retracement von $\overline{AB}$.
- Die Einstiegszone D für unseren Trade bildet sich an folgenden Fibonacci-Clustern:

- als Extension von $\overline{BC}$ von 127,2 % – 161,8 %

  und

- als Retracement, bezogen auf $\overline{XA}$, von 78,6 % bis 88,6 %.

▶ Je mehr Fibonacci-Level an einem Punkt zusammenkommen, desto verlässlicher ist der Einstieg.

▶ In der *Price Reversal Zone* D wird dann die Long-Position eröffnet.

▶ Der enge Stop liegt unter Punkt D und der großzügige und auch empfohlene Stop am Punkt X.

▶ Take Profits: Die sicheren Kursziele liegen zwischen dem 38,2 %- und dem 61,8 %-Retracement von $\overline{AD}$.

▶ Das **bearishe Gartley** beginnt mit der Abwärtsbewegung $\overline{XA}$.

▶ Punkt B erreicht 61,8 % von $\overline{XA}$.

▶ Punkt C liegt zwischen dem 38,2 %- und dem 88,6 %-Retracement von $\overline{AB}$.

▶ Die Einstiegszone D für unseren Trade bildet sich an folgenden Fibonacci-Clustern:

- als Extension von $\overline{BC}$ von 127,2 % – 161,8 %

  und

- als Retracement, bezogen auf $\overline{XA}$, von 78,6 % bis 88,6 %.

▶ Je mehr Fibonacci-Level an einem Punkt zusammenkommen, desto verlässlicher ist der Einstieg.

▶ In der *Price Reversal Zone* D wird dann die Short-Position eröffnet.

- Der enge Stop liegt über Punkt D und der großzügige und auch empfohlene Stop am Punkt X.
- Take Profits: Die sicheren Kursziele liegen zwischen dem 38,2 %- und dem 61,8 %-Retracement von $\overline{AD}$.

Pesavento schreibt, dass dieses Pattern eines der besten ist, das er je gefunden hat: *»Dieses Pattern zeigt, warum es nicht notwendig ist, sich auf die Tops oder Böden zu konzentrieren. Es genügt, auf das erste ›222‹ Pattern zu warten, das nach der Ausbildung eines Tops oder eines Bodens folgt.«*

Oder vereinfacht im Sinne von Elliott-Waves ausgedrückt: Der Impuls $\overline{XA}$ wird durch eine 3-teilige Korrektur ($\overline{AB}$, $\overline{BC}$ und $\overline{CD}$) korrigiert und es geht dann in Richtung des Impulses weiter.

Wir stellen Ihnen nun die erste Matrix vor (Matrix 1). Mit dieser Tabelle geben wir Ihnen ein simples, aber effektives Hilfsmittel an die Hand, die unterschiedlichen Patterns schnell und zuverlässig zu identifizieren.

In dieser ersten Matrix ist nur das Gartley aufgeführt, sie wird dann Schritt für Schritt um jedes weitere vorgestellte Pattern ergänzt:

- Spalte 1: Der Name des Patterns
- Spalte 2: An welchem Retracement, bezogen auf $\overline{XA}$, endet Punkt B?
- Spalte 3: An welchem Retracement, bezogen auf $\overline{BC}$, endet Punkt C?
- Spalte 4: Wie wird $\overline{CD}$ berechnet? Mit welcher Methode, bezogen auf welche Strecke und mit welchem/welchen Ratio/s?
- Spalte 5: Bezogen auf $\overline{XA}$: Mit welchem Retracement wird die *Price Reversal Zone* D bestimmt?

Die Matrix für das Gartley sieht so aus:

Spalte 1	Spalte 2	Spalte 3	Spalte 4	Spalte 5
	B **Retracement $\overline{XA}$**	**C** **Retracement $\overline{AB}$**	**D** **Extension $\overline{BC}$**	**D** **Retracement $\overline{XA}$**
Gartley	0,618	0,382 – 0,886	1,272 – 1,618	0,786 – 0,886

Matrix 1: Die Fibonacci-Ratios für das Gartley Pattern in einer Tabelle zusammengefasst.

Wie verwenden Sie nun diese Matrix?

Ganz einfach: Als Erstes sind folgende drei Fragen zu beantworten:

- In welche Richtung geht die Initialbewegung? Aufwärts oder abwärts?
- An welchem Retracement wird Punkt B, bezogen auf $\overline{XA}$, ausgebildet?
- An welchem Retracement wird Punkt C, bezogen auf $\overline{AB}$, ausgebildet?

Dann: Fibos reinlegen in den Chart, in die Matrix gucken und die Patterns streichen, die nicht mit den erforderlichen Ratios übereinstimmen.

Damit wird schon ein großer Teil der nicht infrage kommenden Patterns eliminiert. Dann müssen mit der Methode der Extension und der Projektion die möglichen Kursziele für die PRZ D für die infrage kommenden Patterns in den Chart eingezeichnet werden. Da beide Methoden relativ gleichberechtigt sind, macht es Sinn, nach Clustern Ausschau zu halten (Seite 260). Das stellen wir Ihnen auch sehr ausführlich vor.

An den »richtigen« Clustern dann die Position eröffnen – Long bei der bullishen Variante und Short bei der bearishen Variante – dabei auch gleich den Stop und den Take Profit mit aufgeben. Welches die »richtigen« Cluster sind, das wird durch die Beschreibung des Patterns definiert und steht auch in der Matrix drin. Dabei auch öfter mal einen Blick nach links in den Chart werfen (always watch left!), um mögliche relevante Widerstands- und/oder Unterstützungszonen zu identifizieren. Und durchaus mal die Elliott-Brille aufsetzen und die einzelnen Strecken nach Impuls- und Korrekturmustern untersuchen.

Bullishes Gartley

In Abbildung 42 sehen Sie ein bullishes Gartley, das der FDAX® (Dax-Future) in einem H1-Chart vom 29.09.2015 – 02.10.2015 ausgebildet hat. Der DAX-Future hat einen Kontraktwert von 25 € je Punkt, die kleinste Preisveränderung beträgt 0,5 Punkte oder 12,50 €.

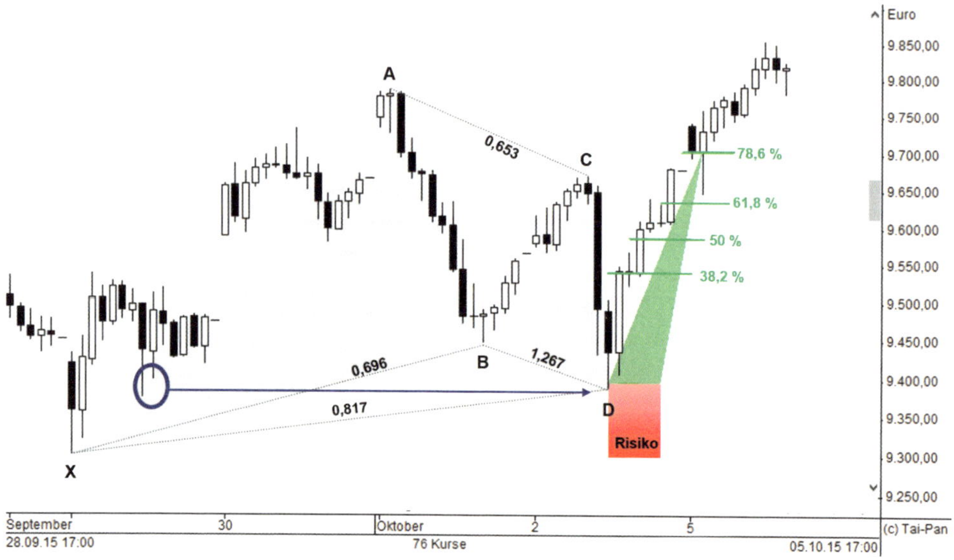

Abbildung 42: Das bullishes Gartley im FDAX im H1 vom 28.09.2015 bis 05.10.2015

Die Kursdaten (in Punkten) und Fibonacci-Ratios des Patterns:

- Tief X = 9.301
- Hoch A = 9.787,5
- Korrekturtief B = 9.449
- Korrekturhoch C = 9.670
- PRZ D = 9.390
- Long-Einstieg = 9.397

- Stop = 9.301
- Take Profit 1 = 38,2 % ($\overline{AD}$) = 9.541
- Take Profit 2 = 61,8 % ($\overline{AD}$) = 9.635
- CRV 1 = 144 / 96 = 1,5
- CRV 2 = 238 / 96 = 2,5

Die Aufwärtsbewegung $\overline{XA}$ ist in diesem Beispiel klar 5-teilig und entspricht damit einem Elliott-Wave-Impuls. Die Gaps in der Bewegung unterstreichen den impulsiven (im Sinne von Elliott-Waves) Charakter dieser Bewegung. Bis zum Punkt D schließt sich auch eine 3-teilige Korrektur an, die jedoch kein tieferes Tief unter X ausbildet. An D, der Price Reversal Zone, dreht der Kurs wieder in die von $\overline{XA}$ vorgegebene Trendrichtung.

Der Punkt B wird im Prinzip von fünf Stundenkerzen ausgebildet. Deren Kerzenkörper enden beziehungsweise beginnen alle um das 61,8 %-Retracement, nur die unteren Lunten gehen zum Teil deutlich tiefer. Das Tief bei B wird dann bei 69,6 % ausgebildet. Beim Korrekturhoch C sieht das ähnlich aus, es wird aus zwei Stundenkerzen gebildet, deren Kerzenkörper erreichen die 61,8 % und mit einer kleinen oberen Lunte drüber wird exakt das 65,3 %-Retracement erreicht. Auch der Punkt D hält sich an die vorgegebenen Ratios: ein 81,7 %-Retracement von $\overline{XA}$ und eine 126,7 %-Extension von $\overline{BC}$.

Beim bullishen Gartley lautet die Anweisung: Kaufen an Punkt D – wie hätten wir das als Pattern-Profi umsetzen können?

Nun – über die Ratios wird ja ziemlich genau vorgegeben, wo sich die PRZ D auszubilden hat, damit sich dieses Muster auch als Gartley Pattern qualifiziert. Die Punkte XABC haben den Grundstein zum Gartley gelegt, also definieren wir nun, wo sich D ausbilden muss, damit das auch wirklich ein Gartley wird. Das Zwischenhoch bei C wird mit der sich anschließenden langen schwarzen Kerze bestätigt. Wir können also ab dieser Kerze die Price Reversal Zone D bestimmen.

Jetzt kommt unser ***Schema F*** zum Einsatz, das steht für: das Pattern 1) ***identifizieren***, 2) ***prognostizieren***, 3) ***entscheiden*** und 4) ***ausführen***.

Identifizieren: In Abbildung 43 sehen Sie das sich entwickelnde bullishe Gartley. $\overline{XA}$ wurde um 69,6 % mit dem Punkt B korrigiert und der Punkt C wurde bei den 65,3 % von $\overline{AB}$ ausgebildet. Direkt nach Punkt C hat der FDAX eine lange schwarze Stundenkerze ausgebildet.

Prognostizieren: Die Definition des Gartley schreibt vor, dass die PRZ D durch ein Fibonacci-Cluster bestimmt wird, zum einen

- als Extension von $\overline{BC}$ von 127,2 % bis 161,8 % und
- als Retracement, bezogen auf $\overline{XA}$ um 78,6 % bis 88,6 %.

Wir zeichnen mit unserem Charttool die Ratios ein und können so ein Cluster mit dem roten 78,6 %-Retracement von $\overline{XA}$ = 9.405 Punkten und der blauen 127,2 %-Extension von $\overline{BC}$ bei 9.389 Punkten bestimmen. Und – always watch left! – in dieser Zone wurden Stunden zuvor zwei lange Lunten ausgebildet. Das rote 88,6 %-Retracement und die blaue 161,8 %-Extension bilden kein Cluster. Somit ist die Wahrscheinlichkeit hoch, dass das erste Cluster erreicht wird.

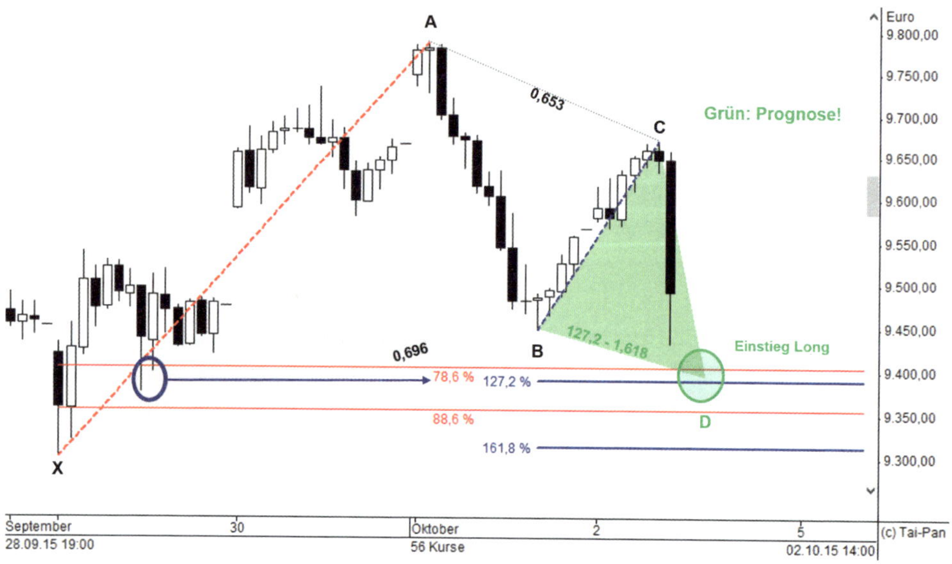

Abbildung 43: Das sich entwickelnde bullishe Gartley ab dem 28.09.2015 im FDAX im H1 mit dem Einstiegsszenario

Entscheiden: Das arithmetische Mittel desselben beträgt 9.397 Punkte – (9.405 + 9.389) / 2 – da legen wir nun eine limitierte Kauforder rein. Der Stop-Loss kommt an das Tief des Patterns, also bei X = 9.301 Punkte. Und der erste Take Profit liegt bei den 38,2 % von $\overline{AD}$ = 9.541 Punkte. Damit können wir gleich das CRV für den ersten Take Profit berechnen: 144 Punkte / 96 Punkte = 1,5. Das ist ganz o.k.

Das Gartley Pattern ist aber ein Trendfortsetzungs-Pattern, also können wir davon ausgehen, dass – wenn die Umkehr bei dem Cluster eintrifft – auch die höheren Kursziele bei 50 % = 9.588 Punkte, 61,8 % = 9.635 Punkte und eventuell sogar die 78,6 % = 9.702 Punkte erreicht werden.

Ausführen: Dann heißt es nur noch: die limitierte Kauforder vorbereiten, den Stop-Loss und den Take Profit als *OCO-Order* verknüpfen und alle zusammen als *If done*-Order aufgeben, mit Ordergültigkeit *Good Till Cancel.* Diese Order (= Bracket-Order) bleibt also so lange im Markt stehen, bis sie entweder ausgeführt worden ist oder wir die Order wieder löschen.

Ordertypen:
***OCO = One Cancels Other*:** Wenn eine Order der beiden ausgeführt wird, wird die andere sofort gelöscht.
***If done-Order*:** Nur wenn der erste Teil der Order ausgeführt wird (in diesem Fall die limitierte Kauforder), wird der zweite Teil, die OCO aktiviert.
***Bracket-Order*:** Eine Kauf- oder Verkaufsorder wird zusammen mit dem dazugehörigen Stop-Loss und Take Profit auf einmal aufgegeben.
Bitte nicht vergessen: Zum Jahreswechsel oder auch bei einer Dividendenzahlung (das ist wichtig bei Aktien) werden alle Orders im Orderbuch gelöscht!

Trotzdem: Der Stop liegt sehr weit weg vom Einstiegskurs, das *Initial Risk* ist hoch! Angenommen, wir setzen das mit einem FDAX-Kontrakt um, dann sind das 2.400 Euro Risiko! Mit einem Kontrakt bringen wir uns aber um die Chance, die Take Profits zu staffeln. Und selbst bei vier CFDs auf den DAX sind das immer noch 384 Euro. Die Positionsgröße muss also unbedingt auf die Kontogröße und das persönliche Risk- und Moneymanagement angepasst werden!

Dieses Beispiel verdeutlicht einige der Vorzüge des Pattern-Tradings:

- Noch während sich das Pattern entwickelt, kann der Einstieg bestimmt werden.

- Da der Stop-Loss und die Take Profits nach einem festen Regelwerk festgelegt werden, kann bereits in der Vorbereitungsphase des Trades die Positionsgröße bestimmt werden.

- Das CRV steht auch bereits fest.

Dann heißt es nur noch: Mit Ablauf der nächsten Stundenkerzen nachschauen, ob die Order ausgeführt wurde, und dann den Trade managen. In diesem konkreten Fall würde das zum Beispiel bedeuten, den Initial-Stop nachzuziehen, um das Risiko zu minimieren.

Im Nachhinein lassen sich immer die besten Entscheidungen treffen ... aber dieses Beispiel zeigt auch: Wenn bei einem Trendfortsetzungs-Pattern die Trendfortsetzung mit sehr impulsiven und langen Kerzen vonstattengeht, werden die Kursziele auch schnell erreicht.

Wie formulierte es Gartley treffend?
»Die Kunst der Durchführung einer solchen Operation besteht darin … ***den Mut zu haben, genau dann zu kaufen, wenn die untergeordnete Korrektur, welche den Boden testet, Signale aussendet, dass sie beendet ist!***«

Bearishes Gartley

Platin (je Feinunze und in US-Dollar) hat im Stundenchart zwischen dem 17.11.2015 und dem 20.11.2015 ein bearishes Gartley ausgebildet (Abbildung 45).

Die Kursdaten (in US-Dollar je Feinunze) und Fibonacci-Ratios des Patterns:

- Hoch X = 873,00

- Tief A = 845,40

- Korrekturhoch B = 864,00

- Korrekturtief C = 847,85

- PRZ D = 868,75
- Short-Einstieg = 868,48
- Stop = 873,00
- Take Profit 1 = 38,2 % = 859,83
- Take Profit 2 = 61,8 % = 854,32
- CRV 1 = 8,65 / 4,52 = 1,9
- CRV 2 = 14,16 / 4,52 = 3,1

Wie entwickelt sich das Pattern? In Abbildung 44 ist das Pattern bis zu Punkt C ausgebildet.

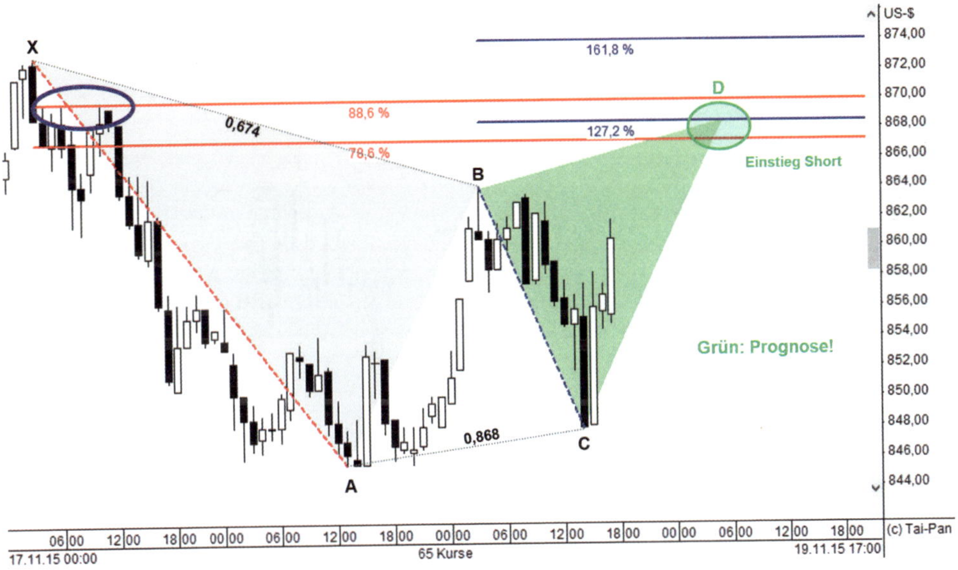

Abbildung 44: Das sich entwickelnde bearishe Gartley im Platin ab dem 17.11.2015 im H1 mit dem Einstiegsszenario

Identifizieren: Die Strecken XA, AB und BC haben sich regelkonform ausgebildet und die Umkehr am Punkt C wird durch eine lange weiße Power-Candle bestätigt.

Prognostizieren: Nun wird es also Zeit, die PRZ D zu bestimmen. Wir legen also die Retracements bezogen auf $\overline{XA}$ rein, relevant sind die 78,6 % und 88,6 % (in Rot eingezeichnet). Dann werden in Blau die Extensionen von $\overline{BC}$ eingezeichnet: die 127,2 % und 161,8 %.

Ergebnis:

- Ziemlich dicht beieinander liegen die roten 78,6 % = 867,09 $ + 88,6 % = 869,85 $ sowie die blauen 127,2 % = 868,39 $ dazwischen.
- Die 88,6 % fangen drei Lunten zu Beginn des Patterns (bei X und in Blau eingekringelt) ein. Always watch left! Das ist eine kleine Widerstandszone.
- Disqualifiziert haben sich die blauen 161,8 % – die liegen über X und das darf beim bearishen Gartley nicht sein.

Damit konzentriert sich das Einstiegsszenario auf das Cluster zwischen 869,95 $ und 867,09 $.

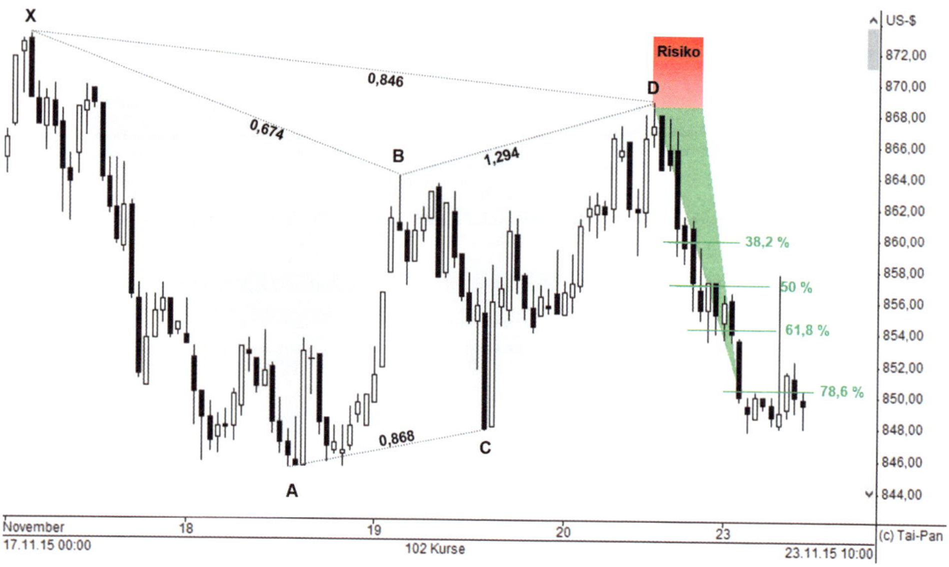

Abbildung 45: Das bearishe Gartley im Platin im H1 vom 17.11.2015 bis 23.11.2015

Entscheiden: Wir können nun würfeln – oder eben wieder das arithmetische Mittel berechnen ((869,95 $ + 868,39 $ + 867,09 $) / 3), und dann bei 868,48 $ den Stop-Sell platzieren. Der Stop-Loss kommt an X = 873,00 $ und der erste Take Profit an die 38,2 % von $\overline{AD}$ bei 859,83 $.

Ausführen: Das bearishe Gartley entwickelt sich so wie erwartet (Abbildung 45). Platin hat knapp über dem Cluster die Korrektur beendet und wieder seine Trendrichtung (= abwärts) aufgenommen. Genauer gesagt: D wurde bei 868,75 $ ausgebildet, der Stop-Sell lag bei 868,48 $ und wurde damit ausgeführt. Die Position lief schnell in den Gewinn und war nie gefährdet.

Im Nachhinein betrachtet war das ein lohnendes bearishes Gartley, denn auch der Take Profit wurde bei 78,6 % realisiert. Was insofern auch kein Wunder ist, als dass das Gartley eine Trendfortsetzungs-Formation ist und die Bewegung ab D beim bearishen Gartley auch tiefere Kurse als A erreichen sollte – und in diesem konkreten Fall ist Platin bis zum 25.11.2015 auf 836 $ gefallen.

Wann wird ein Gartley Pattern ungültig?

Ausgehend ab dem Stadium der Prognose:

Wenn der Markt vor Erreichen der prognostizierten PRZ D beim

- bullishen Gartley nach oben dreht, über Punkt C steigt und deutlich mehr als das 88,6 %-Retracement von $\overline{AB}$ abholt, also im Prinzip Punkt A erreicht – oder sogar darüber steigt,
- bearishen Gartley nach unten dreht, unter Punkt C fällt und deutlich mehr als das 88,6 %-Retracement von $\overline{AB}$ abholt, also im Prinzip Punkt A erreicht – oder sogar darunter fällt.

Wenn der Markt nach Erreichen der prognostizierten PRZ D beim

- bullishen Gartley einfach weiter fällt und die Position in den Stop läuft,
- bearishen Gartley einfach weiter steigt und die Position in den Stop läuft.

Bat Pattern

Kommen wir nun zu den Fledermäusen – den Bat Patterns. Scott M. Carney hat es 2001 entdeckt und so benannt, denn es ähnelt der Silhouette einer Fledermaus (engl. = Bat) – und auch dem Gartley Pattern. Bei den bullishen Fledermäusen ist X der tiefste Punkt und A ist der höchste Punkt des Patterns (siehe Abbildung 46). Bei den bearishen Fledermäusen vice versa. Die kleinen Unterschiede zwischen Bat und Gartley liegen bei den erlaubten Fibonacci-Ratios. Beim Bat geht die erste Korrektur zum Punkt B nicht so tief wie beim Gartley und die Extension zu Punkt D beginnt beim Bat da, wo das Gartley aufhört, nämlich bei den 161,8 %. Charakteristisch für das Bat Pattern ist das 88,6 %-Retracement für Punkt D, bezogen auf $\overline{XA}$.

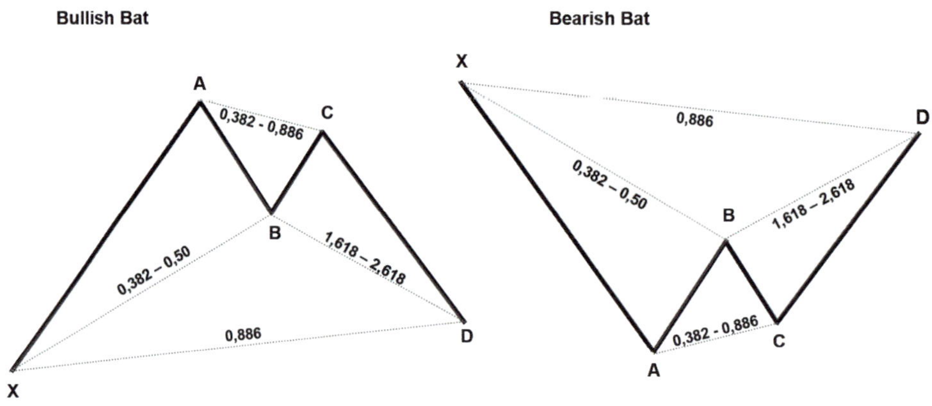

Abbildung 46: Links die Grafik des bullishen Bat, rechts die des bearishen Bat mit den entsprechenden Fibonacci-Ratios

Beim bullishen Bat gilt:

- C notiert unter A
- D notiert über X

... und beim bearishen Bat:

- C notiert über A
- D notiert unter X

Damit ist auch das Bat Pattern eine Trendfortsetzungs-Formation. Gehandelt wird in Richtung des Trends (= die Richtung von $\overline{XA}$), wenn die PRZ D erreicht wird.

- Das **bullishe Bat** beginnt mit der Aufwärtsbewegung $\overline{XA}$.
- Diese wird um 38,2 % bis 50 % bis zum Punkt B korrigiert.
- Punkt C liegt zwischen dem 38,2 %- und dem 88,6 %-Retracement von $\overline{AB}$.
- Punkt D wird an einem Fibonacci-Cluster erreicht: zum einen
  - als Extension von $\overline{BC}$ von 161,8 % bis 261,8 %,
  - als Retracement, bezogen auf $\overline{XA}$ um 88,6 %.
- An Punkt D wird dann die Long-Position eröffnet.
- Der enge Stop liegt unter Punkt D und der großzügige und empfohlene Stop bei 112,8 % von $\overline{XA}$.
- Take Profits: Die sicheren Kursziele liegen zwischen dem 38,2 %- und dem 61,8 %-Retracement von $\overline{AD}$, aber auch die 78,6 % können bei ausreichend Momentum erreicht werden.

- Das **bearishe Bat** beginnt mit der Abwärtsbewegung $\overline{XA}$.
- Punkt B erreicht 38,2 % bis 50 % von $\overline{XA}$.
- Punkt C liegt zwischen dem 38,2 %- und dem 88,6 %-Retracement von $\overline{AB}$.
- Punkt D wird an einem Fibonacci-Cluster erreicht: zum einen
  - als Extension von $\overline{BC}$ von 161,8 % bis 261,8 %,
  - als Retracement, bezogen auf $\overline{XA}$ um 88,6 %.
- An Punkt D wird dann die Short-Position eröffnet.

- Der enge Stop liegt über Punkt D und der großzügige und empfohlene Stop bei 112,8 % von $\overline{XA}$.

- Take Profits: Die sicheren Kursziele liegen zwischen dem 38,2 %- und dem 61,8 %-Retracement von $\overline{AD}$, aber auch die 78,6 % können bei ausreichend Momentum erreicht werden.

Übersichtlich in der Tabelle zusammengefasst sehen das Bat und Gartley Pattern so aus (Matrix 2):

	B **Retracement $\overline{XA}$**	**C** **Retracement $\overline{AB}$**	**D** **Extension $\overline{BC}$**	**D** **Retracement $\overline{XA}$**
Bat	0,382 – 0,5	0,382 – 0,886	1,618 – 2,618	0,886
Gartley	0,618	0,382 – 0,886	1,272 – 1,618	0,786 – 0,886

Matrix 2: Die Fibonacci-Ratios für das Bat und Gartley Pattern in einer Tabelle zusammengefasst

Mit dieser Matrix können Sie auf einen Blick erkennen, welche Ratios differieren. Das hilft Ihnen bei der Identifizierung eines sich in Ausbildung befindlichen Patterns ungemein. Beim Bat und Gartley liegen die beiden Unterschiede beim Retracement $\overline{XA}$ zum Punkt B und zur PRZ D.

Bullishes Bat

Wie sieht das nun in echt aus? In Abbildung 47 ist das am Beispiel von Gold (je Feinunze und in US-Dollar) im Wochenchart gezeigt. Gold hat zwischen dem 17.08.2007 und 24.10.2008 eine bullishe Fledermaus ausgebildet.

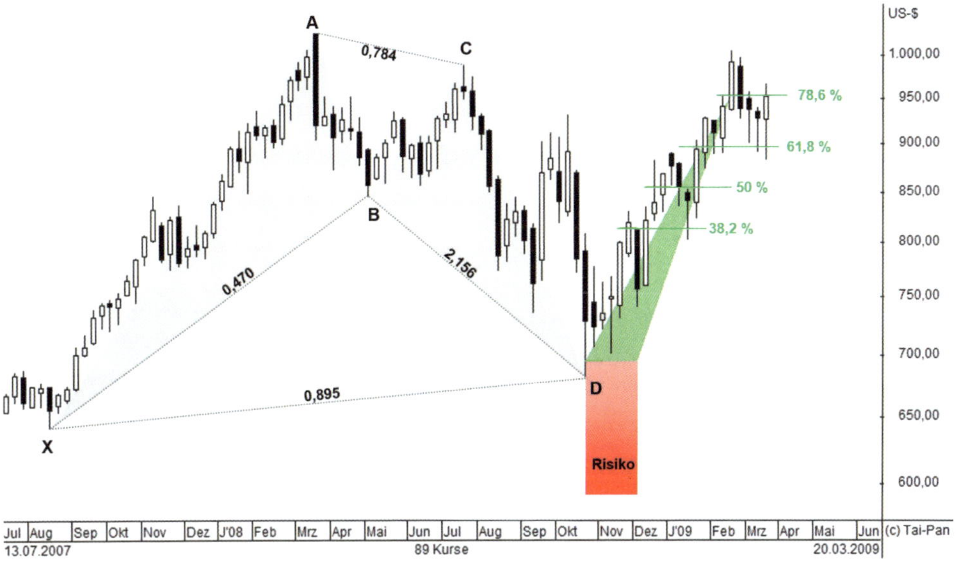

Abbildung 47: Das bullishe Bat im Gold (in US-Dollar und je Feinunze) im Weekly vom 13.07.2007 bis 20.03.2009

Die Kursdaten (in US-Dollar je Feinunze) und Fibonacci-Ratios des Patterns:

- Tief X = 642,35
- Hoch A = 1.027,30
- Korrekturtief B = 846,50
- Korrekturhoch C = 988,25
- PRZ D = 682,65
- Long-Einstieg = 695,49
- Stop = 593,08
- Take Profit 1 = 38,2 % = 814,31
- Take Profit 2 = 61,8 % = 895,64

- CRV 1 = 118,82 / 102,41 = 1,2
- CRV 2 = 200,15 / 102,41 = 2,0

Wie würden wir bei dieser bullishen Fledermaus einsteigen?

Identifizieren: In Abbildung 48 sehen Sie die sich entwickelnde Fledermaus. Der Punkt B wurde beim 47 %-Retracement von $\overline{XA}$ ausgebildet und C am 78,4 %-Retracement von $\overline{AB}$. Damit sind also die ersten beiden Bedingungen für die bullishe Fledermaus erfüllt.

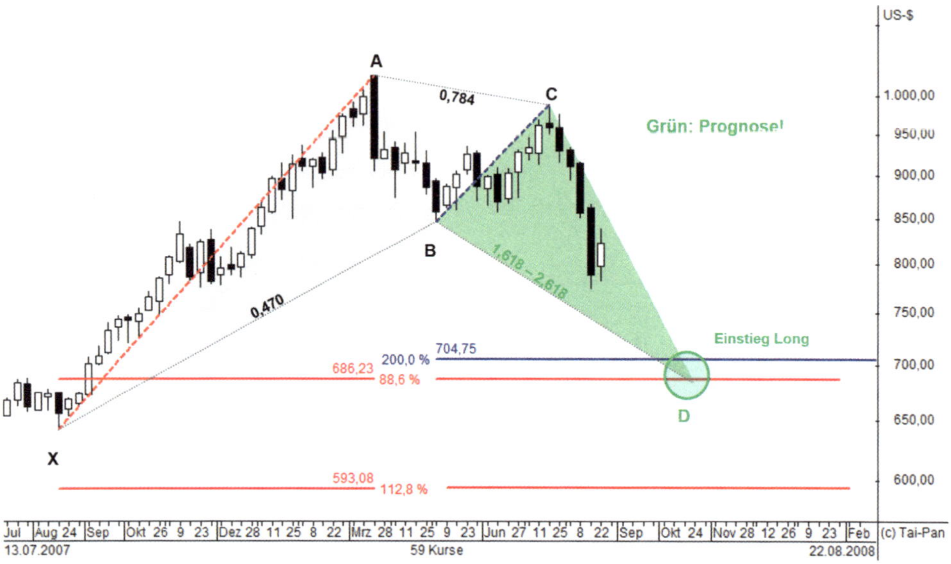

Abbildung 48: Das sich entwickelnde bullishe Bat im Gold (in US-Dollar und je Feinunze) im Weekly vom 13.07.2007 bis 22.08.2008

Prognostizieren: Nun gilt es, die PRZ D zu bestimmen, um den Long-Einstieg vorzubereiten. Der Punkt D wird durch ein Fibonacci-Cluster bestimmt, zum einen als Extension von $\overline{BC}$ von 161,8 % bis 261,8 % und als Retracement, bezogen auf $\overline{XA}$ um 88,6 %.

1. Als Erstes zeichnen wir die 88,6 % = 686,23 \$ von $\overline{XA}$ (in Rot) ein, denn da gibt es keine Wahlmöglichkeit von diversen Ratios.

2. Dann legen wir die Extensionen von $\overline{BC}$ rein (in Blau): Es clustern sich die 200% = 704,75 $ mit den roten 88,6 % = 686,23 $.

3. Passt.

Entscheiden: Wir können nun bei 695,49 $ (das ist einfach das arithmetische Mittel der 88,6 % und der 200 %) eine limitierte Kauforder reinlegen. Der empfohlene Stop-Loss liegt bei den 112,8 % von $\overline{XA}$ = 593,08 $. Das sind schlappe 102,41 $ vom geplanten Einstieg weg – der kostet! Also muss die Positionsgröße entsprechend dem Risk- und Moneymanagement angepasst werden. Wobei mit Erreichen des ersten Take Profit bei den 38,2 % von $\overline{AD}$ = 814,31 $ immerhin ein CRV 1,2 erreicht wird.

Bei dieser Methode des Einstiegs setzen wir unser ganzes Vertrauen darauf, dass auch andere Marktteilnehmer das Bat Pattern im Gold erkannt haben und traden. Das Vertrauen ist berechtigt, denn insbesondere Edelmetalle werden nach Fibonacci-Ratios getradet.

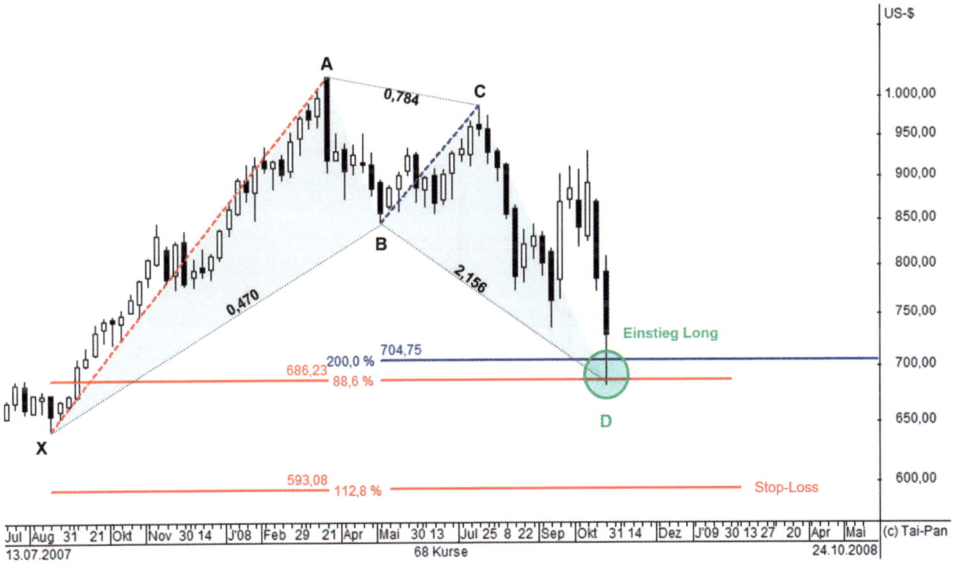

Abbildung 49: Das bullishe Bat im Gold (in US-Dollar und je Feinunze) mit dem Long-Einstieg im Weekly vom 13.07.2007 bis 24.10.2008

Wie hat sich die bullishe Fledermaus weiterentwickelt?

Ausführen: Mit der Lunte einer schwarzen Wochenkerze wurde die Order dann neun Wochen später ausgeführt (Abbildung 49). Und bereits vier Wochen danach wurde das erste Kursziel, die 38,2 % bei 814,31 $ erreicht. Nach insgesamt 16 Wochen wurden auch die 78,6 % bei 953, $ abgeholt (Abbildung 47).

Bearishes Bat

Eine bearishe Fledermaus bildet sich zum Zeitpunkt des Schreibens dieser Zeilen (Juni 2017) gerade beim Währungspaar EUR/CHF im Daily aus (Abbildung 50). Die Fledermaus hängt zwar schon kopfüber an den Füßen am Baum und hat das erste Kursziel, die 38,2 %, bereits abgeholt, aber sie hat sich noch nicht final zur Ruhe gebettet.

Abbildung 50: Das bearishe Bat im EUR/CHF (in CHF) im Daily vom 02.09.2016 – 30.06.2017. Diese Fledermaus hat sich zum Zeitpunkt des Schreibens dieser Zeilen (Juni 2017) zwar an den Ast gehängt, aber sich noch nicht entspannt zur Ruhe gebettet!

Die Kursdaten (in CHF) und Fibonacci-Ratios des Patterns:

- Hoch X = 1,1005
- Tief A = 1,0632
- Korrekturhoch B = 1,0827
- Korrekturtief C = 1,0659
- PRZ D = 1,0989
- Short-Einstieg = 1,09375
- Stop = 1,1031
- Take Profit 1 = 38,2 % = 1,0852
- Take Profit 2 = 61,8 % = 1,0768
- CRV 1 = 0,00855 / 0,00935 = 0,9
- CRV 2 = 0,01695 / 0,00935 = 1,8

Identifizieren: Bei dem sich in Ausbildung befindlichen Pattern in Abbildung 51 wurde B bei den 52,3 % und C an den 86,2 % ausgebildet. Damit qualifiziert sich dieses Pattern als bearishe Fledermaus.

Prognostizieren: Um die PRZ D zu bestimmen legen wir

1. das rote 88,6 % = 1,0945 CHF Retracement von $\overline{XA}$ an,
2. dann bestimmen wir die blaue Extension von $\overline{BC}$, die sich mit dem 88,6 %-Retracement kreuzt. Das sind die 161,8 % = 1,0930 CHF.

In diesem Fall sollte also zwischen den 1,0930 CHF (blaue 161,8 %-Extension) und den 1,0945 CHF (rotes 88,6 %-Retracement) der Short-Einstieg gewählt werden.

Abbildung 51: Das sich entwickelnde bearishe Bat beim EUR/CHF (in CHF) im Tageschart vom 09.09.2016 bis 25.04.2017

Entscheiden: Der Einfachheit halber wählen wir auch hier das arithmetische Mittel zwischen dem 88,6 %-Retracement und der 161,8 %-Extension = (1,0945 CHF + 1,0930 CHF) / 2 = 1,09375 CHF für den Stop-Sell.

Als Stop-Loss nehmen wir die empfohlenen 112,8 % von $\overline{XA}$ = 1,1031 CHF, für den ersten Take Profit nehmen wir die 38,2 % und für den zweiten Take Profit die 61,8 % von $\overline{AD}$. Das ergibt für den ersten Teilverkauf ein CRV von 0,9 und für den zweiten Teilverkauf 1,8.

Ausführen: Die Seitwärtsbewegung nach dem Gap zog sich ein paar Tage hin, aber dann wurde mit der zweiten weißen Power-Candle der Stop-Sell abgeholt. D wurde dann tatsächlich ganz knapp unter X ausgeführt und in der Zwischenzeit wurde auch der erste Take Profit, die 38,2 %, erreicht.

Wie hat sich das bearishe Bat weiterentwickelt? Nun, am 06.07.2017 wurde das Hoch bei Punkt D = 1,0989 CHF überboten und am 11.07.2017 ist die Position in den Stop = 1,1031 CHF gelaufen.

Schauen wir uns nochmals Abbildung 50 an: Die Bewegung von Punkt C nach D hat 20 Handelstage gedauert. Nach 16 Handelstagen wurde das 38,2 %-Kursziel erreicht – dann kam die Bewegung ins Stocken. Nicht nur ins Stocken, der Euro legte kräftig zu. Entsprechend der Daumenregel – die Bewegung von der PRZ D in Richtung Take Profit soll zügig vonstattengehen und zeitlich ungefähr so lange andauern wie $\overline{CD}$ – ist der doppelte Boden bei 38,2 % ein Wink mit dem Zaunpfahl, entweder die Position komplett zu schließen oder den Stop nachzuziehen. Damit wird die Position entweder mit kleinem Gewinn geschlossen oder der Verlust wird gering gehalten.

Wann wird ein Bat Pattern ungültig?

Ausgehend ab dem Stadium der Prognose:

Wenn der Markt vor Erreichen der prognostizierten PRZ D beim

- bullishen Bat nach oben dreht, über Punkt C steigt und deutlich mehr als das 88,6 %-Retracement von $\overline{AB}$ abholt, also im Prinzip Punkt A erreicht – oder sogar darüber steigt,
- bearishen Bat nach unten dreht, unter Punkt C fällt und deutlich mehr als das 88,6 %-Retracement von $\overline{AB}$ abholt, also im Prinzip Punkt A erreicht – oder sogar darunter fällt.

Wenn der Markt nach Erreichen der prognostizierten PRZ D beim:

- bullishen Bat einfach weiter fällt und die Position in den Stop läuft,
- bearishen Bat einfach weiter steigt und die Position in den Stop läuft.

Alternatives Bat Pattern

Das alternative Bat Pattern (Abbildung 52) ist ein eher seltenes Pattern und stammt ebenfalls von Scott M. Carney von 2003. »Alternativ« bezieht sich auf die Berechnung der Strecke CD: Wie beim alternativen ABCD (ab Seite 69) wird die PRZ D *auch* (!) über die Methode der Projektion bestimmt. Achtung: Die PRZ D wird mit beiden Methoden bestimmt, mit der Projektion (sonst wäre es ja kein alternatives Pattern) und auch mit der Methode der Extension.

Aber das alternative Bat unterscheidet sich noch in ein paar weiteren Fibonacci-Ratios von der *normalen* Fledermaus. B wird (maximal) am 38,2 %-Retracement von $\overline{XA}$ und D wird knapp unter X ausgebildet. Anschließend wird die Trendrichtung von $\overline{XA}$ wieder aufgenommen, somit kann D als ein False Breakout interpretiert werden.

Beim bullishen alternativen Bat gilt:

- C notiert unter A
- D notiert unter X

... und beim bearishen alternativen Bat:

- C notiert über A
- D notiert über X

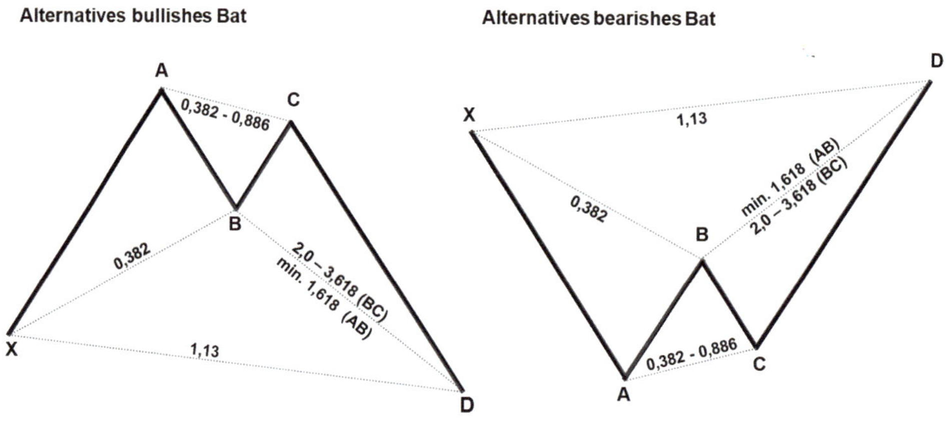

Abbildung 52: Links die Grafik des bullishen alternativen Bat, rechts die des bearishen alternativen Bat mit den entsprechenden Fibonacci-Ratios

Nach Dow-Theorie ist das alternative Bat, wie schon diskutiert, kein Trendfortsetzungs-Pattern mehr, denn es wird ein tieferes Tief D (bullish) beziehungsweise ein höheres Hoch D (bearish) ausgebildet. Gehandelt wird in Richtung von $\overline{XA}$, wenn die PRZ D erreicht wird.

- Das **alternative bullishe Bat** beginnt mit der Aufwärtsbewegung $\overline{XA}$.
- Diese wird um maximal 38,2 % bis zum Punkt B korrigiert.
- Punkt C liegt zwischen dem 38,2 %- und dem 88,6 %-Retracement von $\overline{AB}$.
- Punkt D wird an einem Fibonacci-Cluster erreicht: zum einen
  - als Projektion von $\overline{AB}$ von mindestens 161,8 %,
  - als Extension von $\overline{BC}$ von 200 % bis 361,8 %,
  - als Extension, bezogen auf $\overline{XA}$ um 112,8 %.
- An Punkt D wird dann die Long-Position eröffnet.
- Der enge Stop liegt unter Punkt D und der großzügige und empfohlene Stop bei 127,2 % von $\overline{XA}$.
- Take Profits: Die sicheren Kursziele liegen zwischen dem 38,2 %- und dem 61,8 %-Retracement von $\overline{AD}$, aber auch die 78,6 % können bei ausreichend Momentum erreicht werden.

- Das **alternative bearishe Bat** beginnt mit der Abwärtsbewegung $\overline{XA}$.
- Diese wird um maximal 38,2 % bis zum Punkt B korrigiert.
- Punkt C liegt zwischen dem 38,2 %- und dem 88,6 %-Retracement von $\overline{AB}$.
- Punkt D wird an einem Fibonacci-Cluster erreicht: zum einen
  - als Projektion von $\overline{AB}$ von mindestens 161,8 %,
  - als Extension von $\overline{BC}$ von 200 % bis 361,8 %,
  - als Extension, bezogen auf $\overline{XA}$ um 112,8 %.

- An Punkt D wird dann die Short-Position eröffnet.

- Der enge Stop liegt über Punkt D und der großzügige und empfohlene Stop bei 127,2 % von $\overline{XA}$.

- Take Profits: Die sicheren Kursziele liegen zwischen dem 38,2 %- und dem 61,8 %-Retracement von $\overline{AD}$, aber auch die 78,6 % können bei ausreichend Momentum erreicht werden.

Von diesem Regelwerk dieses eh schon seltenen Patterns gibt es eine Ausnahme: Sollten (!) sich die Projektion von $\overline{AB}$ und die Extension von $\overline{BC}$ mit einem 88,6 %-Retracement von $\overline{XA}$ clustern, dann ist auch das ein alternatives Bat. Diese Variante ist dann auch eine eindeutige Trendfortsetzungs-Formation, da D über (bullish) beziehungsweise unter (bearish) X notiert. In diesem Fall werden dann die Kursziele auf $\overline{XA}$ berechnet, da $\overline{XA}$ dann die größte Ausdehnung des Patterns ist.

In einer Tabelle zusammengefasst sehen das alternative Bat Pattern, das Bat Pattern und das Gartley Pattern dann so aus (Matrix 3):

	B Retracement $\overline{XA}$	**C Retracement $\overline{AB}$**	**D Extension $\overline{BC}$**	**D Retracement $\overline{XA}$**	**D Projektion $\overline{AB}$**
Gartley	0,618	0,382 – 0,886	1,272 – 1,618	0,786 – 0,886	
Bat	0,382 – 0,5	0,382 – 0,886	1,618 – 2,618	0,886	
Alternatives Bat	max. 0,382	0,382 – 0,886	2,0 – 3,618	1,128	mind. 1,618

Matrix 3: Die Fibonacci-Ratios für das alternative Bat Pattern in einer Tabelle zusammengefasst

Bullishes alternatives Bat

Für die bullishe Variante der alternativen Fledermaus muss der E-mini S&P 500 Future herhalten, dessen Kontraktwert 50 $ je Punkt und dessen kleinste Preisveränderung 0,25 Punkte oder 12,50 $ beträgt. Bevor Sie jetzt das fertig ausgebildete und in die Take Profits gelaufene Muster anschauen, wollen wir das Einstiegsszenario entwickeln.

Identifizieren: Eine schwarze Power-Candle hat in Abbildung 53 ein Tief unter B ausgebildet. B wurde mit einer langen Lunte bei 42,5 % von $\overline{XA}$ ausgebildet. C korrigiert um 70,1 %.

Die 42,5 % von B erfüllen jetzt nicht unbedingt das *Maximum* 38,2 % von $\overline{XA}$. Deshalb lassen wir die lange Lunte von der B-Kerze außen vor und verwenden für die Berechnung des Retracements die Eröffnung der mit dem Pfeil markierten Kerze. Sie erreicht die Korrektur mit nur 29,3 % und erfüllt damit die Bedingung, dass $\overline{XA}$ maximal um 38,2 % korrigiert werden darf. Der/die eine oder andere Leser/in kommt jetzt auf die Idee, dass das geschummelt ist. Jein ... solche Entscheidungen müssen Sie beim Pattern-Trading ab und zu treffen.

Nach unserer Matrix 3 kann sich daraus entweder ein Bat (B = 38,2 %- bis 50 %-Retracement von $\overline{XA}$) oder ein alternatives Bat (B = maximal 38,2 %-Retracement von $\overline{XA}$) entwickeln.

Wir entwickeln das Pattern zweigleisig weiter: Variante Bat oder Variante alternatives Bat.

Prognostizieren: Wir zeichnen also mit unserem Fibo-Tool die PRZ für das Bat und die für das alternative Bat ein (Abbildung 53):

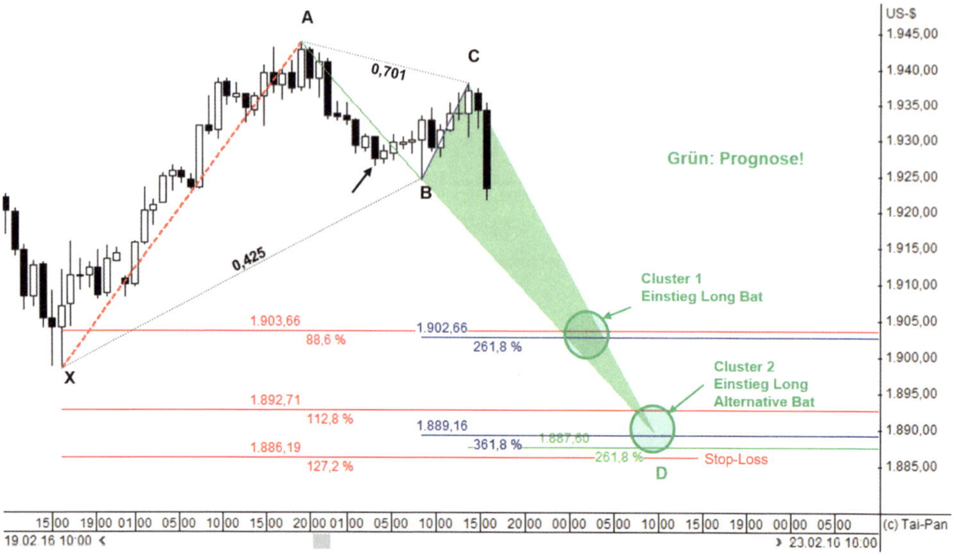

Abbildung 53: Das sich entwickelnde bullishe Bat (Cluster 1) oder alternative bullishe Bat (Cluster 2) bei den E-mini S&P 500 Futures (in Punkten) im H1-Chart vom 19.02.2016 bis 23.02.2016

Es gibt regelkonform zwei Cluster:

- Bat = Cluster 1: die roten 88,6 % und die blauen 261,8 %
- Alternatives Bat = Cluster 2: die roten 112,8 %, grünen 261,8 % und blauen 361,8 %.

Berechnen wir den Stop-Buy für das Bat (Cluster 1): (1.903,66 (rot) + 1.902,66 (blau)) / 2 = 1.903,16. Da der E-mini in 0,25-Punkte-Schritten berechnet wird, runden wir mathematisch korrekt auf 1.903,00 Punkte. Der Stop läge bei den roten 112,8 % = 1.892,75.

Dann berechnen wir den Stop-Buy für das alternative bullishe Bat (Cluster 2): (1.892,71 (rot) + 1.889,16 (blau) + 1.887,60 (grün)) / 3 = 1.889,82 Punkte. Auch hier runden wir auf 1.890,00. Der Stop läge bei den roten 127,2 % = 1.886,00.

Die Take Profits können wir noch nicht aus dem Chart ermitteln, denn erst wenn D tatsächlich ausgebildet ist, können wir Retracements in die längste Pattern-Strecke – das ist $\overline{AD}$ – reinlegen. Berechnen wir die 38,2 % kurzerhand auf die

Strecke vom Hoch A (= 1.943,75 Punkte) zu unseren berechneten Stop-Buys (1.903 Punkte für das Bat und 1.886,00 Punkte für das alternative Bat), ergibt das als ersten Take Profit folgende CRVs:

- Bat: Take Profit = 1.918 Punkte, CRV = 15 / 10,25 = 1,5
- Alternatives Bat: Take Profit = 1.908 Punkte, CRV = 18 / 4 = 4,5

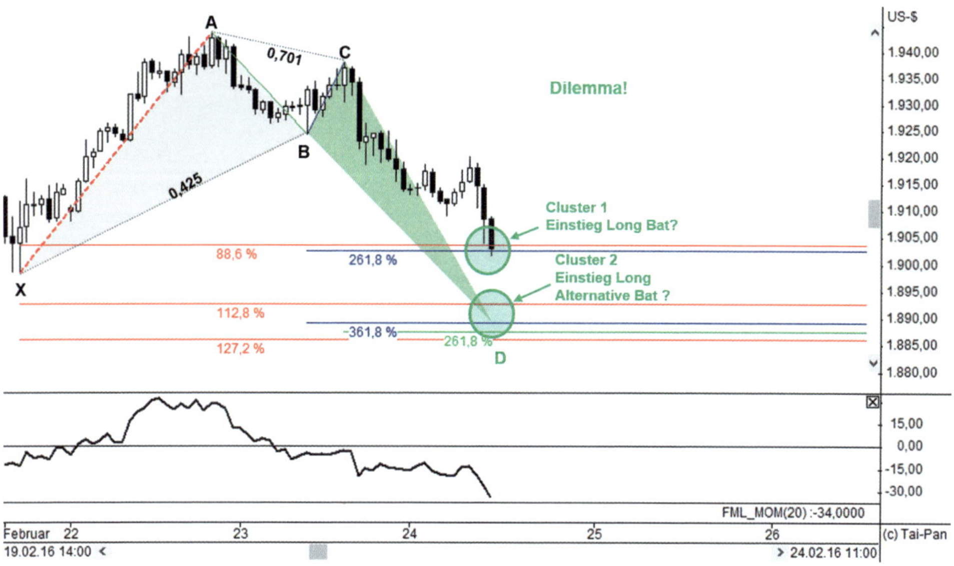

Abbildung 54: Das sich entwickelnde bullishe Bat (Cluster 1) oder alternative bullishe Bat (Cluster 2) bei den E-mini S&P 500 Futures (in Punkten) im H1-Chart mit dem Momentum-Indikator vom 19.02.2016 bis 24.02.2016

Noch bevor wir im Markt sind und die exakten Zahlen für die Chance und das Risiko haben, können wir ein realistisches CRV berechnen. Insbesondere das des alternativen Bat ist mit 4,5 sehr gut. Das ist aber auch nicht verwunderlich, da der Stop bei den 127,2 % nur knapp unter dem Stop-Buy liegt!

Wie entwickelt sich der E-mini weiter? Das zeigt Abbildung 54. Und führt uns geradewegs in ein Dilemma!

Zur Begründung: Am Cluster 1 hat der Kurs nach drei kräftigen schwarzen Kerzen gestoppt. Diese können als Three Black Crows interpretiert werden, einer Candlestick-Fortsetzungsformation. Bestätigen sich die schwarzen Krähen, dann ist der

E-mini auf dem Weg zum alternativen Bat. Oder könnte das eine Umkehr werden? Dann würde sich ein bullishes Bat ausbilden.

Klar – dieses Chartbeispiel wird im Kapitel »*Alternatives bullishes Bat*« vorgestellt. Also können Sie davon ausgehen, dass der E-mini weiter fällt. Aber im echten Leben wissen Sie das nicht! Aus diesem Grund haben wir einen Indikator unter den Chart eingefügt. Es ist das Momentum, von der Konstruktion her ein einfacher Indikator.

Das Konzept des **Momentums** ist die einfachste Anwendung der Oszillator-Analyse. Es ist einer der wichtigsten und weltweit am meisten eingesetzten Oszillatoren. Das Momentum misst die Geschwindigkeit von Kursbewegungen, es zeigt uns die Kursdynamik an. Steigen die Kurse stetig an, steigt auch das Momentum. Verliert der Aufwärtstrend an Kraft und die Kurse steigen langsamer, so flacht auch die Momentum-Linie ab, um dann abzutauchen. Beginnen die Kurse zu fallen, so fällt auch die Momentum-Linie ins Minus. Aufgrund der Konstruktionsweise ist die Momentum-Linie der Kursbewegung immer einen Schritt voraus. Sie läuft den steigenden oder fallenden Kursen vorneweg und flacht sich dann ab, obwohl der aktuelle Kurstrend noch anhält. Verlangsamt sich die Kursbewegung, setzt sich die Momentum-Linie in die entgegengesetzte Richtung in Bewegung. Die Konstruktion des Momentums ist recht simpel: Es werden die Kursdifferenzen für ein festes Zeitintervall gemessen. Beim 10-Tage-Momentum wird einfach der Schlusskurs von vor 10 Tagen vom aktuellen Schlusskurs subtrahiert.
Quelle: VTAD-Wiki http://vtadwiki.vtad.de/index.php/Momentum

Grundsätzlich sollten Sie sich bei der Verwendung von Indikatoren oder Oszillatoren mit dem Konzept, der Interpretation und auch mit der Berechnung des Indikators oder Oszillators auseinandersetzen. Denn nur wenn Sie einen Indikator oder Oszillator *begriffen* haben, dann können Sie ihn auch korrekt einsetzen, unterliegen keiner Fehlinterpretation und kennen dessen Schwächen und Stärken.

Zurück zur Fledermaus und Abbildung 54: Das steil fallende Momentum zeigt an, dass die Abwärtsbewegung intakt ist. Wir können also davon ausgehen, dass die Kurse mit einer höheren Wahrscheinlichkeit weiter fallen und nicht steigen werden.

Entscheiden: Wir gehen davon aus, dass ein alternatives bullishes Bat ausgebildet wird, und platzieren unsere Bracket-Order: Stop-Buy bei 1.890 Punkten, Stop-Loss bei 1.886 Punkten und den ersten Take Profit bei den berechneten 1.908 Punkten.

Ausführen: Die ganze Vorbereitung und Rechnerei hat sich gelohnt (Abbildung 55): Der Stop-Buy bei 1.890 Punkten wurde gefillt, das Tief bei D lag nur wenig darunter bei 1.886,75 Punkten und der Stop bei 1.886,00! Eine Punktlandung. Auch die Take Profits wurden alle abgeholt.

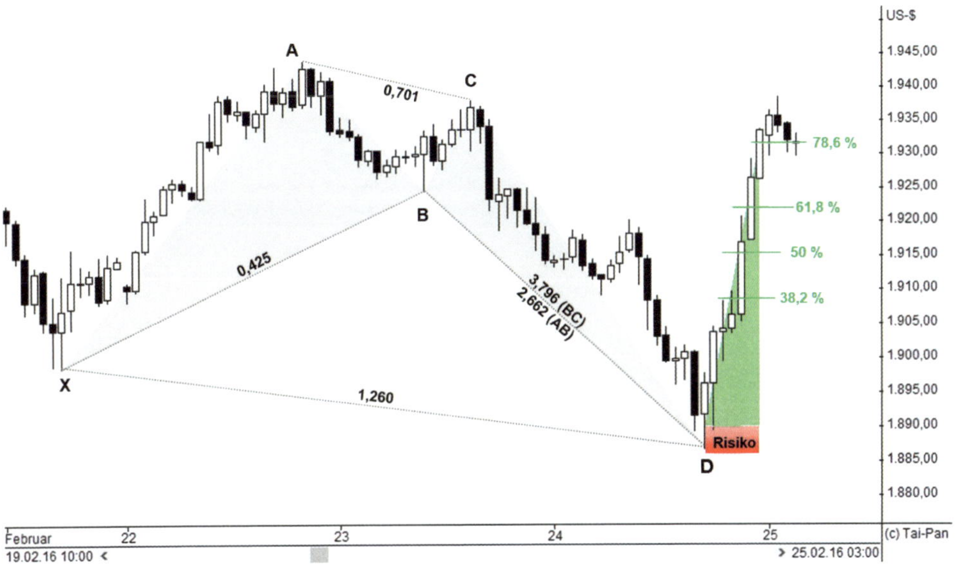

Abbildung 55: Das bullishe alternative Bat im E-mini S&P 500 Future (in Punkten) im H1-Chart vom 19.02.2016 bis 25.02.2016

Hier noch die exakten Kursdaten (in Punkten) und Fibonacci-Ratios des Patterns:

- Tief X = 1.898,50
- Hoch A = 1.943,75
- Korrekturtief B = 1.924,50
- Korrekturhoch C = 1.938,00
- PRZ D = 1.886,75
- Long-Einstieg = 1.890,00

- Stop = 1.886,00
- Take Profit 1 = 38,2 % = 1.908,50
- Take Profit 2 = 61,8 $ = 1.922,00
- CRV 1 = 18,5 / 4 = 4,6
- CRV 2 = 32 / 4 = 8

Bearishes alternatives Bat

Auch bei der bearishen alternativen Fledermaus entwickeln wir zuerst das Einstiegsszenario, bevor wird uns das fertige Muster anschauen. Grundsätzlich sind alternative Bats sehr seltene Patterns. Fliegt Ihnen eines durch einen Chart, dann können Sie sich glücklich schätzen. Dafür haben sie den Vorzug, dass sie lukrativ sind. Die Vorgehensweise ist wie bei der bullishen alternativen Fledermaus. Als Erstes machen wir uns ans Identifizieren des Patterns. Sie werden sehen, dass auch bei der bearishen Variante die Regeln etwas gedehnt wurden, denn alternative Bats sind selten und noch seltener halten sie sich exakt an das vorgegebene Regelwerk. Da müssen Sie etwas flexibel sein, wenn das eine oder andere Ratio nicht ganz passt. Aber mit einem Blick (oder auch zwei) in unsere Matrix stellen Sie über das Ausschlussverfahren fest, dass es nur ein alternatives Bat sein kann, das sich da entwickelt.

Abbildung 56: Das sich entwickelnde bearishe alternative Bat im EUR/USD (in USD) im H4-Chart vom 01.02.2017 bis 10.03.2017

Identifizieren: In Abbildung 56 wird der Punkt B mit einer langen Lunte bei dem 40,8 %-Retracement von $\overline{XA}$ ausgebildet. Das ist wieder mehr als die erlaubten *maximal* 38,2 %. Damit könnte es sich auch bei diesem Pattern um ein »normales« Bat handeln. Berechnen wir stattdessen das Retracement auf Eröffnung des mit dem Pfeil gekennzeichneten Shooting Stars von 1,0606 $, dann ergibt das ein Ratio von 33,3 %. Die Wahrheit liegt also auch in diesem Fall irgendwo dazwischen. Auch der Punkt C erfordert eine gewisse großzügigere Auslegung der Regeln. Dieser wird genau 1 Pip über Punkt A ausgebildet, also nix mit 88,6 % von $\overline{AB}$. Viele Tage später, am 10.03.2017, werden viele Power-Candles ausgebildet und infolgedessen auch ein höheres Hoch als bei Punkt B. Wir können also nun mit dem zweiten Schritt unseres Schemas F loslegen.

Prognostizieren: Wir zeichnen mit unserem Fibo-Tool ein:

- Projektion (in Grün) von $\overline{AB}$ von mindestens 161,8 % bis 261,8 %
- als Extension (in Blau) von $\overline{BC}$ von 200 % bis 361,8 %
- als Extension (in Rot) bezogen auf $\overline{XA}$ um 112,8 % (als Kursziel der PRZ D) + 127,2 % (als Stop-Loss-Level)

Das Ergebnis sehen Sie in Abbildung 56. Da C nur 1 Pip über A ausgebildet wurde, bilden die grüne 261,8 %-Projektion von $\overline{AB}$ und die blaue 261,8 %-Extension von $\overline{BC}$ ein Cluster. Die roten 112,8 %-Extensions von $\overline{XA}$ liegen davon nur 19 Pips entfernt.

Entscheiden: Mit der bewährten Methode des arithmetischen Mittels der drei Kurswerte berechnen wir den Stop-Sell für die Order: (1,0873 (rot) + 1,0851 (blau) + 1,0854 (grün)) / 3 = 1,0859 $. Der Stop-Loss wird entsprechend der Empfehlung an die 127,2 %-Extension von $\overline{XA}$ an die 1,0921 $ gelegt, und da der Punkt D natürlich noch nicht ausgebildet wird, berechnen wir den ersten provisorischen Take Profit auf das 38,2 %-Retracement von $\overline{XA}$ = 1,0701 $. Bezogen auf diesen provisorischen Take Profit ergibt sich ein vorläufiges CRV von (0,0158 / 0,0062) = 2,5. Das hört sich doch gut an!

Ausführen: Es hat dann zwar noch bis zum 27.03.2017 gedauert, aber dann wurde der Stop-Sell getriggert und die Bracket-Order wurde ausgeführt. Allerdings zehrte das kräftige Aufwärtsmomentum zu diesem Zeitpunkt an den Nerven. Die PRZ D wurde mit einer langen Lunte bei 1,0906 ausgebildet und damit 15 Pips unter dem Stop-Loss. Punkt D ist nach wenigen Stunden bestätigt und so können die Take Profits auf die Strecke $\overline{AD}$ berechnet werden. Die Take Profits wurden dann zügig erreicht, selbst die 78,6 %, das lukrative Sahnehäubchen (Abbildung 57).

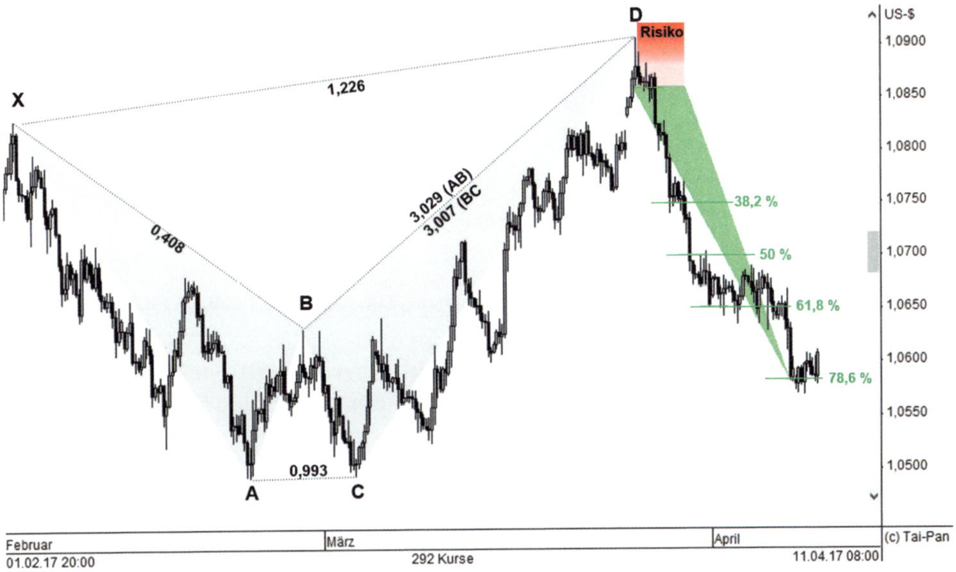

Abbildung 57: Das bearishe alternative Bat im EUR/USD (in USD) im H4-Chart vom 02.02.2017 bis 11.04.2017

Die Kursdaten (in $) und Fibonacci-Ratios des Patterns:

- Hoch X = 1,0830
- Tief A = 1,0494
- Korrekturhoch B = 1,0631
- Korrekturtief C = 1,0495
- PRZ D = 1,0906
- Short-Einstieg = 1,0859
- Stop = 1,0921
- Take Profit 1 = 38,2 % = 1,0748
- Take Profit 2 = 61,8 % = 1,0651

- CRV 1 = 0,0111 / 0,0062 = 1,8
- CRV 2 = 0,0208 / 0,0062 = 3,4

Wann wird ein alternatives Bat Pattern ungültig?

Ausgehend ab dem Stadium der Prognose:

Wenn der Markt vor Erreichen der prognostizierten PRZ D beim

- bullishen alternativen Bat nach oben dreht, über Punkt C steigt und deutlich mehr als das 88,6 %-Retracement von $\overline{AB}$ abholt, also im Prinzip Punkt A erreicht – oder sogar darüber steigt,
- bearishen alternativen Bat nach unten dreht, unter Punkt C fällt und deutlich mehr als das 88,6 %-Retracement von $\overline{AB}$ abholt, also im Prinzip Punkt A erreicht – oder sogar darunter fällt.

Wenn der Markt nach Erreichen der prognostizierten PRZ D beim

- bullishen alternativen Bat einfach weiter fällt und die Position in den Stop läuft,
- bearishen alternativen Bat einfach weiter steigt und die Position in den Stop läuft.

Butterfly Pattern

Kommen wir vom Gartley über die Fledermäuse zu den Schmetterlingen (Abbildung 58). Bei den bullishen Butterfly (engl. = Schmetterling) Patterns bildet die PRZ D ein tieferes Tief als Punkt X (Start des Patterns) aus. Bei der bearishen Variante bildet D ein höheres Hoch über X aus. Es hat damit eine gewisse Ähnlichkeit mit dem alternativen Bat. Die Unterschiede liegen im tieferen Punkt B und auch D notiert deutlich tiefer unter X. Das von Bruce Gilmore entwickelte Butterfly Pattern ist eines der häufigsten aller harmonischen Patterns.

Beim bullishen Butterfly gilt:

- C notiert unter A
- D notiert unter X

... und beim bearishen Butterfly:

- C notiert über A
- D notiert über X

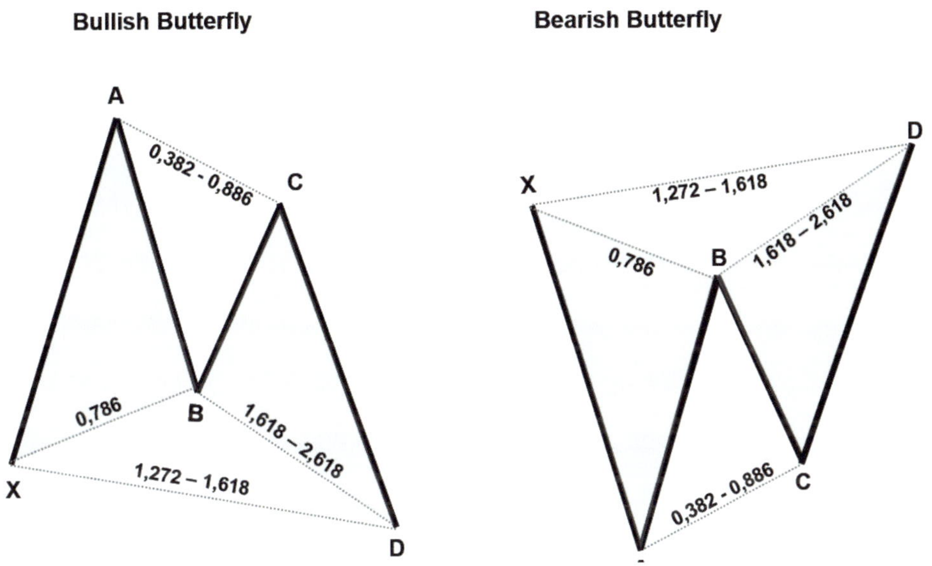

Abbildung 58: Links die Grafik des bullishen Butterfly, rechts die Grafik des bearishen Butterfly mit den entsprechenden Fibonacci-Ratios

So ein Schmetterling ist ein Trendumkehr-Pattern. An der PRZ D wird entgegen dem Trend eine Position eröffnet. Denn: Mit D wird beim bullishen Butterfly ein tieferes Tief ausgebildet, nachdem C bereits ein tieferes Hoch ist. Beim bearishen Butterfly wird nach dem höheren Tief C dann das höhere Hoch D ausgebildet.

- Das **bullishe Butterfly** beginnt mit der Aufwärtsbewegung $\overline{XA}$.

- Diese wird um 78,6 % bis zum Punkt B korrigiert.
- Punkt C liegt zwischen dem 38,2 %- und dem 88,6 %-Retracement von $\overline{AB}$.
- Punkt D wird an einem Fibonacci-Cluster erreicht: zum einen
  - als Extension von $\overline{BC}$ von 161,8 % bis 261,8 %,
  - als Extension von $\overline{XA}$ um 127,2 %.
- An Punkt D wird dann die Long-Position eröffnet.
- Der enge Stop liegt unter Punkt D und der empfohlene Stop bei 141,4 % von $\overline{XA}$.
- Take Profits: Die sicheren Kursziele liegen zwischen dem 38,2 %- und dem 61,8 %-Retracement von $\overline{AD}$.

- Das **bearishe Butterfly** beginnt mit der Abwärtsbewegung $\overline{XA}$.
- Punkt B erreicht 78,6 % von $\overline{XA}$.
- Punkt C liegt zwischen dem 38,2 %- und dem 88,6 %-Retracement von $\overline{AB}$.
- Punkt D wird an einem Fibonacci-Cluster erreicht: zum einen
  - als Extension von $\overline{BC}$ von 161,8 % bis 261,8 %,
  - als Extension von $\overline{XA}$ um 127,2 %.
- An Punkt D wird dann die Short-Position eröffnet.
- Der enge Stop liegt über Punkt D und der empfohlene Stop bei 141,4 % von $\overline{XA}$.
- Take Profits: Die sicheren Kursziele liegen zwischen dem 38,2 %- und dem 61,8 %-Retracement von $\overline{AD}$.

In einer Tabelle zusammengefasst sieht das so aus (Matrix 4):

	B Retracement $\overline{XA}$	C Retracement $\overline{AB}$	D Extension $\overline{BC}$	D Retracement $\overline{XA}$	D Projektion $\overline{AB}$
Gartley	0,618	0,382 – 0,886	1,272 – 1,618	0,786 – 0,886	
Bat	0,382 – 0,5	0,382 – 0,886	1,618 – 2,618	0,886	
Alternatives Bat	max. 0,382	0,382 – 0,886	2,0 – 3,618	1,128	mind. 1,618
Butterfly	0,786	0,382 – 0,886	1,618 – 2,618	1,272 – 1,618	

Matrix 4: Die Fibonacci-Ratios für das Butterfly Pattern in einer Tabelle zusammengefasst

Bullishes Butterfly

Beim bullishen Butterfly fahren wir mit dem Schema F fort:

1) ***identifizieren***, 2) ***prognostizieren***, 3) ***entscheiden*** und 4) ***ausführen***.

Wir entwickeln das Einstiegsszenario im H4-Chart von EUR/JPY. Dieses Währungspaar hat ab dem 26.08.2016 ein bullishes Butterfly entwickelt.

Identifizieren: Punkt B wurde an den 79,3 % von $\overline{XA}$ ausgebildet, Punkt C an den 88,7 % von $\overline{AB}$. Mit einem Blick in Matrix 4 kann das sich entwickelnde Pattern als bullishes Butterfly identifiziert werden. Ein paar Tage später wird mit der mit einem Pfeil gekennzeichneten schwarzen Kerze ein Schlusskurs unter Punkt B ausgebildet. Damit können wir davon ausgehen, dass der CD-Schenkel ausgebildet wird.

Prognostizieren: Heißt für uns: Wir machen uns an die Prognose für die PRZ D. Also legen wir mit dem Fibonacci-Tool die entsprechenden Ratios in den Chart:

- in Grau die 127,2 %-Extension von $\overline{XA}$ als Kursziel der PRZ D und
- in Blau die Extension von 161,8 % von $\overline{BC}$,
- ebenfalls in Grau die 141,4 %-Extension von $\overline{XA}$ als Stop-Loss-Level.

Das Ergebnis sehen Sie in Abbildung 59: Die blauen 161,8 % = 112,4092 ¥ und die grauen 127,2 % = 112,2637 ¥ bilden ein enges Cluster, das passt!

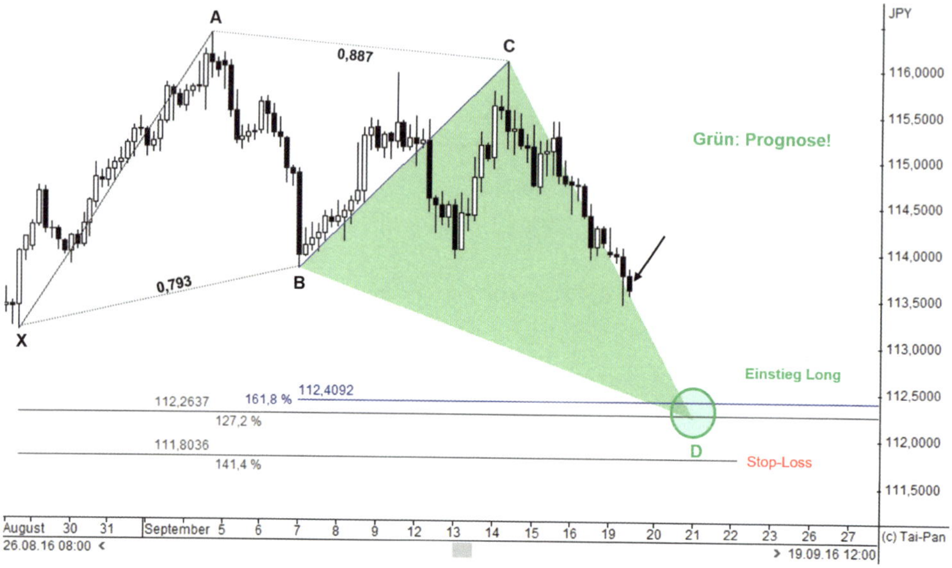

Abbildung 59: Das sich entwickelnde bullishe Butterfly beim EUR/JPY (in ¥) im H4-Chart vom 26.08.2016 bis 19.09.2016

Entscheiden: Für die Berechnung des Stop-Buy verwenden wir das arithmetische Mittel von (112,4092 (blau) + 112,2637 (grau)) / 2 = 112,3364 ¥. Der Stop-Loss kommt an die empfohlenen 141,4 % von $\overline{XA}$.

Die Take Profits berechnen sich auf das 38,2 %- und das 61,8 %-Retracement von $\overline{AD}$. Da der Punkt D noch nicht ausgebildet ist, können die Take Profits – eigentlich – auch nicht berechnen werden. Indem wir jedoch statt dem (noch nicht ausgebildeten) Punkt D den (berechneten) Stop-Buy verwenden, können wir einen provisorischen Take Profit berechnen:

((A – Stop-Buy) / 100 * 38,2) + Stop-Buy = Take Profit

((116,3850 – 112,3364) / 100 * 38,2) + 112,3364 = 113,8830 ¥

Ergibt ein provisorisches CRV von 2,9. Sobald der Punkt D tatsächlich ausgebildet und unser Stop-Buy ausgeführt wurde, können die Take Profits auf die 38,2 % und 61,8 % auf $\overline{AD}$ berechnet werden und den provisorischen Take Profit ersetzen.

Wir können nun die Bracket-Order aufgeben: Stop-Buy bei 112,3364 ¥, Stop-Loss bei 111,8036 ¥ und der provisorische Take Profit bei 113,8830 ¥.

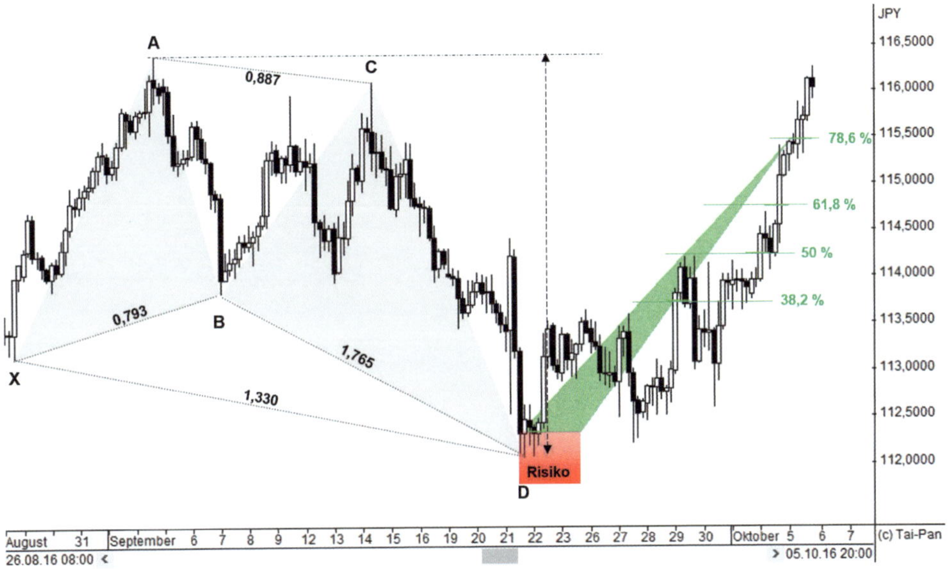

Abbildung 60: Das bullishe Butterfly im EUR/JPY (in ¥) im 4-Stunden-Chart vom 26.08.2016 bis 05.10.2016

Ausführen: Der Stop-Buy = 112,3364 ¥ wird mit einer langen schwarzen Kerze ausgeführt, der Punkt D wird bei 112,075 ¥ ausgebildet. Damit können die »echten« Take Profits bei den 38,2 % und 61,8 % auf $\overline{AD}$ berechnet werden. Es dauert in diesem konkreten Fall ein paar Tage, bis die Take Profits abgeholt werden, aber auch in diesem Beispiel werden die 78,6 % erreicht (Abbildung 60). Der Stop-Loss war nie gefährdet.

Kursdaten (in ¥) und Fibonacci-Ratios des Patterns:

- Tief X = 113,1450
- Hoch A = 116,3850

- Korrekturtief B = 113,8170
- Korrekturhoch C = 116,0950
- PRZ D = 112,0750
- Long-Einstieg = 112,3364
- Stop-Loss = 111,8036
- Take Profit 1: 38,2 % = 113,7214
- Take Profit 2: 61,8 % = 114,7387
- CRV 1 = 1,3850 / 0,5328 = 2,6
- CRV 2 = 2,4023 / 0,5328 = 4,5

Bearishes Butterfly

Das Cable (= Währungspaar GBP/USD) hat ab dem 10.05.2017 im Stundenchart einen bearishen Schmetterling ausgebildet.

Identifizieren: Der Punkt B hat sich an den 78,5 % von $\overline{XA}$ ausgebildet, der Punkt C an den 81,4 % von $\overline{AB}$. Der Blick in die Matrix 4 zeigt, dass sich hier ein bearisher Schmetterling ausbilden könnte.

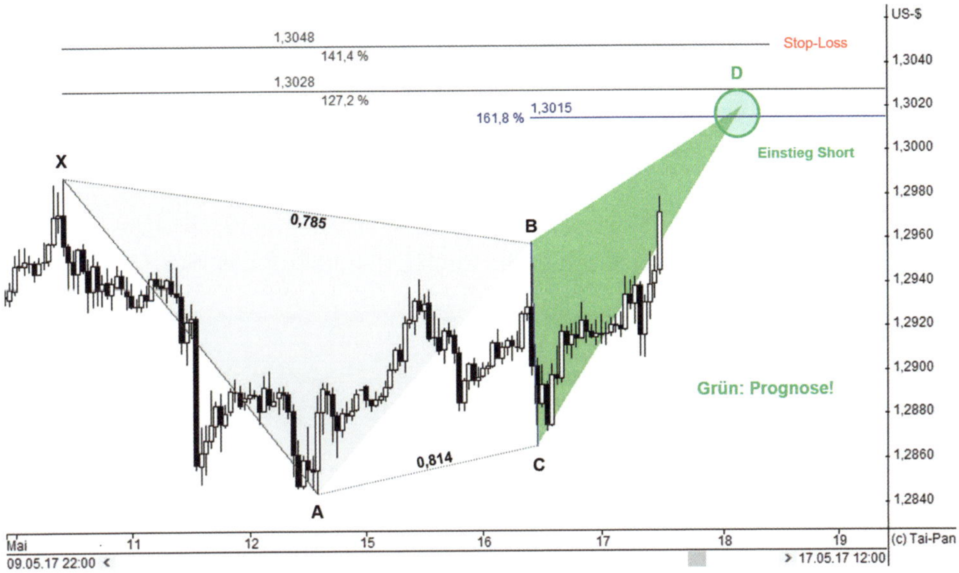

Abbildung 61: Das sich entwickelnde bearishe Butterfly beim GBP/USD (in $) im H1-Chart vom 09.05.2017 bis 17.05.2017

Prognostizieren: Bei einem bearishen Butterfly sollte die PRZ D an der 161,8 %- bis 261,8 %-Extension von $\overline{BC}$ (in Blau) und der 127,6 %- bis 161,8 %-Extension von $\overline{XA}$ (in Grau) ausgebildet werden. Der empfohlene Stop-Loss liegt an der 141,4 %-Extension = 1,3048 $ von $\overline{XA}$ (in Grau). Wenn wir all die Marken mit dem Fibonacci-Tool in den Chart legen, dann ergibt sich ein Cluster zwischen den blauen 161,8 % und den grauen 127,2 % (Abbildung 61). Wir berechnen den Stop-Sell als arithmetisches Mittel von (1,3015 (blau) + 1,3028 (grau)) / 2 = 1,3022 $.

Entscheiden: Auch hier können wir keinen endgültigen Take Profit berechnen, solange der Punkt D noch nicht ausgebildet wurde. Wir behelfen uns wieder mit dem provisorischen Take Profit, indem wir die 38,2 % auf die Strecke vom Punkt A zum Stop-Sell berechnen:

Stop-Sell – ((Stop-Sell – A) / 100 * 38,2) = Take Profit

1,3022 – ((1,3022 – 1,2845) / 100 * 38,2) = 1,2954 $

Damit können wir ein »provisorisches« CRV berechnen: 0,0068 / 0,0026 = 2,6. Das ist doch ganz gut!

Wir bereiten die Bracket-Order vor: Stop-Sell bei 1,3022 $, der Stop-Loss bei 1,3048 $ und der (provisorische) Take Profit bei 1,2954 $.

Ausführen: Mit einer langen weißen Power-Candle wird der Stop-Sell getriggert und die Bracket-Order wird ausgeführt. Wir sind short im Markt mit 1,3022 $, das Hoch der Power-Candle notiert bei 1,3046 $ – der Stop liegt bei 1,3048 $. In der Lunte der Power-Candle bildet sich die nächste Stundenkerze aus. Die nun folgende schwarze Stundenkerze bildet ihr Hoch bei 1,3049 $ aus -> ausgestoppt!

Der Verlust liegt bei 316,75 €.

Berechnung des Verlustes:

1,3048 $ (Stop-Loss) – 1,3022 $ (Einstieg) = 0,0026 $

Das macht bei 1 Lot einen Verlust von 26 ($) Pips. Als Lot bezeichnet man eine Handelseinheit beim Währungshandel, das sind 100.000 Einheiten der Basiswährung. Bei diesem Beispiel GBP/USD also 100.000 GBP.

Umgerechnet in Euro (18.05.2017, 12:00 Uhr) 1,1130:

(0,0026 * 100.000) / 1,3048 = 199,26 $ = 179,03 €

Pip-Wert = (Pip in Dezimalstellen * Handelsgröße) / Marktpreis

Das schmerzt. Besonders ärgerlich ist, dass die Position wegen 1 Pip ausgestoppt wurde! ABER: Das bedeutet nicht, dass beim nächsten Mal auf den Stop verzichtet wird! Das wäre Kamikaze-Trading und ruiniert über kurz oder lang das Konto!

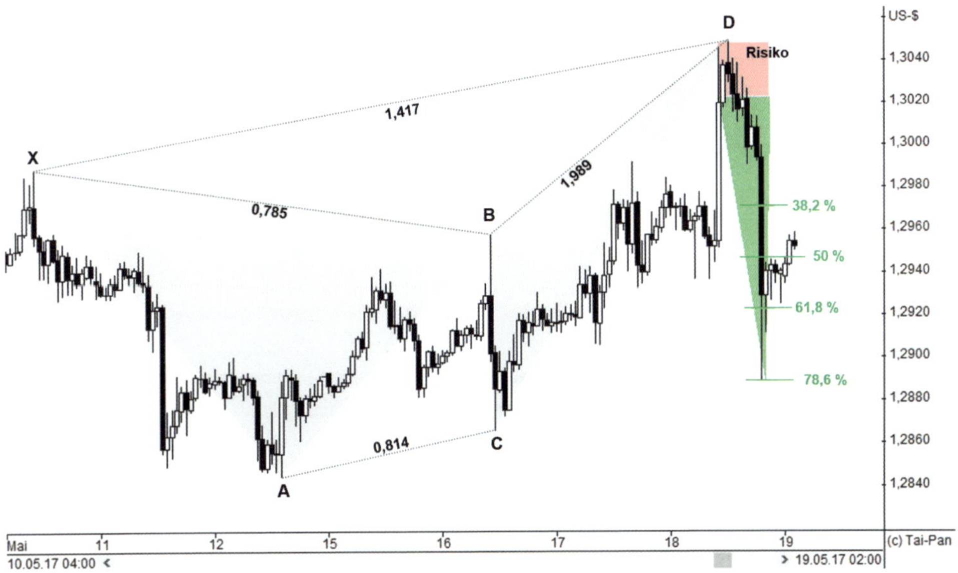

Abbildung 62: Das bearishe Butterfly im GBP/USD (in USD) im Stundenchart vom 10.05.2017 bis 19.05.2017

Abbildung 62 zeigt das bearishe Butterfly. Nachdem die Position ausgestoppt wurde, ging es erst gemächlich nach unten, dann wurden mit einer schwarzen Power-Candle alle Kursziele abgeholt. Allerdings: Auch die 78,6 % = 1,2888 $ wurden um ein Pip verfehlt. Das Tief lag bei 1,2889 $.

Kursdaten (in $) und Fibonacci-Ratios des Patterns:

- Hoch X = 1,2989
- Tief A = 1,2845
- Korrekturhoch B = 1,2958
- Korrekturtief C = 1,2866
- PRZ D = 1,3049
- Short-Einstieg = 1,3022

- Stop = 1,3048 – **Die Position wurde (mit diesen Kursdaten) ausgestoppt!**

- Take Profit 1 = 38,2 % = 1,2922

- Take Profit 2 = 61,8 % = 1,2888

- CRV 1 = 0,0100 / 0,0026 = 3,8

- CRV 2 = 0,0134 / 0,0026 = 5,2

Dieses bearishe Butterfly hat mit den Kursdaten von TaiPan versagt – trotzdem haben wir Ihnen die Kursdaten des Patterns ausgerechnet. Insbesondere beim Währungshandel könnte je nach Broker und Spread das Pattern auch aufgegangen sein.

Wann wird ein Butterfly Pattern ungültig?

Ausgehend ab dem Stadium der Prognose:

Wenn der Markt vor Erreichen der prognostizierten PRZ D beim

- bullishen Butterfly nach oben dreht, über Punkt C steigt und deutlich mehr als das 88,6 %-Retracement von $\overline{AB}$ abholt, also im Prinzip Punkt A erreicht – oder sogar darüber steigt,

- bearishen Butterfly nach unten dreht, unter Punkt C fällt und deutlich mehr als das 88,6 %-Retracement von $\overline{AB}$ abholt, also im Prinzip Punkt A erreicht – oder sogar darunter fällt.

Wenn der Markt nach Erreichen der prognostizierten PRZ D beim

- bullishen Butterfly einfach weiter fällt und die Position in den Stop läuft,

- bearishen Butterfly einfach weiter steigt und die Position in den Stop läuft.

Crab Pattern

Das Crab Pattern ist eine weitere Entdeckung von Scott M. Carney aus dem Jahr 2001. Beim Crab (engl. = Krabbe/Krebs) Pattern ist der rechte Flügel tiefer und länger als beim Butterfly Pattern (Abbildung 63). C bildet weiterhin ein tieferes Tief aus (bullishe Variante) beziehungsweise ein höheres Hoch (bearishe Variante). Beim Krabben-B ist wieder mehr Flexibilität erlaubt als beim Schmetterlings-B.

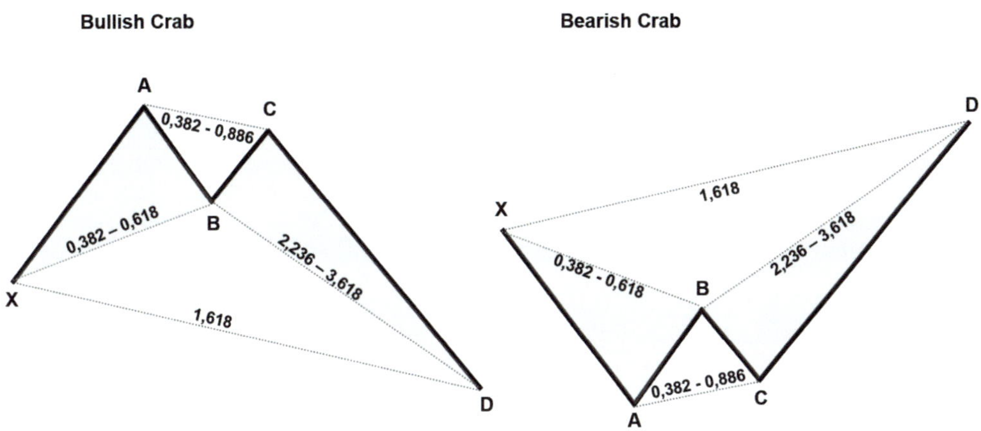

Abbildung 63: Links die Grafik des bullishen Crab, rechts die Grafik des bearishen Crab mit den entsprechenden Fibonacci-Ratios

Beim bullishen Crab gilt:

- C notiert unter A
- D notiert unter X

Beim bearishen Crab gilt:

- C notiert über A
- D notiert über X

Die Krabbe ist eine Trendumkehr-Formation, die Bewegung $\overline{AD}$ scheint mit dem langen und überdehnten Schenkel $\overline{CD}$ erschöpft zu sein. Ein Nachteil des Crab ist, dass es ein seltenes Pattern ist, es belohnt den Trader allerdings mit einem guten CRV.

- Das **bullishe Crab** beginnt mit der Aufwärtsbewegung $\overline{XA}$.
- Diese wird um 38,2 % bis 61,8 % bis zum Punkt B korrigiert.
- Punkt C liegt zwischen dem 38,2 %- und dem 88,6 %-Retracement von $\overline{AB}$.
- Punkt D wird an einem Fibonacci-Cluster erreicht: zum einen
  - als Extension von $\overline{BC}$ von 223,6 % bis 316,8 %,
  - als Extension von $\overline{XA}$ um 161,8 %.
- An Punkt D wird dann die Long-Position eröffnet.
- Der enge Stop liegt knapp unter Punkt D. Der empfohlene Stop bei der 200 %-Extension von $\overline{XA}$.
- Take Profits: Die sicheren Kursziele liegen zwischen dem 38,2 %- und dem 61,8 %-Retracement von $\overline{AD}$.

- Das **bearishe Crab** beginnt mit der Abwärtsbewegung $\overline{XA}$.
- Punkt B erreicht 38,2 % bis 61,8 % von $\overline{XA}$.
- Punkt C liegt zwischen dem 38,2 %- und dem 88,6 %-Retracement von $\overline{AB}$.
- Punkt D wird an einem Fibonacci-Cluster erreicht: zum einen
  - als Extension von $\overline{BC}$ von 223,6 % bis 361,8 %,
  - als Extension von $\overline{XA}$ um 161,8 %.
- An Punkt D wird dann die Short-Position eröffnet.

- Der enge Stop liegt knapp über Punkt D. Der empfohlene Stop bei der 200 %-Extension von $\overline{XA}$.
- Take Profits: Die sicheren Kursziele liegen zwischen dem 38,2 %- und dem 61,8 %-Retracement von $\overline{AD}$.

Im Netz geistern auch Kursziele einer 127,2 %-Expansion von $\overline{AD}$. Klar, die Aufwärtsbewegung ab der PRZ D kann auch zu Kursen jenseits von Punkt A führen … aber: Das Crab Pattern ist ein Reversal Pattern! Will heißen: Erst einmal ist die neue Bewegung nur eine Korrektur, die die Trendbewegung $\overline{AD}$ korrigiert. Da sollten Sie sich mit konservativeren Kurszielen begnügen. Es spricht allerdings nichts dagegen – wenn Ihr Risk- und Moneymanagement es zulässt –, dass Sie das letzte Häppchen einfach weiterlaufen lassen und es entweder mit einem Trailing-Stop absichern oder eben mit einer Limit-Order zum Kursziel der 127,2 %-Extension von $\overline{AD}$ laufen lassen.

In einer Tabelle zusammengefasst sieht das so aus:

	B Retracement $\overline{XA}$	**C Retracement $\overline{AB}$**	**D Extension $\overline{BC}$**	**D Retracement $\overline{XA}$**	**D Projektion $\overline{AB}$**
Gartley	0,618	0,382 – 0,886	1,272 – 1,618	0,786 – 0,886	
Bat	0,382 – 0,5	0,382 – 0,886	1,618 – 2,618	0,886	
Alternatives Bat	max. 0,382	0,382 – 0,886	2,0 – 3,618	1,128	mind. 1,618
Butterfly	0,786	0,382 – 0,886	1,618 – 2,618	1,272 – 1,618	
Crab	0,382 – 0,618	0,382 – 0,886	2,236 – 3,618	1,618	

Matrix 5: Die Fibonacci-Ratios für das Crab Pattern in einer Tabelle zusammengefasst

Bullishes Crab

Der Aussie (= AUD/USD) hat ab März 2017 ein bullishes Crab ausgebildet. Der besseren Übersichtlichkeit wegen stellen wir Ihnen dieses Pattern beim Einstiegschart (Abbildung 64) im H4 vor und das fertig ausgebildete Crab im D1 (Abbildung 65), da das rechte Krabbenbein entsprechend den Regeln sehr lang ist und Sie sonst vor lauter dicht gedrängter Candles keine Candle mehr sehen können.

Identifizieren: $\overline{XA}$ wurde um 63,2 % zum Punkt B und $\overline{AB}$ um 57,6 % zum Punkt C korrigiert (Abbildung 64). Der Blick in die Matrix 5 sagt, dass das ein Crab werden könnte. Ein Gartley wäre auch noch möglich gewesen, aber der weitere Kursverlauf bringt Tiefs unter dem Punkt X – und das schließt das Gartley aus.

Prognostizieren: Damit können wir mit der Prognose der PRZ D des Crab loslegen. Wir legen Extensionen an: bezogen auf $\overline{XA}$ die grauen 161,8 % als Kursziel für D und die grauen 200 % für den empfohlenen Stop-Loss. Dann zeichnen wir mit dem Fibonacci-Tool in Blau die Extensionen bezogen auf $\overline{BC}$ in den Chart. Die blauen 361,8 % = 0,7340 $ bilden mit den grauen 161,8 % = 0,7329 $ ein perfektes Cluster für die PRZ D!

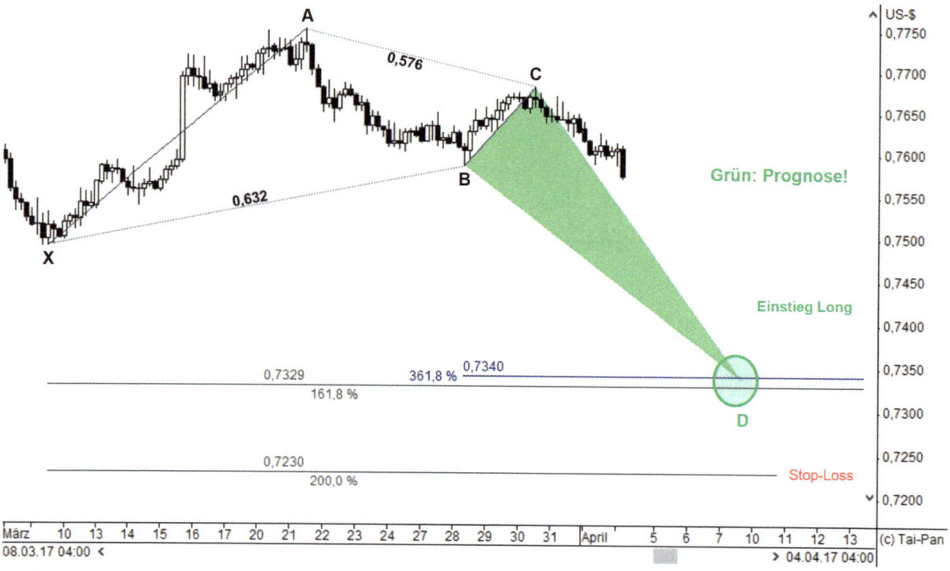

Abbildung 64: Das sich entwickelnde bullishe Crab beim AUD/USD (in $) im H4-Chart vom 08.03.2017 bis 04.04.2017

Entscheiden: Bereiten wir nun die Bracket-Order vor. Um den Stop-Buy zu bestimmen, berechnen wir das arithmetische Mittel von den grauen 161,8 % = 0,7329 $ und den blauen 361,8 % = 0,7340 $ = (0,7329 + 0,7340) / 2 = 0,73345 $. Den Stop-Loss legen wir an die empfohlenen 200 % von $\overline{XA}$ = 0,7230 $. Da die Take Profits auf $\overline{AD}$ berechnet werden, müssen wir mal wieder die vorläufigen 38,2 % auf die Strecken von Punkt A zu unserem berechneten Stop-Buy ausrechnen.

((A – Stop-Buy) / 100 * 38,2) + Stop-Buy = Take Profit

((0,7752 – 0,73345) / 100 * 38,2) + 0,73345 = 0,7494 $

Mit dem vorläufigen Take Profit können wir auch das vorläufige CRV berechnen:

(0,01595 / 0,01045) = 1,5

Wir geben die Bracket-Order ein und – warten ….

Ausführen: Über einen Monat später, am 09.05.2017, wird unsere Order ausgeführt (am 04.04.2017 haben wir die PRZ D bestimmt). Zunächst werden zwei weiße Inside Days ausgebildet, dann geht es nur mit der Lunte über die schwarze Kerze bei D, aber dann kommt der Austral-Dollar ins Laufen. Bereits 9 Tage nach Eröffnen der Long-Position werden die 38,2 % abgeholt. Bei diesem Beispiel wird auch das Sahnehäubchen – die 78,6 % – erreicht (Abbildung 65).

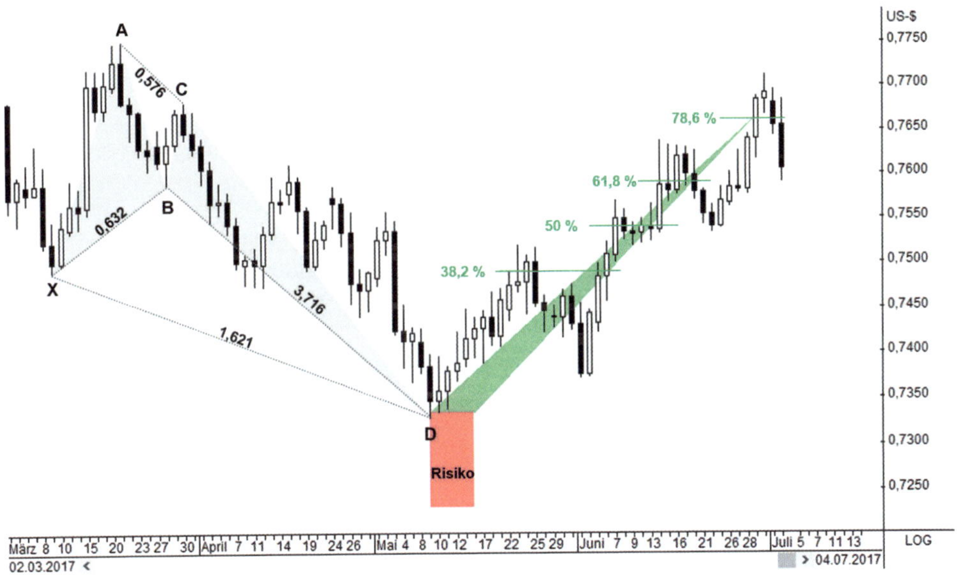

Abbildung 65: Das bullishe Crab im AUD/USD (in USD) im H4-Chart vom 02.03.2017 bis 04.07.2017

Kursdaten (in US-Dollar) und Fibonacci-Ratios des Patterns:

- Tief X = 0,7491
- Hoch A = 0,7752
- Korrekturtief B = 0,7587
- Korrekturhoch C = 0,7682
- PRZ D = 0,7329
- Long-Einstieg = 0,73345
- Stop = 0,7230
- Take Profit 1 = 38,2 % = 0,7490
- Take Profit 2 = 61,8 % = 0,7590
- CRV 1 = 0,01555 / 0,01045 = 1,5
- CRV 2 = 0,02555 / 0,01045 = 2,4

Obwohl der empfohlene Stop-Loss bei der 200 %-Extension von $\overline{XA}$ relativ weit weg liegt, ist das CRV auf jeden Fall passabel.

Bearishes Crab

Um nicht den Eindruck zu erwecken, dass harmonische Patterns nur bei Währungen ausgebildet werden, zeigen wir Ihnen für das bearishe Crab nun einen Index, der FTSE 100.

Identifizieren: Der Punkt B wird am 66,5 %-Retracement von $\overline{XA}$ und der Punkt C am 51,2 %-Retracement von $\overline{AB}$ ausgebildet (Abbildung 66). Auch dieses Pattern könnte ein Gartley oder ein Crab werden. In Matrix 6 sind die Fibonacci-Ratios dieser beiden Patterns zu sehen, der Punkt B kann bei beiden Patterns am

61,8 %-Retracement von $\overline{XA}$ ausgebildet werden. Beim Punkt C gibt es keinen Unterschied.

	B Retracement $\overline{XA}$	C Retracement $\overline{AB}$	D Extension $\overline{BC}$	D Retracement $\overline{XA}$
Gartley	0,618	0,382 – 0,886	1,272 – 1,618	0,786 – 0,886
Crab	0,382 – 0,618	0,382 – 0,886	2,236 – 3,618	1,618

Matrix 6: Das Gartley und Crab

Aber der Punkt X wird schnell überboten und damit ist das Gartley hinfällig.

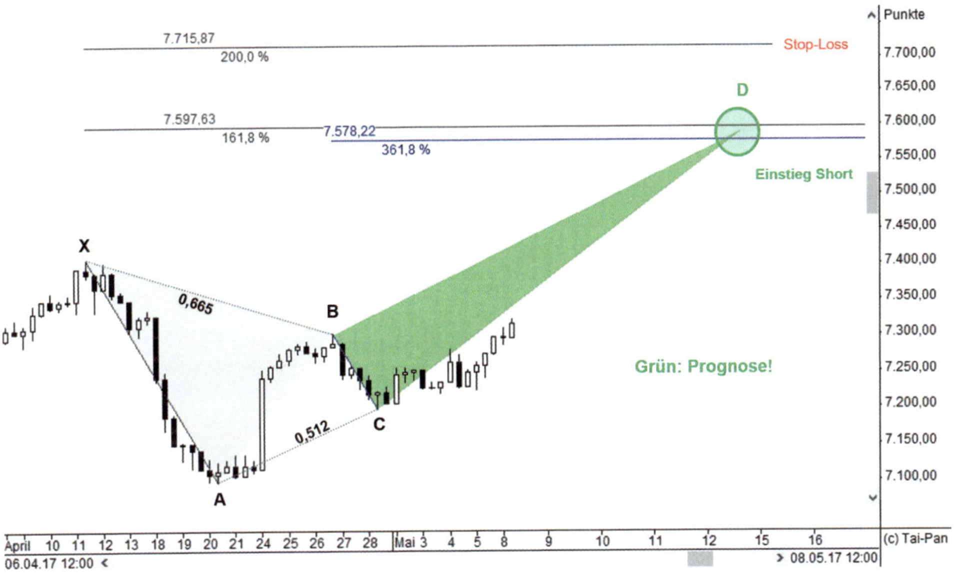

Abbildung 66: Das sich entwickelnde bearishe Crab beim FTSE 100 (in Punkten) im H4-Chart vom 06.04.2017 bis 05.05.2017

Prognostizieren: Wir zeichnen mit unserem Fibonacci-Tool die für das Crab charakteristische 161,8 %-Fibonacci-Extension von $\overline{XA}$ in Grau ein, denn da gibt es keine Variation. Dazu die 200 % für den Stop-Loss. Zu den 161,8 % muss nun die $\overline{BC}$-Extension gefunden werden, die mit dieser ein Cluster bildet. Es sind die blauen 361,8 % von $\overline{BC}$.

Entscheiden: Wir berechnen das arithmetische Mittel der grauen 161,8 % = 7.597,63 Punkte und blauen 361,8 % = 7.578,22 Punkte = 7.587,93 Punkte und bestimmen so den Stop-Sell für die Short-Position. Den vorläufige Take Profit, die 38 % auf die Strecke Punkt A – Stop-Buy müssen wir auch noch berechnen:

Stop-Sell – ((Stop-Sell – A) / 100 * 38,2) = Take Profit

7.587,93 – ((7.587,93 – 7.096,83) / 100 * 38,2) = 7.400,33 Punkte

Damit können wir ein »provisorisches« CRV berechnen: 187,6 / 127,94 =1,5.

Der Stop-Loss kommt an die grauen 200 % = 7.715,87 Punkte.

Wir geben die Bracket-Order ein: Stop-Sell = 7.587,93 Punkte, Stop-Loss = 7.715,87 Punkte und vorläufiger Take Profit = 7.400,33 Punkte. Und – warten ...

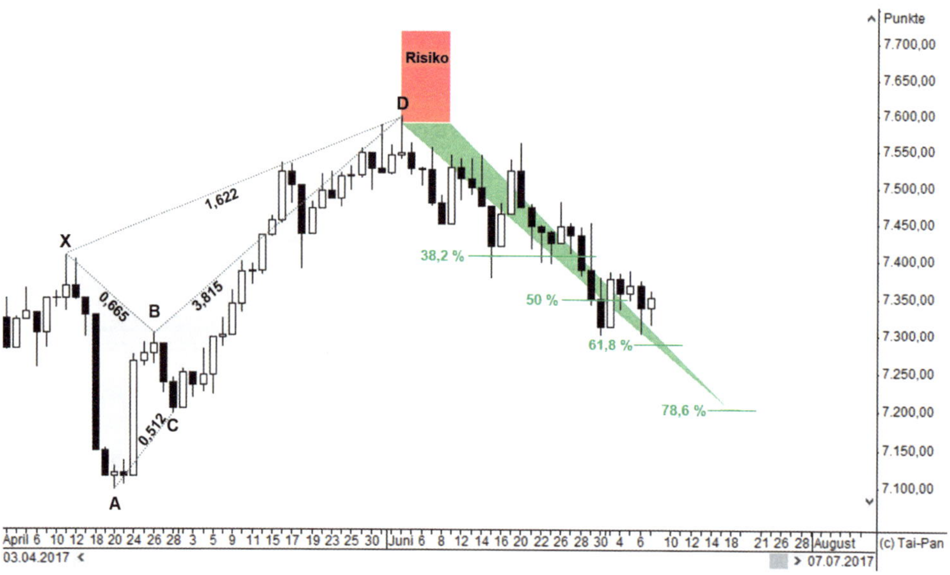

Abbildung 67: Das bearishe Crab im FTSE 100 (in Punkten) im H4-Chart vom 03.04.2017 bis 07.07.2017 – noch unvollendet

Ausführen: Die Aufwärtsbewegung von Punkt C zur PRZ D wird zügig abgearbeitet – eine Korrektur inbegriffen. Die Fibonacci-Ratios werden mit einer geringen Abweichung erreicht:

- 162,2 % statt 161,8 %-Fibonacci-Extension von $\overline{XA}$ und
- 381,5 % statt 361,8 % von $\overline{BC}$

Die Order wird ausgeführt und die PRZ D wird nur 11 Punkte über dem Stop-Sell ausgebildet!

Kursdaten (in Punkten) und Fibonacci-Ratios des Patterns:

- Hoch X = 7.406,35
- Tief A = 7.096,83
- Korrekturhoch B = 7.302,57
- Korrekturtief C = 7.197,28
- PRZ D = 7.598,99
- Short-Einstieg = 7.587,93
- Stop = 7.715,87
- Take Profit 1 = 38,2 % = 7.407,17
- Take Profit 2 = 61,8 % = 7.288,66
- CRV 1 = 180,76 / 127,94 = 1,4
- CRV 2 = 299,27 / 127,94 = 2,3

Bis jetzt (12.07.2017, Abbildung 67) wurden die 61,8 % noch nicht abgeholt. Der Take Profit 2 und das CRV 2 sind aus diesem Grund in Grau geschrieben.

Wann wird ein Crab Pattern ungültig?

Ausgehend ab dem Stadium der Prognose:

Wenn der Markt vor Erreichen der prognostizierten PRZ D beim

- bullishen Crab nach oben dreht, über Punkt C steigt und deutlich mehr als das 88,6 %-Retracement von $\overline{AB}$ abholt, also im Prinzip Punkt A erreicht – oder sogar darüber steigt,
- bearishen Crab nach unten dreht, unter Punkt C fällt und deutlich mehr als das 88,6 %-Retracement von $\overline{AB}$ abholt, also im Prinzip Punkt A erreicht – oder sogar darunter fällt.

Wenn der Markt nach Erreichen der prognostizierte PRZ D beim

- bullishen Crab einfach weiter fällt und die Position in den Stop läuft,
- bearishen Crab einfach weiter steigt und die Position in den Stop läuft.

Deep Crab Pattern

Wann wird ein Crab Pattern zu einem Deep Crab Pattern? Wenn der Punkt B das 88,6 %-Retracement von $\overline{XA}$ erreicht. Der Punkt B also viel tiefer als beim Crab Pattern und damit viel näher an Punkt X liegt. Oder anders formuliert: Die Korrektur von $\overline{XA}$ zum Punkt B geht viel tiefer. Da die PRZ D auch über die 161,8 %-Expansion von $\overline{XA}$ bestimmt wird, darf sich das Pattern weiterhin Crab nennen. Nur eben Deep Crab.

In Abbildung 68 ist das Deep Crab als Grafik mit den entsprechenden Fibonacci-Ratios gezeichnet.

Beim der bullishen Deep Crab gilt:

- C notiert unter A
- D notiert unter X

Beim bearishen Deep Crab gilt:

- C notiert über A
- D notiert über X

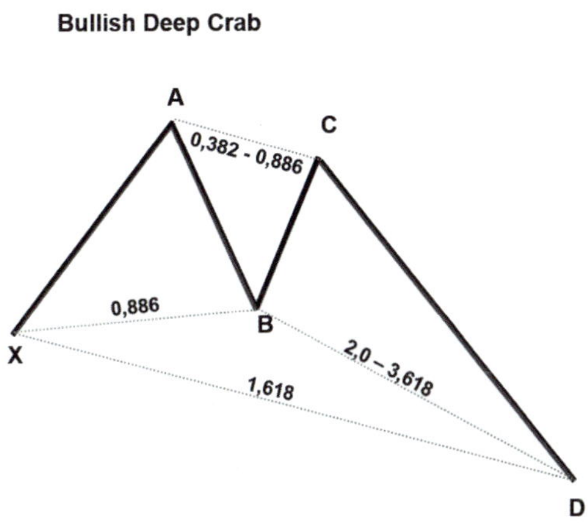

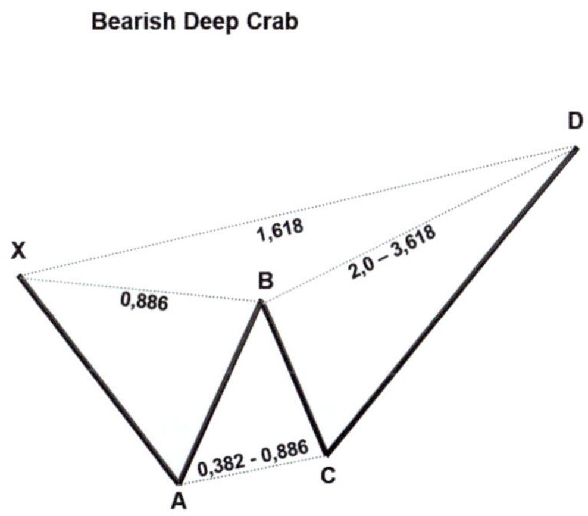

Abbildung 68: Links die Grafik des bullishen Deep Crab, rechts die Grafik des bearishen Deep Crab mit den entsprechenden Fibonacci-Ratios

Das Deep Crab ist ebenfalls eine Trendumkehr-Formation, die Bewegung $\overline{AD}$ scheint mit dem langen und überdehnten Schenkel $\overline{CD}$ erschöpft zu sein. Das Deep Crab ist noch seltener als das Crab.

- Das **bullishe Deep Crab** beginnt mit der Aufwärtsbewegung $\overline{XA}$.
- Diese wird um 88,6 % bis zum Punkt B korrigiert.
- Punkt C liegt zwischen dem 38,2 %- und dem 88,6 %-Retracement von $\overline{AB}$.
- Punkt D wird an einem Fibonacci-Cluster erreicht: zum einen
  - als Extension von $\overline{BC}$ von 200 % bis 316,8 %,
  - als Extension von $\overline{XA}$ um 161,8 %.
- An Punkt D wird dann die Long-Position eröffnet.
- Der enge Stop liegt knapp unter Punkt D. Der empfohlene Stop bei der 200 %-Extension von $\overline{XA}$.
- Take Profits: Die sicheren Kursziele liegen zwischen dem 38,2 %- und dem 61,8 %-Retracement von $\overline{AD}$.

- Das **bearishe Deep Crab** beginnt mit der Abwärtsbewegung $\overline{XA}$.
- Punkt B erreicht 88,6 % von $\overline{XA}$.
- Punkt C liegt zwischen dem 38,2 %- und dem 88,6 %-Retracement von $\overline{AB}$.
- Punkt D wird an einem Fibonacci-Cluster erreicht: zum einen
  - als Extension von $\overline{BC}$ von 200 % bis 361,8 %,
  - als Extension von $\overline{XA}$ um 161,8 %.
- An Punkt D wird dann die Short-Position eröffnet.
- Der enge Stop liegt knapp über Punkt D. Der empfohlene Stop bei der 200 %-Extension von $\overline{XA}$.
- Take Profits: Die sicheren Kursziele liegen zwischen dem 38,2 %- und dem 61,8 %-Retracement von $\overline{AD}$.

Die Tabelle erweitert um das Deep Crab sieht so aus (Matrix 7):

	B Retracement XA	**C Retracement AB**	**D Extension BC**	**D Retracement XA**	**D Projektion AB**
Gartley	0,618	0,382 – 0,886	1,272 – 1,618	0,786 – 0,886	
Bat	0,382 – 0,5	0,382 – 0,886	1,618 – 2,618	0,886	
Alternatives Bat	max. 0,382	0,382 – 0,886	2,0 – 3,618	1,128	mind. 1,618
Butterfly	0,786	0,382 – 0,886	1,618 – 2,618	1,272 – 1,618	
Crab	0,382 – 0,618	0,382 – 0,886	2,236 – 3,618	1,618	
Deep Crab	0,886	0,382 – 0,886	2,236 – 3,618	1,618	

Matrix 7: Die Fibonacci-Ratios für das Deep Crab Pattern in einer Tabelle zusammengefasst

Bullishes Deep Crab

Der Bund Future hat ab dem 13.09.2016 ein bullishes Deep Crab ausgebildet.

Identifizieren: Punkt B hat $\overline{XA}$ um 93,4 % korrigiert. Damit sind die für das Deep Crab geforderten 88,6 % auf jeden Fall erfüllt und ein anderes Pattern kommt nicht infrage. Auch die 48,7 % von $\overline{AC}$ passen (Abbildung 69).

Prognostizieren: Nachdem am 27.10.2016 ein tieferes Tief unter Punkt B ausgebildet wurde, können wir mit unserem Fibonacci-Tool die PRZ D bestimmen, als Cluster der 161,8 %-Extension von $\overline{XA}$ und einer 200 %- bis 361,8 %-Extension von $\overline{BC}$. Die grauen 161,8 % von $\overline{XA}$ clustern sich mit den blauen 261,8 % $\overline{BC}$.

Entscheiden: Damit können wir den Stop-Buy über das arithmetische Mittel von (160,21 + 160,01) / 2 = 160,11 Prozent berechnen. Der Stop-Loss wird an die grauen 200 % von $\overline{XA}$ = 158,76 Prozent gelegt. Das vorläufige Kursziel, die 38,2 % der Strecke Punkt A zum Stop-Buy berechnen wir ebenfalls:

((A – Stop-Buy) / 100 * 38,2) + Stop-Buy = Take Profit

((166,36 – 160,11) / 100 * 38,2) + 160,11 = 162,50 Prozent

Mit dem vorläufigen Take Profit können wir auch das vorläufige CRV berechnen:

(2,39 / 1,35) = 1,8

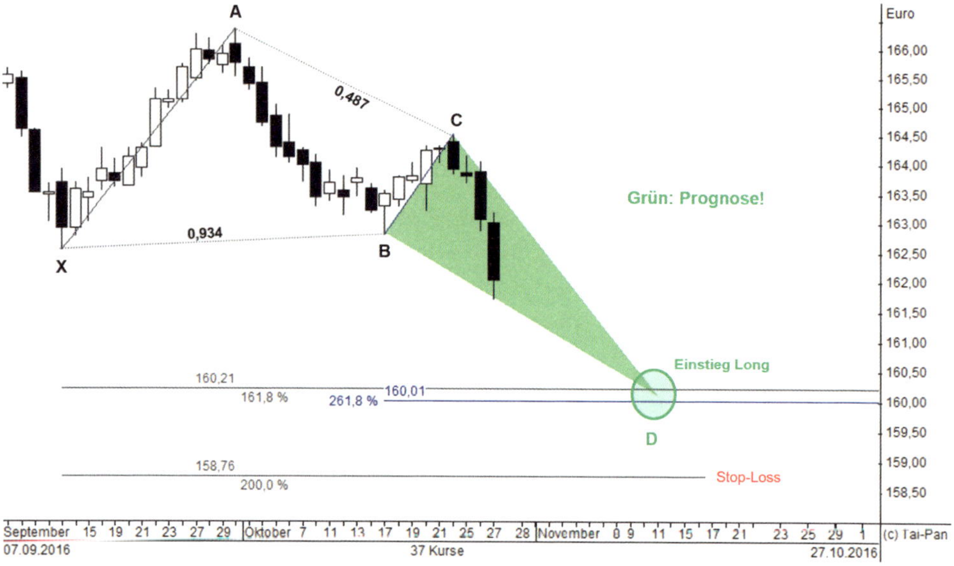

Abbildung 69: Das sich entwickelnde bullishe Deep Crab im Bund-Future im Tageschart vom 07.09.2016 bis 27.10.2016

Wir geben die Bracket-Order ein: Stop-Buy bei 160,10 Prozent, Stop-Loss bei 158,76 Prozent, vorläufiger Take Profit bei 162,49 Prozent und – warten ...

Ausführen: So lange müssen wir nicht warten (Abbildung 70). Bereits 10 Handelstage später werden wir long eingestoppt. Allerdings geht die Abwärtsbewegung noch etwas tiefer, die PRZ wird erst bei 159,14 Prozent ausgebildet. Aber der Stop bei den grauen 200 % = 158,76 Prozent war nicht in Gefahr. Die Kursziele, berechnet auf $\overline{AD}$, werden alle erreicht.

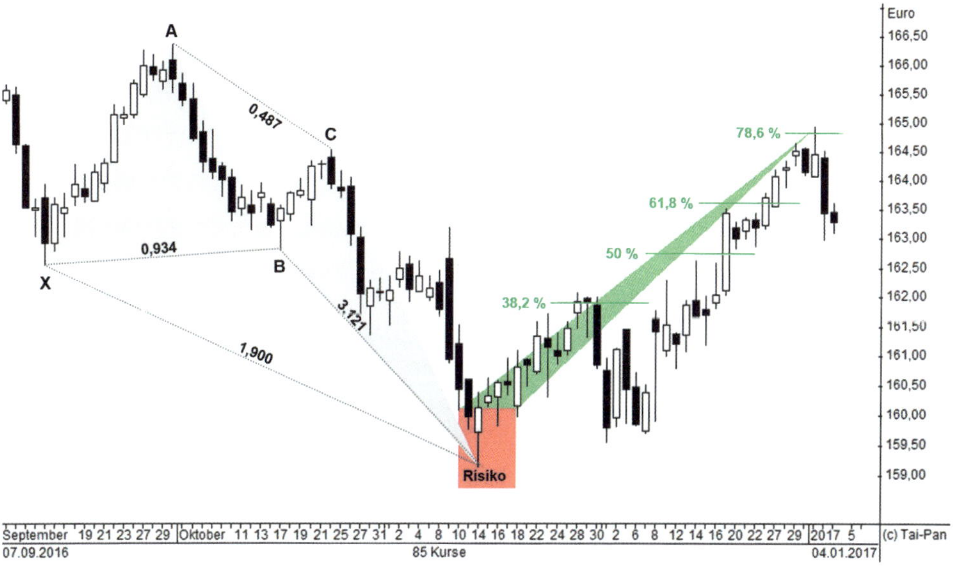

Abbildung 70: Das bullishe Deep Crab im Bund-Future im Tageschart vom 07.09.2016 bis 04.01.2017

Kursdaten (in Prozent) und Fibonacci-Ratios des Patterns:

- Tief X = 162,56
- Hoch A = 166,36
- Korrekturtief B = 162,81
- Korrekturhoch C = 164,54
- PRZ D = 159,14
- Long-Einstieg = 160,11
- Stop = 158,76
- Take Profit 1 = 38,2 % = 161,90
- Take Profit 2 = 61,8 % = 163,60

- CRV 1 = 1,79 / 1,35 = 1,3
- CRV 1 = 3,49 / 1,35 = 2,6

Bearishes Deep Crab

Der Aussie (= AUD/USD) hat im Juni/Juli 2017 ein fast perfektes bearishes Deep Crab ausgebildet. Aber eins nach dem anderen.

Identifizieren: Im Einstiegsszenario in Abbildung 71 erkennen wir, dass der Punkt B am 89,2 %-Retracement von $\overline{XA}$ ausgebildet wurde – das ist das charakteristische Element eines Deep Crab, was uns der Blick in Matrix 7 zeigt. Punkt C wird am 53,8 %-Retracement von $\overline{AB}$ ausgebildet. Mit einer kräftigen weißen Kerze wird ein Hoch über Punkt B ausgebildet – damit können wir mit unserem Fibonacci-Tool die erforderlichen Extensionen einzeichnen.

Prognostizieren: Als Erstes zeichnen wir in Grau die 161,8 %-Extension für die Bestimmung des Stop-Sell und die 200 %-Extension für die Bestimmung des Stop-Loss von $\overline{XA}$ ein. Dann suchen wir mit der blauen Extension von $\overline{BC}$ das Cluster mit der grauen 161,8 %. Bingo – die blauen 261,8 % und die grauen 161,8 % bilden ein Cluster aus.

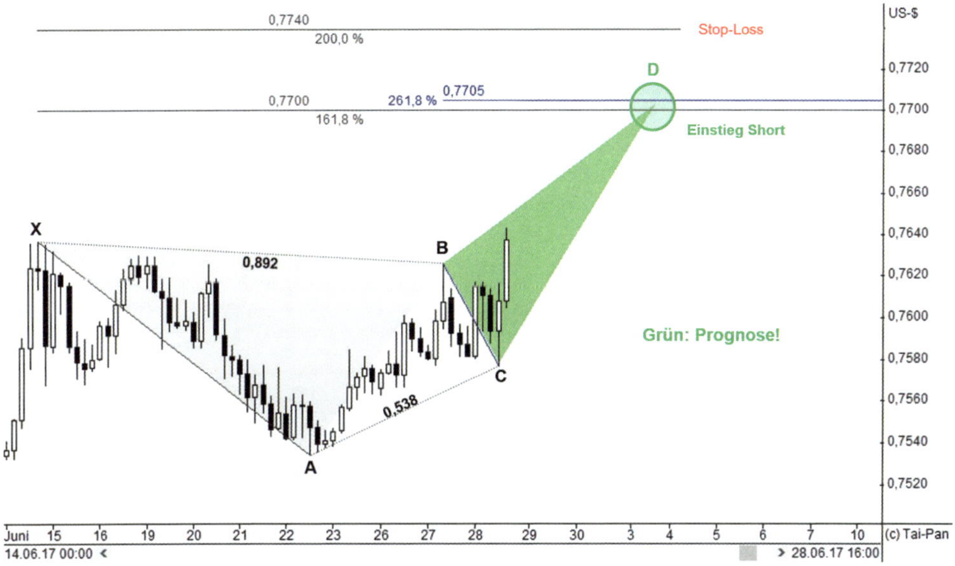

Abbildung 71: Das sich entwickelnde bearishe Deep Crab beim AUD/USD im H4 vom 16.06.2017 bis 28.06.2017

Entscheiden: Wir berechnen das arithmetische Mittel der grauen 161,8 % = 0,77 $ und der blauen 0,7705 $ = 0,77025 $ – das ist der Stop-Sell. Der Stop-Loss kommt an die grauen 200 % = 0,7740 $. Jetzt berechnen wir noch den vorläufigen Take Profit der 38,2 % von A zum Stop-Sell:

Stop-Sell – ((Stop-Sell – A) / 100 * 38,2) = Take Profit

0,77025 – ((0,77025 – 0,7535) / 100 * 38,2) = 0,76385 $

Das vorläufige CRV beträgt (0,0064 / 0,00375) =1,7.

Die Bracket-Order sieht also so aus: Stop-Sell = 0,77025 $, Stop-Loss = 0,7740 $ und vorläufiger Take Profit = 0,76385 $. Wir warten …

Ausführen: Wenig später wird unsere Order ausgeführt. In diesem Fall bildet das Hoch der »ausführenden« Kerze die PRZ D. Der Aussie dreht, die folgende Abwärtsbewegung räumt alle Take Profits ab inklusive Sahnehäubchen, 78,6 % (Abbildung 72).

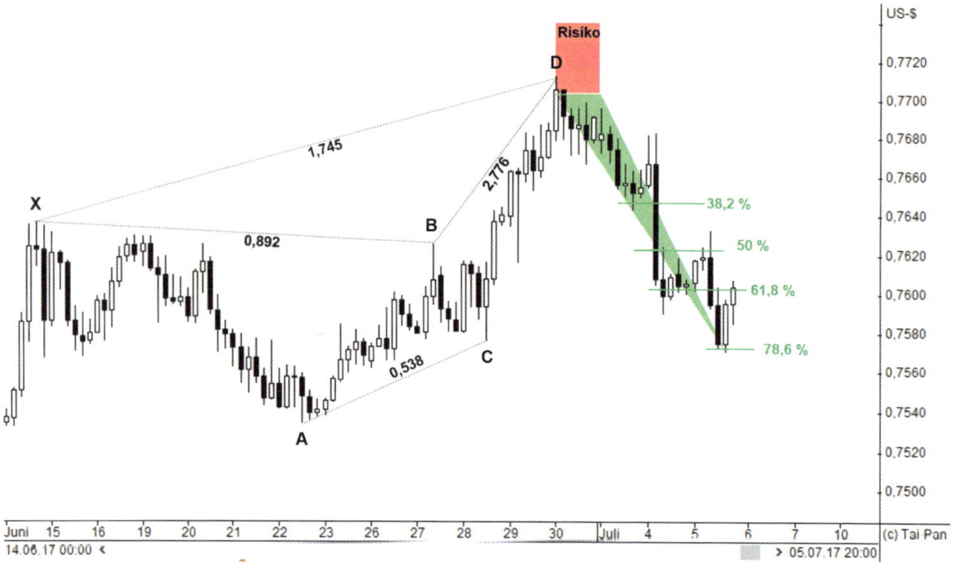

Abbildung 72: Das bearish Deep Crab beim AUD/USD im H4 vom 14.06.2017 bis 05.07.2017

Kursdaten (in $) und Fibonacci-Ratios des Patterns:

- Hoch X = 0,7637
- Tief A = 0,7535
- Korrekturhoch B = 0,7626
- Korrekturtief C = 0,7577
- PRZ D = 0,7713
- Short-Einstieg = 0,77025
- Stop = 0,7740
- Take Profit 1 = 38,2 % = 0,7645
- Take Profit 2 = 61,8 % = 0,7603

- CRV 1 = 0,00575 / 0,00375 = 1,5
- CRV 2 = 0,0095 / 0,00375 = 2,7

Wann wird ein Deep Crab Pattern ungültig?

Ausgehend ab dem Stadium der Prognose:

Wenn der Markt vor Erreichen der prognostizierten PRZ D beim

- bullishen Deep Crab nach oben dreht, über Punkt C steigt und deutlich mehr als das 88,6 %-Retracement von $\overline{AB}$ abholt, also im Prinzip Punkt A erreicht – oder sogar darüber steigt,
- bearishen Deep Crab nach unten dreht, unter Punkt C fällt und deutlich mehr als das 88,6 %-Retracement von $\overline{AB}$ abholt, also im Prinzip Punkt A erreicht – oder sogar darunter fällt.

Wenn der Markt nach Erreichen der prognostizierten PRZ D beim

- bullishen Deep Crab einfach weiter fällt und die Position in den Stop läuft,
- bearishen Deep Crab einfach weiter steigt und die Position in den Stop läuft.

Cypher Pattern

Das Cypher Pattern wurde von Darren Oglesbee von Trade Empowered entdeckt und beschrieben. Nach seinen Angaben hat dieses Pattern zwei Vorzüge: Es ist häufig und hat eine hohe Trefferquote.

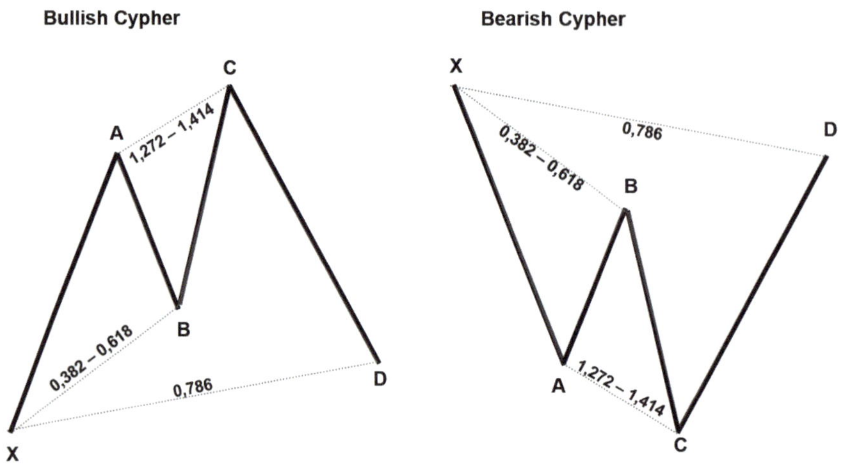

Abbildung 73: Links die Grafik des bullishen Cypher, rechts die Grafik des bearishen Cypher mit den entsprechenden Fibonacci-Ratios

Dieses Pattern ist das erste in der Reihe der harmonischen Patterns, bei welchem der Punkt C ein höheres Hoch (bullishe Version) beziehungsweise ein tieferes Tief (bearishe Version) als der Punkt A ausbildet (Abbildung 73). Es ist damit ein »gestrecktes« Pattern (von engl. extension Pattern), da $\overline{XA}$ nicht das längste Bein des Patterns ist. Denn der Punkt C extensiert über (bullishe Version) beziehungsweise unter (bearishe Version) den Punkt A.

Beim bullishen Cypher gilt:

- C notiert über A
- D notiert über X

Beim bearishen Cypher gilt:

- C notiert unter A
- D notiert unter X

Das Cypher Pattern ist kein lupenreines Trendfortsetzungs-Pattern. Der Punkt C bildet zwar ein höheres Hoch aus (bullishe Variante), aber D in Bezug auf B ein tieferes Tief.

An der PRZ D wird beim bullishen Cypher eine Long-Position und beim bearishen Cypher eine Short-Position eröffnet. Auch wenn das Cypher kein lupenreines Trendfortsetzungs-Pattern ist, wird in Richtung des Trends getradet und damit ist auch klar, wieso es eine hohe Trefferquote hat.

- Das **bullishe Cypher** beginnt mit der Aufwärtsbewegung $\overline{XA}$.
- Diese wird um 38,2 % bis 61,8 % bis zum Punkt B korrigiert.
- Punkt C liegt zwischen der 127,2 %- bis 141,4 %-Extension von $\overline{XA}$.
- Punkt D wird am 78,6 %-Retracement von $\overline{XC}$ erreicht.
- An Punkt D wird dann die Long-Position eröffnet.
- Der Stop liegt knapp unter Punkt X.
- Take Profits: Die Kursziele liegen am 38,2 %- und am 61,8 %-Retracement von $\overline{CD}$.

- Das **bearishe Cypher** beginnt mit der Abwärtsbewegung $\overline{XA}$.
- Diese wird um 38,2 % bis 61,8 % bis zum Punkt B korrigiert.
- Punkt C liegt zwischen der 127,2 %- bis 141,4 %-Extension von $\overline{XA}$.
- Punkt D wird am 78,6 %-Retracement von $\overline{XC}$ erreicht.
- An Punkt D wird dann die Short-Position eröffnet.
- Der Stop liegt knapp über Punkt X.
- Take Profits: Die Kursziele liegen am 38,2 %- und am 61,8 %-Retracement von $\overline{CD}$.

In einer Tabelle zusammengefasst sieht das so aus (Matrix 8):

	B Retracement $\overline{XA}$	C Retracement $\overline{AB}$	D Extension $\overline{BC}$	D Retracement $\overline{XA}$	D Projektion $\overline{AB}$
Gartley	0,618	0,382 – 0,886	1,272 – 1,618	0,786 – 0,886	
Bat	0,382 – 0,5	0,382 – 0,886	1,618 – 2,618	0,886	
Alternatives Bat	max. 0,382	0,382 – 0,886	2,0 – 3,618	1,128	mind. 1,618
Butterfly	0,786	0,382 – 0,886	1,618 – 2,618	1,276 – 1,618	
Crab	0,382 – 0,618	0,382 – 0,886	2,236 – 3,618	1,618	
Deep Crab	0,886	0,382 – 0,886	2,0 – 3,618	1,618	
Cypher	0,382 – 0,618	1,272 – 1,414 ($\overline{XA}$)		0,786 ($\overline{XC}$)	

Matrix 8: Die Fibonacci-Ratios für das Cypher Pattern in einer Tabelle zusammengefasst

Bullishes Cypher

Das Währungspaar AUD/USD hat im Mai 2017 im Stundenchart ein bullishes Cypher ausgebildet.

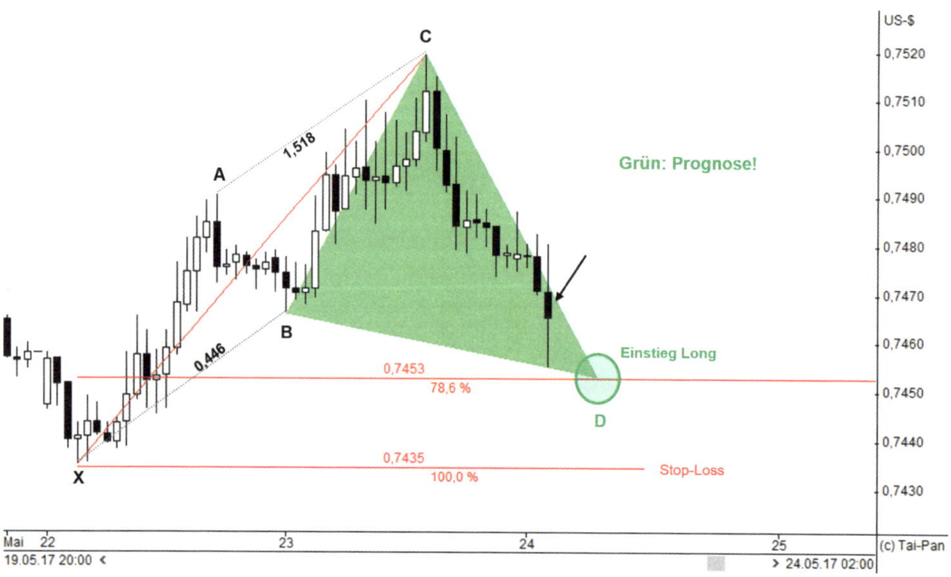

Abbildung 74: Das sich entwickelnde bullishe Cypher beim AUD/USD (in USD) im H1-Chart vom 19.05.2017 bis 24.05.2017

Entwickeln wir als Erstes das Einstiegsszenario (Abbildung 74):

Identifizieren: Die Aufwärtsbewegung von Punkt X nach Punkt C ist klar getrennt durch eine Korrektur. Diese Strecke lässt sich also in ein X-A-B-C einteilen. Die erste Teilstrecke $\overline{XA}$ wurde mit B um 44,6 % korrigiert. Der Punkt C erreicht eine 151,8 %-Extension von $\overline{XA}$. Ein Blick in Matrix 8 zeigt, dass diese Extension beim Cypher eigentlich nur 141,4 % erreichen sollte. Berechnen wir die Extension mit dem Schlusskurs der weißen C-Kerze, so wird eine 137,5 %-Extension von $\overline{XA}$ erreicht. Wir müssen hier mal wieder abwägen: Tolerieren wir die Abweichung – oder nicht?

Nun – wir tolerieren die Abweichung, was auch der Empfehlung des »Erfinders« Darren Oglesbee entspricht. Ein paar Stunden später wird mit der mit einem Pfeil markierten schwarzen Kerze, einer High Wave Candle (Abbildung 163), ein Schlusskurs unter dem Tief von Punkt B ausgebildet. Unser Signal, das Pattern zu prognostizieren.

Prognostizieren: Die PRZ D wird beim Cypher nur bestimmt über ein 78,6 %-Retracement von $\overline{XC}$. Das ist in Abbildung 74 in Rot eingezeichnet und liegt bei 0,7453 \$. Der Stop-Loss liegt knapp unter dem Punkt X. Der Punkt X entspricht den roten 100 % = 0,7435 \$, dem tiefsten Punkt und Start des Patterns.

Abbildung 75: Das bullishe Cypher beim AUD/USD (in USD) im H1-Chart vom 19.05.2017 bis 25.05.2017

Entscheiden: Den Stop-Buy legen wir auf die 78,6 % = 0,7453 $, den Stop-Loss knapp unter X, also bei 0,7430. Die Take Profits werden auf $\overline{CD}$ berechnet – und da die PRZ D noch nicht final ausgebildet ist, berechnen wir den ersten vorläufigen Take Profit auf die Strecke C = 0,7520 $ zum Stop-Buy = 0,7453 $.

Der erste provisorische Take Profit, die 38,2 %, liegen bei den 0,7479 $. Das macht dann ein CRV von 0,0026 / 0,0023 = 1,1.

Rechenweg für den vorläufigen Take Profit:

((Punkt C – Stop-Buy) / 100 * 38,2) + Stop-Buy = vorläufiger Take Profit

(0,7520 – 0,7453) / 100 * 38,2 = 0,0026 + 0,7453 = 0,7479 $

Ausführen: Nur 3 Stunden später wird die Order ausgeführt (Abbildung 75). Der Punkt D wird dann eine Stunde später ausgebildet – klar, das vermuten wir mit der weißen Kerze nach D und mit der zweiten weißen Kerze nach D wissen wir es. Dann können wir Fibonacci- Retracements zwischen den Punkten C und D anlegen, die endgültigen Take Profits – die 38,2 % und 61,8 % von $\overline{CD}$ bestimmen – und die Order abändern.

Kursdaten (in US-Dollar) und Fibonacci-Ratios des Patterns:

- Tief X = 0,7435
- Hoch A = 0,7491
- Korrekturtief B = 0,7466
- Korrekturhoch C = 0,7520
- PRZ D = 0,7443
- Long-Einstieg = 0,7453
- Stop = 0,7430
- Take Profit 1 = 38,2 % = 0,7472
- Take Profit 1 = 61,8 % = 0,7490
- CRV 1 = 0,0019 / 0,0023 = 0,8
- CRV 2 = 0,0037 / 0,0023 = 1,6

Da sich die PRZ D bei 90,6 % ausgebildet hat – statt der erwünschten 78,6 % –, ist das CRV nicht üppig. Aber das Cypher ist ein zuverlässiges Pattern und nach der Umkehr wurden acht weiße Candles in Serie ausgebildet – das spricht für eine starke Aufwärtsbewegung in die von $\overline{XC}$ vorgegebene Richtung und dass auch der zweite und lukrativere Take Profit erreicht wird.

Bearish Cypher

Auch für das bearishe Cypher muss ein Währungspaar, hier USD/JPY im Stundenchart, herhalten.

Das Einstiegsszenario sehen Sie in Abbildung 76. Wir beginnen mit dem

Identifizieren: Die Abwärtsbewegung $\overline{XA}$ wird mit Punkt B um 54,8 % korrigiert. Das Tief bei C wird mit einer 130,4 %-Extension von $\overline{XA}$ ausgebildet. Der Blick in Matrix 8 bestätigt: Da könnte sich ein bearishes Cypher ausbilden. Viele Stunden später wird mit einem Schlusskurs einer weißen Kerze das Hoch von B herausgenommen – das Signal, die PRZ D nach den Regeln eines Cypher zu bestimmen.

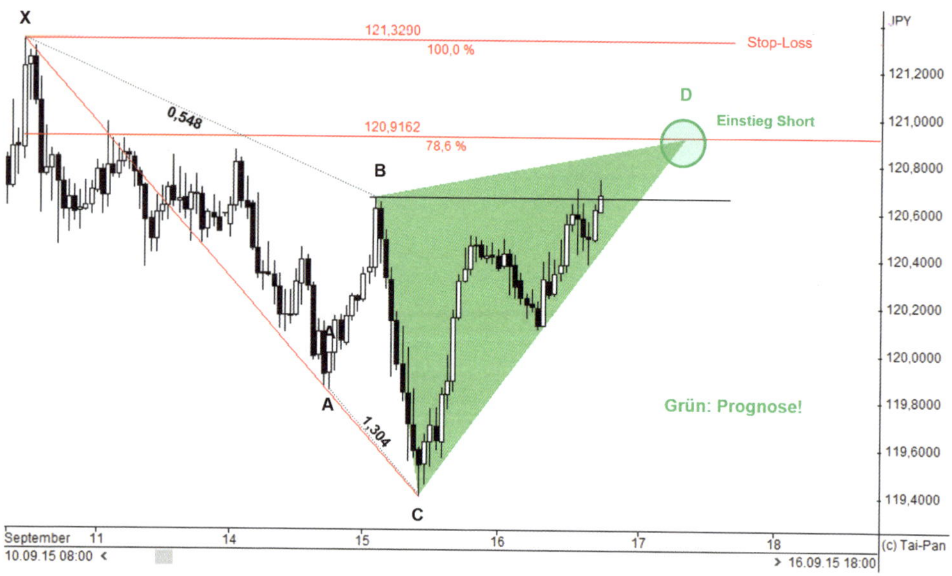

Abbildung 76: Das sich entwickelnde bearishe Cypher beim USD/JYP (in JPY) im H1-Chart vom 10.09.2015 bis 16.09.2015

Prognostizieren: Indem wir ein Retracement an $\overline{XC}$ anlegen, bestimmen wir die PRZ D bei den 78,6 % = 120,9162 ¥. Der Stop liegt über X = 121,3290 ¥, dem höchsten Punkt des Patterns.

Entscheiden: Der Stop-Sell und der Stop-Loss sind bestimmt, fehlt noch der vorläufige Take Profit bei den 38,2 % der Strecke von Punkt C zum berechneten Stop-Sell bei 120,9162 ¥.

Hier der Rechenweg und auch die Rechnung mit den eingesetzten Zahlen:

Stop-Sell – ((Stop-Sell – Punkt C) / 100 * 38,2) = vorläufiger Take Profit

120,9162 – ((120,9162 – 119,40) / 100 * 38,2) = 120,3370 ¥

Wir bereiten die Bracket-Order vor: Stop-Sell = 120,9162 ¥, der Stop-Loss = 121,3295 ¥ und der vorläufige Take Profit bei 120,3370 ¥.

Ausführen: Nachdem wir die Bracket-Order vorbereitet haben, bildet das Währungspaar eine kleine Korrektur aus, bevor es dann in Richtung der prognostizierten PRZ geht. Die Order wird ausgeführt und es geht dann viele Stunden seitwärts, bevor es mit sehr kräftigen schwarzen Kerzen abwärts geht – und damit die bearishe Aussage des Cypher bestätigt wird. Die 38,2 % und 61,8 % Take Profits werden innerhalb von nur drei Stunden erreicht – und USD/JPY fällt sogar noch weiter (Abbildung 77).

Abbildung 77: Das bearishe Cypher im USD/JPY (in JPY) im Stundenchart vom 10.09.2015 bis 18.09.2015

Kursdaten (in ¥) und Fibonacci-Ratios des Patterns:

- Hoch X = 121,3290
- Tief A = 119,8500
- Korrekturhoch B = 120,6600
- Korrekturtief C = 119,4000
- PRZ D = 121,0050
- Short-Einstieg = 120,9162
- Stop = 121,3295
- Take Profit 1 = 38,2 % = 120,3919
- Take Profit 2 = 61,8 % = 120,0131
- CRV 1 = 0,5243 / 0,4133 = 1,3
- CRV 2 = 0,9031 / 0,4133 = 2,2

Wann wird ein Cypher Pattern ungültig?

Ausgehend ab dem Stadium der Prognose:

Wenn der Markt vor Erreichen der prognostizierten PRZ D beim

- bullishen Cypher nach oben dreht und über Punkt C steigt. Erlaubt sind 141,4 % von $\overline{AB}$. Werden 161,8 % draus, dann verwandelt sich das Cypher in einen Shark und die PRZ D muss angepasst werden;
- bearishen Cypher nach unten dreht und unter Punkt C fällt. Erlaubt sind 141,4 % von $\overline{AB}$. Werden 161,8 % draus, dann verwandelt sich das Cypher in einen Shark und die PRZ D muss angepasst werden.

Wenn der Markt nach Erreichen der prognostizierten PRZ D beim

- bullishen Cypher einfach weiter fällt und die Position in den Stop läuft,
- bearishen Cypher einfach weiter steigt und die Position in den Stop läuft.

Shark Pattern

Das Shark (engl. = Hai) Pattern wurde 2011 von Scott Carney entdeckt und beschrieben. Bei diesem Pattern (Abbildung 78) weicht die Beschriftung vom bisherigen Standard ab. Das Pattern beginnt bei Punkt 0 (einer Null) und endet dann bei Punkt C, es besteht ebenfalls aus fünf Punkten und vier Segmenten. Es ist dem Crab Pattern relativ ähnlich, wobei der Unterschied im Punkt B liegt. Dieser notiert beim Shark über (bei der bullishen Variante) beziehungsweise unter (bei der bearishen Variante) dem Punkt X. Die PRZ C wird zwischen dem 88,6 %-Retracement und der 112,8 %-Extension von $\overline{OB}$ ausgebildet. Damit kann C über oder unter 0 ausgebildet werden. Wird die 112,8 %-Extension von $\overline{OB}$ erreicht, so ist das als ein Überschießen/False Breakout von Punkt 0 zu werten. Es ist also nur ein Re-Test der Unterstützung (bullish Shark) beziehungsweise des Widerstandes (bearish Shark) bei Punkt 0, dem Beginn des Patterns.

Aber wie können Sie jetzt »erahnen«, ob die PRZ C beim 88,6 %-Retracement erreicht wird – oder es zu einem False Breakout kommt? Da ist das Cluster der Extensionen von $\overline{OB}$ und $\overline{AB}$ entscheidend, denn die Extension von $\overline{AB}$ muss mindestens die 161,8 % und die Extension von $\overline{OB}$ mindestens die 88,6 % erreichen. Ergo: Bilden die 161,8 % mit den 88,6 % kein Cluster, dann ist die 200 %- oder die 223,6 %-Extension von $\overline{AB}$ die bessere Wahl.

Mathematische Spielerei am Rande: Der reziproke Wert von 0,886 sind die 1,128: 1 / 0,886 = 1,128. Und umgekehrt: 1 / 1,128 = 0,886. Auf die reziproken Ratios wird im Fibonacci-Anhang (ab Seite 231) näher eingegangen.

Der Hai ist ein *unvollendetes* 5-0 Pattern, dieses Pattern wird als nächstes Pattern vorgestellt.

Beim bullishen Shark gilt:

- B notiert über X
- C notiert über oder unter 0

Beim bearishen Shark gilt:

- B notiert unter X
- C notiert unter oder über 0

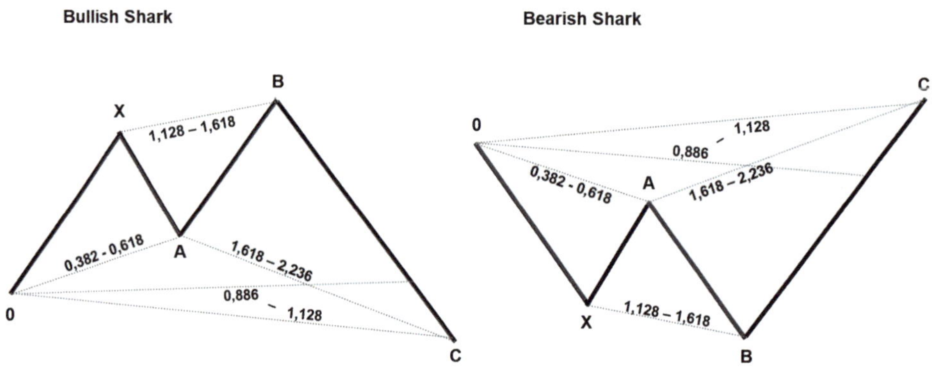

Abbildung 78: Links die Grafik des bullishen Shark, rechts die Grafik des bearishen Shark mit den entsprechenden Fibonacci-Ratios. Beachten Sie die abweichende Beschriftung! Das Pattern beginnt mit dem Punkt 0 und endet mit dem Punkt C als PRZ.

- Das **bullishe Shark** beginnt mit der Aufwärtsbewegung $\overline{0X}$.
- $\overline{0X}$ wird bis zum Punkt A um 38,2 % bis 61,8 % korrigiert.
- Punkt B liegt zwischen der 112,8 %- und der 161,8 %-Extension von $\overline{XA}$.
- Punkt C wird an einem Fibonacci-Cluster erreicht: zum einen
  - als Retracement von $\overline{0B}$ von der 88,6 %- bis zur 112,8 %-Extension von $\overline{0B}$ und
  - als Extension von $\overline{AB}$ von 161,8 % bis 223,6 %.

- Bei C dreht der Markt wieder nach oben und es wird eine Long-Position eröffnet.
- Der empfohlene Stop liegt an der 112,8 %-Extension von $\overline{OB}$.
- Der sichere Take Profit wird an die 50 % und/oder 61,8 % der Strecke BC gelegt.

- Das **bearishe Shark** beginnt mit der Abwärtsbewegung $\overline{OX}$.
- $\overline{OX}$ wird bis zum Punkt A um 38,2 % bis 61,8 % korrigiert.
- Punkt B liegt zwischen der 112,8 %- und der 161,8 %-Extension von $\overline{XA}$.
- Punkt C wird an einem Fibonacci-Cluster erreicht: zum einen
  - als Retracement von $\overline{OB}$ von 88,6 % bis zur 112,8 %-Extension von $\overline{OB}$ und
  - als Extension von $\overline{AB}$ von 161,8 % bis 223,6 %.
- Bei C dreht der Markt wieder nach unten und es wird eine Short-Position eröffnet.
- Der empfohlene Stop liegt an der 112,8 %-Extension von $\overline{OB}$.
- Der Take Profit wird an die 50 % und/oder 61,8 % der Strecke $\overline{BC}$ gelegt.

Noch ein kleiner Hinweis zum Stop-Loss beim Shark: Der wird nach Empfehlung des Entdeckers an die 112,8 %-Extension von $\overline{OB}$ gelegt. Aber auch der Punkt C kann die 112,8 %-Extension von $\overline{OB}$ erreichen. Da liegt nun durchaus ein Interessenkonflikt vor. Wer also auf Nummer sicher gehen möchte, dass die Position nicht unnötigerweise ausgestoppt wird, der kann den Stop-Loss an die 127,2 %-Extension von $\overline{OB}$ legen oder ein paar Punkte unter (bullishes Shark) oder ein paar Punkte über (bearishes Shark) dem Punkt C.

In einer Tabelle zusammengefasst sieht das so aus (Matrix 9):

	B Retracement $\overline{XA}$	**C Retracement** $\overline{AB}$	**D Extension** $\overline{BC}$	**D Retracement** $\overline{XA}$	**D Projektion** $\overline{AB}$
Gartley	0,618	0,382 – 0,886	1,272 – 1,618	0,786 – 0,886	
Bat	0,382 – 0,5	0,382 – 0,886	1,618 – 2,618	0,886	
Alternatives Bat	max. 0,382	0,382 – 0,886	2,0 – 3,618	1,128	mind. 1,618
Butterfly	0,786	0,382 – 0,886	1,618 – 2,618	1,276 – 1,618	
Crab	0,382 – 0,618	0,382 – 0,886	2,236 – 3,618	1,618	
Deep Crab	0,886	0,382 – 0,886	2,0 – 3,618	1,618	
Cypher	0,382 – 0,618	1,272 – 1,414 ($\overline{XA}$)		0,786 ($\overline{XC}$)	
	A Retracement $\overline{0X}$	**B Extension** $\overline{XA}$	**C Extension** $\overline{AB}$	**C Retracement** $\overline{0B}$	
Shark	0,382 – 0,618	1,128 – 1,618	1,618 – 2,236	0,886 – 1,128	

Matrix 9: Die Fibonacci-Ratios für das 5-0 Pattern in einer Tabelle zusammengefasst

Nach der impulsiven Bewegung von $\overline{BC}$ wird eine kräftige und auch rasante Gegenbewegung erwartet. Das Shark ist also ein Countertrend-Pattern. Der Hai verlangt auch ständige Beobachtung und ein aktives Trade-Management – *set and forget* ist beim Countertrend-Trading zu riskant! Ist der Punkt C ausgebildet, dann wird eine Stop-Buy-Order bei der bullishen Hai-Variante und eine Stop-Sell-Order bei der bearishen Hai-Variante platziert. Diese Order wird gleich verknüpft mit einem Stop-Loss bei der 112,8 %-Extension von $\overline{0X}$ und einem Take Profit bei den 50 % oder 61,8 % von $\overline{BC}$. Aktives Trade-Management also, denn die erwartete Gegenbewegung kann schnell einsetzen.

Bullishes Shark

Beim FDAX hat sich im H1-Chart ein bullishes Shark ausgebildet.

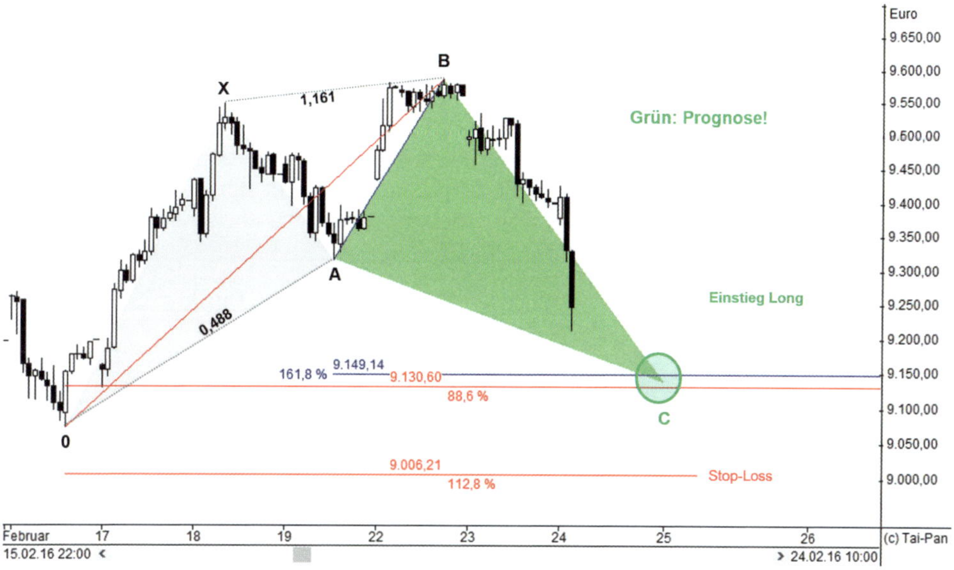

Abbildung 79: Das sich entwickelnde bullishe Shark beim FDAX (in Punkten) im H1-Chart vom 15.02.2016 bis 24.02.2016

Identifizieren: Die Aufwärtsbewegung $\overline{0X}$ wurde um 48,8 % korrigiert. Die sich anschließende Bewegung $\overline{AB}$ erreicht eine 116,1 %-Extension von $\overline{XA}$ und sieht aus wie ein False Breakout über den Punkt X. Mit einem großen Gap geht es nach unten. Sobald ein tieferes Tief unter Punkt A ausgebildet wird, können wir das Einstiegsszenario planen (Abbildung 79).

Prognostizieren: Mit dem Fibonacci-Tool bestimmen wir das rote 88,6 %-Retracement und die rote 112,8 %-Extension, jeweils von $\overline{XA}$. Dann legen wir in Blau die 161,8 %-Extension von $\overline{AB}$ rein – die roten 88,6 % und blauen 161,8 % bilden ein Cluster. Das entspricht dem idealen Einstiegsszenario.

Entscheiden: Nach der bewährten Methode berechnen wird das arithmetische Mittel von (9.130,60 + 9.149,14) / 2 = 9.139,87. Für den Stop-Buy runden wir auf 9.140 Punkte, da beim FDAX die minimale Preisveränderung 0,5 Punkte beträgt.

Der Stop-Loss kommt an die roten 112,8 % = 9.006 Punkte. Den vorläufigen Take Profit müssen wir auch noch auf der Strecke Stop-Buy zum Punkt B berechnen:

Rechenweg für den vorläufigen Take Profit:

((Punkt B – Stop-Buy) / 100 * 38,2) + Stop-Buy = vorläufiger Take Profit

(9.586 – 9.140) / 100 * 38,2 = 170,37 + 9.140 = 9.310,5 Punkte (aufgerundet)

Der erste provisorische Take Profit, die 38,2 %, liegen bei den 9.310,5 Punkten. Das macht dann ein CRV von 1,2.

Wir geben folgende Bracket-Order auf: Stop-Buy = 9.140 Punkte, Stop-Loss = 9.006 Punkte und vorläufiger Take Profit = 9.310,5 Punkte.

Ausführen: Die 9.140 Punkte werden zügig erreicht (Abbildung 80). Die Lunten bei der PRZ C lassen darauf schließen, dass ein Tief ausgebildet wurde. Schnell geht es aufwärts und auch in diesem Fall werden die Take Profits alle erreicht, auch die 78,6 %.

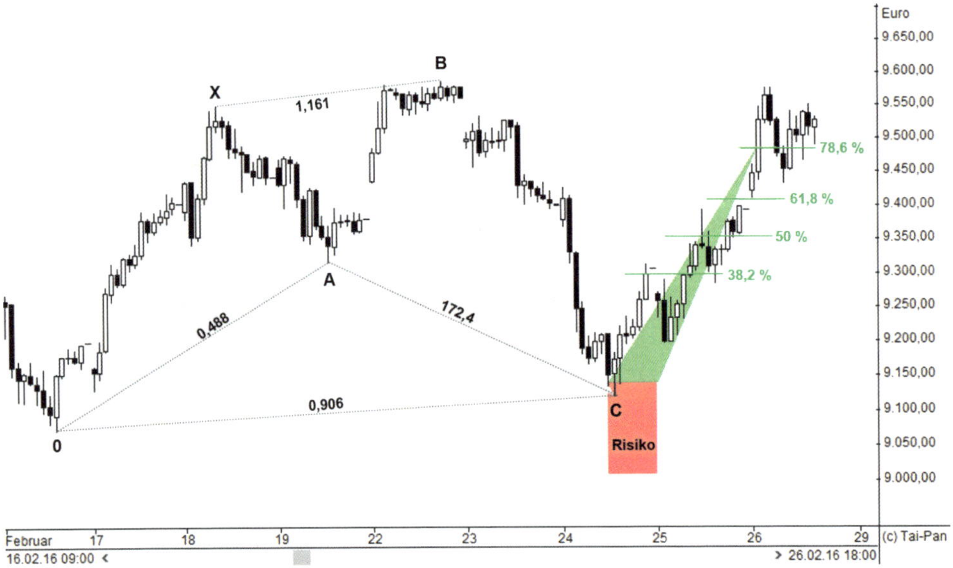

Abbildung 80: Das bullishe Shark im FDAX im H1 vom 16.02.2016 bis 26.02.2016

Kursdaten (in Punkten) und Fibonacci-Ratios des Patterns:

- Tief 0 = 9.072
- Hoch X = 9.548,5
- Korrekturtief A = 9.316
- Korrekturhoch B = 0,7520
- PRZ C = 9.586
- Long-Einstieg = 9.140
- Stop = 9.006
- Take Profit 1 = 38,2 % = 9.298,5
- Take Profit 1 = 61,8 % = 9.408
- CRV 1 = / 134 = 1,2
- CRV 2 = 268 / 134 = 2

Bearishes Shark

Das bearishe Gold-Shark ist ein sehr gutes Beispiel dafür, was es bedeutet, wenn eine *kräftige und auch rasante Gegenbewegung* erwartet wird. Denn – um dem Ergebnis vorwegzugreifen – innerhalb von nur zwei Stunden wurden alle Kursziele erreicht und sogar ein deutlich tieferes Tief als Punkt B ausgebildet. Dieser Hai wartet auch mit einem geradezu unverschämten CRV auf, und das bereits bei den konservativen Kurszielen. Rein mathematisch betrachtet führt eben ein extrem geringer Stop bei sehr guter Gewinnchance zu einem Super-CRV. Im Umkehrschluss bedeutet das allerdings auch, dass der Stop nur haarscharf 0,39 $ über dem Einstieg lag.

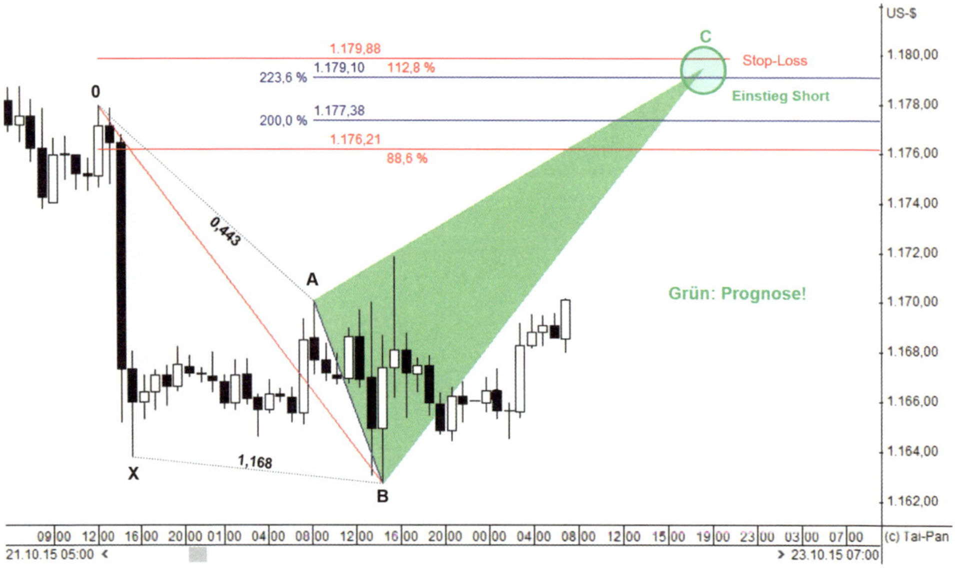

Abbildung 81: Das sich entwickelnde bearishe Shark beim Gold (in US-Dollar) im H1-Chart vom 21.10.2015 bis 23.10.2015

Identifizieren: Nach einer scharfen Abwärtsbewegung kam es zu einer längeren Korrektur, mehr oder weniger seitwärts mit ordentlichen Ausschlägen. Einer dieser Ausschläge bildet Punkt A aus und dieser korrigierte $\overline{0X}$ um 44,3 %. Punkt B testete dann die Wachsamkeit der Bullen. Ein kleiner False Breakout unter Punkt X mit 116,8 % fiel wirklich gering aus und auch nur mit zwei langen Lunten – die Bullen kauften die Tiefs sofort wieder hoch. So was lässt sich auch als Bärenfalle bezeichnen. Auf jeden Fall kaufen die Goldbullen und mit der letzten weißen Kerze in Abbildung 81 wird ein Schlusskurs (= 1.170,12 $) über dem Hoch von Punkt A (= 1.170,08 $) ausgebildet. Das ist ein schwäbisches *Muggaseggele*. Ein Muggaseggele ist die kleinste schwäbische Einheit, die sich auf die Größe der Kronjuwelen einer männlichen Stubenfliege bezieht. Damit wird es Zeit, den weiteren Verlauf zu prognostizieren.

Prognostizieren: Wir schauen in die Matrix 9. Bei diesem kleinen Überschießen von Punkt B kann sich ein bearishes Shark entwickeln. Wir legen mit unserem Fibonacci-Tool die für das Shark erlaubten Ratios in den Chart (Abbildung 81) und gehen auf Cluster-Suche. Es bieten sich an:

1. die roten 88,6 % / blauen 200 % und
2. die roten 112,8 % / blauen 223,6 %.

Die Differenz beträgt bei 1) 1,17 $ und bei 2) 0,78 $ zwischen den beiden Linien.

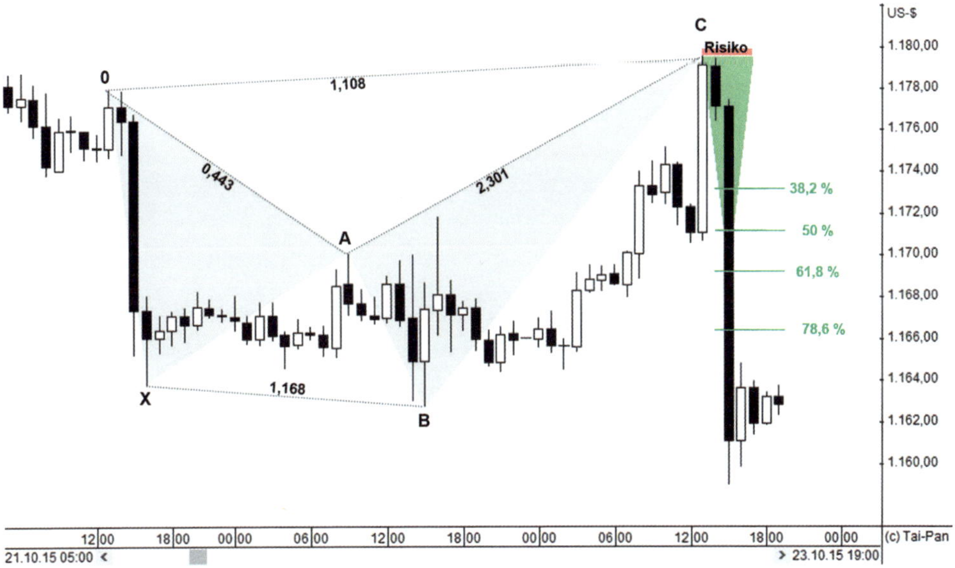

Abbildung 82: Das bearishe Shark beim Gold (in US-Dollar) im H1-Chart vom 21.10.2015 bis 23.10.2015

Entscheiden: Die Wahl fällt auf das zweite Cluster, da diese beiden Fibonacci-Ratios dichter beieinanderliegen. Die Berechnung des arithmetischen Mittels ergibt 1.179,88 + 1.179,10 / 2 = 1.179,49 $ als Stop-Sell. Der Stop-Loss kommt an die 112,8 % = 1.179,88 $ und den vorläufigen Take Profit bei 38 % berechnen wir mit dem bereits bekannten Rechenweg:

Stop-Sell – ((Stop-Sell – Punkt B) / 100 * 38,2) = vorläufiger Take Profit

1.179,49 – ((1.179,49 – 1.170,08) / 100 * 38,2) = 1.175,90 $

Wir geben die Bracket-Order in den Markt: Stop-Sell = 1.179,49 $, der Stop-Loss = 1.179,88 $ und der vorläufige Take Profit = 1.175,90 $.

Ausführen: Sechs Stunden später wird die Order ausgeführt, wir sind short positioniert. Und dann geht alles ratzfatz: Mit der weißen Kerze, mit der wir in den Markt eingestoppt wurden, folgt eine (relativ) kleine schwarze Kerze mit einem tieferen Hoch. Der sehr enge Stop hat also gehalten. Schnell den »echten« Take Profit bei den 38,2 % von $\overline{BC}$ berechnen lassen, die Order entsprechend ändern – und wenige Minuten später werden mit einer Monsterkerze – auch Long Day (Abbildung 168) oder *Wide Range Bar* genannt – alle Kursziele erreicht (Abbildung 82).

Kursdaten (in $) und Fibonacci-Ratios des Patterns:

- Hoch 0 = 1.177,94
- Tief X = 1.163,83
- Korrekturhoch A = 1.170,08
- Korrekturtief B = 1.162,78
- PRZ C = 1.179,58
- Short-Einstieg = 1.179,49
- Stop = 1.179,88
- Take Profit 1 = 38,2 % = 1.173,16
- Take Profit 2 = 61,8 % = 1.169,20
- CRV 1 = 6,33 / 0,39 = 16,2
- CRV 2 = 10,29 / 0,39 = 26,4

Wann wird ein Shark Pattern ungültig?

Ausgehend ab dem Stadium der Prognose:

Wenn der Markt vor Erreichen der prognostizierten PRZ C beim

- bullishen Shark nach oben dreht und über Punkt B steigt. Erlaubt für den Punkt B sind 161,8 % von $\overline{XA}$, die Toleranz sollte bei 3 % (auf Schlusskursbasis) betragen. Wird der Punkt B zwischen 127,2 % und 141,4 % von $\overline{XA}$ ausgebildet, kann immer noch ein Cypher draus werden. Also die Bewegung zur PRZ C genau beobachten!

- bearishen Shark nach unten dreht und unter Punkt B fällt. Erlaubt für den Punkt B sind 161,8 % von $\overline{XA}$, die Toleranz sollte bei 3 % (auf Schlusskursbasis) betragen. Wird der Punkt B zwischen 127,2 % und 141,4 % von $\overline{XA}$ ausgebildet, kann immer noch ein Cypher draus werden. Also die Bewegung zur PRZ C genau beobachten!

Wenn der Markt nach Erreichen der prognostizierten PRZ C beim

- bullishen Shark einfach weiter fällt und die Position in den Stop läuft,

- bearishen Shark einfach weiter steigt und die Position in den Stop läuft.

5-0 Pattern

Das 5-0 Pattern stammt ebenfalls aus der Feder von Scott Carney. *Das Shark Pattern ist ein unvollendetes 5-0,* will heißen: Ist das Shark in das 50 %-Gewinnziel von $\overline{BC}$ gelaufen und bildet dann eine Umkehr aus, wird ein 5-0 daraus. Aber ein Bild sagt mehr als tausend Worte: In Abbildung 83 sind das bullishe und bearishe 5-0 als Grafik gezeichnet. Die Bewegung 0-X-A-B-C entspricht dem Shark, $\overline{CD}$ ist der Gewinnschenkel vom Shark. Beim 50 %-Retracement von $\overline{CD}$ wird ein 5-0 Pattern draus.

- Das **bearishe Shark** wird ab der PRZ D zum bullishen **5-0**

- Das **bullishe Shark** wird ab der PRZ D zum bearishen **5-0**

Für das perfekte 5-0 entspricht AB = CD. Wenn Sie die Punkte A und C als Auflagepunkte für eine Trendlinie nehmen und ebenso die Punkte B und D, dann bildet das ABCD eine Flagge aus. Wir warnen Sie allerdings gleich vor: *Das* perfekte 5-0, das sich an alle vorgegebenen Fibonacci-Ratios hält, ist selten. Haben Sie eines gefunden, dann melden Sie sich bitte bei den Autorinnen, wir laden Sie gerne zu einem guten Essen mit konstruktivem Gedankenaustausch ein! Dieses Angebot ist gültig für den ersten ehrlichen Finder, der ein perfektes 5-0 im Fundbüro beim Verlag abgibt, das sich nach dem Erscheinen des Buches komplett ausgebildet hat. Also der Startpunkt 0 des Patterns darf nicht vor dem Erscheinungstermin liegen, der empfohlene Stop-Loss darf nicht gerissen worden sein und auch der erste Take Profit auf der Höhe von Punkt C muss erreicht worden sein.

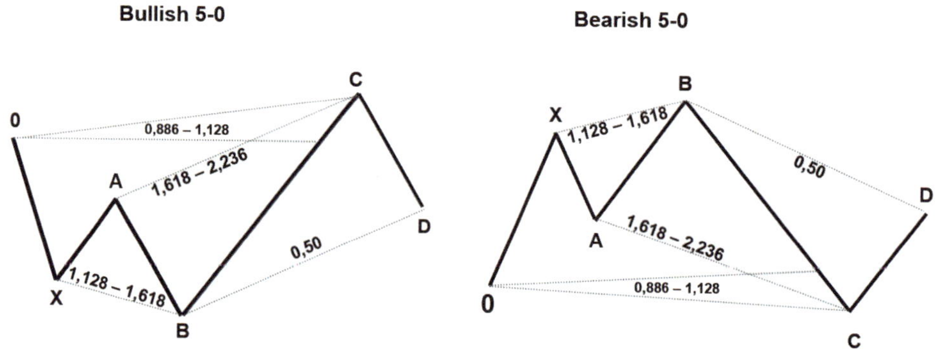

Abbildung 83: Links die Grafik des bullishen 5-0, rechts die Grafik des bearishen 5-0 mit den entsprechenden Fibonacci-Ratios. Beachten Sie die abweichende Beschriftung! Das Pattern beginnt mit dem Punkt 0 und endet mit dem Punkt D als PRZ

Im Prinzip werden die Charakteristiken des Shark kopiert und um einen weiteren Schenkel $\overline{CD}$ ergänzt, der Stop-Loss und der Take Profit werden noch angepasst und dann wird ein 5-0 draus:

- Das **bullishe 5-0** beginnt mit der Abwärtsbewegung $\overline{0X}$ und
- wird bis zum Punkt A um 38,2 % bis 61,8 % korrigiert.
- Punkt B liegt zwischen der 112,8 %- und der 161,8 %-Extension von $\overline{XA}$.
- Punkt C wird an einem Fibonacci-Cluster erreicht:
  - als Retracement von $\overline{0B}$ von der 88,6 %- bis zur 112,8 %-Extension von $\overline{0B}$ und
  - als Extension von $\overline{AB}$ von 161,8 % bis 223,6 %.

- Die PRZ D wird am 50 %-Retracement von $\overline{BC}$ ausgebildet.
- Der empfohlene Stop liegt knapp unter dem 61,8 %-Retracement von $\overline{BC}$, der enge Stop-Loss einige Punkte unter Punkt D.
- Der erste Take Profit liegt auf Höhe von Punkt C.

- Das **bearishe 5-0** beginnt mit der Aufwärtsbewegung $\overline{0X}$.
- $\overline{0X}$ wird bis zum Punkt A um 38,2 % bis 61,8 % korrigiert.
- Punkt B liegt zwischen der 112,8 %- und der 161,8 %-Extension von $\overline{XA}$.
- Punkt C wird an einem Fibonacci-Cluster erreicht:
  - als Retracement von $\overline{0B}$ von der 88,6 %- bis zur 112,8 %-Extension von $\overline{0B}$ und
  - als Extension von $\overline{AB}$ von 161,8 % bis 223,6 %.
- Die PRZ D wird am 50 %-Retracement von $\overline{BC}$ ausgebildet.
- Der empfohlene Stop liegt knapp über dem 61,8 %-Retracement von $\overline{BC}$, der enge Stop-Loss einige Punkte über Punkt D.
- Der erste Take Profit liegt auf Höhe von Punkt C.

In einer Tabelle zusammengefasst sieht das so aus (Matrix 10):

	B Retracement $\overline{XA}$	**C Retracement $\overline{AB}$**	**D Extension $\overline{BC}$**	**D Retracement $\overline{XA}$**	**D Projektion $\overline{AB}$**
Gartley	0,618	0,382 – 0,886	1,272 – 1,618	0,786 – 0,886	
Bat	0,382 – 0,5	0,382 – 0,886	1,618 – 2,618	0,886	
Alternatives Bat	max. 0,382	0,382 – 0,886	2,0 – 3,618	1,128	mind. 1,618
Butterfly	0,786	0,382 – 0,886	1,618 – 2,618	1,276 – 1,618	
Crab	0,382 – 0,618	0,382 – 0,886	2,236 – 3,618	1,618	
Deep Crab	0,886	0,382 – 0,886	2,0 – 3,618	1,618	
Cypher	0,382 – 0,618	1,272 – 1,414 ($\overline{XA}$)		0,786 ($\overline{XC}$)	
	A Retracement $\overline{0X}$	**B Extension $\overline{XA}$**	**C Extension $\overline{AB}$**	**C Retracement $\overline{0B}$**	**D Retracement $\overline{BC}$**
Shark	0,382 – 0,618	1,128 – 1,618	1,618 – 2,236	0,886 – 1,128	
5-0	0,382 – 0,618	1,128 – 1,618	1,618 – 2,236	0,886 – 1,128	0,5

Matrix 10: Die Fibonacci-Ratios für das 5-0 Pattern in einer Tabelle zusammengefasst

Zum Einstieg gibt es nur einen Hinweis: *Die PRZ D wird am 50 %-Retracement von $\overline{BC}$ ausgebildet.* Wir können also kein Cluster bilden, um die Wahrscheinlichkeit für einen erfolgreichen Trade zu erhöhen. Die beiden Shark-Beispiele zeigen auch, dass $\overline{CD}$ richtig Fahrt aufnehmen kann und den Punkt B erreicht oder sogar drüber hinwegschießt. Also macht die Einstiegsvariante »Stop-Buy/Stop-Sell im Voraus an das 50 %-Retracement von $\overline{BC}$ legen« keinen Sinn. Die Wahrscheinlichkeit, dass die Position dann ausgestoppt wird, ist nicht zu unterschätzen. Wir brauchen auf jeden Fall noch Hilfe von der Markttechnik oder Indikatoren, um die Wahrscheinlichkeit zu erhöhen, dass die PRZ D tatsächlich am 50 %-Retracement von $\overline{BC}$ ausgebildet wird und die Position in den Gewinn läuft. Beim 5-0 müssen Sie den Einstieg sorgfältig planen!

Das 5-0 verlangt ein aktives Trade-Management – und zwar nicht nur beim Einstieg, sondern auch bei der Bestimmung der Take Profits. Der erste und empfohlene Take Profit liegt auf Höhe von Punkt C. Aber jede/r Trader/in kann die Take Profits individuell bestimmen. Als zweiter Take Profit bietet sich zum Beispiel die Oberkante der Flagge (bullish 5-0) beziehungsweise die Unterkante der Flagge (bearish 5-0) an. Oder die Position wird am Punkt C komplett zugemacht. Natürlich können auch Kursziele über die Varianten der Extension oder Projektion berechnet werden. Oder man verwendet einfach einen Trailing-Stop. Diese Aufzählung erhebt keinen Anspruch auf Vollständigkeit – das gilt gleichermaßen für den Einstieg als auch für das Schließen der Position.

Bullishes 5-0

Beim EuroStoxx 50 Future (= FESX®), dessen Kontraktwert 10 € je Punkt und dessen kleinste Preisveränderung 1 Punkt beträgt, hat sich ein bullishes 5-0 ausgebildet.

Identifizieren: Die Bewegung 0-X-A-B-C entspricht einem bearishen Shark (ab Seite 165). $\overline{CD}$ erreicht mit dem Tief eines Hammers genau das 52,4 %-Retracement – das könnte sich daher zu einem bullishen 5-0 weiterentwickeln (Abbildung 84).

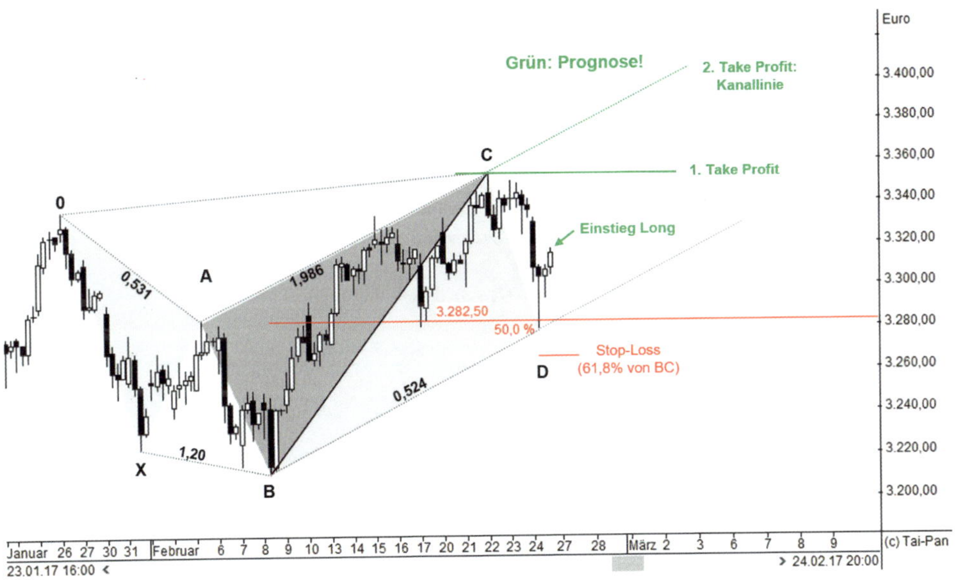

Abbildung 84: Das sich entwickelnde bullishe 5-0 beim EuroStoxx 50 Future (in Punkten) im H4-Chart vom 23.01.2017 bis 24.02.2017

Prognostizieren: Der Hammer mit der sehr ausgeprägten Akkumulationslunte ist auf jeden Fall eine starke Candlestick-Umkehrformation. Nach den statistischen Auswertungen von Bulkowski[4] beträgt die Umkehrrate in einem Bullenmarkt 60 % und in einem Bärenmarkt 59 %. Das ist mehr als Zufall.

Nach dem lupenreinen Hammer wird eine weitere Kerze mit Akkumulationslunte ausgebildet und mit der letzten Kerze (mit dem grünen Pfeil markiert) in Abbildung 84 dann ein höheres Hoch. Nach Markttechnik ist das ein Long-Signal.

Entscheiden: Mit *open next bar* steigen wir long in den Markt ein. Der Stop-Loss kommt an die empfohlenen 61,8 % von $\overline{BC}$ = 3.266 Punkte und der erste Take Profit liegt am Hoch von Punkt C = 3.354 Punkte. Wo die nächste 4-Stunden-Kerze eröffnet, wissen wir noch nicht, deshalb können wir noch kein CRV berechnen. Was wir bei diesem Trade ganz konkret mit in die Entscheidung einfließen lassen müssen: Es ist Freitagabend und *open next bar* bedeutet, zum Eröffnungskurs am Montag um 8 Uhr gehen wir long.

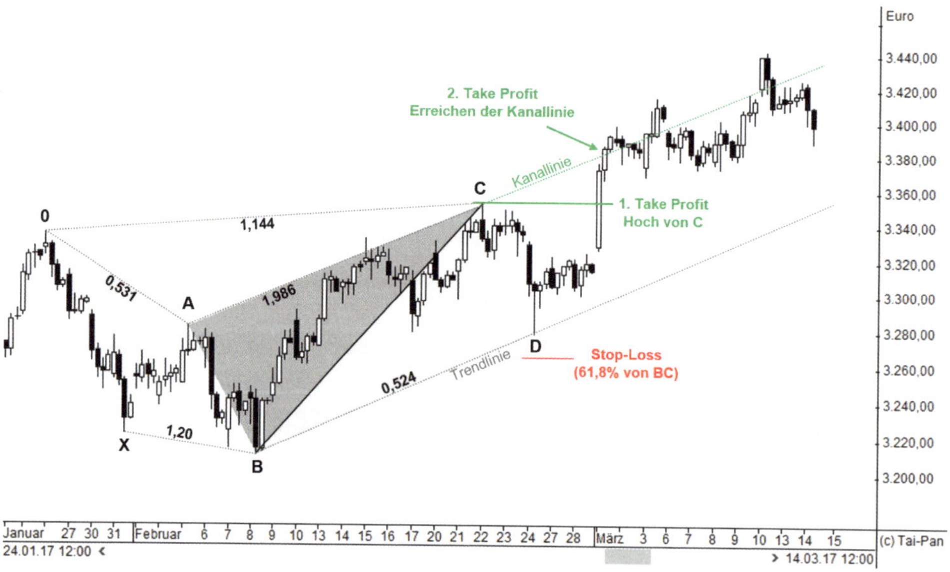

Abbildung 85: Das bullishe 5-0 beim EuroStoxx 50 Future (in Punkten) im H4-Chart vom 24.01.2017 bis 17.03.2017

[4] Thomas N. Bulkowski, Enzyklopädie der Candlesticks, erschienen im FinanzBuch Verlag

Ausführen: Montag um 8 Uhr eröffnet der FESX mit 3.317 Punkten (Abbildung 85). Das CRV für diesen Trade beträgt damit (3.354 – 3.317) = 37 Punkte Chance / (3.317 – 3.266) = 51 Punkte Risiko = 0,7. Das ist nicht gut!

Wenn wir den Stop 1 Punkt unter das Tief des Hammers (= 3.279 Punkte) hochziehen, dann sind es nur noch 38 Punkte Risiko und das CRV verbessert sich auf 37 / 38 = knappe 1 – schon besser.

Der Stop-Loss wird immer nur in eine Richtung verschoben: in Gewinnrichtung!

Den ganzen Montag und Dienstag kommt der FESX praktisch nicht von der Stelle. Der neue Stop-Loss unter dem Tief des Hammers ist aber ungefährdet. Am Mittwoch wird dann mit einer langen weißen Kerze der erste Take Profit abgeholt.

Für den zweiten Take Profit wird empfohlen, diesen an die Oberkante des Trendkanals zu legen. Da diese dynamisch steigt, muss in diesem konkreten Beispiel im 4-Stunden-Chart alle vier Stunden der Take Profit angepasst werden. Wir sehen hier, dass die Oberkante des Trendkanals bereits mit der nächsten Kerze erreicht wurde und auch dieses zweite Kursziel erreicht wurde.

Kursdaten (in Punkten) und Fibonacci-Ratios des Patterns:

- Hoch 0 = 3.336
- Tief X = 3.223
- Korrekturhoch A = 3.283
- Korrekturtief B = 3.211
- Korrekturhoch C = 3.354
- PRZ D = 3.279
- Long-Einstieg = 3.317

- Stop = 3.266
- Take Profit = Punkt C = 3.354
- CRV = 37 / 51 = 0,7

Bei den Kursdaten für das bullishe 5-0 ist bewusst der empfohlene Stop mit dem daraus resultierenden schlechten CRV drin. Auch beim Pattern-Trading müssen Sie abwägen, ob Sie den Trade eingehen – oder doch lieber auf die nächste Gelegenheit warten. Zumal in diesem konkreten Beispiel auch noch ein Wochenende zwischen dem *Entscheiden* und *Ausführen* lag.

Bearishes 5-0

Sie sehen schon am Datum unseres Beispiels aus Abbildung 86, dass bearishe 5-0 Patterns sehr rar sind. Wenn Sie auf der Suche nach einem bearishen 5-0 sind, müssen Sie ab dem Startpunkt 0 ein Hoch (X), eine höheres Tief (A) und ein höheres Hoch (B) suchen, gefolgt von einer scharfen Abwärtsbewegung mit einem Tief (C) unter dem Startpunkt des Patterns (0). Es schließt sich noch eine 50 %-Korrektur an (D) und ab da geht es dann weiter abwärts. Oder anders ausgedrückt: Sie suchen eine sich erschöpfende Aufwärtsbewegung 0-X-A-B und dann eine Trendumkehr C-D.

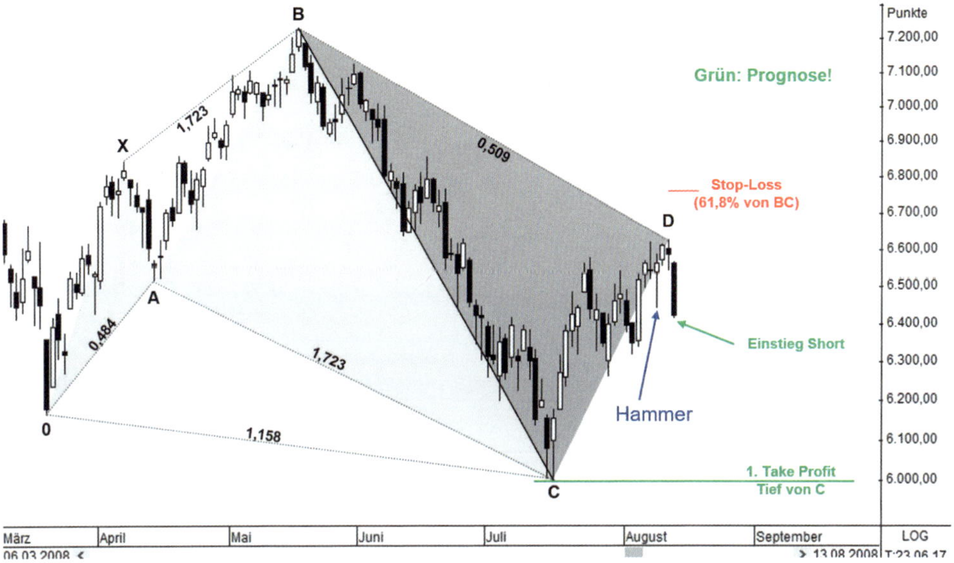

Abbildung 86: Das sich entwickelnde bearishe 5-0 beim DAX (in Punkten) im Tageschart vom 06.03.2008 bis 13.08.2008

Identifizieren: Beim DAX hat sich ab März 2008 ein bullishes Shark ausgebildet. Alle Ratios stimmen mit den Erfordernissen überein. $\overline{BC}$ wird dann um 50,9 % korrigiert – damit könnte sich ein bearishes 5-0 ausbilden.

Prognostizieren: Der potenzielle Punkt D wird mit einer nichtssagenden Kerze ausgebildet. Kleiner schwarzer Kerzenkörper, Lunten auf beiden Seiten. Weder Fisch noch Fleisch, es herrscht Unentschlossenheit seitens der Marktteilnehmer. Doch am Tag danach wird eine lange schwarze Kerze ausgebildet, welche eine sehr kleine obere und untere Lunte hat und deren Schlusskurs deutlich unter dem Tief des Hammers liegt (markiert mit dem blauen Pfeil). Laut Markttechnik ist das eine Umkehr.

Entscheiden: Wir entscheiden uns, mit der Eröffnung der nächsten Kerze short zu gehen (*open next bar*). Das ist ein Donnerstag – es liegt also kein Wochenende dazwischen. Der Stop-Loss kommt an die empfohlenen 61,8 % von $\overline{CD}$ = 6.761,03 und den ersten Take Profit legen wir an das Tief von Punkt C = 5.999,32 Punkte. Wir wissen zum Entscheidungszeitpunkt nicht, mit welchem Preis wir short in den Markt einsteigen können. Das CRV können wir also erst mit der Eröffnung am nächsten Tag berechnen.

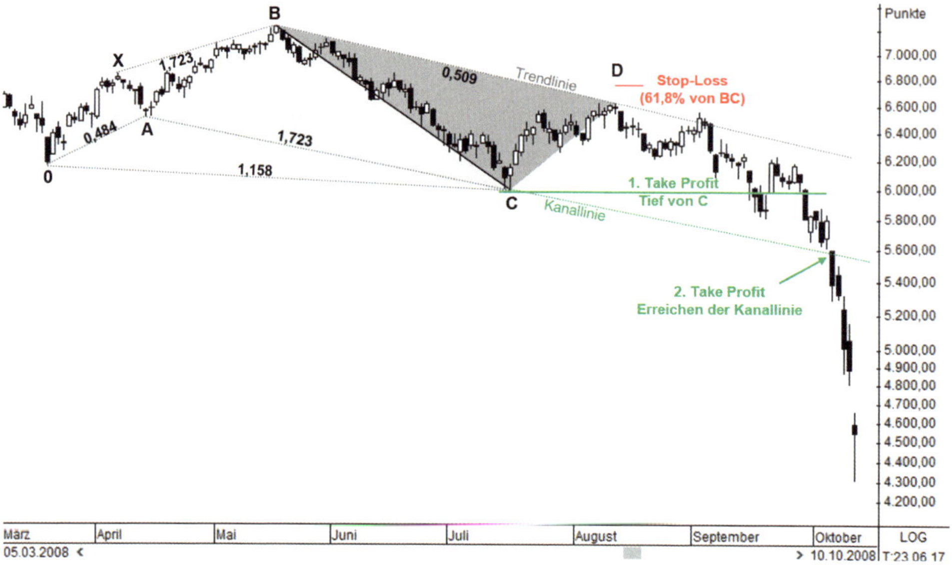

Abbildung 87: Das bearishe 5-0 beim DAX (in Punkten) im Tageschart vom 05.03.2008 bis 10.10.2008

Ausführen: Die Eröffnung um 9 Uhr liegt bei 6.450,73 Punkten. Daraus berechnen wir das CRV: 451,41 / 310,30 = 1,5. Deutlich besser als beim bullishen 5-0!

22 Handelstage später wird der erste Take Profit erreicht, die Position war nie in Gefahr, ausgestoppt zu werden. Und nochmals 15 Tage später wird das zweite mögliche Kursziel, die Unterkante des Trendkanals, erreicht (Abbildung 87).

Kursdaten (in Punkten) und Fibonacci-Ratios des Patterns:

- Tief 0 = 6.167,82
- Hoch X = 6.843,25
- Korrekturtief A = 6.516,51
- Korrekturhoch B = 7.231,86
- Korrekturtief C = 5.999,32
- PRZ D = 6.626,7

- Long-Einstieg = 6.450,73
- Stop = 6.761,03
- Take Profit = Punkt C = 5.999,32
- CRV = 451,41 / 310,30 = 1,5

Wann wird ein 5-0 Pattern ungültig?

Ausgehend ab dem Stadium der Identifikation:

Wenn der Markt *nach* Erreichen der PRZ D und vor Erreichen des ersten Take Profit beim

- bullishen 5-0 nach unten abdreht, unter die PRZ D fällt und sich Richtung 61,8 % von $\overline{BC}$ aufmacht und in den Stop läuft,
- bearishen 5-0 nach oben abdreht, über die PRZ D steigt und sich Richtung 61,8 % von $\overline{BC}$ aufmacht und in den Stop läuft.

Exotische Patterns

In diesem Kapitel stellen wir Ihnen noch einige Patterns mit zum Teil exotischen Namen vor. Diese exotischen Patterns lassen sich nicht vom Gartley Pattern ableiten, es sind aber regelmäßig wiederkehrende Muster in allen Zeithorizonten und Instrumenten, die Sie in Ihr Strategie-Portfolie aufnehmen können. Zum Teil mit und ohne »Fibonacci-Unterstützung«.

Dragon Pattern

Das Dragon (engl. = Drache) Pattern wurde von Suri Dudella in seinem Buch *Trade Chart Patterns Like the Pros* (2007) vorgestellt. Es entspricht einem Doppelten Boden beziehungsweise Doppeltop der klassischen technischen Analyse, jedoch um Fibonacci-Ratios ergänzt und mit modifizierten Einstiegsregeln. Der

Doppelte Boden ist eine untere Umkehrformation, das Doppeltop ist eine obere Umkehrformation. Beide Formationen werden von Unterstützungen und Widerständen geprägt.

So ein Drache besteht aus folgenden Körperteilen (Abbildung 88):

- Kopf = A
- Hals = $\overline{AB}$
- Erstes Bein = $\overline{BC}$
- Vorderfuß = B
- Rücken = C
- Zweites Bein = $\overline{CD}$
- Hinterfuß = D
- Schwanz = Gewinnstrecke ab D

Das ***Dragon*** ist das

- bullishe Muster,
- bei welchem nach definierten Regeln long gegangen wird, es entspricht
- einem Doppelten Boden, ergänzt um Fibonacci-Ratios.

Hat der Drachentöter dann seine Arbeit getan und liegt der Drache auf dem Rücken, dann wird ein ***inverses Dragon*** draus. Das ist das

- bearishe Muster,
- bei welchem nach definierten Regeln short gegangen wird, es entspricht
- einem Doppeltop, ebenfalls ergänzt um Fibonacci-Ratios.

In der klassischen technischen Analyse wird bei einem Doppeltop oder Doppelten Boden eine Abweichung von ± 3 % der beiden Hochs beziehungsweise Tiefs akzeptiert. Hier beim Drachen werden ± 10 % toleriert – der Drache kann also ganz deutlich humpeln ...

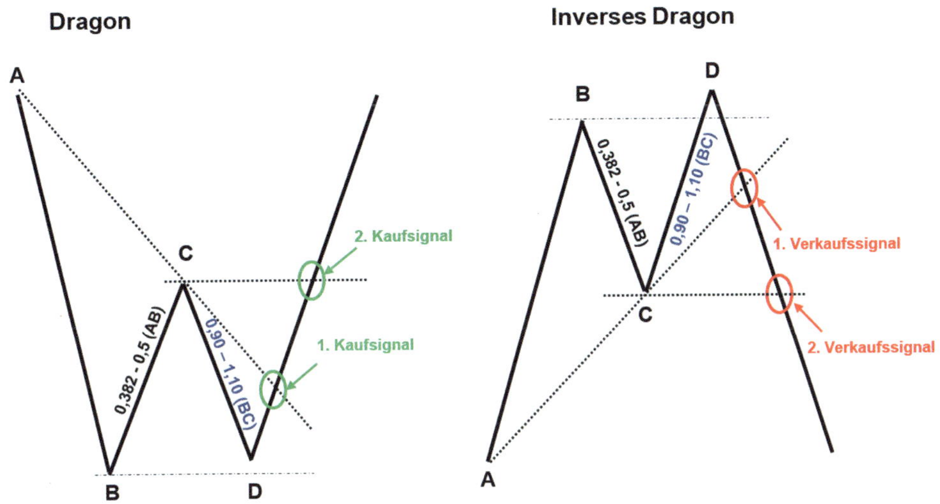

Abbildung 88: Links die Grafik des Dragon (= bullish), rechts die Grafik des inversen Dragon (= bearish) mit den entsprechenden Fibonacci-Ratios (in Schwarz). In Blau: die tolerierte Abweichung der beiden Füße (Punkt B und D)

- Das **Dragon** beginnt mit der Abwärtsbewegung $\overline{AB}$.
- Diese wird zum Punkt C um 38,2 % bis 50 % korrigiert.
- Das zweite Bein des Drachens erreicht zwischen 90 % und 110 % von $\overline{BC}$.
- Nachdem der Punkt D ausgebildet ist, geht es wieder aufwärts.
- An den Punkten A und C wird eine Abwärtstrendlinie angelegt.
- Das erste und aggressive Kaufsignal wird ausgebildet, wenn der steigende Kurs die Abwärtstrendlinie kreuzt.

- Das zweite Kaufsignal wird ausgebildet, wenn das Hoch mit einem Schlusskurs in der eingestellten Zeitebene überschritten wird.
- Der erste Take Profit liegt bei den 127,2 % von $\overline{CD}$.
- Der zweite Take Profit liegt auf der Höhe von Punkt A.
- Der Stop-Loss wird ein paar Punkte unter das tiefste Tief des Drachens gelegt.

- Das **inverse Dragon Pattern** beginnt mit der Aufwärtsbewegung $\overline{AB}$.
- Diese wird zum Punkt C um 38,2 % bis 50 % korrigiert.
- Das zweite Bein des Drachen erreicht zwischen 90 % und 110 % von $\overline{BC}$.
- Nachdem der Punkt D ausgebildet ist, geht es wieder abwärts.
- An den Punkten A und C wird eine Aufwärtstrendlinie angelegt.
- Das erste und aggressive Verkaufssignal wird ausgebildet, wenn der fallende Kurs die Aufwärtstrendlinie kreuzt.
- Das zweite Verkaufssignal wird ausgebildet, wenn das Tief mit einem Schlusskurs in der eingestellten Zeitebene unterschritten wird.
- Der erste Take Profit liegt bei den 127,2 % von $\overline{CD}$.
- Der zweite Take Profit liegt auf der Höhe von Punkt A.
- Der Stop-Loss wird ein paar Punkte über das höchste Hoch des Drachens gelegt.

Da der Doppelte Boden (Dragon) und das Doppeltop (inverses Dragon) Umkehrformationen sind, kann davon ausgegangen werden, dass auch Kurse deutlich über (Dragon) beziehungsweise unter (inverses Dragon) dem Beginn der Formation bei Punkt A erreicht werden.

Dragon

Das Dragon Pattern ist eine Variation des Doppelten Bodens, es ist eine untere Umkehrformation. Beim Dragon ist zwischen den beiden Tiefs eine Kursdifferenz von ±10 % erlaubt. Dem Doppelten Boden muss natürlich eine Abwärtsbewegung vorauslaufen – wo nichts fällt, kann auch nichts umgekehrt werden. Als Beispiel für ein Dragon dient die Aktie von Goldman Sachs (Abbildung 89). Die Abwärtsbewegung $\overline{AB}$ wird um 49,1 % korrigiert. Dieser Rücklauf von B nach C ist das erste Bein des Drachens. Das zweite Drachenbein folgt von C nach D. D wird an der 102,8 %-Extension von $\overline{BC}$ ausgebildet und bleibt damit deutlich in der erlaubten Toleranz von ±10 %. Bei D wird ein Piercing Pattern ausgebildet – das ist eine zuverlässige Candlestick-Umkehrformation (Abbildung 165).

Um die Einstiegssignale zu bestimmen, legen wir zwischen A und C die Abwärtstrendlinie an. Am Kreuzungspunkt der Abwärtstrendlinie und dem Kurs wird das erste und auch aggressive Kaufsignal ausgebildet – mit der Eröffnung der nächsten Kerze = 162,36 $ gehen wir zum Beispiel mit einer ersten Teilposition long. Das zweite Kaufsignal wird gebildet, wenn ein Schlusskurs über dem Hoch von C ausgebildet wird – das ist der Einstieg nach Dow-Theorie mit einem höheren Hoch (Abbildung 169). Mit der Eröffnung der nächsten Kerze = 168,72 $ können wir unsere Position aufstocken. Dudella empfiehlt als erstes Kursziel die 127,2 %-Extension von $\overline{CD}$ = 177,25 $. Die ist – in diesem Beispiel – sehr dicht beim zweiten Kaufsignal. Als zweiten Take Profit empfiehlt er das Hoch von Punkt A = 199,90 $ – dem Start des Patterns.

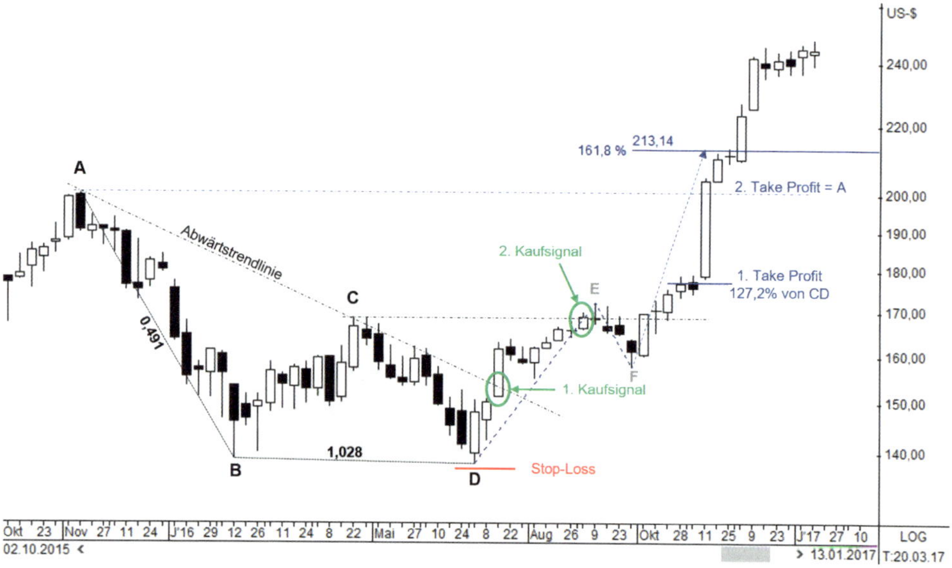

Abbildung 89: Das Dragon bei der Aktie von Goldman Sachs (an der NYSE in US-Dollar) im Tageschart vom 02.10.2015 bis 13.01.2017

In diesem Fall können mit der Methode der Fibonacci-Projektion (ab Seite 252) weitere Kursziele bestimmt werden. Der kleine Dip von Punkt E nach F erreicht das 38 %-Retracement von $\overline{DE}$ und ist damit prädestiniert dafür, mit einer Fibonacci-Projektion ein weiteres Kursziel zu bestimmen. Da das Dragon eine Umkehrformation ist und davon ausgegangen wird, dass Kurse über Punkt A erreicht werden, bietet sich die 161,8 %-Projektion = 213,14 $ als weiteres Kursziel an. Denn: Für sich alleine betrachtet entspricht die Bewegung von D-E-F einem ABC Pattern (ab Seite 33). Mit dem höheren Hoch bei E und dem höheren Tief bei F ist die Trendumkehr erfolgt und es können die ambitionierten Kursziele verwendet werden.

Kursdaten (in US-Dollar) des Patterns:

- Hoch A = 199,90
- Tief B = 139,05
- Korrekturhoch C = 168,90
- Tief D = 138,20

- Erster Long-Einstieg = 162,36
- Zweiter Long-Einstieg = 168,72
- Stop = 137,50
- Take Profit 1 = 177,25
- Take Profit 2 = 199,9
- Take Profit 3 = 161,8 % = 213,14

Inverses Dragon

Das inverse Dragon ist eine Variation des Doppeltops, das ist eine obere Umkehrformation. Beim inversen Dragon ist zwischen den beiden Hochs eine Differenz von ±10 % erlaubt. Die Aktie der Deutsche Post AG hat ein inverses Dragon ausgebildet (Abbildung 90).

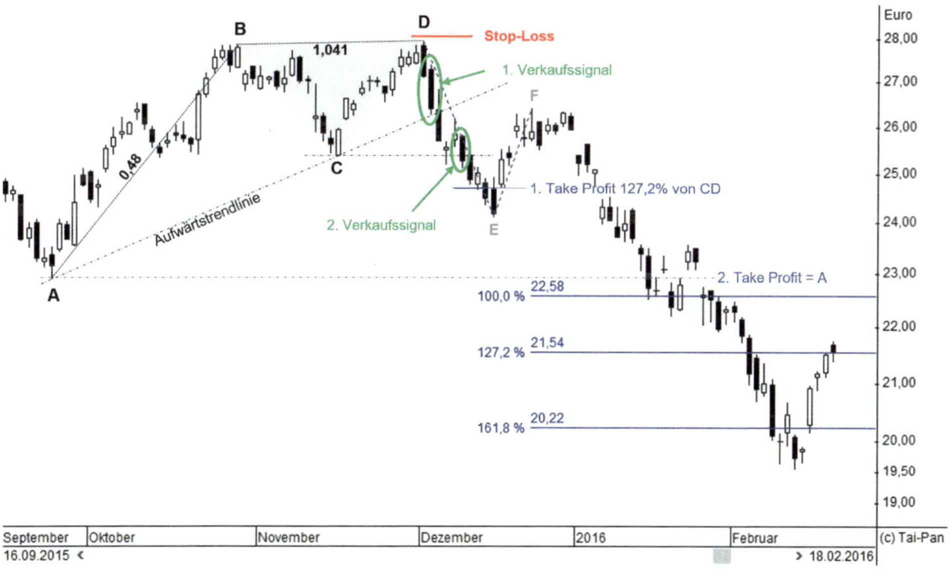

Abbildung 90: Das inverse Dragon bei der Aktie der Deutschen Post (XETRA in Euro) im Tageschart vom 16.09.2015 bis 18.02.2016

Die Aufwärtsbewegung $\overline{AB}$ wird um 48 % korrigiert. Das zweite Bein des Drachens = $\overline{CD}$ erreicht 104,1 % vom ersten Bein = $\overline{BC}$ und liegt damit innerhalb der Toleranz. Punkt D wird von einer relativ langen schwarzen Kerze ausgebildet, welche die letzten drei weißen Kerzen umschließt, es ist ein Outside Day oder auch Bearish Engulfing (Abbildung 167), eine obere Umkehrformation. Wir zeichnen die Aufwärtstrendlinie zwischen den Punkten A und C ein. Am Kreuzungspunkt zwischen der Aufwärtstrendlinie und dem fallenden Aktienkurs wird das erste Verkaufssignal ausgebildet – die lange schwarze Kerze ist grün eingekringelt. Mit der Eröffnung der nächsten Kerze = 26,38 € gehen wir zum Beispiel mit der halben Positionsgröße short. Mit einem Schlusskurs unter dem Tief von C wird das zweite Verkaufssignal ausgebildet. Mit Eröffnung der nächsten Kerze = 25,40 € können wir unsere Short-Position aufstocken. Das von Dudella empfohlene erste Kursziel bei der 127,2 %-Extension von $\overline{CD}$ = 24,70 € liegt sehr dicht am zweiten und sicheren Verkaufssignal. Der zweite, von ihm vorgeschlagene Take Profit liegt am Tief von A = 22,93 €.

Auch hier bietet es sich an, über die Variante der Fibonacci-Projektion weitere Kursziele zu bestimmen. Der Rücklauf der Abwärtsbewegung $\overline{DE}$ zum Punkt F beträgt 50 %. Da sich die Aktie der Deutschen Post AG übergeordnet (hier im Wochenchart) in einem intakten Abwärtstrend befindet, ist es durchaus legitim, den Take Profit an die 161,8 % der Fibonacci-Projektion zu legen.

Kursdaten (in US-Dollar) des Patterns:

- Tief A = 22,93
- Hoch B = 27,85
- Korrekturtief C = 25,40
- Hoch D = 27,95
- Erster Short-Einstieg = 26,38
- Zweiter Short-Einstieg = 25,40
- Stop = 27,65
- Take Profit 1 = 24,70

- Take Profit 2 = 22,93
- Take Profit 3 = 161,8 % = 20,22

Wann scheitert ein Dragon und das inverse Dragon?

Wenn der Markt – bevor der Bestätigungspunkt C erreicht wird – wieder die Richtung von $\overline{AB}$ aufnimmt und unter das tiefste Tief (= Dragon) fällt beziehungsweise über das höchste Hoch (= Inverses Dragon) steigt und damit auch den Stop-Loss erreicht.

Dead Cat Bounce

Even a dead cat will bounce if it is dropped from high enough! Selbst eine tote Katze wird abprallen, wenn sie aus ausreichend großer Höhe fallen gelassen wird! Diese Metapher wird gerne verwendet, um einen Abwärtstrend mit seiner Gegenbewegung zu beschreiben.

Bekanntlicherweise hat eine Katze sieben Leben. In Abbildung 91 zeigen wir Ihnen fünf Dead Cat Bounces – die Katze hat also überlebt!

Der Markt fällt und es kommt zu einer mehr oder weniger kraftlosen Gegenbewegung, anschließend wird die Abwärtsbewegung wieder aufgenommen. Diese Gegenbewegung endet sehr häufig an einem Fibonacci-Retracement und so ein singuläres Ereignis hat sehr viel Ähnlichkeit mit dem ABC-Muster (ab Seite 33). Auch die Kursziele des Dead Cat Bounce Patterns können mit der Fibonacci-Extension oder der Fibonacci-Projektion bestimmt werden.

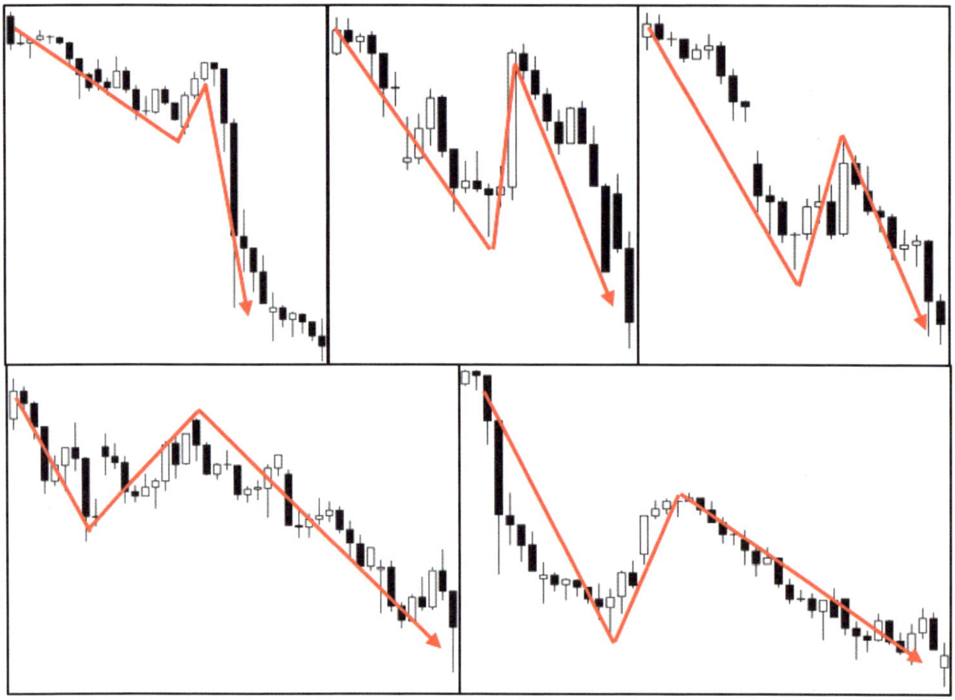

Abbildung 91: 5 Dead Cat Bounces

Wenn wir nun die einzelnen ABC-Muster aus Abbildung 91 in der richtigen Reihenfolge zusammensetzen, dann sieht das so aus wie in Abbildung 92. Im Zeitraum vom 01.12.2015 – 11.02.2016 hat der DAX 2.731 Punkte oder 24 % verloren. Das darf sich dann schon Crash nennen (weil er über 20 % verloren hat). In jeder Abwärtsbewegung gibt es regelmäßig Erholungsbewegungen. Sei es, dass Anleger auf eine Bullenfalle hereinfallen oder dass Short-Positionen glattgestellt werden.

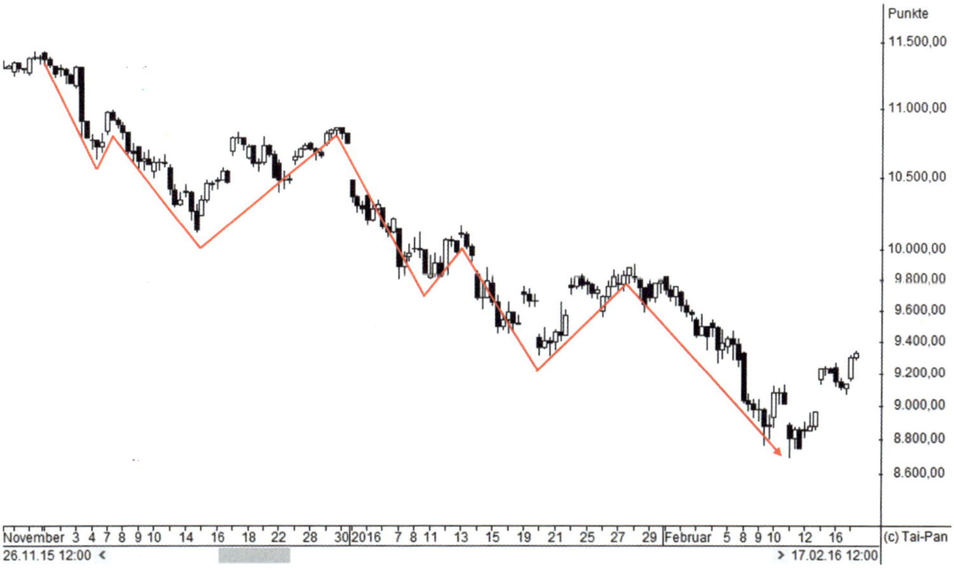

Abbildung 92: Der DAX im 4h-Chart im Zeitraum vom 26.11.2015 bis 17.02.2016

Ein Dead Cat Bounce ist somit eine Trendfortsetzungs-Formation und zeigt ihr ganzes Ausmaß erst im Nachhinein. Mit verschiedenen Methoden der technischen Analyse können jedoch in höheren Zeitebenen Kursziele für die Abwärtsbewegung prognostiziert werden.

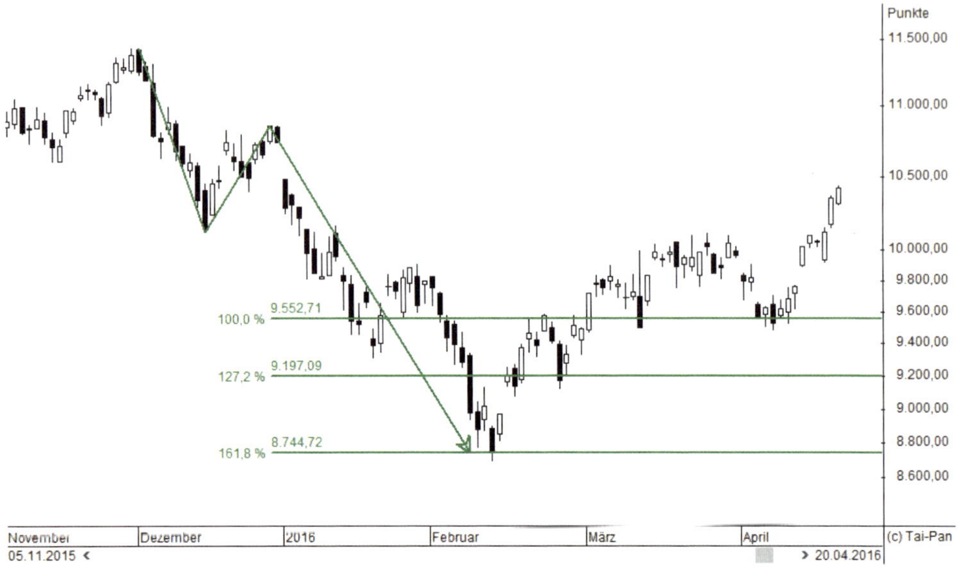

Abbildung 93: DAX im Tageschart vom 02.11.2015 bis 20.04.2016

Wenn Sie diese Abwärtsbewegung von Abbildung 92 im Tageschart aufrufen und dann für das »große« ABC Pattern mit der Methode der Fibonacci-Projektion (ab Seite 252) die Kursziele bestimmen, dann sehen Sie wie in Abbildung 93, dass der DAX an den 161,8 % den Boden erreicht hat und die Trendumkehr eingeleitet wurde. Und auch in dieser Zeitebene können Sie noch zwei Dead Cat Bounces erkennen.

Pop Gun

Jeffrey Kennedy[5] von Elliott Wave International hat das Pattern vorgestellt. Dieses Pattern besteht aus insgesamt drei Kerzen:

- Die erste und die mittlere (= zweite) Kerze bilden einen Inside Day.
- Die dritte Kerze bildet zusammen mit der mittleren Kerze einen Outside Day.

5 Jeffrey Kennedy, How to use Bar Patterns to spot trade setups, Elliott Wave International

- Die mittlere Kerze wird also von den Handelsspannen der Kerzen davor und danach komplett umhüllt.

Die allgemeinen Aussagen eines Pop Gun sind:

- Es wird Stärke in beide Richtungen angezeigt, es wird Spannung im Markt aufgebaut.
- Der Ausbruch kann in beide Richtungen erfolgen.
- Nach spätestens fünf Folgekerzen in derselben Zeiteinheit sollte der Ausbruch erfolgen, ansonsten hat das Pop Gun versagt.
- Der Ausbruch ist in der Regel impulsiv.
- Das Pop Gun gibt keinen Hinweis darauf, wie lange/wie viele Punkte der Ausbruch andauern wird.

Einen kleinen Hinweis darauf, in welche Richtung der Ausbruch wahrscheinlich erfolgt, gibt die dritte Kerze des Pop Gun:

- Ist die dritte Kerze eine weiße Kerze, dann ist das ein **Long Pop Gun**, der Ausbruch erfolgt wahrscheinlich nach oben.
- Ist die dritte Kerze eine schwarze Kerze, dann ist das ein **Short Pop Gun**, der Ausbruch erfolgt wahrscheinlich nach unten.

Wie wird der Ausbruch gehandelt?

Ist die dritte Kerze eine weiße Kerze, dann wird knapp über das Hoch der dritten Kerze ein Stop-Buy platziert. Für den Stop-Loss empfiehlt es sich, eine Zeitebene tiefer nach dem letzten Korrekturtief Ausschau zu halten und knapp darunter den Stop-Loss zu platzieren. Der Ausbruch ist in der Regel impulsiv und der Kurs sollte nicht allzu weit zurücklaufen.

Ist die dritte Kerze eine schwarze Kerze, dann wird unter das Tief der dritten Kerze ein Stop-Sell gelegt und der Stop-Loss wird eine Zeitebene tiefer über das letzte Swing High gelegt.

Der DAX hat vom Donnerstag, 28.07.2016, bis Montag, 01.08.2016, ein bearishes oder auch Short Pop Gun ausgebildet. In Abbildung 94 sind die drei Handelstage durch die rote Ellipse eingekringelt. Der besseren Übersicht halber sind die relevanten Kerzen mit 1, 2 und 3 markiert. Es ist deutlich zu sehen, dass die Kerze 2 ein Inside Day ist und die Kerze 3 ein Outside Day. In der Summe ergibt das ein Pop Gun.

Die Handelsanweisung ist relativ einfach: Es wird unter dem Tief der dritten Kerze short gegangen. Der Stop liegt knapp über dem Hoch der dritten Kerze.

Dieses Short Pop Gun hat tatsächlich am Folgetag gezündet. Aber am Tag darauf hat sich die Abwärtsbewegung erledigt und der DAX ist wieder kräftig gestiegen.

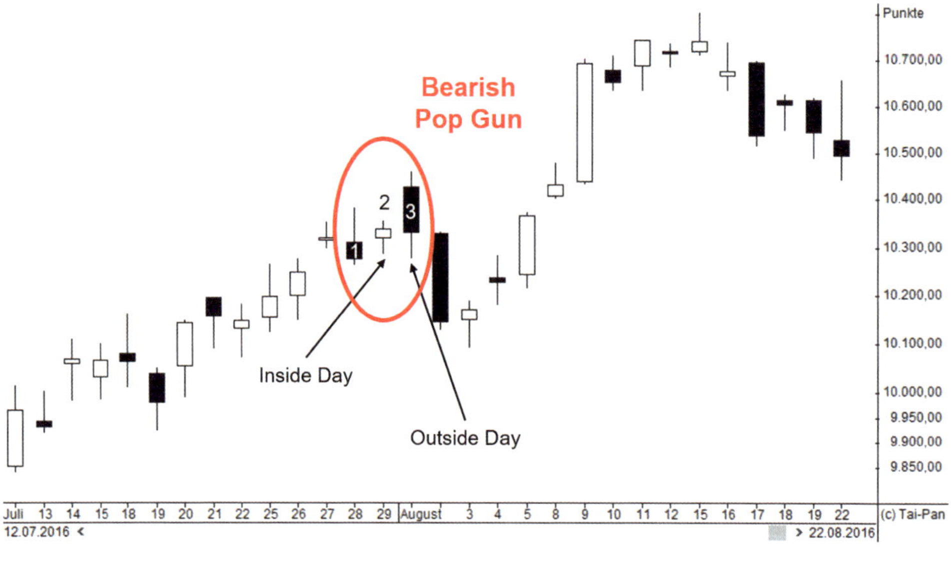

Abbildung 94: Bearishes Pop Gun beim DAX im Daily Chart

So ein Pop Gun muss nicht sofort am Folgetag zünden, es können also durchaus ein oder zwei Tage vergehen, bevor der Trade ins Laufen kommt.

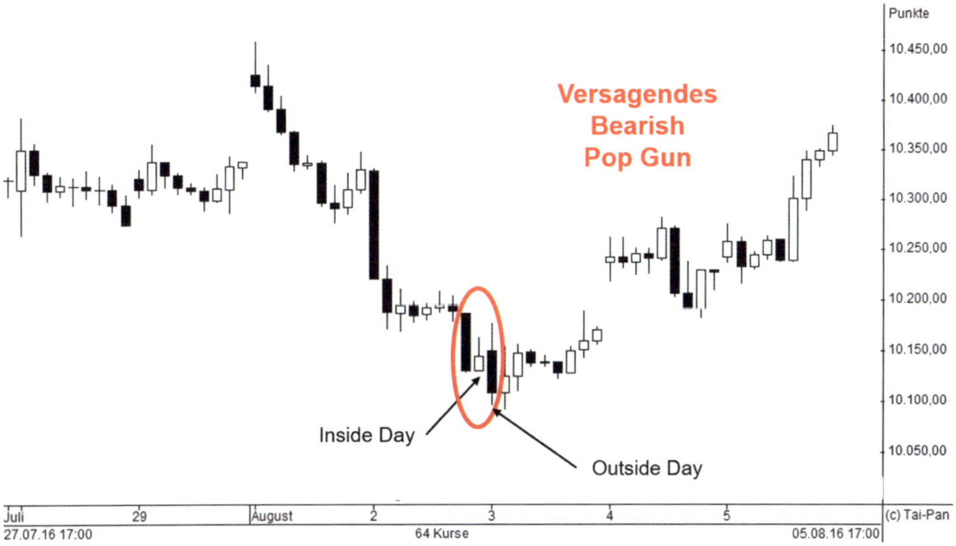

Abbildung 95: Bearishes Pop Gun beim DAX im Stundenchart, das aber versagt

Aber wie jede andere Formation auch kann so ein Pop Gun versagen. Der DAX hat Anfang August 2016 im Stundenchart in einem intakten Abwärtstrend ein Short Pop Gun ausgebildet (Abbildung 95). In diesem Fall hat das Pop Gun jedoch nicht gezündet, sondern versagt. Nach Ausbildung des Pop Gun ging es ein paar Stunden später kräftig aufwärts.

Pop Guns sind gar nicht so selten. Mit ein paar Zeilen Code kann das Pop Gun zum Beispiel bei Tai Pan als Signal programmiert werden. Wird die Signalsuche aktiviert, dann sieht das so aus wie in Abbildung 96 beim DAX Daily. Von Januar bis Juli 2017 wurden sieben Pop Guns ausgebildet.

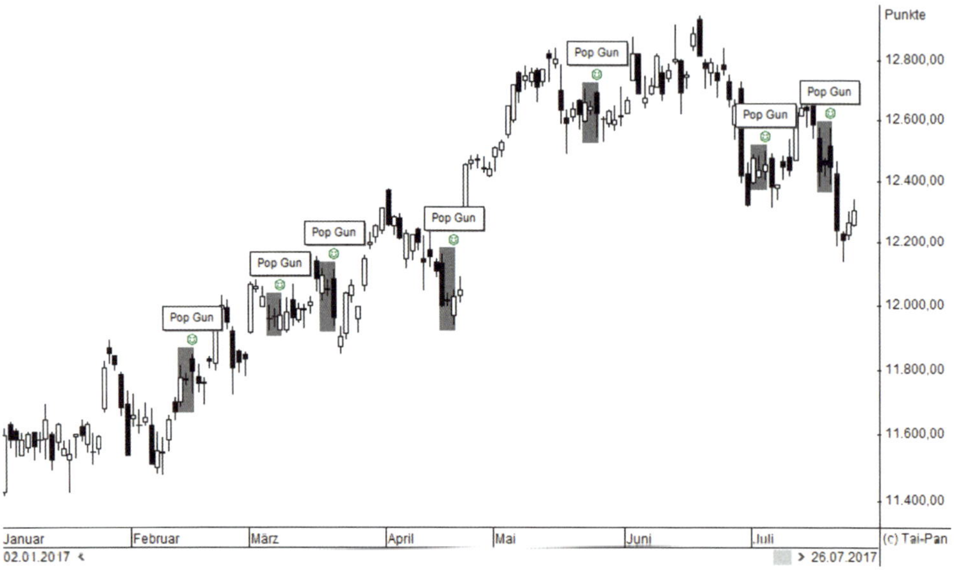

Abbildung 96: DAX Daily ab 02.01.2017 mit 7 Pop Guns, automatisch von TaiPan angezeigt

Werden Signale zuverlässig angezeigt, dann können sie ausgewertet und in eine Strategie gepackt werden.

Pinocchio Bar

Martin J. Pring[6] diente die Kinderbuchfigur Pinocchio, dessen Nase beim Lügen immer länger wird, als Namensgeber für dieses Pattern. Der Name ist Programm: Es geht um Kerzen oder Bars mit langer Akkumulations- oder Distributionslunte, die aus der Reihe tanzen und damit den Marktteilnehmern eine Lüge auftischen. Dafür kommen zum Beispiel der Hammer, der Shooting Star oder der Gravestone Doji in Frage.

In einer Seitwärtsbewegung kann die Finte in beide Richtungen »probiert« werden. In Abbildung 97 ist am Beispiel der HeidelbergCement AG der versuchte Durchbruch nach unten dargestellt. Über viele Tage lief die Aktie seitwärts und bildete bei ca. 71,00 € veritable Unterstützung aus. Mit der Eröffnung am 25. Juli

6 *Martin J Pring, Technical Analysis Explained, McGraw Hill*

2016 probten die Bären den Aufstand. Die Tiefs in der ersten Handelsstunde wurden jedoch sofort als Kaufgelegenheit empfunden und die Attacke der Bären verlief im Sande. Die Unterstützung wurde noch mehrfach getestet, bevor die Aktie nach oben ausbrach.

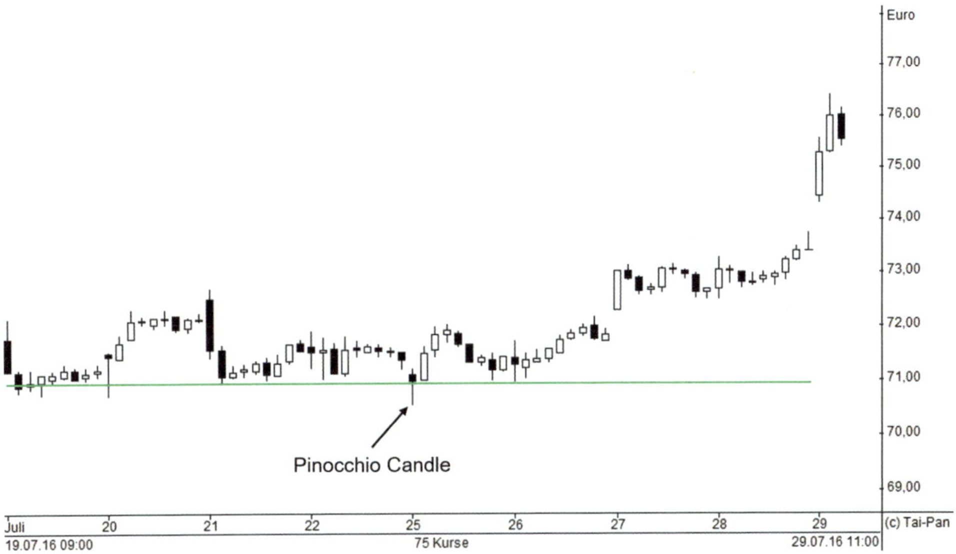

Abbildung 97: HeidelbergCement AG (XETRA, DE0006047004) vom 19.07.2016 bis 29.07.2016 im Stundenchart

Das zweite Beispiel zeigt den Tageschart von USD/EUR (Abbildung 98). Das Währungspaar befindet sich ab Anfang März 2016 in einem intakten Abwärtstrend. Am 10.03.2016 wird das Währungspaar bis zum letzten Swing High vom 02.03.2016 hochgekauft. Die Stärke ist jedoch nur von kurzer Dauer, die Gewinne werden wieder abverkauft und das Ergebnis ist eine lange »Lügennase«. Die Bullen gaukeln Stärke vor, die allerdings nicht bis zum Tagesende reicht – und so gewinnen die Bären wieder die Oberhand.

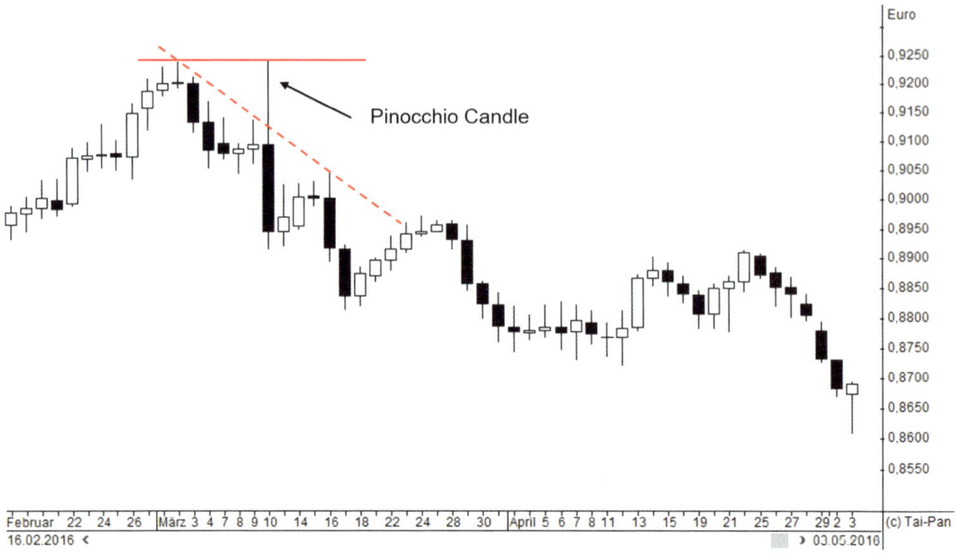

Abbildung 98: USD/EUR Tageschart 16.02.2016 bis 03.05.2016

Kerzen mit langen unteren Lunten = *Akkumulationslunten* deuten an, dass sich die Kraft der Bären erschöpft hat, während Kerzen mit langen oberen Lunten = *Distributionslunten* für eine Erschöpfung der Kraft der Bullen sprechen. Bei solchen Kerzen spricht man auch von *Exhaustion Bars*, also Erschöpfungskerzen.

Diese beiden Beispiele zeigen auch, wie wichtig es ist, immer den Schlusskurs der entsprechenden Zeiteinheit abzuwarten, bevor Sie entsprechend Ihrer Strategie die Position eröffnen. Angenommen, Sie hätten sich bei der Entwicklung der oberen Lunte in USD/EUR long eingekauft, dann wären Sie zum Tagesschluss erheblich im Minus – und der Kurs fällt weiter. So was geht auch als Bullenfalle durch.

Bei der HeidelbergCement AG gilt das genauso: Angenommen, Sie wären mit dem Ausbruch nach unten short gegangen, so wäre diese Position sicher in den Stop gelaufen. Hätten Sie den Stundenschlusskurs abgewartet, dann wären Sie nicht in die Bärenfalle getappt. Der Stundenschlusskurs lag wieder über der Unterstützung.

Spike and Ledge

Dieses Pattern hat Linda Raschke[7] in ihrem Buch *Street Smarts* vorgestellt. Der *Spike* ist eine sehr impulsive, überschießende Reaktion, es geht nahezu senkrecht nach oben oder nach unten. Es folgt der *Ledge*, eine Art Vorsprung, eine mehr oder weniger ausgeprägte Seitwärtsbewegung, an welcher sich der Kurs beruhigt und den Spike zu verdauen scheint. Dann wird die scharfe Bewegung korrigiert. Und von dieser Korrektur wird ein Großteil mitgenommen.

Im Prinzip ähnelt so ein Spike and Ledge einem Pinocchio Bar – nur in einer kleineren Zeiteinheit betrachtet. Brechen wir den USD/EUR-Chart von Abbildung 98 herunter in den H1-Chart, ist das Abbildung 99.

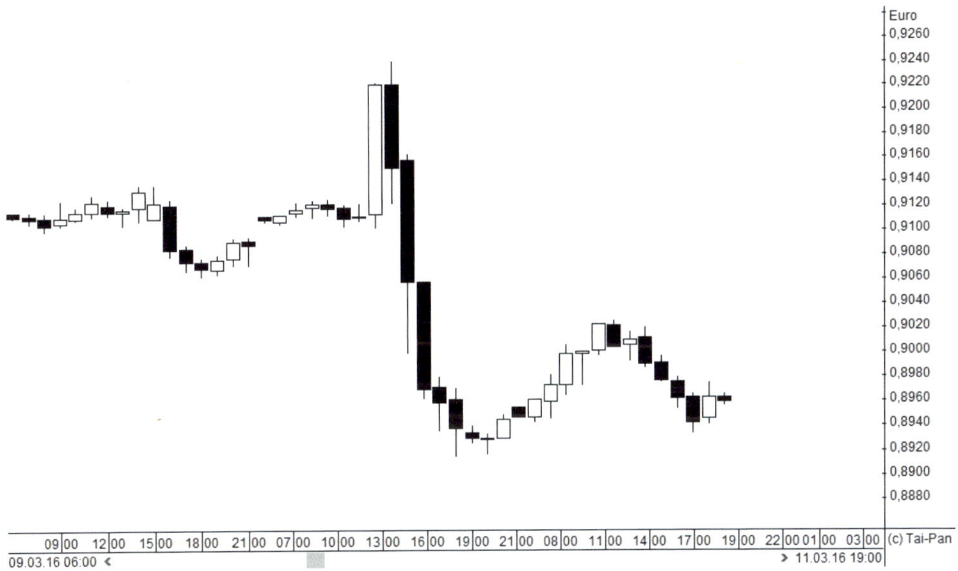

Abbildung 99: USD/EUR vom 09.03.2016 bis 11.03.2016 im Stundenchart

Im Stundenchart wird zwar der Spike ausgebildet, aber kein Ledge. Also gehen wir noch eine Zeiteinheit tiefer in den M5-Chart (Abbildung 100): Nach einer langen Seitwärtsbewegung mit kleinen Kerzchen = Teelichterhandel (so die Definition von Stephanie) bricht das Währungspaar mit einer langen weißen Kerze nach oben aus. Der sich anschließende Ledge ist eine Seitwärts-/Aufwärtsbewe-

7 Linda Raschke und Laurence A. Connors, Street Smarts: High Probability Short-Term Trading Strategies, erschienen 1995 bei M. Gordon Publishing Group

gung mit einem höheren Hoch. Die Unterkante des Ledge bildet eine Unterstützung aus. Wird diese gebrochen, eröffnen wir eine Short-Position.

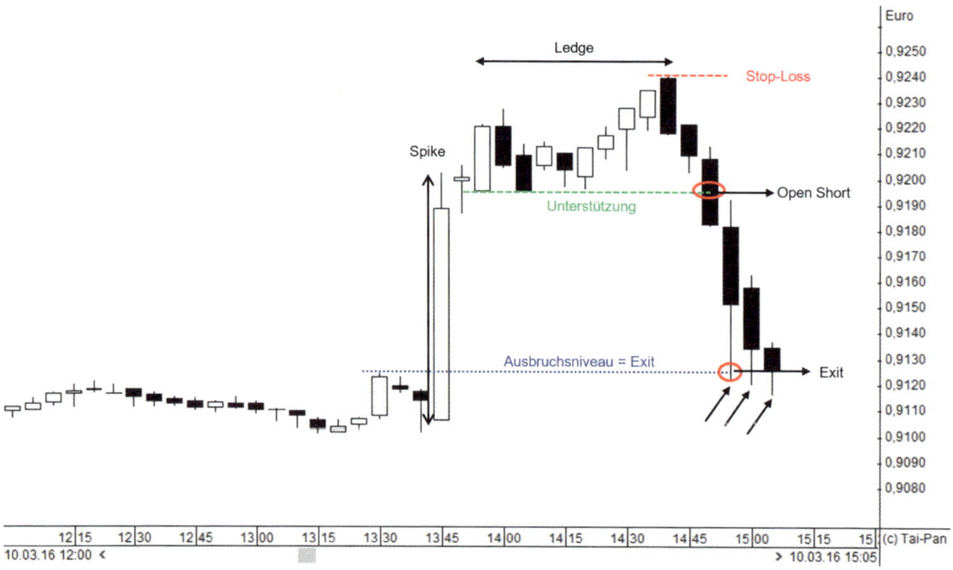

Abbildung 100: USD/EUR am 10.03.2016 im 5-Minuten-Chart. Um 13:45 Uhr gab die EZB überraschend die Leitzinssenkung auf 0 % bekannt. Die Pressekonferenz mit EZB-Präsident Mario Draghi begann um 14:30 Uhr

Wir können nicht erahnen, wie weit diese Gegenbewegung laufen wird. Also wohin mit dem Exit? Zum Beispiel an das Ausbruchsniveau.

Nachgerechnet macht das ein CRV von 1,3:

Short = 0,9190 €

Stop = 0,9241 €

Take Profit = 0,9125 €

CRV = 0,0065 / 0,0051 = 1,3

Es geht fix nach unten. Das bedeutet, dass an dieser Unterstützung viele Orders lagen, Stop-Losses von denen, die noch long waren, und Stop-Sells von den Marktteilnehmern, die auf eine Bewegung nach unten spekulierten. Am Ausbruchsniveau wird die Short-Position ein paar Minuten später geschlossen. Es werden drei untere Lunten in Serie ausgebildet – das Tief dieser drei M5-Kerzen wird also gekauft. Da ist die erste Reaktion: gut, dass die Position bereits zu und der Gewinn realisiert ist.

Der Grund für diese scharfe Kursbewegung: An diesem 10.03.2016 hat die EZB bei ihrer turnusmäßigen Sitzung – von den Marktteilnehmern unerwartet – die Zinsen auf 0 % gesenkt. Um 13:45 Uhr wird immer der Zinsentscheid bekannt gegeben. Um 14:30 Uhr folgte die Pressekonferenz mit dem EZB-Präsidenten Mario Draghi. Der Euro fuhr in diesem Zeitraum Achterbahn. Je kürzer die Haltedauer einer Position in diesem Marktumfeld ist, desto geringer das Risiko.

Was wir zu diesem Zeitpunkt nicht wissen können, ist, dass die Abwärtsbewegung mit Beginn der Pressekonferenz so richtig Fahrt aufnimmt (Abbildung 101)!

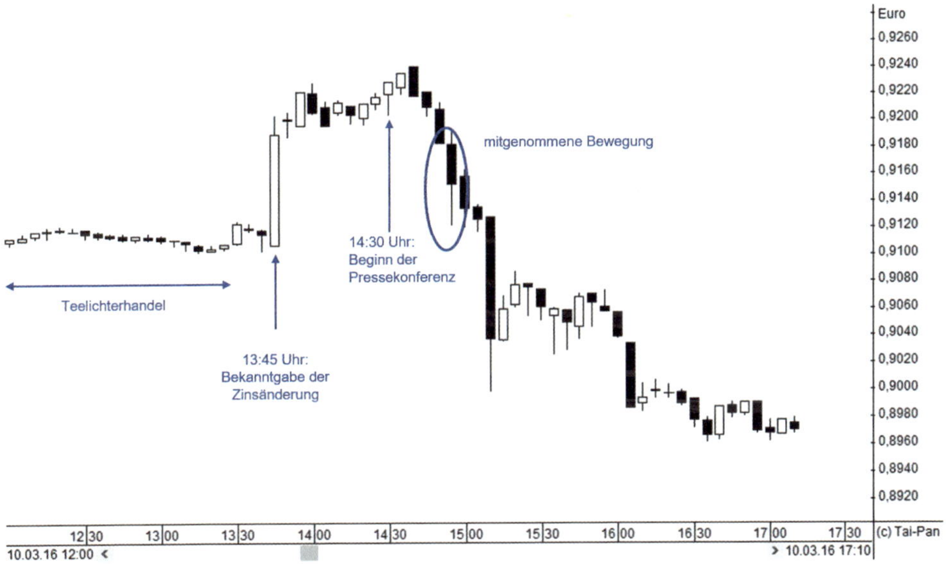

Abbildung 101: USD/EUR am 10.03.2016 im M5-Chart vor und nach der Bekanntgabe des Zinsentscheids der EZB

Wir können uns jetzt über den entgangenen Gewinn ärgern – aber wir sollten uns eher darüber freuen, dass wir in diesem extremen Marktumfeld Gewinn gemacht haben!

Apropos extremes Marktumfeld: Jeder Trader sollte immer darüber informiert sein, wann die eine oder andere Zentralbank wie die EZB oder FED oder BoE ihre Sitzungen hat und die Entscheidungen veröffentlicht. Oder wann Wahlen und Abstimmungen abgehalten werden, wie zum Beispiel der BREXIT in Großbritannien. Auch Arbeitsmarktdaten oder die Veröffentlichung der Öllagerdaten können Bewegung in die Märkte bringen. Viele Wirtschaftsnachrichten sind kursbeeinflussend. Halten Sie sich immer auf dem Laufenden, wann relevante News veröffentlich werden, die sich auf Ihre Positionen auswirken könnten!

Der DAX liefert uns ein Beispiel in die andere Richtung. In Abbildung 102 ist der Kursverlauf des DAX vom 08.03.2017 zu sehen. Zur besten Mittagszeit fiel der DAX innerhalb von fünf Minuten um über 50 Punkt – was für ein Spike!

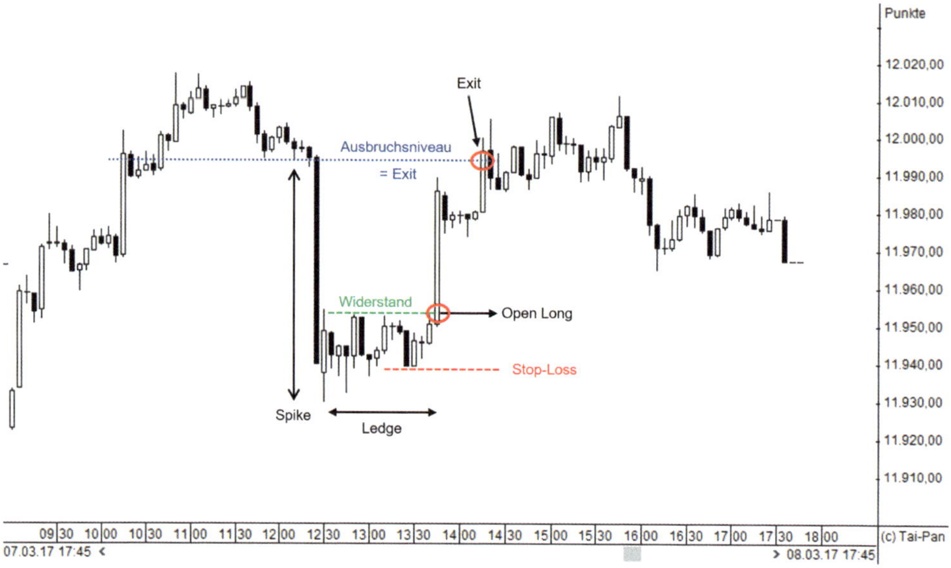

Abbildung 102: Der DAX am 08.03.2017 im M5-Chart

Der nachfolgende Ledge bildet einen gut definierten Widerstand aus. Wir lassen uns long in den Markt einstoppen, der Stop-Loss liegt unter einer kleinen Unterstützung und der Exit kommt an das Ausbruchsniveau. Dieses bildet eine Widerstandszone mit dem vormittäglichen Kursverlauf aus.

Nachgerechnet macht das ein CRV von 2,4:

Long = 11.955 Punkte

Stop =11.938 Punkte

Take Profit = 11.995 Punkte

CRV = 40 / 17 = 2,4

Der Ausbruch aus dem Ledge ist explosiv und gleicht wieder einem Spike & Ledge. Der Stop ist nie gefährdet und die Position läuft in den Gewinn.

Das Spike and Ledge Pattern ist ein Muster für extreme Marktsituationen, wenn zum Beispiel aufgrund von Nachrichten kräftige Bewegungen in den Markt kommen. Insbesondere beim Newstrading gehört striktes Risk- und Moneymanagement dazu!

Adam & Eve

In Anlehnung an die menschliche Anatomie werden damit Top- und Bodenformationen bezeichnet.

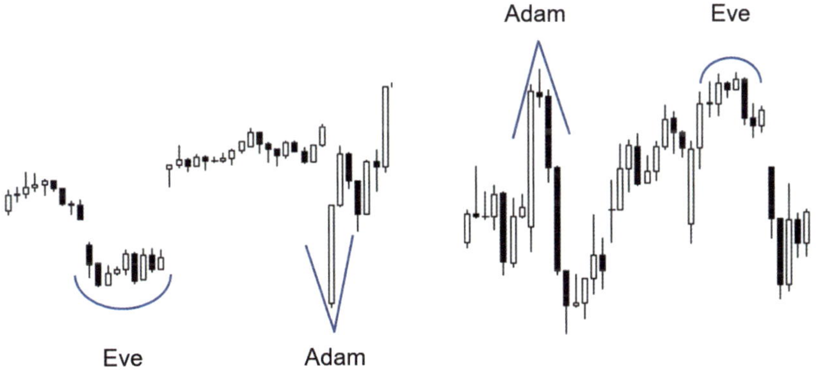

Abbildung 103: Adam & Eve als Boden- und als Topformation

In Abbildung 103 sind beide Varianten als Boden- und als Topformationen zu sehen.

- Mit *Eve* werden Top- und Bodenformationen bezeichnet, die runder, breiter und flacher sind und deren Ausbildung mehrere Kerzen Zeit beansprucht.

- *Adam* Top- und Bodenformationen sind hingegen spitz, scharf und tief und die Umkehr erfolgt oft mit nur einer Kerze.

Adam & Eve Patterns können in jedem Zeithorizont und jedem Underlying ausgebildet werden.

Thomas N. Bulkowski hat sich nicht nur die Mühe gemacht, Candlestick-Formationen statistisch auszuwerten, er hat auch Chartformationen statistisch ausgewertet (Details dazu bitte in seinem Buch[8] nachlesen). Doppelte Böden und Doppeltops sind untere beziehungsweise obere Umkehrformationen. Er hat dabei unterschieden zwischen folgenden vier Umkehrformationen[9], je nachdem, welcher Boden beziehungsweise welches Top an welcher Stelle ausgebildet worden ist:

- Eve & Eve

- Eve & Adam

- Adam & Adam

- Adam & Eve

Das Spannende dabei ist, dass die statistische Auswertung gezeigt hat, dass es signifikante Unterschiede hinsichtlich der Erfolgsquote der Umkehrformation und der Reihenfolge der beiden Varianten gibt.

1) Doppelter Boden:

Die seltenste Variante – der Eve & Adam Doppelboden – weist die beste Performance auf.

---

8 Thomas N. Bulkowski, Traden mit Chartformationen, erschienen im FinanzBuch Verlag

9 Im Original stammt die Differenzierung in diese 4 Formationen von der Website hardrightedge.com

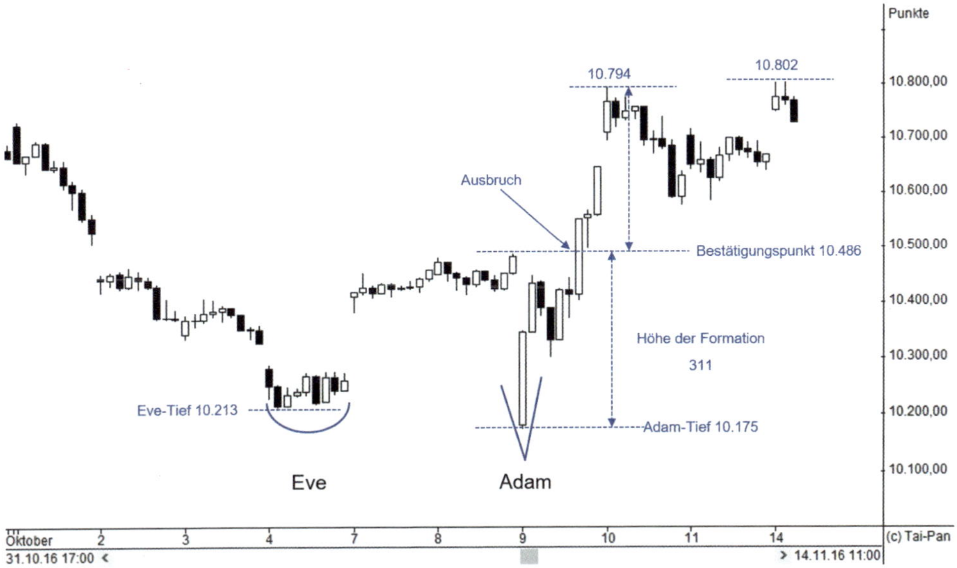

Abbildung 104: Ein Eve & Adam Doppelter Boden beim DAX im H1-Chart vom 31.10.2016 bis 14.11.2016

Beschäftigen wir uns kurz mit den Bedingungen für einen Doppelten Boden: Damit sich etwas umkehren kann, muss auch ein Abwärtstrend vorauslaufen. Die beiden Tiefs dürfen maximal 3 % Kursunterschied aufweisen, und erst wenn das Zwischenhoch = der Bestätigungspunkt überschritten wird, ist der Doppelte Boden als solcher auch bestätigt. Doppelte Böden haben es in sich: Gemäß der statistischen Auswertung von Bulkowski versagen 64 % aller Doppelten Böden! Sprich, der Kurs taucht nochmals unter das tiefste der beiden Tiefs, bevor es dann vielleicht über den Bestätigungspunkt geht. Wer also bei Ausbildung eines unbestätigten Doppelten Bodens einfach so auf Verdacht long geht, macht bei 2/3 aller Trades Verlust!

Der in Abbildung 104 gezeigte Eve & Adam Doppelboden im DAX erfüllt die notwendigen Anforderungen. Die Fakten in Punkten (gerundet):

Tief Eve: 10.213

Tief Adam: 10.175

Zwischenhoch = Bestätigungspunkt: 10.486

Höhe der Formation: 311

Abgetragen nach oben: 10.797

Erreichtes erstes Hoch: 10.794

Erreichtes zweites Hoch: 10.802

In der klassischen technischen Analyse wird das Kursziel eines Doppelten Bodens folgendermaßen bestimmt: Die Höhe der Formation, in Punkten oder Euro oder der entsprechenden Einheit – berechnet also vom tiefsten Tief zum Zwischenhoch –, wird am Ausbruch nach oben abgetragen. In diesem Fall ist der Doppelte Boden 311 Punkte hoch, berechnet vom Adam-Tief zum Zwischenhoch, welches eine Kerze und damit eine Stunde vor dem Adam-Tief ausgebildet wurde. Diese 311 Punkte werden dann zum Bestätigungspunkt dazugezählt. Et voilà – das rechnerische Kursziel für diesen Eve & Adam Doppelboden beträgt 10.797 Punkte. Und das wird bis auf 3 Punkte nur drei Stunden nach dem Ausbruch erreicht! Mit etwas mehr Geduld und einem an den Nerven zehrenden, kräftigen Rücklauf wird das rechnerische Kursziel mehrere Stunden später tatsächlich erreicht.

2) Doppeltop:

Die Bedingungen für ein Doppeltop entsprechen dem des doppelten Bodens, nur eben umgedreht: Damit sich etwas umkehren kann, muss natürlich ein Aufwärtstrend vorauslaufen. Die beiden Hochs dürfen maximal eine Kursdifferenz von 3 % aufweisen, und erst wenn das Zwischenhoch = der Bestätigungspunkt unterschritten wird, ist das Doppeltop als solches auch bestätigt. Das Kursziel eines Doppeltops wird bestimmt, indem die Höhe der Formation berechnet wird in Punkten oder Euro oder der entsprechenden Einheit, und dieser Wert wird am Ausbruch nach unten abgetragen.

In Abbildung 105 ist der Dow Jones Industrial Average im Tageschart abgebildet. Der Index hat Ende 2015 ein Eve & Eve Doppeltop ausgebildet und Anfang 2016 einen Adam & Adam Doppelboden. Die statistischen Auswertungen von Bulkowski haben ergeben, dass das Eve & Eve Doppeltop mit dem stärksten Rückgang aufwartet. Dieses Eve & Eve Doppeltop hat eine Höhe von 768 Punkten, vom linken Eve-Hoch (das ist das höhere Hoch) wird das Tief vom Bestätigungspunkt subtrahiert. Bei diesem Doppeltop kommt es nach dem Schlusskurs unter dem Bestätigungspunkt zu einem kräftigen Rücklauf, der aber ein weiteres tieferes

Hoch ausbildet. Der beginnende Abwärtstrend wird damit bestätigt. Das rechnerische Kursziel von 16.442 Punkten wird dann auch nach wenigen Tagen erreicht.

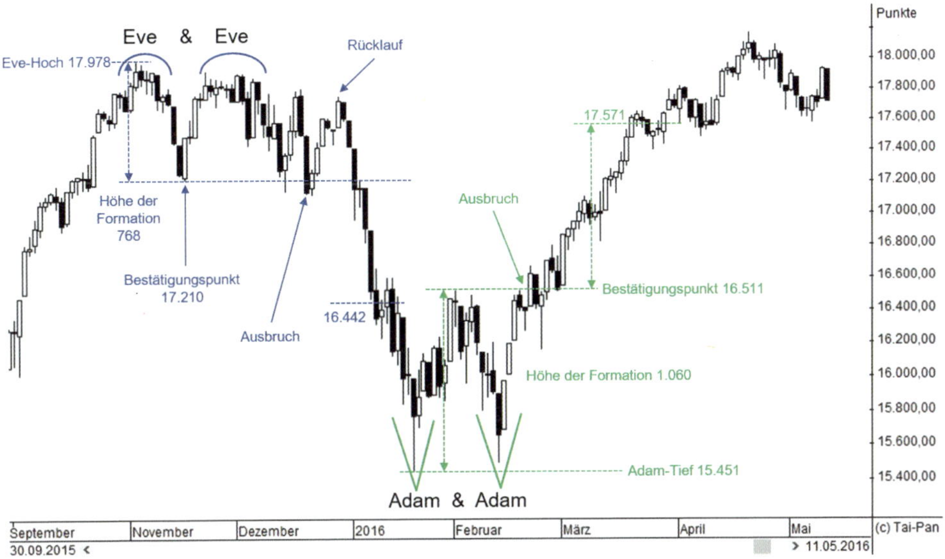

Abbildung 105: Ein Eve & Eve Doppeltop und ein Adam & Adam Doppelboden beim Dow Jones Industrial Average vom 30.09.2015 bis 11.05.2016 im Tageschart

An das Eve & Eve Doppeltop schließt sich dann nahtlos ein Adam & Adam Doppelter Boden an. Auch hier können wir in bewährter Manier das rechnerische Kursziel ermitteln. Es dauert allerdings ein paar Tage länger, bis dieses Kursziel erreicht wird.

Die Fakten für das Eve & Eve Doppeltop in Punkten (gerundet):

Linkes Hoch Eve: 17.978

Rechtes Hoch Eve: 17.914

Zwischenhoch = Bestätigungspunkt: 17.210

Höhe der Formation: 768

Abgetragen nach unten: 16.442

Die Fakten für den Adam & Adam Doppelboden in Punkten (gerundet):

Linkes Tief Adam: 15.451

Rechtes Tief Adam: 15.503

Zwischenhoch = Bestätigungspunkt: 16.511

Höhe der Formation: 1.060

Abgetragen nach oben: 17.571

Doppelte Böden und Doppeltops sind eigentlich Umkehrformationen eines primären Trends und werden dann über Wochen hinweg ausgebildet. Es sind Formationen, die bereits vor 100 Jahren erfolgreich gehandelt wurden. Ganz ohne Indikatoren oder Oszillatoren.

ANHANG I – DOW-THEORIE

Charles Dow gilt als Begründer der technischen Analyse der westlichen Welt.

Charles Henry Dow (1851–1902), Sohn eines Landwirts, war ein amerikanischer Journalist. 1880, im zarten Alter von 29 Jahren, ging er in New York bei der Kieman News Agency auf Tuchfühlung mit der Börse. Bereits zwei Jahre später, 1882, gründete er zusammen mit dem Statistiker Edward Davis Jones (1856–1920) und dem Journalisten Charles Milford Bergstresser (1858–1923) die Dow Jones & Company, eine Agentur für Finanznachrichten, und gab mit dem zweiseitigen ***Customer Afternoon Letter*** den ersten Börsenbrief überhaupt heraus. Aus diesem entwickelte sich das ***Wall Street Journal***[10], welches am 8. Juli 1889 erstmalig – und seither ohne Unterbrechung – erschien.

Die Dow-Theorie ist keine wissenschaftliche Arbeit, die mit statistischen Methoden empirisch überprüft worden ist. Es ist eine Sammlung von Beobachtungen, die als *Dow-Theorie* bekannt geworden sind. Mithilfe der Dow-Theorie werden Marktbewegungen identifiziert, jedoch werden damit keine Vorhersagen getroffen.

Zu Zeiten von Charles Dow wurde nicht im Sekundentakt getradet. Auch gab es keine Indikatoren, vollautomatischen Handelssysteme oder Algotrading – Computer warteten ja noch auf ihre Erfindung. Und erst 1949 wurde das Leerverkaufen von Aktien erfunden. Candlesticks fanden Ende des letzten Jahrtausends Einzug in die westliche Welt.

Es gab handgezeichnete Liniencharts oder Barcharts, in der Regel Tagescharts. Point & Figure-Charts waren auch schon »erfunden« und wurden von Dow 1901 in einem seiner Editorials als »Buchmethode« vorgestellt.

---

10 Wall Street Journal (WSJ): auflagenstärkste Zeitung der USA. Gilt als konservativ und wirtschaftsliberal. Am 1. August 2007 verkaufte die Familie Bancroft (die seit 1928 die Mehrheit am US-Medienkonzern Dow Jones hielt) ihre 64 Prozent Stimmrechte für 5 Milliarden US-Dollar an den australischen Medienkonzern News Corporation von Rupert Murdoch.

Damals wie heute werden über den Chart Angebot und Nachfrage visualisiert. Also nichts anderes als das Gleichgewicht zwischen Käufern und Verkäufern. Hinzu kommen noch die menschlichen Emotionen Angst und Gier, die sich insbesondere in Tops und Böden manifestieren.

Aktienindizes

Die herausragende Leistung von Dow war allerdings nicht die Erfindung des Börsenbriefs, sondern die Entwicklung des Aktienindex. Am 3. Juli 1884 veröffentlichte er im *Customer Afternoon Letter* erstmalig den *Dow Jones Average*. In der ursprünglichen Zusammensetzung (siehe Tabelle 1) beinhaltete der Index 11 Aktien, davon waren 9 Eisenbahnaktien, ein Unternehmen verdiente sein Geld mit dem Posttransport via Dampfschiff und Western Union baute und betrieb damals Telegrafenlinien. Western Union gibt es heute noch: Das US-Unternehmen ist ein weltweit tätiger Anbieter von Bargeldtransfers.

Name	Branche / Anmerkungen
Chicago, Milwaukee and St. Paul Railway	Eisenbahngesellschaft
Chicago and North Western Railway	Eisenbahngesellschaft
Delaware, Lackawanna and Western Railroad	Eisenbahngesellschaft
Lake Shore and Michigan Southern Railway	Eisenbahngesellschaft
Louisville and Nashville Railroad	Eisenbahngesellschaft
Missouri Pacific Railway	Eisenbahngesellschaft
New York Central Railroad	Eisenbahngesellschaft
Northern Pacific Railroad	Eisenbahngesellschaft
Pacific Mail Steamship Company	damals Posttransport
Union Pacific Railway	Eisenbahngesellschaft
Western Union	damals Betreiber von Telegrafenlinien

Tabelle 1: Zusammensetzung des ersten Aktienindex der Welt, dem Dow Jones Average, erstmalig am 03.07.1884 von Charles Dow in seinem Customer Afternoon Letter veröffentlicht

Grundüberlegung von Dow für die Entwicklung eines Aktienindex war, dass sich die wirtschaftliche Leistungsfähigkeit und Beurteilung des Aktienmarktes über *einen* Index viel einfacher beurteilen lässt als über die Analyse vieler Einzelwerte. Vor über 130 Jahren war die logistische Erschließung von Nordamerika eine der wirtschaftlichen Herausforderungen und somit waren Eisenbahngesellschaften in diesem Index absolut übergewichtet.

In den folgenden Jahren prosperierte die US-amerikanische Wirtschaft und es entstanden viele große Industrieunternehmen. Um dem Informationsbedarf der Investoren an diesen Aktiengesellschaften Rechnung zu tragen, publizierte Dow am 26. Mai 1896 im *Wall Street Journal* erstmals den *Dow Jones Industrial Average*. Dafür wurde der *Dow Jones Average* zum einen um die Industrieunternehmen bereinigt und zum anderen umbenannt in *Dow Jones Railroad Average*. Die Erstnotiz des *Dow Jones Industrial Average* lag bei 40,94 Punkten, es wurden die Kurse der zwölf wichtigsten Aktien an der New York Stock Exchange addiert und die erhaltene Summe durch zwölf dividiert.

In Tabelle 2 sind die »Gründungsmitglieder« des *Dow Jones Industrial Average* gelistet.

Name	**Branche / Anmerkung**
American Cotton Oil Company	Vorgänger von Bestfoods; heute Teil von Unilever
American Sugar Refining Company	Zuckerhersteller; heute Amstar Holdings
American Tobacco Company	bestand bis 1911; zerschlagen aufgrund »marktbeherrschender Stellung«
Chicago Gas Company	Energielieferant; heute Integrys Energy Group
Distilling & Cattle Feeding Company	Chemieunternehmen; 1904 zerschlagen aufgrund »monopolistischer Absichten«; heute Millennium Chemicals
General Electric	bis heute im Index
Laclede Gas Light Company	Gaslieferant; heißt heute The Laclede Group
National Lead Company	Bleischmelze; heißt heute NL Industries
North American Company	Versorger und öffentlicher Transport; Pleite 1946
Tennessee Coal, Iron and Railroad Company	Stahlhersteller; wurde 1907 von U.S. Steel gekauft
U.S. Leather Company	1952 aufgelöst
U.S. Rubber Company	Reifenhersteller; 1961 umbenannt in Uniroyal; 1990 von Michelin aufgekauft

Tabelle 2: Zusammensetzung des Dow Jones Industrial Average, erstmalig am 26.05.1896 im Wall Street Journal publiziert

Seit dem 1. Oktober 1928 besteht der Dow Jones Industrial Average (DJIA) aus 30 Aktien. Der Dow Jones Railroad Average wurde am 2. Januar 1970 umbenannt in Dow Jones Transportation Average (DJTA) und beinhaltet heutzutage 20 Aktien.

Noch einige Anmerkungen zu Aktienindizes: Ist vom Dow die Rede, dann ist immer der Dow Jones Industrial Average gemeint. Der Dow ist ein Kursindex, bei dem Dividendenausschüttungen und Erlöse aus Bezugsrechten nicht berücksichtigt werden. Ganz im Gegensatz zum DAX. Wird vom »DAX« gesprochen oder geschrieben, bezieht sich das immer auf den Performanceindex. Bei dessen Berechnung werden die Dividenden und Bezugsrechtserlöse berücksichtigt. Wird also der DAX mit dem Dow verglichen, dann werden Äpfel mit Birnen verglichen ...

Auch wenn es darum geht, wer in den erlauchten Kreis des DAX oder Dow aufgenommen wird beziehungsweise raus muss, gibt es erhebliche Unterschiede: Beim DAX gibt es »harte«, nachprüfbare beziehungsweise nachrechenbare Kriterien wie zum Beispiel der Handelsumsatz in XETRA[11] und im Frankfurter Parketthandel sowie die Marktkapitalisierung des Freefloat[12]. Beim Dow hingegen liegt es im Ermessen der Herausgeber des *Wall Street Journal*, letztendlich also in Journalistenhand.

Heutzutage hat praktisch jedes Land mit einer Börse seinen Leitindex. Bei uns ist es der DAX, in der Schweiz der SMI, in Frankreich der CAC, in Japan der Nikkei. Die in diesen nationalen Leitindizes enthaltenen Aktienunternehmen repräsentieren einen Großteil der wirtschaftlichen Kraft und Macht eines Landes. Über die Weiterentwicklung der Leitindizes lassen sich die Länder hinsichtlich ihrer wirtschaftlichen Entwicklung vergleichen. Ebenso dienen die Indizes als Basis für Derivate, zum Beispiel Futures, Optionen oder auch ETFs oder Zertifikate – und viele mehr.

---

11 XETRA = Exchange Electronic Trading: das elektronische Handelssystem der Deutschen Börse AG für den Kassamarkt.

12 Freefloat = Streubesitz: Dazu zählen alle Aktien, die vom breiten Publikum erworben und gehandelt werden können. Wer mehr als 5 % am Aktienkapital hält, gilt als Großaktionär und die Anteile der Großaktionäre zählen nicht zum Freefloat.

Dow-Theorie

Dow veröffentlichte zwischen 1899 bis zu seinem Tod 1902 im *Wall Street Journal* 252 Editorials. Die Zusammenfassung dessen wurde als *Dow-Theorie* bekannt und ist Grundlage der technischen Analyse.

Dow selbst hat weder ein Buch geschrieben noch seine Erkenntnisse als *Dow-Theorie* bezeichnet, das waren seine »geistigen Erben« S. A. Nelson, William Peter Hamilton und Robert Rhea.

Die Dow-Theorie basiert auf sieben Grundannahmen:

1. Die Indizes diskontieren alles

Alle den Marktteilnehmern zur Verfügung stehenden Informationen sind in den Kursveränderungen der Indizes eingepreist, denn der Kurs eines Index ist die Summe seiner Einzelaktien. Beim DAX oder beim Dow sind dies jeweils 30 Blue Chips. Alle Informationen, die Angebot und Nachfrage der Einzelaktien bewegen, werden somit auch im Index abgebildet. Egal, ob Devisenkursschwankungen, Veränderungen der Rohstoffpreise, Zinsänderungen oder die Aufdeckung eines »Skandals« – die Einzelaktien reagieren darauf und damit auch der entsprechende Index. Unvorhergesehene Ereignisse beeinflussen eher den kurzfristigen Trend als den langfristigen. *Buy the rumors, sell the news* heißt die entsprechende Börsenweisheit: Kaufe die Gerüchte, verkaufe die Nachrichten. Nachrichten, *Facts*, sind in der Regel im Kurs bereits eingepreist, Gerüchte hingegen können den Kurs noch bewegen.

Ein weiterer Aspekt dieser Prämisse ist, dass der langfristige Trend eines Index nicht manipulierbar ist (die Definition der Trendphasen folgt in Prämisse 4). Bei einer Einzelaktie kann der kurzfristige Trend mit dem entsprechenden Mitteleinsatz beeinflusst werden, allerdings kann sie sich nicht dem primären Trend widersetzen.

Bereits Dow und Hamilton haben klar erkannt, dass die *Dow-Theorie* nicht unfehlbar ist. Die aufgestellten Richtlinien und Regeln sollen es dem Investor ermöglichen, den Markt vorurteilsfrei und emotionslos zu analysieren.

2. Der Markt bewegt sich in Trends

Diese Grundannahme ist das eigentliche Kernstück der Dow-Theorie. Wer nicht davon überzeugt ist, dass sich die Märkte in Trends bewegen – der kann sich alles, was mit technischer Analyse zu tun hat, schenken.

Im Trendkonzept existieren drei Trendrichtungen:

1. **Aufwärtstrend:** Dieser definiert sich über eine Serie höherer Hochs und höherer Tiefs.

2. **Abwärtstrend:** Da wird eine Serie von tieferen Hochs und tieferen Tiefs ausgebildet.

3. **Seitwärtstrend = kein Trend:** Es geht ein paar Punkte rauf – und wieder runter – und wieder rauf ... und zehrt an den Nerven, weil der Kurs nicht vom Fleck kommt.

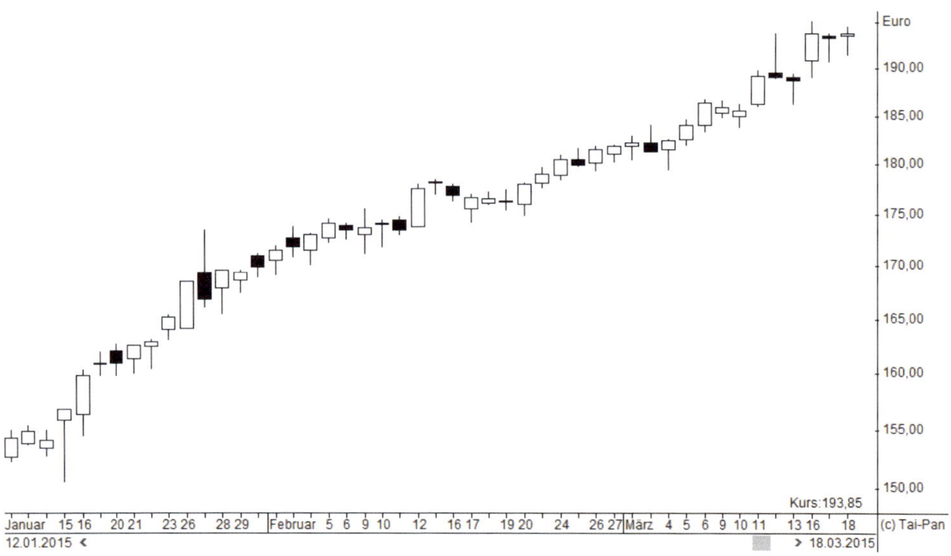

Abbildung 106: Aufwärtstrend am Beispiel der DAX-Aktie Linde AG in einem Tageschart im Zeitraum vom 12.01.2015 bis 18.03.2015

In Abbildung 106 ist ein Aufwärtstrend am Beispiel der Aktie der Linde AG gezeigt. Es geht – von kleinen Rücksetzern abgesehen – konsequent mit höheren Hochs und höheren Tiefs nach oben. Für die Bestätigung der Aufwärtsbewegung kann zum einen eine Trendlinie eingezeichnet werden – oder es wird ein gleitender Durchschnitt dafür verwendet.

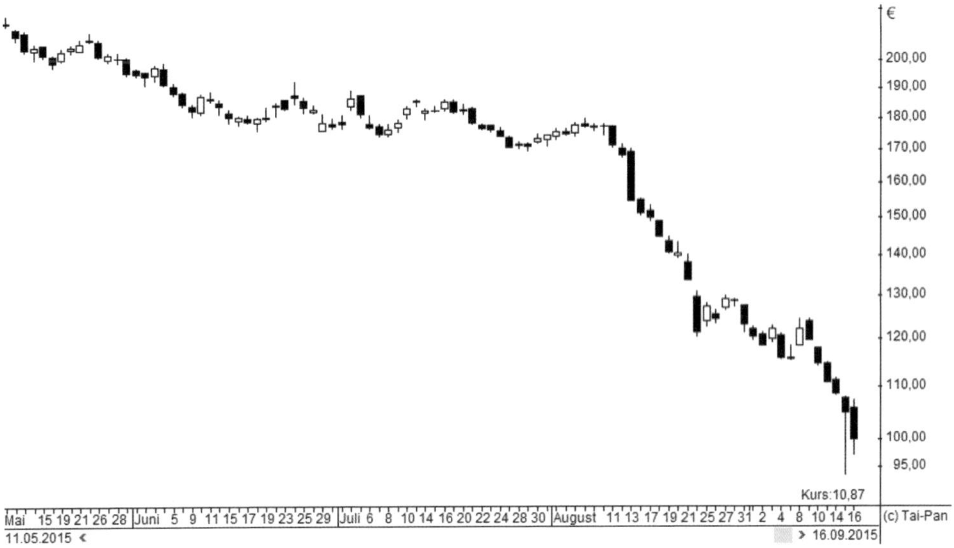

Abbildung 107: Abwärtstrend am Beispiel der DAX-Aktie RWE AG in einem Tageschart im Zeitraum vom 11.05.2015 bis 16.09.2015. Ab August verschärft sich die Abwärtsbewegung

Auch im Abwärtstrend – in Abbildung 107 am Beispiel der RWE AG dargestellt – geht es, von kleinen Rücksetzern abgesehen, konstant mit tieferen Hochs und tieferen Tiefs nach unten. Die Abwärtsbewegung hat sich Mitte August beschleunigt.

Abbildung 108: Seitwärtstrend am Beispiel der DAX-Aktie Deutsche Post AG in einem Tageschart im Zeitraum vom 24.07.2012 bis 09.11.2012. Ende September gab es einen Fehlausbruch nach oben (False Breakout), bevor der Kanal nach unten verlassen wurde

So eine Seitwärtsbewegung ist für Trendfolger eine zähe Sache. Sie wird in Abbildung 108 am Beispiel der Deutschen Post AG gezeigt. Die Aktie lief ca. drei Monate in einer engen Range seitwärts. Dann kam es noch zu einem *False Breakout*, bevor der Durchbruch nach unten erfolgte. Als False Breakout bezeichnet man einen Fehlausbruch aus einer Formation. Den erkennt der Trader oder Investor leider erst im Nachhinein.

Was bringt uns dieses Kernstück der Dow-Theorie für einen Nutzen für unser tägliches Trading?

Nun – wir wollen die Wahrscheinlichkeit für einen erfolgreichen Trade auf unsere Seite ziehen. Dafür sollten wir die Richtung des vorherrschenden Trends kennen und rechtzeitig vor einer möglichen Umkehr gewarnt werden beziehungsweise die Umkehr erkennen, wenn diese vollzogen ist. Denn egal, ob unsere Strategie trendfolgend ist oder ob es sich um eine »Contrarian«-Strategie handelt: Zuerst müssen wir die aktuelle Trendrichtung bestimmen und erkennen, ob der Trend intakt ist oder ein Trendwechsel droht. Bei der trendfolgenden Strategie wird dann in Trendrichtung, am besten und am lukrativsten natürlich kurz nach der erfolgten Trendwende, investiert. Der Contrarian hingegen schwimmt gegen den

Strom und investiert in Aktien, die keiner mehr haben will, oder shortet bei größter Euphorie.

3. Ein Trend besteht so lange fort, bis er seine Umkehr definitiv signalisiert hat

Stellen Sie sich einen vollen ICE 3 vor. Was schätzen Sie, wie lange benötigt der, um von 300 Sachen auf null runterzubremsen? Knappe drei Kilometer!

Bei einem Schiff gibt es folgende Regel: Der Bremsweg von »volle Kraft voraus« auf »volle Kraft zurück« darf maximal das 15-Fache der Schiffslänge betragen. Eine *Aida* mit einer Länge von 300 Metern muss also nach 4,5 Kilometern stehen.

Was soll uns das sagen?

Sobald ein Trend als solcher identifiziert ist, hat er so lange Bestand, bis er definitiv umgekehrt worden ist. Denn ein solcher primärer Trend ist von seiner Trägheit so einzuschätzen wie ein Zug oder ein Schiff – das dauert, bis der sich umkehrt! Und im Zweifel besteht er so lange fort, bis er tatsächlich Signale aussendet, dass er sich umgekehrt hat.

Das erste »Achtung«-Signal, dass ein Trendwechsel bevorstehen könnte, ist der Bruch der Trendlinie. Wenn dann bei einem Aufwärtstrend die höheren Hochs und höheren Tiefs durch tiefere Hochs und tiefere Tiefs abgelöst werden, dann ist die Trendumkehr vollzogen. Bei einem Abwärtstrend werden nach dem Bruch der Trendlinie die tieferen Tiefs und tieferen Hochs durch höhere Tiefs und höhere Hochs abgelöst.

Natürlich kann es mal einen »Ausrutscher« geben. Damit Trendfolger nicht zu schnell aus ihren Positionen aussteigen, gibt es zum Beispiel

- die 3-Prozent-Regel – einen Kursfilter,
- die 2-Tage-Regel – einen Zeitfilter.

Die 3-Prozent-Regel wurde übrigens bereits von Hamilton verwendet. Sie besagt, dass nach dem Bruch der Trendlinie ein Schlusskurs von 3 % jenseits der Trendlinie erfolgen muss, bevor die Positionen geschlossen werden. In Abbildung 109 ist der Kursfilter am Beispiel des DAX aufgezeigt. Der kurzfristige Aufwärtstrend, beginnend am 06.01.2015, wurde am 16.04.2015 bei einem Kursniveau von ca. 12.200 Punkten gebrochen. Abzüglich der 3 % ist es dann nach dieser Regel angebracht, ab ca. 11.834 Punkten die Positionen zu schließen.

Für manche Terminkontrakte und für risikoaverse Trader sind 3 % jede Menge Holz. Deshalb sind die 3 % nicht in Stein gemeißelt, sondern können entsprechend der Kontogröße und dem persönlichen Risk- und Moneymanagement angepasst werden.

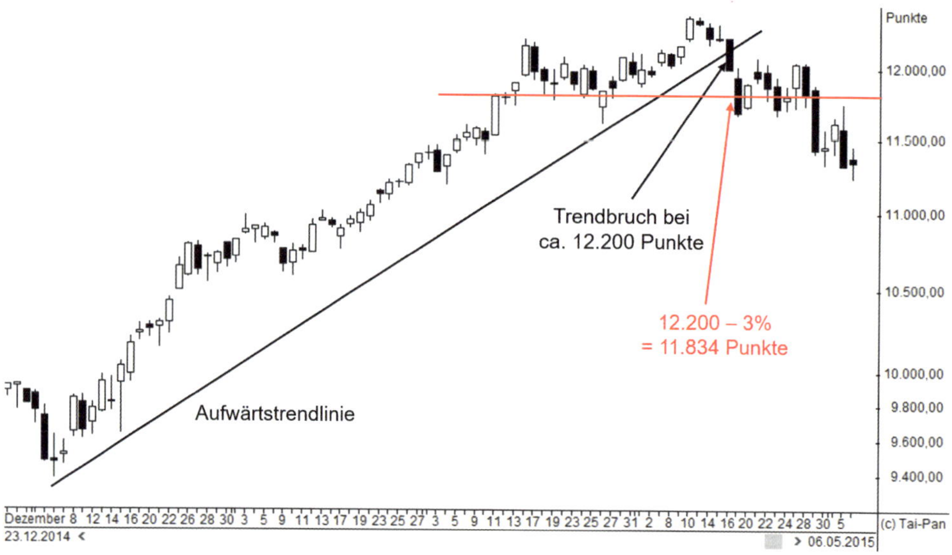

Abbildung 109: 3-Prozent-Regel am Beispiel des DAX

Der Zeitfilter wird ähnlich dem Kursfilter angewendet: Erst nach einem zweiten Schlusskurs jenseits der gebrochenen Trendlinie werden die Positionen geschlossen. Das sieht beim DAX aus wie in Abbildung 110. Auch hier wieder der kurzfristige Aufwärtstrend ab dem 06.01.2015, der dann am 16.04.2015 gebrochen wurde. Die 2-Tage-Regel besagt, dass ab dem 20.04.2015 (der 3. Handelstag nach dem Trendbruch) die Positionen geschlossen werden.

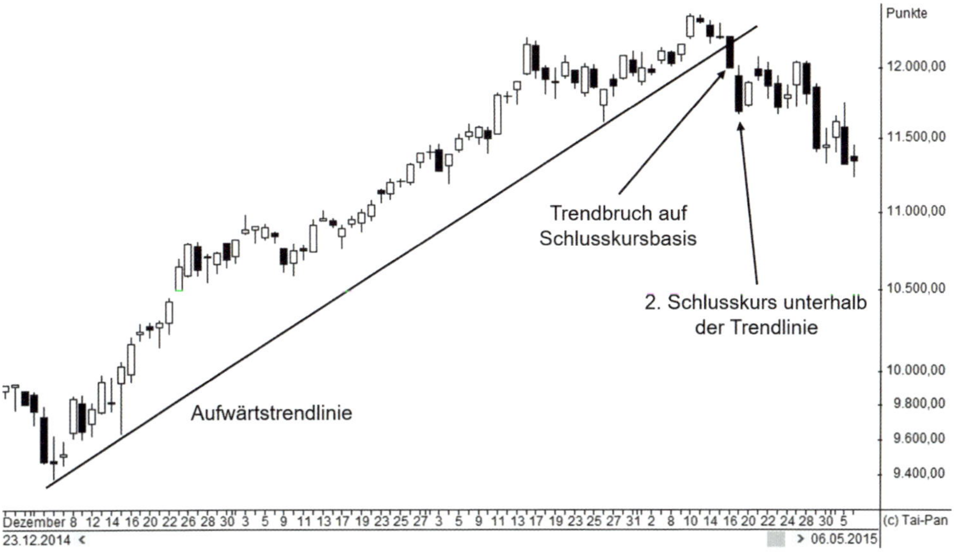

Abbildung 110: Die 2-Tage-Regel, angewendet beim DAX

Trendlinien haben ihre Tücken – die Vorteile und Nachteile werden ab Seite 225 diskutiert.

4. Der Markt hat drei (zeitliche) Trendphasen

Dow verwendete folgende Analogien, um die drei Trendphasen zu umschreiben:

- Dem **primären Trend** entsprechen Ebbe und Flut,
- dem **sekundären Trend** entsprechen die Wellen und
- dem **tertiären Trend** entspricht das Gekräusel auf der Wasseroberfläche des Ozeans.

Machen wir noch eine kleine Zeitreise zurück zum Anfang des 20. Jahrhunderts: Der erste Index ist erst wenige Jahre alt, kein Computer, kein elektronischer Handel, keine Tickdaten, der selbst gezeichnete Tageschart war Standard. Tägliche Schwankungen waren also die kleinste zu analysierende Zeiteinheit.

Primärer Trend = main movement = Major Trend

Dieser dauert von wenigen Monaten bis mehrere Jahre. In einem Aufwärtstrend ist dann von einem Bullenmarkt die Rede, in einem Abwärtstrend von einem Bärenmarkt. Die Zeitdauer eines primären Trends ist nicht vorhersagbar, er besteht so lange, bis sich ein neuer primärer Trend in Gegenrichtung etabliert hat.

Sekundärer Trend = medium swing

Diese Trends haben typischerweise eine Länge von wenigen Wochen bis mehreren Monaten und sie bewegen sich in entgegengesetzter Richtung zum primären Trend. Diese Bewegungen bringen den Markt normalerweise um 1/3 bis 2/3 zurück. Diese Reaktionsbewegungen verlaufen in der Regel heftiger und schneller als die primären Trends. In einem Bullenmarkt werden die Swings auch als *Korrektur* bezeichnet, in einem Bärenmarkt hingegen als *Gegenbewegung*. Der sekundäre Trend sollte immer berücksichtigt werden.

Tertiärer Trend = Minor Movements oder Short Swings

Diese untergeordneten Bewegungen dauern in der Regel nur wenige Stunden bis wenige Tage, normalerweise weniger als drei Wochen. Sie können in Richtung oder entgegen der Richtung des primären Trends laufen. An einzelnen Tagen kann es zu Bewegungen erheblichen Ausmaßes kommen. Diese sollten allerdings nicht Grundlage einer Handelsentscheidung sein, denn in solchen Bewegungen stecken in der Regel viele Emotionen der Marktteilnehmer.

Säkularer Trend

Ein in der »Neuzeit« hinzugekommener Trend ist der säkulare Trend. Damit wird ein mindestens 10 Jahre und länger andauernder Trend bezeichnet. Als die Dow-Theorie formuliert wurde, waren die Indizes erst ein paar Jahre alt. Damit war für Charles Dow der längste Trend der primäre Trend. In der Zwischenzeit lässt sich beim Dow Jones ein Chart mit über 100 Jahren Dauer anfertigen. Selbst beim DAX, der am 1. Juli 1988 »geboren« wurde, gibt es einen säkularen Trend.

5. Der primäre Trend hat drei Phasen

Ein solcher mehrjähriger primärer Trend – sowohl der Bullenmarkt als auch der Bärenmarkt – lässt sich in drei Phasen untergliedern. Diese drei Phasen lassen Rückschlüsse auf den psychologischen Zustand des Marktes zu:

Bullenmarkt

1. Phase: Akkumulationsphase
   Der Begriff Akkumulation stammt aus dem lateinischen *accumulare* für anhäufen, ansammeln, aufstocken, kaufen. In dieser Phase steigen erste informierte Anleger ein. Noch ist das Ende des Bärenmarktes keine ausgemachte Sache. Der Pessimismus ist auf extrem hohem Niveau und dementsprechend sind die Kurse und das Sentiment im Keller. Es scheint sich ein Boden auszubilden, doch die Masse glaubt nicht an eine Trendwende hin zum Bullenmarkt. Und die Zweifler scheinen recht zu behalten, denn nach einer ersten Aufwärtsbewegung fallen die Kurse wieder. Aber halt: Es wird kein tieferes Tief ausgebildet, bevor es wieder zu steigenden Kursen kommt! Die mutigen Anleger fühlen sich bestätigt und auch das Marktumfeld verbessert sich ständig.

2. Phase: Phase der öffentlichen Beteiligung/Ausbruchsphase
   Es spricht sich langsam herum, dass der Bärenmarkt zu Ende ist. In der Presse erscheinen positive Artikel über den Aktienmarkt. Trendfolger steigen ein, die Preise steigen weiter. Es wird ein höheres Hoch ausgebildet und die breite Masse steigt ein. Dies ist in der Regel die längste Phase mit sattem Kursplus.

3. Phase: Distributionsphase/Übertreibung
   Diese Phase wird auch gerne mit dem Begriff »Dienstmädchen-Hausse« umschrieben. Spätestens wenn in der Boulevardpresse zum Aktienkauf aufgefordert wird, hat die letzte Phase begonnen. Der Optimismus und das Sentiment sind auf hohem Niveau. Die ersten informierten Anleger beginnen ihre Bestände abzubauen, zu distribuieren und Gewinne mitzunehmen. Noch finden sie einen »Greater Fool«, den größeren Deppen, der ihnen die Aktien zu höheren Preisen abkauft. Aber die Käuferseite trocknet aus und die Preise kommen ins Rutschen.

Die drei Phasen des primären Trends in einem Bullenmarkt sind am Beispiel einer DAX-Aktie im Zeitraum vom 15.03.2002 bis zum 10.10.2008 in einem Linien-Wochenchart in Abbildung 111 dargestellt. Der Name der Aktie ist unerheblich.

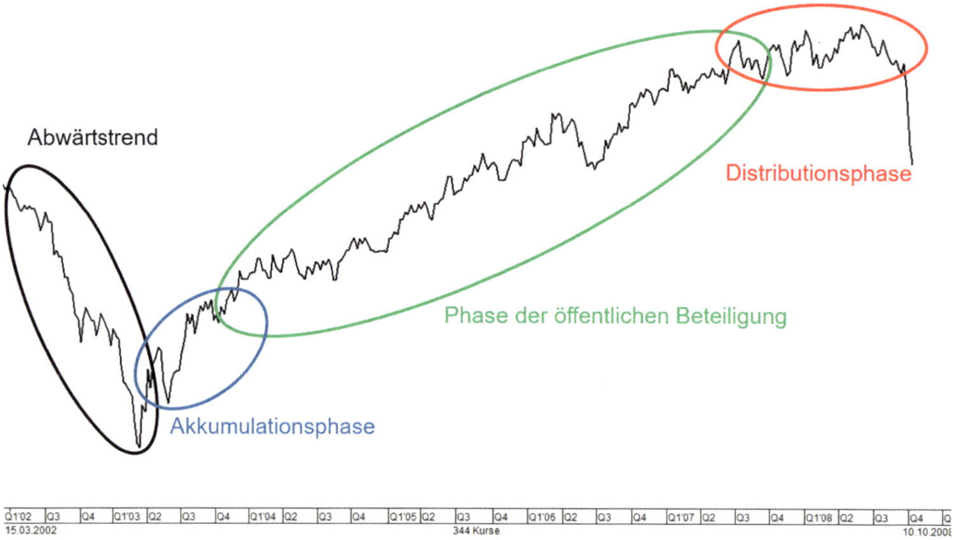

Abbildung 111: DAX-Aktie im Linien-Wochenchart vom 15.03.2002 bis 10.10.2008, Darstellung der drei Phasen eines Bullenmarktes

Wie Sie sofort erkennen, überlappen sich die einzelnen Phasen, sie lassen sich nicht exakt gegeneinander abgrenzen. In den ersten vier Quartalen befindet sich die Aktie in einem intakten Abwärtstrend. Es kommt zu einer kräftigen mehrwöchigen Aufwärtsbewegung mit kleineren Rücksetzern – ist das bereits der Trendwechsel? In dieser Aufwärtsbewegung werden erste Short-Positionen glattgestellt und es kommen auch zusätzliche neue Käufer in den Markt. Doch dann kommt es zu einem kräftigen Rücksetzer. Die Bären fühlen sich in ihrer Meinung bestätigt, dass der Bärenmarkt nicht beendet ist. Verunsicherte Käufer stellen ihre Positionen wieder glatt. Erneut kommt es zu steigenden Kursen. Aber es wird kein tieferes Tief ausgebildet. Dieses Tief liegt deutlich über dem vorangegangen. Das ist ein »Achtung-Signal«, dass die Abwärtsbewegung möglicherweise beendet ist! Weitere Short-Positionen werden glattgestellt und wieder kommen zusätzliche neue Käufer in den Markt – es wird akkumuliert, die Akkumulationsphase nimmt ihren Lauf. Es wird das letzte Hoch überschritten – ein weiteres Signal für die informierten Anleger. Und natürlich für die technischen Analysten, denn die wissen den Chart zu interpretieren. Nun werden auch die letzten Hochs der Abwärtsbewegung überschritten, es kommen »Good News« dazu und die Masse wird auf den Titel aufmerksam. Die Phase der öffentlichen Beteiligung hat begonnen und die Aktie wird hochgekauft. Irgendwann stockt die Aufwärtsbewegung. In diesem konkreten Fall geht die Aktie in eine Seitwärtsbewegung auf hohem Niveau über, der Beginn der Distributionsphase. Die ersten, früh in den Wert eingestiegenen Anleger wollen ihre Gewinne mitnehmen und können ihre Aktien an die »Dienstmädchen« verkaufen.

Bärenmarkt

1. Phase: Distributionsphase/Übertreibung
   Das Sentiment und der Optimismus sind auf hohem Niveau, die Fundamentaldaten sind positiv und die meisten Analysten geben immer noch Kaufempfehlungen ab. Die Boulevardpresse suggeriert, dass Aktien kaufen sexy ist. Die uninformierten Anleger (= Dienstmädchen) kaufen die Aktien den zu Beginn des Aufwärtstrends eingestiegenen Investoren ab, die nun ihre Gewinne realisieren. Noch gibt es ein paar Käufer mehr als Verkäufer, doch der Anstieg kommt ins Stocken. Aber irgendwann überwiegt das Angebot die Nachfrage – und die Kurse beginnen zu fallen. Niemand glaubt an den Beginn eines neuen Bärenmarktes und so kaufen viele zu den vermeintlich billigen Kursen nach. Sie »verbilligen« ihren Einstieg. Aber es wird kein höheres Hoch ausgebildet! Ein Warnsignal, dass sich der Aufwärtstrend dem Ende entgegenneigt. Kommt jetzt noch ein tieferes Tief dazu, dann ist der Bullenmarkt beendet.

2. Phase: Absturzphase
   Jetzt geht es ans Eingemachte – die Kurse fallen. Auch den Optimisten und Bullen wird nun klar, dass der Trend gedreht hat. Und nicht nur der Trend hat gedreht, auch die Fundamentals werden schlechter und liefern so die nachträgliche Begründung, wieso der Markt den Bach runtergeht.

3. Phase: Verzweiflung
   Die Stimmung ist am Tiefpunkt. Es gibt praktisch keine Nachfrage mehr. Das Sentiment ist grottenschlecht und der Pessimismus auf hohem Niveau. Das kommt uns doch bekannt vor: Der Kreislauf beginnt von vorne.

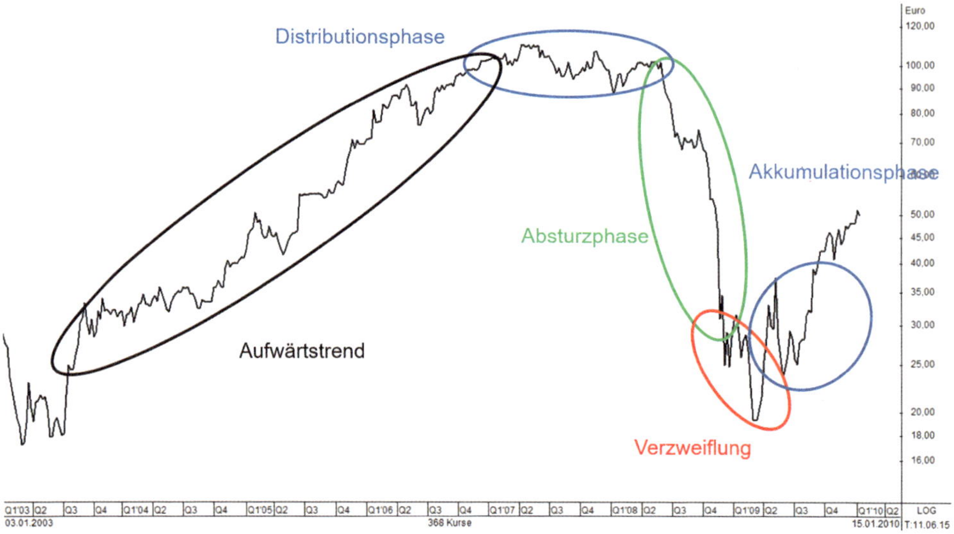

Abbildung 112: DAX-Aktie im Linien-Wochenchart vom 03.01.2003 bis 15.01.2010, Darstellung der drei Phasen eines Bärenmarktes

Die drei Phasen des Bärenmarktes sind in Abbildung 112 am Beispiel einer weiteren DAX-Aktie als Wochen-Linienchart dargestellt. Was sofort ins Auge fällt, ist, dass es rasant abwärtsgeht, aber nur in Trippelschritten aufwärts.

6. Die Indizes müssen einander bestätigen

Diese Grundannahme bezieht sich auf den US-Markt: Damit sind der Dow Jones Industrial Average (DJIA) und der Dow Jones Transportation Average (DJTA) gemeint. Steigen beide Indizes, dann ist mit dem Aufwärtstrend alles in Butter. Gleiches gilt, wenn beide Indizes fallen, dann ist der Bärenmarkt intakt. Wenn hingegen einer der Indizes steigt und der andere fällt, dann ist etwas im Busch.

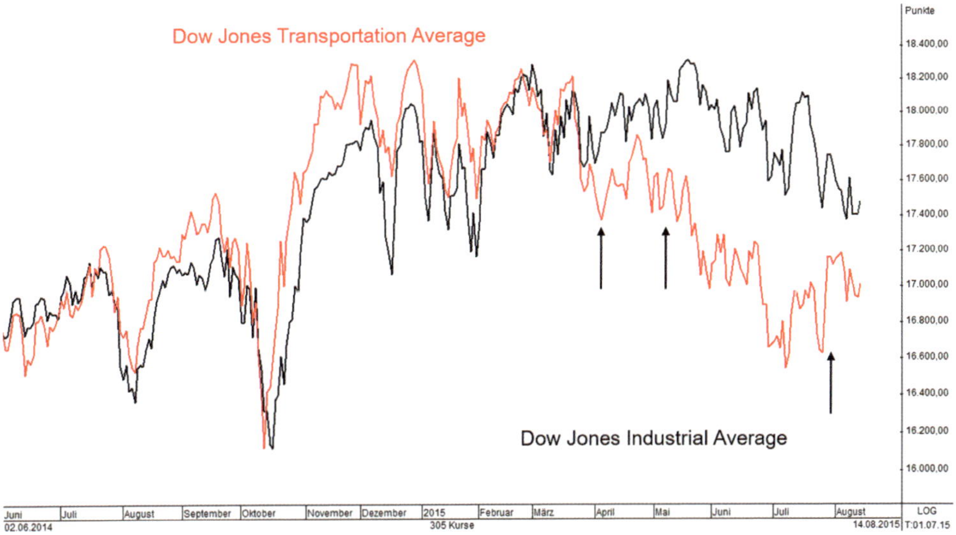

Abbildung 113: Dow Jones Industrial Average (schwarze Linie) und der Dow Jones Transportation Index (rote Linie) im Linien-Tageschart vom 02.06.2014 bis 14.08.2015

In Abbildung 113 sind der DJIA (in Schwarz) und der DJTA (in Rot) als Linien-Tageschart für den Zeitraum vom 02.06.2014 bis 14.08.2015 abgebildet. Mit den Pfeilen sind drei Stellen markiert, an welchen die beiden Indizes nicht in dieselbe Richtung laufen. Im April (von links nach rechts) fällt der DJTA, während der DJIA nicht steigt. Dann bildet der DJTA ein höheres Hoch aus und der DJIA läuft seitwärts. Es folgt ein weiteres Hoch im DJIA, während der DJTA weiter fällt. Anfang August dann macht der DJIA ein höheres Hoch und der DJTA fällt immer noch.

Ohne jetzt die einzelnen Divergenzen zu diskutieren, kann festgehalten werden, dass sich seit April 2015 die beiden Indizes nicht im Gleichlauf entwickeln und damit der Bullenmarkt zumindest angeknackst ist.

7. Der Umsatz geht mit dem Trend

Charles Dow hat die Preisbewegungen analysiert. Nach seiner Theorie ist das Volumen zwar ein sekundärer, aber wichtiger Faktor, der den Trend und die Umkehr bestätigen sollte. *Volume must go with the trend* bedeutet, dass der Umsatz (Volumen und Umsatz werden synonym verwendet) in einem Aufwärtstrend steigen und in einem Abwärtstrend fallen sollte.

Das ist insofern logisch, als bei steigenden Kursen immer neue Käufer in den Markt kommen müssen, um durch neue Kauforders die Preise zu treiben. Bei einem Abwärtstrend ist das Gegenteil der Fall: Die Verkäufer sind allein auf weiter Flur, weit und breit keine Käufer da. Das Volumen nimmt ab.

Das Umsatzverhalten ist insbesondere bei einer unteren Umkehr wichtig: Nur wenn eine untere Umkehr mit einem deutlich erhöhten Umsatz unterfüttert ist, wenn also viele Marktteilnehmer kaufen, kann die Umkehr klappen.

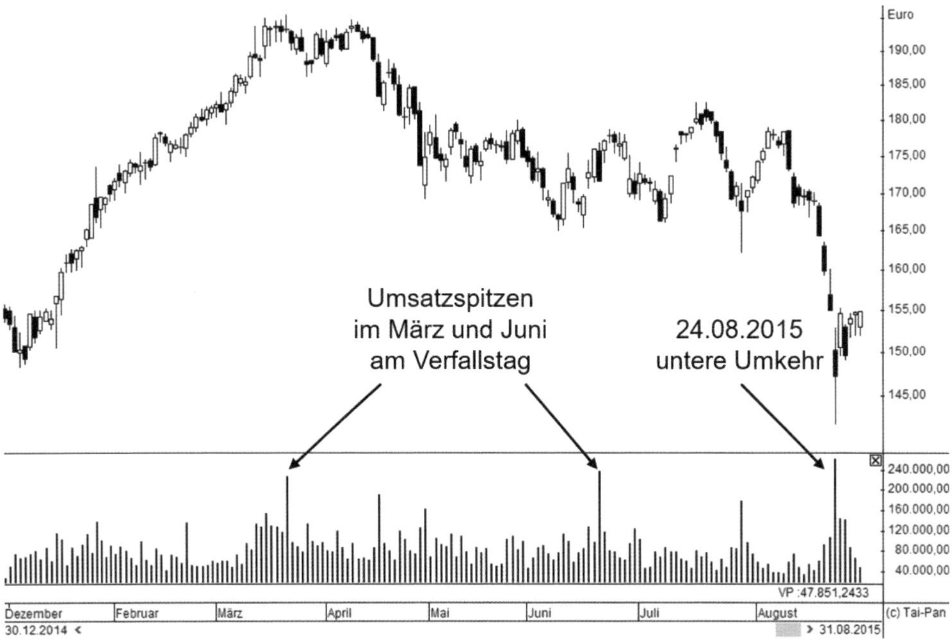

Abbildung 114: Die Aktie der Linde AG vom 30.12.2014 bis 31.08.2015 als Candlestick-Tageschart. Deutlich zu erkennen die untere Umkehr am 24.08.2015 mit einem deutlich erhöhten Umsatz. Solche Umsatzspitzen werden in der Regel auch an den großen Verfallstagen ausgebildet

In Abbildung 114 ist die Aktie der Linde AG von Januar bis August 2015 abgebildet. Am 24.08.2015 wurde eine Umkehrkerze mit einem Vielfachen des normalen Umsatzes ausgebildet. Diese Umkehrkerze wurde durch eine weiße Kerze am darauffolgenden Handelstag bestätigt.

Dieser Chart ist ein gutes Beispiel dafür, dass nicht jede Umsatzspitze etwas mit einem Short Squeeze oder einer Umkehr zu tun hat. Am 20.03.2015 und am 19.06.2015 war großer Verfallstag, auch Hexensabbat genannt. Jeden dritten Freitag im letzten Monat des Quartals verfallen Financial Futures und Optionen. Da hauchen die Optionen und Futures auf Aktien und Indizes an den Terminbörsen ihr Leben aus.

Bei einer Aktie kann einfach im Charttool der Umsatz in einem separaten Fenster angezeigt werden. Der DAX als Index ist jedoch »nur« die Summe seiner 30 Einzeltitel.

Die Dow-Theorie in der Praxis – die Tücken einer Trendlinie

Die Trendrichtung und der Trendbruch können ganz einfach mithilfe von Trendlinien angezeigt werden. Diese Methode kann in jeder Zeiteinheit und auch mit jeder Chartart verwendet werden. In Abbildung 115 und in Abbildung 116 ist der DAX abgebildet, und zwar im Monats-Linienchart von 1988 bis 2015. Um eine vorläufige Trendlinie einzuzeichnen, bedarf es nur zweier Punkte: Bei einem Aufwärtstrend werden steigende Tiefs miteinander verbunden, bei einem Abwärtstrend sind es fallende Hochs. Sobald eine Trendlinie durch einen dritten Kurspunkt berührt wird, ist es eine *bestätigte Trendlinie*. Und je mehr Auflagepunkte gebildet werden, desto signifikanter ist die Trendlinie.

Das hört sich ganz einfach an – hier sind die Pferdefüße:

Die grünen Trendlinien 1, 2 und 3 wurden im LOG-Chart (Abbildung 115), beginnend am Tief und Jahresanfang 1988 an verschiedenen Tiefs intuitiv angelegt. Sobald ein Trend sich beschleunigt oder verlangsamt, müssen die Trendlinien neu eingezeichnet werden. Das führt dazu, dass irgendwann viele Trendlinien fächerförmig in einem Chart eingezeichnet sind. In diesem Beispiel sind es »nur« drei Linien, aber ein fleißiger Trendlinien-Zeichner könnte noch viel mehr einzeichnen. Wird eine gebrochene Trendlinie zurückerobert, dann wird daraus eine *interne Trendlinie*. Irgendwann erkennt man vor lauter Trendlinien keine Kurslinie mehr.

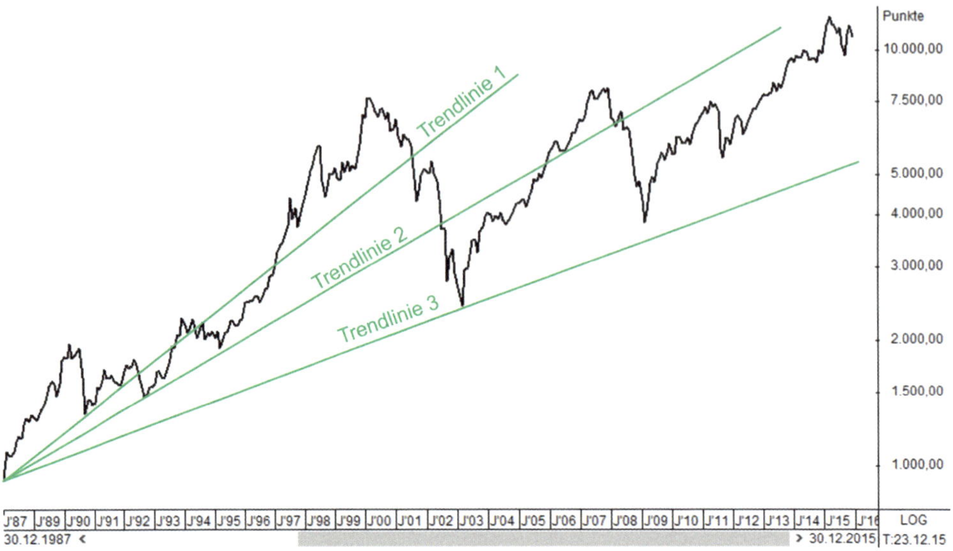

Abbildung 115: Der DAX vom 31.12.1987 bis 30.12.2015 als Linien-Monatschart, und zwar in halblogarithmischer Skalierung mit 3 Trendlinien

Aber es wird noch besser: Die Trendlinien aus dem LOG-Chart wurden kopiert und in den ARI-Chart in Abbildung 116 hineinkopiert. Das Ergebnis sieht komisch aus.

Abbildung 116: Der DAX vom 31.12.1987 bis 30.12.2015 als Linien-Monatschart, und zwar in arithmetischer Skalierung mit den 3 Trendlinien aus dem LOG-Chart

Auch in Abbildung 116 ist der DAX als Monats-Linienchart von 1988 bis 2015 abgebildet, aber als ARI-Chart. Die Preisachse ist also – wie die Zeitachse auch – arithmetisch dargestellt und unterscheidet sich damit deutlich von der logarithmischen Preisachse. Mit dem Ergebnis, dass die aus dem LOG-Chart kopierten LOG-Trendlinien wie willkürlich eingezeichnet aussehen.

Jetzt die Gretchenfrage: Welche Trendlinie ist korrekt und welcher Trendlinienbruch gilt?

Grundsätzlich können Trendlinien sowohl im halblogarithmischen (LOG) als auch im arithmetischen (ARI) Chart eingezeichnet werden, es ist also beides korrekt. Wenn also ein Analyst den Bruch einer Trendlinie ausruft, dann wird die Hälfte seiner Leser den Bruch der Trendlinie nach einem Blick auf den eigenen Chart bestätigen, die andere Hälfte wird sich fragen, welches Kraut der Analyst wohl geraucht hat ...

Noch ein paar Sätze an die Anhänger automatischer Handelssysteme: So eine Trendlinie per Programmiercode einzeichnen zu lassen ist gar nicht so einfach. Wie werden die Auflagepunkte definiert? Wie definiere ich per Computercode ein signifikantes Swing-High oder Swing-Low? Und den Bruch einer konstant steigenden oder fallenden Linie einzuprogrammieren ist noch eine Spur komplizierter.

Halten wir fest: Trendlinien sind subjektiv und jeder Trader wird mit seiner Sicht der Dinge in einem Chart die Trendlinien einzeichnen – und sein Trader-Kollege wird sie anders einzeichnen. Trendlinien sind für automatische Handelssysteme wenig geeignet.

Die Tücken eines Trendfolge-Indikators

Statt einer subjektiv eingezeichneten Trendlinie können auch Indikatoren verwendet werden. Indikatoren sind nichts anderes als die mathematische Ableitung des Preises nach einer einfachen oder auch hoch komplizierten Formel und die Ergebnisse sind eindeutig interpretierbar – zumindest fast immer.

Indikatoren lassen sich beispielsweise in Volatilitäts-Indikatoren, Marktbreite-Indikatoren oder Volumen-Indikatoren klassifizieren – eine ausführliche Darstellung würde aber den Rahmen dieses Buches sprengen. Wir konzentrieren uns in diesem Kapitel über die *Dow-Theorie* auf Trendfolge-Indikatoren. Der Klassiker in dieser Gruppe von Indikatoren ist der gleitende Durchschnitt. Aber *den* gleitenden Durchschnitt gibt es nicht: Darf's der einfache gleitende Durchschnitt sein oder vielleicht der exponentielle, der gewichtete oder der Hull Moving Average?

Viele dieser gleitenden Durchschnitte gibt es erst, seitdem Tradern genügend Rechnerpower zur Verfügung steht.

Bleiben wir also bei der *200-Day-Investment Line*, dem 200er SMA (= Simple Moving Average oder einfacher gleitender Durchschnitt), den E. George Schaefer in den 1930er-Jahren als Ergänzung zur Dow-Theorie eingeführt hat.

Wichtig: Ein 200-Tage-Durchschnitt ist nur im Tageschart auch ein 200-*Tage*-Durchschnitt. Der 200er SMA im Wochenchart ist ein 200-*Wochen*-Durchschnitt. Um in einem Wochenchart den 200-Tage-Durchschnitt darzustellen, muss die Periode auf 40 reduziert werden. Begründung: 1 Woche hat 5 Handelstage, also müssen die 200 durch 5 geteilt werden = 40.

Bei einem Indikator ist es nun unerheblich, ob der Chart arithmetisch oder halblogarithmisch eingestellt ist. In Abbildung 117 ist der DAX in einem Linien-Tageschart mit seinem 200-Tage-Durchschnitt mit logarithmischer Preisskala abgebildet.

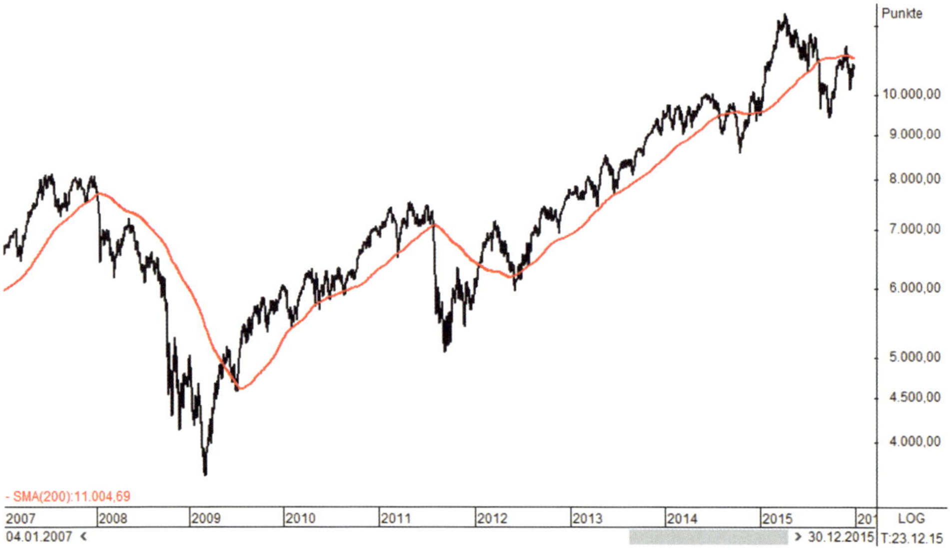

Abbildung 117: Der DAX vom 04.01.2007 bis 30.12.2015 als Linien-Tagesschart, und zwar in halblogarithmischer Skalierung mit dem 200-Tage-Durchschnitt in Rot

Und zum Vergleich in Abbildung 118 mit arithmetischer Skalierung. Die Schnittpunkte zwischen schwarzer DAX-Linie und roter Indikatorlinie liegen immer an derselben Stelle.

Abbildung 118: Der DAX vom 04.01.2007 bis 30.12.2015 als Linien-Tageschart, und zwar in arithmetischer Skalierung mit dem 200-Tage-Durchschnitt in Rot

Da der 200er SMA auf einem einfachen mathematischen Algorithmus basiert, kann er problemlos programmiert und auch interpretiert werden:

- Solange sich der Kurs über dem Durchschnitt befindet und der Durchschnitt steigt, befindet sich der DAX im Aufwärtstrend.
- Notiert der Kursverlauf hingegen unter dem Durchschnitt und der Durchschnitt fällt, dann befindet sich der DAX im Abwärtstrend.

Wer mit Trendfolge-Indikatoren arbeitet, weiß, dass diese *lagging* = nachlaufend sind. Sie glätten zwar den Kursverlauf und liefern eindeutige Signale, das erkauft sich der Trader aber mit einer zum Teil erheblichen Zeitverzögerung. Je länger der Durchschnitt, desto größer die Zeitverzögerung. Nicht nur das, es gibt auch jede Menge falscher Ausbrüche, die selbst mit einem Zeit- oder Preisfilter nicht zufriedenstellend eliminiert werden können.

Und ein weiterer großer Nachteil von Trendfolge-Indikatoren: In Seitwärtsphasen sind sie hoffnungslos überfordert! Und ein Aktienkurs kann durchaus mal die Hälfte bis zwei Drittel der Zeit seitwärts laufen. Das führt dazu, dass Handelssysteme, die nur auf gleitenden Durchschnitten basieren, auf Dauer keine Gewinne einfahren.

Fassen wir kurz zusammen:

Eine Trendlinie oder mehrere Trendlinien einzuzeichnen, um die Trendrichtung zu bestimmen und um eine Trendumkehr zu bestätigen hört sich sehr einfach an und lässt sich auch einfach »empfehlen«, hat jedoch dann in der Praxis seine Tücken. Gleiches gilt für die Verwendung eines Trendfolge-Indikators.

Stehen wir immer noch vor dem Problem: Wie bestimme ich die Trendrichtung beziehungsweise wann gilt eine Trendumkehr als bestätigt?

Doch dafür gibt es eine Lösung:

Up Fractals und Down Fractals

Betrachten Sie einfach die Hand in Abbildung 119. Der Mittelfinger bildet das höchste Hoch, die Finger rechts davon – Ringfinger und kleiner Finger – symbolisieren den Abwärtstrend mit tieferen Hochs und die Finger links davon – Zeigefinger und Daumen – symbolisieren den Aufwärtstrend mit höheren Hochs.

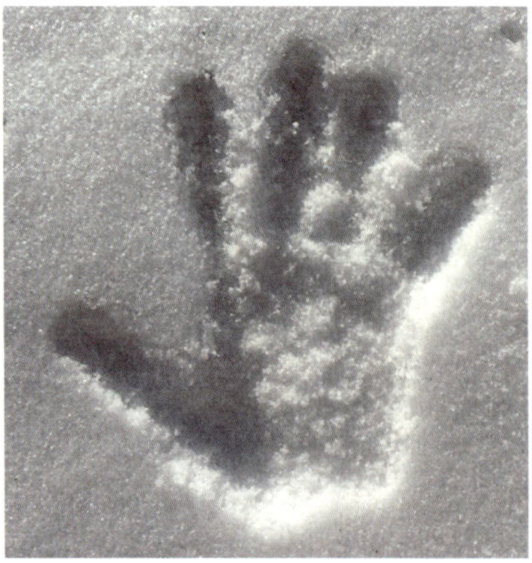

Abbildung 119: Die Hand eines Menschen dient als Beispiel für Fraktale

Damit wird durch den Mittelfinger das höchste Hoch ausgebildet – und an dieser Stelle hat der Trend gedreht. Das ist das sogenannte »Fraktal-Hoch« oder auch Swing-High. Die Formation, bestehend aus fünf Bars, nennt sich Up Fractal. Das Down Fractal funktioniert vice versa mit tieferen Tiefs links, dann dem Fraktal-Tief = Swing-Low und rechts die höheren Tiefs.

Als Variation können Sie als »flankierende Maßnahmen« ein Hoch oder Tief zusätzlich definieren. Dann ist das zwar eine Alien-Hand, weil die Formation aus sieben Bars besteht, aber die Umkehrpunkte liegen weiter auseinander und damit filtern Sie kleinste Bewegungen und damit das Rauschen aus dem Markt. Je mehr tiefere Hochs das Fraktal-Hoch beziehungsweise höhere Tiefs das Fraktal-Tief flankieren, desto ausgeprägter und länger werden die Trends.

Beachten Sie bitte, dass Inside Bars nicht bewertet werden.

Mit der Fraktal-Methode können Sie nicht nur Ihrem Computer erklären, was ein Swing-High und ein Swing-Low ist, diesen Wendepunkt können auch Sie auf den ersten Blick in einem Chart erkennen. Und das ohne zu Hilfenahme einer subjektiven Trendlinie oder eines lagging Indicator.

ANHANG II – FIBONACCI-RATIOS

Wer der Meinung ist, dass die Dow-Theorie antiquiert ist, der findet Fibonacci steinzeitlich. Der Ursprung der Fibonacci-Ratios – diese finden in der technischen Analyse Anwendung – geht zurück auf Leonardo da Pisa und die vom ihm entdeckte Zahlenfolge.

Leonardo da Pisa, genannt Fibonacci (~1170–~1240), Kaufmannssohn aus Pisa, ist einer der bedeutendsten Mathematiker des Mittelalters. Sein Vater nahm ihn mit auf Reisen in den Vorderen Orient und nach Nordafrika, wo er das Rechnen mit den arabischen Ziffern ***Eins – Zwei – Drei – Vier – Fünf – Sechs – Sieben – Acht – Neun*** und der indischen ***Null*** kennengelernt hat. Das war dem zum damaligen Zeitpunkt in Mitteleuropa verbreiteten Rechnen mit dem römischen Zahlensystem deutlich überlegen. Ohne Null ist keine höhere Mathematik möglich und auch harmlose Rechenoperationen wie Addieren oder Subtrahieren sind mit dem römischen Zahlensystem ausgesprochen kompliziert. 1202 veröffentlichte Leonardo sein Buch ***Liber Abaci***, in welchem er das Rechnen mit den indo-arabischen Ziffern vorstellte. Es dauerte zwar viele Jahrzehnte, aber die Ziffern 0 bis 9 setzten sich durch.

Leonardo gehörte zum Gelehrtenkreis um Kaiser Friedrich II. und es wird kolportiert, dass dieser ihm die *Kaninchenaufgabe* gestellt habe: Ausgehend von einem Kaninchenpaar in einer idealen Umgebung – wie viele Paare gibt es in einem Jahr?

Folgende Bedingungen werden aufgestellt: Es wird mit einem jungen Kaninchenpaar begonnen. Jedes neugeborene Paar wird im zweiten Monat geschlechtsreif und jedes geschlechtsreife Paar wirft pro Monat ein weiteres Paar. Die Tiere sind unsterblich und können nicht ausbüchsen.

Das Wachstum der Kaninchenpopulation ist in Abbildung 120 dargestellt.

Monat 1: 1 Paar

Monat 2: 1 Paar

Monat 3: 2 Paare

Monat 4: 3 Paare

Monat 5: 5 Paare

Monat 6: 8 Paare

Monat 7: 13 Paare

Monat 8: 21 Paare

Monat 9: 34 Paare

Monat 10: 55 Paare

Monat 11: 89 Paare

Monat 12: 144 Paare

Und so weiter.

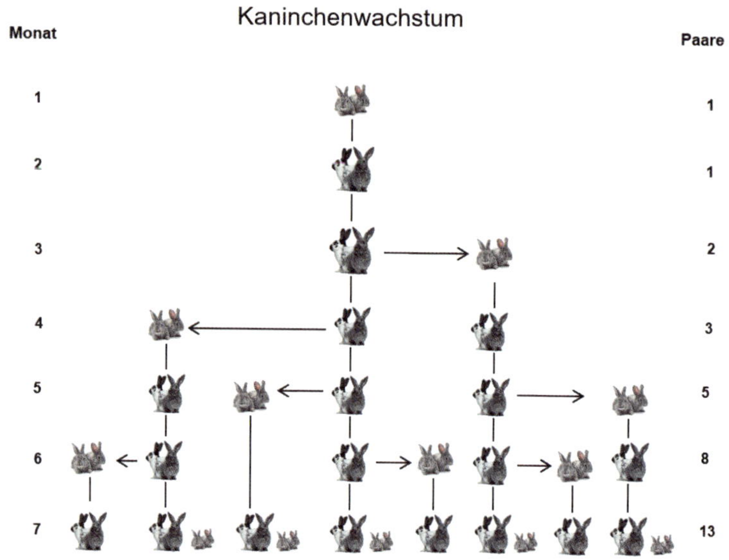

Abbildung 120: Kaninchenpopulation als Grafik dargestellt. Links der Monat, rechts die Summe der Kaninchenpaare. Das ist nichts anderes als die grafische Darstellung der Fibonacci-Zahlenfolge

Wer jetzt mit geübtem Blick die Paar-Zahlen analysiert, stellt fest, dass das die ersten Zahlen der Fibonacci-Zahlenfolge sind.

Die Zahlen lassen sich nicht nur über einen »Kaninchenchart« herleiten, sondern auch über ein rekursives Bildungsgesetz:

$f_n = f_{n-1} + f_{n-2}$ ... (für $n \geq 2$)

Es werden zwei Startwerte vorgegeben: $f_0 = 0$ und $f_1 = 1$ (Startwerte 0 und 1).

Oder andersherum formuliert: Ausgehend von den Startwerten 0 und 1 ist jede Zahl die Summe ihrer beiden Vorgänger der Folge.

Aber was hat die Kaninchenaufgabe mit technischer Analyse zu tun?

Nun, es ist die mathematische Modellierung des *Wachstums* einer Kaninchenpopulation nach definierten Regeln. Und mit *Wachstum* wird die Zunahme einer bestimmten Messgröße im Zeitverlauf bezeichnet.

Und steigende Kurse sind nichts anderes als *Wachstum*. Auch das Gegenteil – fallende Kurse – können damit beschrieben werden.

Beim Auto wird *Bremsen* auch als *negative Beschleunigung* bezeichnet.

Rechnen wir etwas weiter: *Ausgehend von den Startwerten 0 und 1 ist jede Zahl die Summe ihrer beiden Vorgänger der Folge.*

Die beiden vordefinierten Startwerte sind die 0 und die 1:

Addition der beiden Vorgänger	**Zahlenfolge**
0 + 1 = 1	(1), 1
1 + 1 = 2	1, 2
1 + 2 = 3	1, 2, 3
2 + 3 = 5	1, 2, 3, 5
3 + 5 = 8	1, 2, 3, 5, 8
5 + 8 = 13	1, 2, 3, 5, 8, 13
8 + 13 = 21	1, 2, 3, 5, 8, 13, 21
13 + 21 = 34	1, 2, 3, 5, 8, 13, 21, 34
21 + 34 = 55	1, 2, 3, 5, 8, 13, 21, 34, 55
34 + 55 = 89	1, 2, 3, 5, 8, 13, 21, 34, 55, 89
55 + 89 = 144	1, 2, 3, 5, 8, 13, 21, 34, 55, 89, 144

Matrix 11: Herleitung der Zahlen der Fibonacci-Zahlenfolge mit dem rekursiven Bildungsgesetz

Die Fibonacci-Zahlen sind in der Natur weit verbreitet. Zum Beispiel in den Spiralen der Sonnenblumen, von Kiefernzapfen oder einer Ananas.

Der für die technische Analyse allerdings wichtigste Schritt ist die Verwendung von Fibonacci-Ratios. Ratios sind nichts anderes als Verhältnisse. Es wird also eine Zahl durch eine andere geteilt. In diesem Fall werden die Zahlen der Fibonacci-Zahlenfolge dafür verwendet. Johannes Kepler (1571–1630) hat als einer der Ersten den Zusammenhang zwischen der Fibonacci-Zahlenfolge und dem Goldenen Schnitt erkannt.

Johannes Kepler (1571–1630) war Mathematiker, Astronom und Astrologe (da wurde seinerzeit nicht unterschieden), Optiker und evangelischer Theologe. Er glaubte an das heliozentrische Weltbild und fand die nach ihm benannten drei Planetengesetze. Auch überarbeitete er das Logarithmenprinzip. Mit Logarithmen lassen sich stark wachsende Zahlenreihen übersichtlich darstellen – wie in der Astronomie zum Beispiel. In seinen letzten Lebensjahren war Kepler Astrologe von Albrecht von Wallenstein, einem Feldherrn während des Dreißigjährigen Krieges. In der technischen Analyse werden bei der langfristigen Betrachtung von Kursreihen häufig halblogarithmische Charts verwendet, bei welchen die vertikale Kursachse logarithmisch dargestellt wird. Die horizontale Zeitachse bleibt arithmetisch – aus diesem Grund heißt diese Variante der Charts ***halblogarithmisch***.

Der Goldene Schnitt – das Geheimnis von Maß und Zahl

Das menschliche Auge – genauer gesagt natürlich das Gehirn, das die Sinneseindrücke des Auges verarbeitet – empfindet bestimmte Proportionen als schön und harmonisch.

Der Parthenon (der Tempel für die Göttin Pallas Athene auf der Athener Akropolis) beispielsweise ist hübsch anzusehen, die Proportionen stimmen und wir empfinden die Architektur als harmonisch und gefällig. Gleiches gilt für viele Bauwerke aus der Antike bis zum Mittelalter, ebenso für viele Kunstwerke. In diesen Bauwerken oder Kunstwerken haben ihre Erschaffer mit dem *Geheimnis von Maß und Zahl* gearbeitet. Das ist nichts anderes als der **Goldene Schnitt**. Selbst in der Moderne findet der Goldene Schnitt Anwendung – so wurde die Karosserie der kleinen und exquisiten Sonderserie des Aston Martin One-77 unter Beachtung des Goldenen Schnitts designt.

Was ist der *Goldene Schnitt*?

Euklid hat in seinem berühmten Werk *Die Elemente* erstmals den Goldenen Schnitt mathematisch dargestellt. Und zwar indem er eine Linie in ein »äußeres und ein mittleres Verhältnis« (*proportio habens medium et duo extrema*) teilte. Das größere Segment (der Major) der Strecke L verhält sich zum kleineren Segment (dem Minor) wir die Summe aus beiden zum größeren Segment

Euklid (~360–~280 v. Chr.) von Alexandria wurde vermutlich in Athen geboren und war griechischer Mathematiker. Er wurde in Platons Akademie in Athen ausgebildet. Er hat das zu seiner Zeit bekannte mathematische Wissen einheitlich dargestellt und einer strengen Beweisführung unterzogen.

In einer Formel ausgedrückt:

a verhält sich zu *b* wie *(a + b)* zu *a*:

$$\frac{a}{b} = \frac{a + b}{a}$$

Und gezeichnet als Grafik (Abbildung 121):

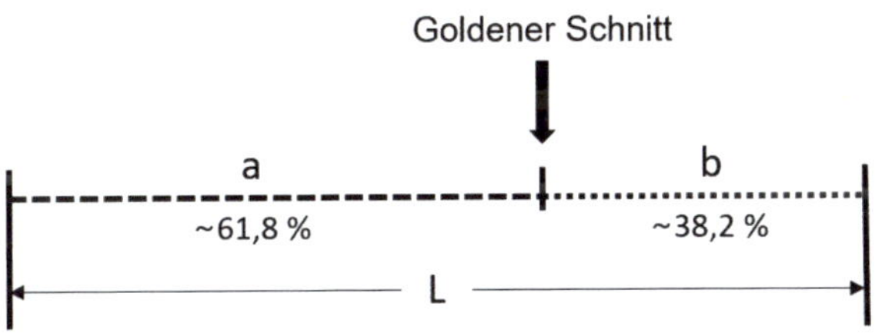

Abbildung 121: Die Strecke »L« geteilt im Verhältnis des Goldenen Schnitts

Der *Goldene Schnitt* wird mit dem (großen) Phi Φ bezeichnet. Es ist ein Streckenverhältnis und kann über folgende Formel hergeleitet werden:

$$\Phi = \frac{1 + \sqrt{5}}{2} = 1{,}618$$

Das (große) Phi Φ hat den Zahlenwert 1,618.

Der reziproke Wert vom (großen) Phi Φ ist das (kleine) Phi ϕ und hat den Zahlenwert 0,618.

$$\Phi = \frac{1}{1,618} = 0,618$$

Das ist nun der **Goldene Schnitt** und sein reziproker Wert:

> Das große Phi Φ = **1,618**
> Das kleine Phi ϕ = 0,618

Die beiden wichtigen Ratios – die 161,8 % und die 61,8 % – sind jetzt über eine Formel berechnet worden. Aber wie können diese – und die anderen wichtigen Ratios – über die Fibonacci-Zahlenfolge abgeleitet werden?

Nochmals zur Erinnerung: Das sind die ersten Zahlen aus der Fibonacci-Zahlenfolge:

(0, 1), 1, 2, 3, 5, 8, 13, 21, 34, 55, 89, 144, 233, 377 ...

Diese Zahlenfolge hat interessante Eigenschaften:

- Das Verhältnis einer Zahl zur nächstniedrigeren Zahl beträgt gerundet 1,618. Je weiter die Reihe fortschreitet, desto mehr nähert sich dieses Verhältnis dem großen Phi Φ.

- Das Verhältnis einer Zahl zur nächsthöheren Zahl beträgt gerundet 0,618. Auch hier gilt: Je weiter die Reihe fortschreitet, desto mehr nähert sich dieses Verhältnis dem kleinen Phi ϕ.

- Der Kehrwert von 1,618 ist 0,618.
  Die reziproken Ratios sind für die Bestimmung der wahrscheinlichsten Projektion wichtig. Wird zum Beispiel eine 61,8 %-Korrektur ausgebildet, so ist es

am wahrscheinlichsten, dass sich das darauffolgende höhere Hoch oder tiefere Tief an der 161,8 %-Projektion ausbildet.

- Das Verhältnis zwischen den jeweils übernächsten Zahlen beträgt gerundet 0,382 in aufsteigender und 2,618 in absteigender Richtung.
- Und viele mehr ...

Berechnet werden die Ratios über eine Grenzwert- = Limes-Funktion:

$$\lim_{n \to \infty} \frac{a_n}{a_{n+1}}$$

Vereinfacht dargestellt sieht das so aus:

Fibonacci-Ratio		**Reziprokes Ratio**
$\frac{n}{n+1} = 0{,}618$		1,618
$\frac{n}{n-1} = 1{,}618$	Goldener Schnitt	0,618
$\frac{n}{n+2} = 0{,}382$		2,618
$\frac{n}{n-2} = 2{,}618$		0,382
$\frac{n}{n+3} = 0{,}236$		4,235
$\frac{n}{n-3} = 4{,}235$		0,236
$\frac{n}{n+4} = 0{,}146$		6,857
$\frac{n}{n-4} = 6{,}857$		0,146

Die Herleitung der 0,5 und damit der 50 % sind ein Sonderfall: Ausgehend von den ersten beiden Zahlen aus der Fibonacci-Zahlenfolge, der 1 und der 2, errechnet sich über den Rechenschritt

$$\frac{n}{n+1} = \frac{1}{2} = 0{,}5$$

das 50 %-Retracement.

Bereits mit diesem ersten Schritt sind die wichtigsten Ratios direkt über die Fibonacci-Zahlenfolge hergeleitet.

In einem weiteren Rechenschritt ziehen wir aus sechs Produkten die Quadratwurzel:

Produkt	**Quadratwurzel**	**Reziproker Wert**
$\sqrt{0{,}5}$	0,707	1,414
$\sqrt{0{,}618}$	0,786	1,272
$\sqrt{0{,}786}$	0,886	1,128
$\sqrt{1{,}618}$	1,272	0,786
$\sqrt{2}$	1,414	0,707
$\sqrt{5}$	2,236	0,447

Oder die 4. Wurzel aus:

Produkt	4. Wurzel	Reziproker Wert
$\sqrt[4]{0{,}618}$	0,886	1,118
$\sqrt[4]{1{,}618}$	1,128	0,886

Damit sind im Prinzip alle wichtigen Ratios über die Zahlen der Fibonacci-Zahlenfolge hergeleitet.

Hier in Abbildung 122 noch einmal als Prozentangaben:

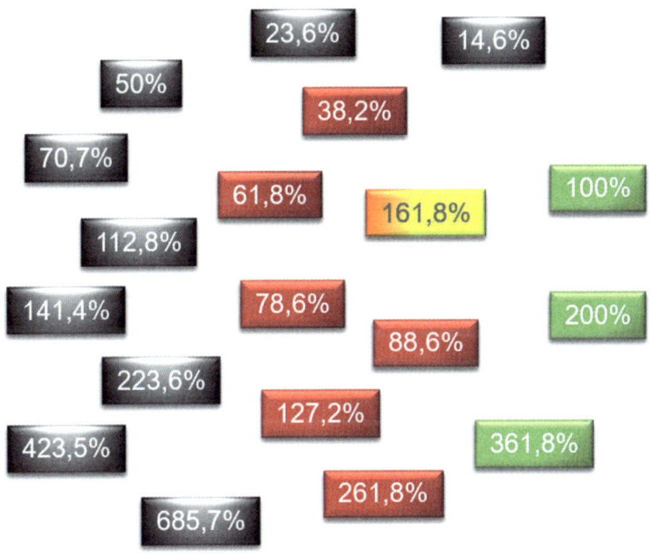

Abbildung 122: Fibonacci-Ratios. Die »wichtigsten« in Rot, die weniger wichtigen in Grau, die Grünen lassen sich nicht über die Fibonacci-Zahlen herleiten, und der Goldene Schnitt in goldigem Gelb

Der Goldene Schnitt in goldigem Gelb, die in Rot geschriebenen Ratios sind die ganz wichtigen, in Grau die weniger wichtigen Ratios, die grünen Ratios und die 50 % (in Grau) tauchen nicht in der Herleitung über die Fibonacci-Zahlen auf, sind aber wichtig:

- Die 50 % sind keine Limes-Funktion, sie können nur berechnet werden über $\frac{1}{2} = 0{,}5$.
- Die 100 % entsprechen einer symmetrischen Bewegung.
- Die 200 % sind ebenfalls keine Limes-Funktion, es ist einfach eine Verdoppelung der 100 %.
- die 361,8 % werden berechnet über (100 % + 261,8 %).

Die 50 % + 100 % + 200 % + 361,8 % sind statische Zahlen, da sie sich nicht über eine Limes-Funktion herleiten lassen.

Fazit

Unser Auge nimmt die *proportio divina*, die *göttliche Proportion*, als gefällig wahr und erkennt die Proportionen auch in einem Chart. Der eine oder andere erkennt ohne Hilfe von Fibonacci-Charttools den Goldenen Schnitt. Wer sich noch unsicher fühlt, der kann die entsprechenden Tools in fast jedem Chartprogramm finden und verwenden.

Die Fibonacci-Ratios sind keine willkürlichen, aus dem hohlen Bauch herausgegriffenen Zahlen:

- Die Basiszahlen aus der Fibonacci-Zahlenfolge lassen sich über eine Wachstumsfunktion herleiten – das rekursive Bildungsgesetz.
- »Börse« entspricht Wachstum: Die Kurse steigen und fallen.
- Der Goldene Schnitt – die 1,618 – lässt sich als Ratio über die Zahlen dieser Zahlenfolge ableiten.

- Unser Gehirn empfindet Proportionen in diesem Verhältnis als harmonisch.
- Die Proportionen des Goldenen Schnitts und die Zahlen der Fibonacci-Zahlenfolge sind in der Natur allgegenwärtig.

Die vier Varianten der Kurszielbestimmung mit Fibonacci-Ratios

In der technischen Analyse werden vier Varianten der Kurszielbestimmung mit Fibonacci-Ratios angewendet (Abbildung 123).

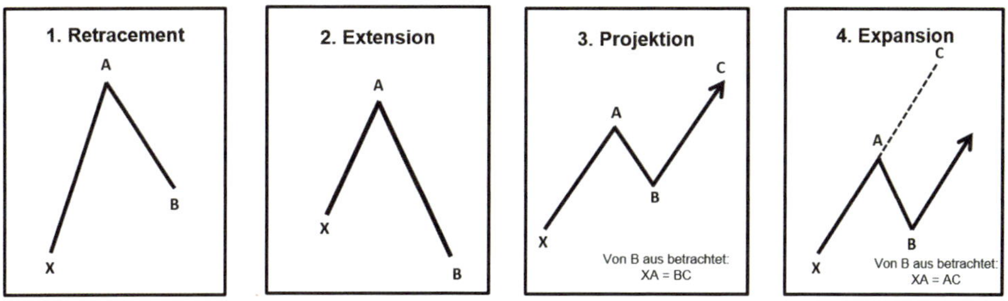

Abbildung 123: Die 4 Varianten der Kurszielbestimmung

1. **Retracement** (engl. = Einbruch, (Kurs-)Korrektur) wird angelegt, um Korrekturlevels innerhalb einer abgeschlossenen Aufwärts- oder Abwärtsbewegung zu bestimmen.
2. **Extension** (engl. = Streckung, Verlängerung, (Aus-) Dehnung, von lateinisch extendere = ausdehnen, ausweiten) wird bestimmt, wenn eine Ausdehnung der Preise entgegengesetzt zum laufenden Trend erfolgt.
3. **Projektion** (engl. = Prognose, Vorausberechnung, Projektion, vom lateinisch proicere = hinauswerfen, hinwerfen) wird verwendet, um Kursziele in Richtung eines intakten Trends zu bestimmen, und zwar mit Berücksichtigung der Korrektur.

4. **Expansion** (engl. = Erweiterung, Entwicklung, von lateinisch expandere = ausdehnen) wird verwendet, um Kursziele in Richtung eines intakten Trends zu bestimmen, und zwar ohne Berücksichtigung der Korrektur.

Alle vier Varianten werden anhand jeweils eines Beispiels für eine Aufwärts- und eine Abwärtsbewegung vorgestellt, und zwar in der Theorie mit einer Zeichnung und kurzen Beschreibung und anhand eines echten Charts.

Fibonacci-Retracement

Ein *Retracement* wird bei einer abgeschlossenen Aufwärts- oder Abwärtsbewegung verwendet, um mögliche Korrekturziele zu ermitteln. Das impliziert, dass wir zuerst feststellen müssen, ob die Bewegung auch abgeschlossen ist – indem wir die Dow-Theorie/Markttechnik anwenden.

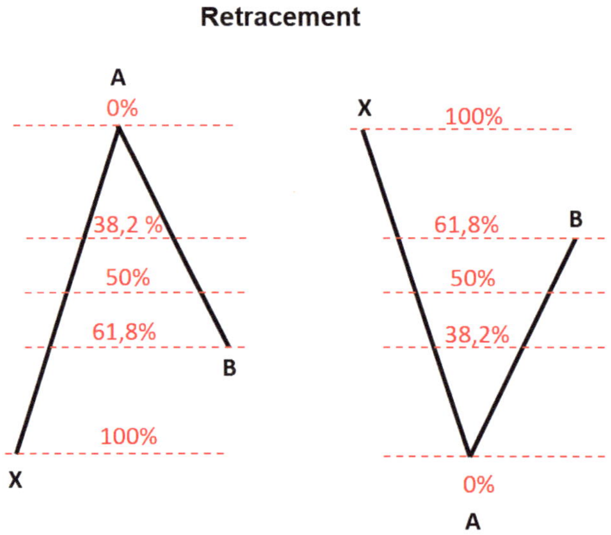

Abbildung 124: Retracements mit 38,2 %, 50 % und 61,8 %, links an einer Aufwärtsbewegung und rechts an einer Abwärtsbewegung

Um cin Retracement anzulegen benötigen Sie

- zwei Ankerpunkte, ein Swing-High und ein Swing-Low.
- Bei einer Aufwärtsbewegung liegen die 0 % am Swing-High A und die 100 % am Swing-Low X.
- Bei einer Abwärtsbewegung liegen die 0 % am Swing-Low A und die 100 % am Swing-High X.
- Die relevanten Ratios sind die 38,2 %, 50 % und die 61,8 %.
- Eher selten sind die 23,6 % und die 78,6 %.
- Beschriftet wird der Beginn der Bewegung mit X und das Ende der Bewegung mit A.
- Zwischen $\overline{XA}$ (der Bewegung in Trendrichtung) werden die Retracements angelegt, $\overline{AB}$ (die Korrektur) ist die Höhe der Korrektur.

In Abbildung 124 ist das an einer Grafik dargestellt, links anhand der Aufwärtsbewegung und rechts anhand einer Abwärtsbewegung.

Fibonacci-Retracement – eine Aufwärtsbewegung wird korrigiert

Abbildung 125 zeigt den DAX in einem Daily-Candlestick-Chart. Mit einem Hammer wird am 16.10.2014 die Abwärtsbewegung beendet und die Aufwärtsbewegung begonnen. Das Tief dieses Tages liegt bei 8.345 Punkte. Am 05.12.2014 erreichte diese Aufwärtsbewegung bei 10.093 Punkten ihr Hoch und auch ihr Ende. Dass es das Ende der Aufwärtsbewegung war, zeigt sich erst nach dem Down-Gap am 09.12.2014, als ein tieferes Tief ausgebildet wird. Diese schwarze Tageskerze wurde mit einer 1 markiert. Ab diesem Zeitpunkt können an die nun abgeschlossene Aufwärtsbewegung Retracements angelegt werden. Die 0 % liegen bei einer Aufwärtsbewegung am Swing-High, die 100 % am Swing-Low. Die Retracement-Levels steigen also von oben nach unten an. Denn: Nur dann können wir sagen, dass der DAX – vom Hoch aus betrachtet – um 1/3, 1/2 oder 2/3 korrigiert wird.

Siehe auch Punkt 4 der Dow-Theorie *4. Der Markt hat drei (zeitliche) Trendphasen.*

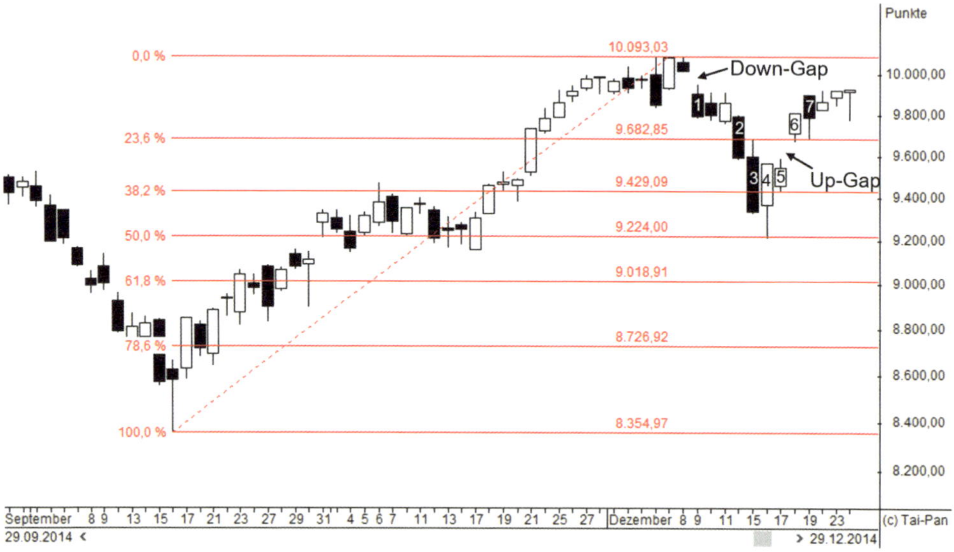

Abbildung 125: DAX Daily 29.09.2014 bis 29.12.2014 mit roten Fibonacci-Retracements vom Swing-High (= 0 %) zum Swing-Low (= 100 %) mit den 23,6 %, 38,2 %, 50 %, 61,8 % und den 78,6 %

Nach insgesamt drei Seitwärtstagen geht es mit der schwarzen Kerze 2 per Schlusskurs deutlich unter das 23,6 %-Retracement, aber der Schlusskurs liegt auch deutlich über den 38,2 %. Erfahrungsgemäß bleibt der DAX (oder auch andere Werte) selten zwischen zwei Retracements stehen – es wird über kurz oder lang das nächste Level erreicht. In diesem Fall bereits am nächsten Tag mit der Kerze 3. Das Hoch mit 9.678 Punkten liegt nur 4 Punkte unter dem 23,6 %-Retracement bei 9.682 Punkten. Und das Tief von Kerze 3 liegt wieder zwischen zwei Levels: den 38,2 % und den 50 %. Auch hier gilt wieder: Über kurz oder lang wird das nächste Level erreicht. Und es ist wieder der nächste Tag, an dem die 50 % = 9.224 Punkte mit dem Tagestief = 9.219 Punkte erreicht werden.

Das Tief vom Folgetag, der Kerze 5, macht dann die Punktlandung auf das 38,2 %-Retracement mit genau 9.429 Punkten. Es folgt ein Up-Gap zu Kerze 6, deren Tief mit 9.671 Punkten gerade einmal 11 Punkte oder 0,1 % unter dem 23,6 %-Level liegt. Das Tief des nächsten Tages, der Kerze 7, notiert bei 9.688 Punkten und 6 Punkte über dem 23,6 %-Retracement.

Fibonacci-Retracement – eine Abwärtsbewegung wird korrigiert

Kommen wir zu den Korrekturlevels in einer abgeschlossenen Abwärtsbewegung, hier am Beispiel der EUR/USD in Abbildung 126.

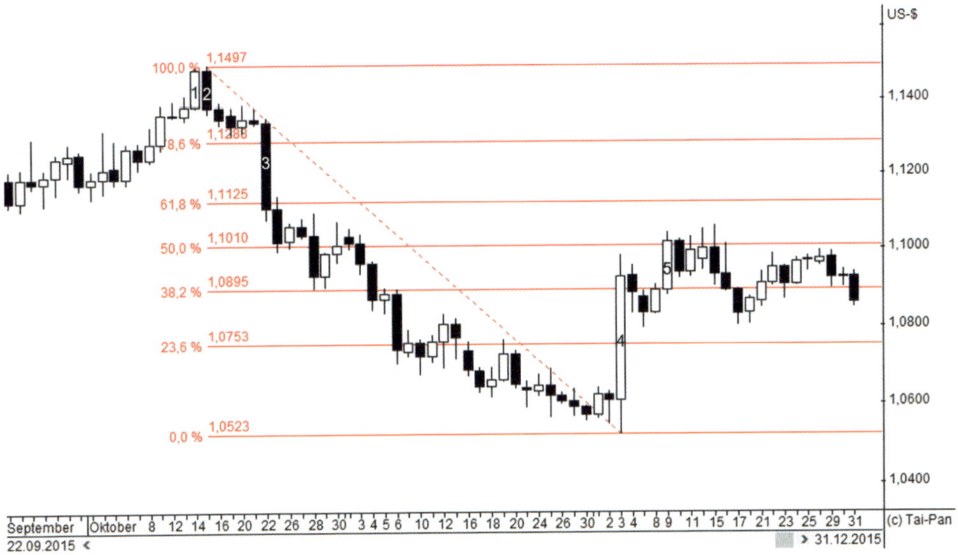

Abbildung 126: EUR/USD Daily 22.09.2015 bis 31.12.2015 mit roten Fibonacci-Retracements vom Swing-High (= 100 %) zum Swing-Low (= 0 %) mit den 23,6 %, 38,2 %, 50 %, 61,8 % und den 78,6 %

Bei einer abgeschlossenen Abwärtsbewegung liegt am Swing-Low die 0 %-Marke, am Swing-High liegen die 100 %. Am 15.10.2015 = Kerze 2 wurde bei 1,1497 $ eine Abwärtsbewegung gestartet. Mit der Tageskerze davor = Kerze 1 wurde ein Bearish Engulfing ausgebildet, das ist eine der Candlestick-Formationen mit einer hohen Trefferquote, nämlich 78,6 % in einem übergeordneten Bullenmarkt und 82 % in einem übergeordneten Bärenmarkt. In den folgenden vier Tagen ging es leicht seitwärts/abwärts, aber die Kurse blieben unter dem Engulfing. Mit Kerze 3 wurde der Abwärtstrend bestätigt. Mit der Monsterkerze 4 vom 03.12.2015 (an diesem Tag hat die EZB ihre Geldpolitik weiter gelockert) wurde der Abwärtstrend beendet und ein Aufwärtstrend begonnen. Diese Kerze mit einer Handelsspanne von 459 Pips (!) überrannte auch gleich das 23,6 %- und das 38,2 %-Retracement, erreichte aber nicht die 50 %. In den folgenden drei Tagen wurden die 38,2 % von oben und unten getestet, dann ging es mit Kerze 5 knapp über die 50 % = 1,1010 $. Der Schlusskurs vom 09.12.2015 notiert bei 1,1017 $.

Diese 50 % und damit die runden 1,10 $ wurden sechs Tage lang ausgiebig getestet. Auch in den folgenden Wochen konnten die 1,10 $ nicht geknackt werden.

Fibonacci-Extension

Bei dieser Variante der Kurszielbestimmung erfolgt eine Ausdehnung der Preise entgegengesetzt zur laufenden Bewegung. Oder anders ausgedrückt: Die Korrektur schießt über das 100 %-Retracement und damit über den Beginn der Bewegung. Aber ein Chart sagt mehr als tausend Worte.

In Abbildung 127 ist links die grafische Darstellung einer Long-Extension und rechts einer Short-Extension. Für eine Extension benötigen Sie zwei Ankerpunkte:

- Bei der Long-Variante beginnend mit einem Swing-High = X, den 100 %, gefolgt von dem Swing-Low = A, den 0 %. Die Abwärtsbewegung XA wird korrigiert durch $\overline{AB}$, doch die Korrektur schießt über den Punkt X und endet am Punkt B. In dieser Grafik bei 127,2 %.

- Die Short-Variante beginnt mit dem Swing-Low = X, den 100 %, und es folgt das Swing-High = A, 0 %. Die Aufwärtsbewegung XA wird korrigiert durch $\overline{AB}$, wobei die Korrektur unter den Punkt X rauscht und am Punkt B endet. In diesem Fall bei 127,2 %.

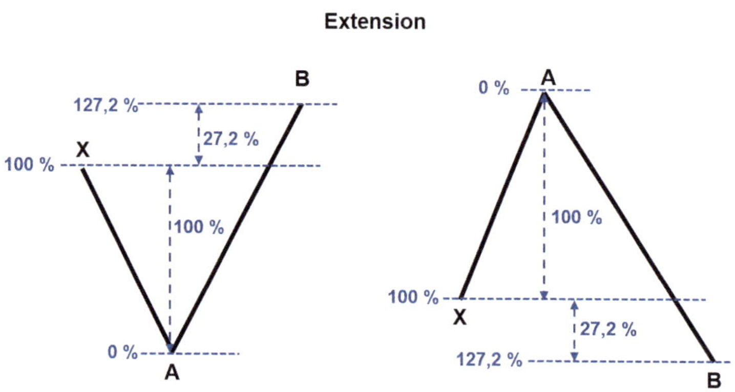

Abbildung 127: Links eine um 27,2 % überschießende Long-Extension und rechts eine um 27,2 % überschießende Short-Extension

Extension und Expansion – das ist jetzt sicher etwas verwirrend. Worin liegt der Unterschied?

Nun, bei einer Expansion wird die abgeschlossene Bewegung XA um einen Teil der Strecke XA korrigiert, bevor es dann wieder in der von $\overline{XA}$ vorgegebenen Richtung weitergeht. Es kann also ein klassisches Retracement eingezeichnet werden.

Bei einer Extension hingegen wird die abgeschlossene Bewegung XA nicht nur korrigiert, sondern es geht über den Beginn der Bewegung, den Punkt X, hinaus. Und das Kursziel dieser überschießenden Bewegung wird über das Tool der Extension bestimmt.

Wenn Ihr Charttool die Extensionen nicht anbietet, dann ist das kein Beinbruch. Sie müssen nur die Retracements anlegen und Ratios über den 100 % auswählen. Dann haben Sie Extensionen im Chart.

Die praktische Anwendung dieses Tipps finden Sie zum Beispiel in Abbildung 79, dem Einstiegs-Szenario des bullishen Shark. Beim Shark wird die PRZ C unter anderem bestimmt als Retracement von $\overline{OB}$ von 88,6 % bis zur 112,8 %-Extension von $\overline{OB}$. Es ist in diesem Fall ausreichend, ein Retracement zwischen den Punkten B (= 0 %) und B (= 100 %) anzulegen, und Sie erhalten das 88,6 %-Retracement von $\overline{OB}$ und die 112,8 %-Extension von $\overline{OB}$.

Noch ein Tipp: Ein geringes Überschießen über (= Long-Extension) beziehungsweise unter (= Short-Extension) den Punkt X geht noch als ***False Breakout*** durch. »Gering« sollte mit maximal 112,8 % von *XA* definiert werden.

Fibonacci-Extension – Kurszielbestimmung Long

Betrachten wir den echten Chart der Aktie der Bayer AG in Abbildung 128. Die Aktie bildet Ende März innerhalb weniger Tage eine abgeschlossene Abwärtsbewegung zwischen 106,05 € und 99,09 € aus. Es kommt zur Trendumkehr und die Aktie steigt wieder. Die Aufwärtsbewegung endet jedoch nicht an einem klassischen Retracement irgendwo zwischen dem Tief A und dem Hoch X. Die Aktie steigt über das Hoch X und bildet damit ein lupenreines Kaufsignal aus. Mit dem Fibonacci-Tool der Extension können wir nun Kursziele über dem Punkt X bestimmen. Am Tief A liegen die 0 % und am Hoch X die 100 %. Die Kursziele werden direkt zu diesen 100 % addiert. Also 100 % + 27,2 % ergibt das Kursziel von 127,2 % bei 107,97 € und die 161,8 % bei 110,35 € berechnen sich aus den 100 % + 61,8 %. In diesem vorliegenden Fall dreht der Kurs an Punkt B bei 112 € und nimmt die Abwärtsbewegung wieder auf.

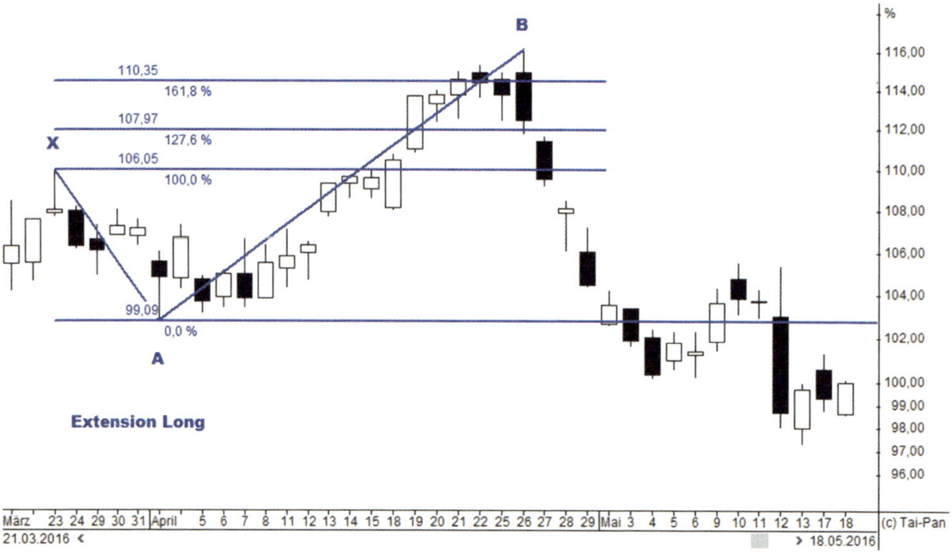

Abbildung 128: Die Aktie der Bayer AG im Tageschart vom 21.03.2016 bis 18.05.2016 mit einer Fibonacci-Extension Long

Dass das eine Extension ist, also die Ausdehnung einer Korrektur, erkennen wir erst, wenn das Tief von Punkt A unterschritten wird. Aber wir können mögliche Kursziele dieser »Überhitzung« mit dem Extension-Tool ermitteln.

Fibonacci-Extension – Kurszielbestimmung Short

Die Short-Variante der Fibonacci-Extension funktioniert genau umgekehrt wie die Long-Variante. Am Beispiel der Aktie der Allianz SE im Wochenchart vom 22.01.2016 – 23.12.2016 in Abbildung 129 ist dies dargestellt. Die abgeschlossene Aufwärtsbewegung vom Tief X, den 100 %, zum Hoch A, den 0 %, wird korrigiert. Allerdings endet diese Korrektur nicht an einem Retracement, sie rutscht unter das Tief bei X. In diesem Fall werden drei lange Lunten ausgebildet, die tiefste notiert bei 118,35 € und am Punkt B bei 127,2 % dreht der Markt wieder und die von $\overline{XA}$ vorgegebene Aufwärtsbewegung wird wieder aufgenommen.

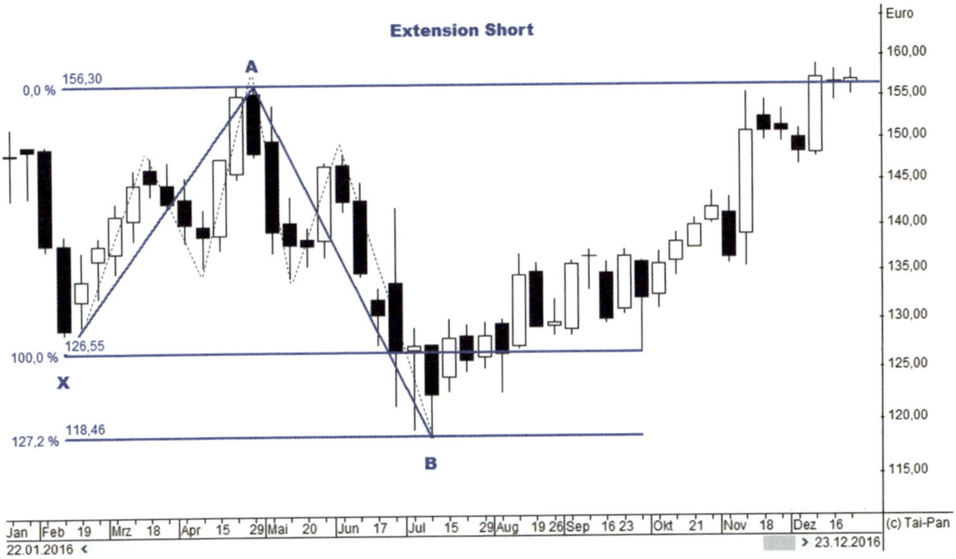

Abbildung 129: Die Aktie der Allianz SE im Wochenchart vom 22.01.2016 bis 23.12.2016 mit einer Fibonacci-Extension Short

Wer ein Auge für klassische Patterns hat, wird eine Kopf-Schulter-Formation entdecken, diese ist graugestrichelt eingezeichnet: Das Hoch bei A entspricht dem Kopf, rechts und links haben sich zwei Schultern ausgebildet. Allerdings entspricht das Tief bei B nicht dem rechnerischen Kursziel.

Fibonacci-Projektion

Diese Methode der Kurszielbestimmung mit Berücksichtigung der Korrektur wird beim Elliott-Wave-Principle angewendet.

Mit einer *Projektion* werden Kursziele in Trendrichtung *mit Berücksichtigung der Korrektur* bestimmt. Um das bereits gelernte Wissen vom Retracement anzuwenden: Die Bewegung XA (Impuls) und AB (Korrektur) ist beendet, nun geht es in die von XA vorgegebene Trendrichtung weiter in Richtung von Punkt C. Für C wird das mögliche Kursziel bestimmt.

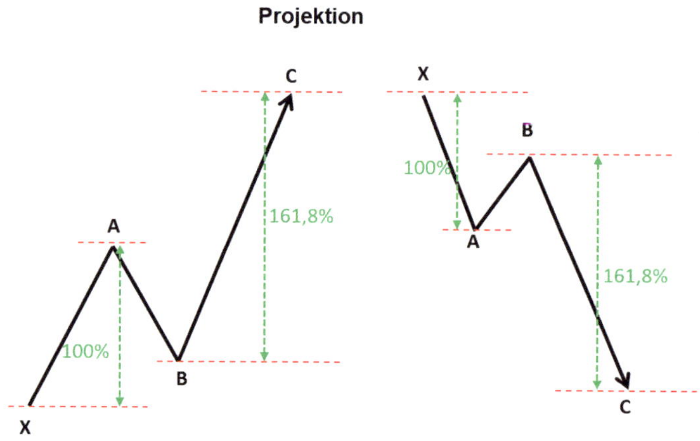

Abbildung 130: Projektionen mit einem Kursziel von 161,8 %, links an einer Aufwärtsbewegung und rechts an einer Abwärtsbewegung mit dem Kursziel C

Zum Anlegen einer Projektion benötigen Sie:

- Drei Ankerpunkte: ein Swing-High, ein Swing-Low und das Korrekturtief oder Korrekturhoch dazwischen, idealerweise endet die Korrektur an einem Retracement.
- Die 100 %-Bewegung – die Berechnungsgrundlage für die Kurszielbestimmung – ist die Strecke XA.
- Ausgehend von den 100 % – der Strecke XA – wird bei einer Aufwärtsbewegung am Korrekturtief B das Fibonacci-Kursziel nach oben abgetragen.

- Bei einer Abwärtsbewegung wird am Korrekturhoch B das Fibonacci-Kursziel nach unten abgetragen.
- Die relevanten Ratios für die Berechnung der Kursziele sind die 100 %, die 127,2 % und die 161,8 %.
- Seltener kommen bei einer starken Impulsbewegung die 261,8 % oder die 423,5 % vor.
- Die 100 %-Projektion entspricht einer symmetrischen Bewegung.

In Abbildung 130 sind in zwei Grafiken die Kurszielbestimmung mithilfe von Fibonacci-Projektionen für eine Aufwärts- und eine Abwärtsbewegung schematisch dargestellt. Die erste Impulsbewegung XA wird durch AB korrigiert. B liegt idealerweise an einem Fibonacci-Retracement. An B kommt es zu einer Umkehr und die Trendrichtung von XA wird wieder aufgenommen. Die Strecke XA entspricht den 100 %, der Basis für die Berechnung der Fibonacci-Projektion. An B werden nun die Kursziele in die von XA vorgegebene Richtung abgetragen.

Fibonacci-Projektion – Kurszielbestimmung Long

Als erstes Beispiel für Long-Kursziele in Abbildung 131 die Aktie der Daimler AG, und zwar im Wochenchart. Fibonacci-Kursziele können auch in größeren Zeitebenen von Investoren verwendet werden.

Am 25.11.2011 hat die Daimler AG bei 29,02 € ein Swing-Low ausgebildet. Dieser Punkt ist im Chart mit X markiert – im Vorgriff darauf, dass bei Patterns der Startpunkt des Musters ebenfalls mit X bezeichnet wird. Das ist der Start einer Aufwärtsbewegung bis 48,95 € am 14.03.2012 und dieses Swing-High ist mit A beschriftet. Diese Aufwärtsbewegung wird korrigiert – und zwar bis zum 78,6 %-Retracement, welches aber nicht auf Schlusskursbasis erreicht wird. Dieses befindet sich bei den 33,28 € und das Tief der Aktie bei 32,86 €, einer Differenz von 1,3 %. Bei der nun folgenden Aufwärtsbewegung werden höhere Hochs und höhere Tief ausgebildet, aber erst am 17.05.2013 wird der übergeordnete Aufwärtstrend mit einem höheren Hoch bestätigt.

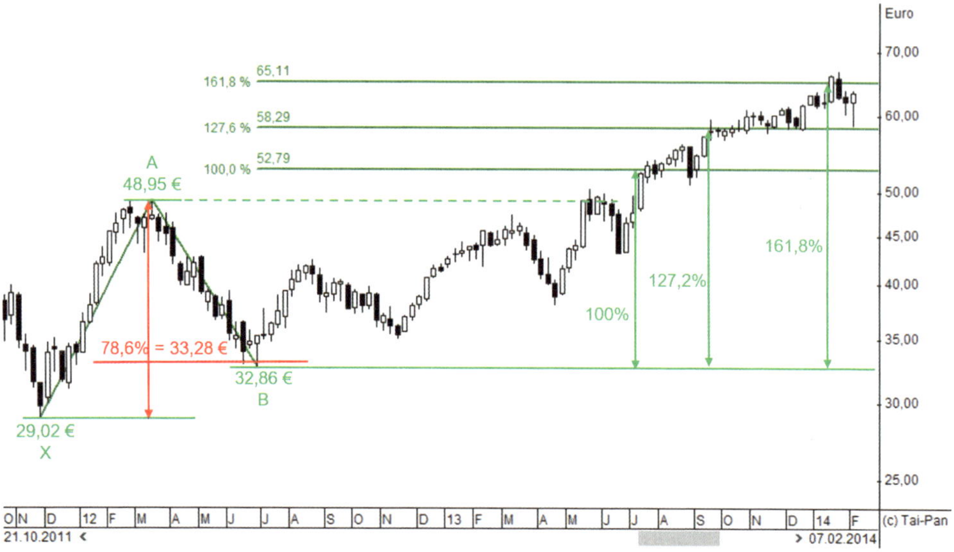

Abbildung 131: Der Wochenchart der Daimler AG vom 21.10.2011 bis 07.02.2014 mit Kurszielen, bestimmt über die Fibonacci-Projektionen, und zwar den 100 %, 127,2 % und den 161,8 %

Ausgehend von dem Swing-Low X und dem Swing-High A werden die 100 % Kursbewegung definiert. Diese werden dann am Korrekturtief B nach oben abgetragen. Die 100 %-Projektion = 52,79 € wurde im Juli 2013 erreicht, die 127,2 % = 58,29 € im September 2013 und die 161,8 % = 65,11 € im Januar 2014. Dass diese Fibonacci-Levels eine gewisse Relevanz haben, sehen Sie daran, dass die Marken mehrfach mit Eröffnungs- und Schlusskursen getestet werden.

Fibonacci-Projektion – Kurszielbestimmung Short

Für die Short-Variante dieser Kurszielbestimmung wird in Abbildung 132 der DAX im Stundenchart gezeigt. Er hat am 03.12.2015 ein Hoch bei 11.318 Punkten ausgebildet, im Chart mit X gekennzeichnet. Die Abwärtsbewegung zu A ging bis 10.632 Punkte am 04.12.2015. Das Korrekturhoch B wurde am 07.12.2015 bei 10.992 Punkten ausgebildet. Dieses Korrekturhoch liegt beim 50 %-Retracement = 10.975 Punkte der Abwärtsbewegung. Am 08.12.2015 wurde die Abwärtsbewegung mit einem tieferen Tief bestätigt. Die 100 %-Projektion = 10.306 Punkte wurde am 11.12.2015 mit einem Tief von 10.294 Punkten erreicht. Die 127,2 % =

10.117 Punkte wurden am 14.12.2015 mit 10.122 Punkten um 5 Punkte verfehlt. Anschließend ist der DAX wieder gestiegen.

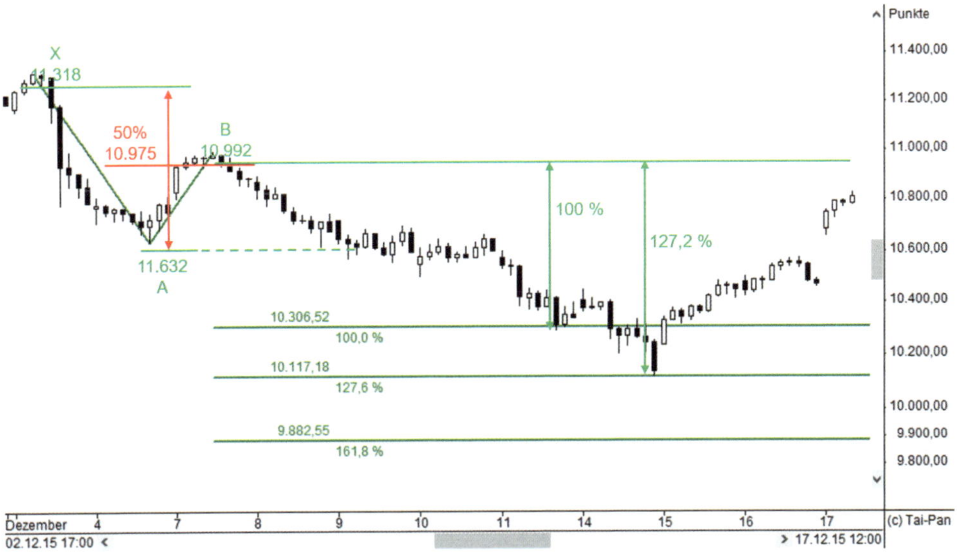

Abbildung 132: Der DAX im Stundenchart vom 02.12.2015 bis 17.12.2015 mit den Fibonacci-Projektionen 100 %, 127,2 % und den nicht erreichten 161,8 %

Fibonacci-Expansion

Diese Methode der Kurszielbestimmung in Trendrichtung ist *ohne Berücksichtigung der Korrektur*. Also der einzige Unterschied zur Projektion ist die Sache mit der Korrektur: *Projektion mit* und bei der *Expansion ohne* Berücksichtigung der Korrektur.

Der Aufbau der Grafik in Abbildung 133 ist identisch: Die Bewegung XA (Impuls) wird korrigiert (AB). Es kommt zu einer Umkehr an Punkt B und der Markt läuft in Trendrichtung weiter zum Kursziel bei Punkt C. Für diesen Punkt wird das Kursziel in der Variante Expansion bestimmt.

Zum Anlegen der Expansion benötigen Sie:

- Zwei Ankerpunkte, ein Swing-High und ein Swing-Low. Es folgt eine Korrektur, die idealerweise an einem Retracement endet.
  Diese Korrektur wird bei der Kurszielbestimmung nicht berücksichtigt!
- Die Strecke XA entspricht der 100 % Kursbewegung und die werden nun direkt am Punkt A nach oben abgetragen.
- Das wichtigste Ratio sind die 100 %, denn: Bei einer angenommenen Korrektur von 61,8 % ergibt das nach der Variante der Projektion ein 161,8 %-Kursziel.

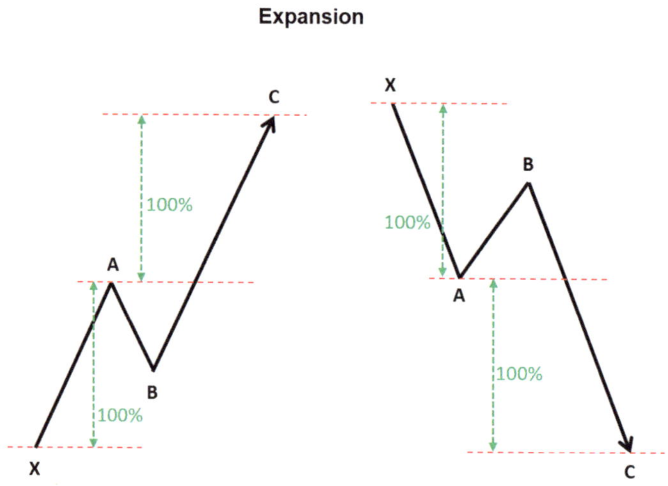

Abbildung 133: Expansion mit einem Kursziel von 100 %, links an einer Aufwärtsbewegung und rechts an einer Abwärtsbewegung mit dem Kursziel C

Insbesondere diese Variante wird beim Pattern-Trading angewendet!

Fibonacci-Expansion – Kurszielbestimmung Long

Bei dieser Variante wird das Kursziel in Trendrichtung bestimmt – wie bei einer Projektion auch – allerdings *ohne* Berücksichtigung der Korrektur.

Der Dow Jones Industrial Average in Abbildung 134: Nach einer mehrtägigen scharfen Abwärtsbewegung dreht der Dow Jones am 24.08.2015 bei 15.370 Punkten = dem Punkt X nach oben. Wenige Tage später, am 17.09.2015, erreicht er bei 17.358 Punkten ein Swing-High = A. Die nun folgende abwärtsgerichtete Korrektur erreicht ziemlich genau die 61,8 % = 15.967 Punkte. Mit einem Morning Star und einem Korrekturtief bei 15.942 Punkten am 29.09.2015 = Punkt B dreht der DJIA. So ein Morning Star gehört nach der statistischen Auswertung von Bulkowski übrigens auch zu den zuverlässigen Formationen. Die Trefferquote in einem Bullenmarkt beträgt 76 % und in einem Bärenmarkt 71 %.

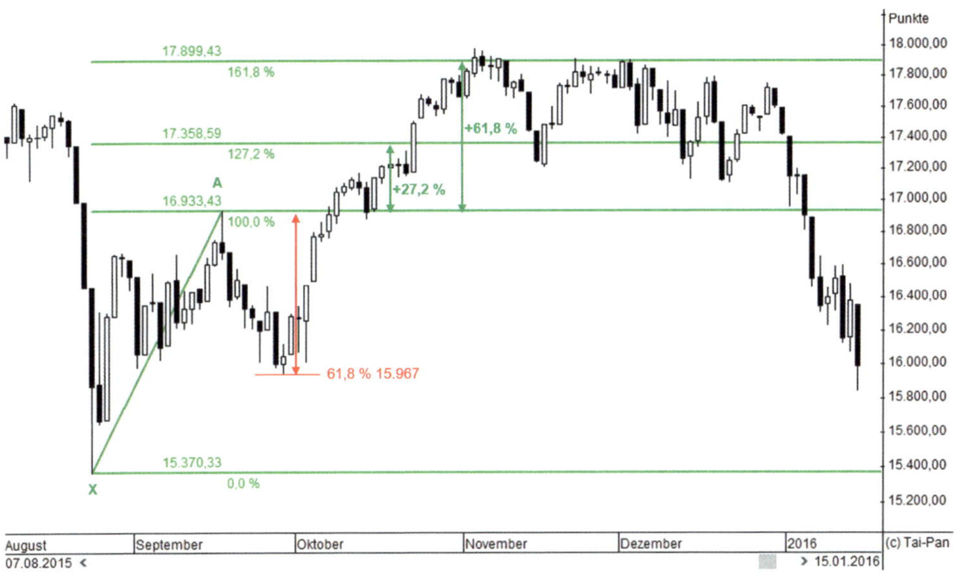

Abbildung 134: Dow Jones Industrial im Tageschart vom 07.08.2015 bis 15.01.2016 mit einer Fibonacci-Expansion Long

Auf jeden Fall: Der Markt dreht und steigt wieder. Mit der Lunte vom 07.10.2015 wird das letzte Swing-High = A überschritten.

Und nun sehen Sie den Unterschied zur Projektion: Die Kursziele 127,2 % und 161,8 % werden am Hoch A, den 100 %, direkt nach oben abgetragen, ohne dass das Korrekturtief in die Berechnung mit einfließt. Also die 100 % plus 27,2 % on Top drauf ergeben die 127,2 %. Das wird am 22.10.2015 förmlich überrannt. Wenige Tage später, am 03.11.2015, werden dann auch die 161,8 % erreicht, die 100 % plus 61,8 % on Top. Fünf Tage lang wird dieses zweite Kursziel getestet und nach einer kleinen Pause erneut mehrere Tage, bevor der Dow Jones deutlich fällt.

In Abbildung 135 ist genau diese Chartsituation mit Fibonacci-Projektionen dargestellt. Was auffällt, ist, dass bei beiden Varianten – der Expansion und der Projektion – das Hoch im Dow Jones Industrial = 17.977 Punkte sehr gut prognostiziert wurden:

Expansion: 161,8 % = 17.899 Punkte

Projektion: 127,2 % = 17.936 Punkte

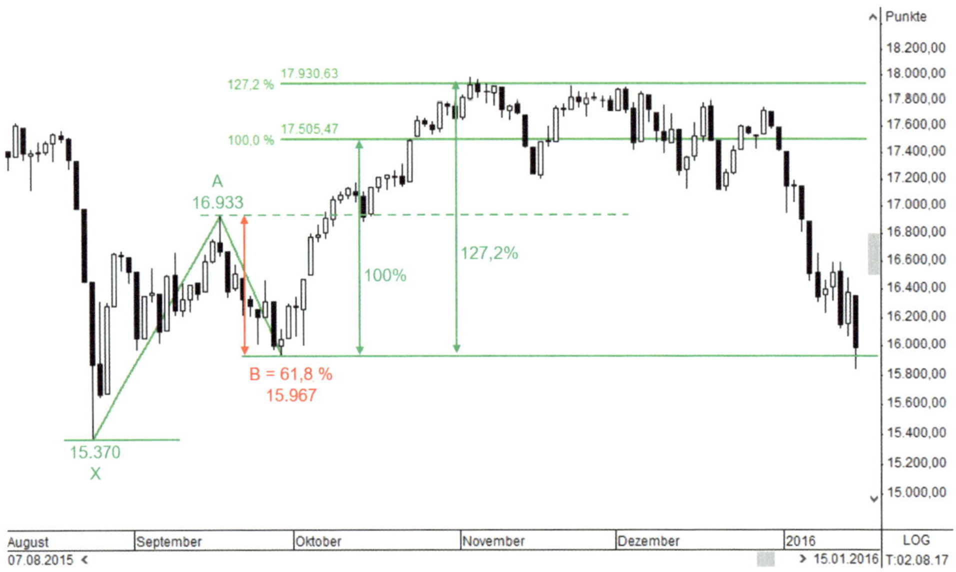

Abbildung 135: Dow Jones Industrial im Tageschart vom 07.08.2015 bis 15.01.2016 mit einer Fibonacci-Projektion Long

Das ist ein Unterschied von 37 Punkten oder 0,2 % in der Prognose und das tatsächlich erreichte Hoch notierte bei 17.977 Punkten.

Macht bei der Fibonacci-Expansion eine Differenz von 78 Punkten oder 0,4 % und bei der Fibonacci-Projektion eine Differenz von 41 Punkten oder 0,2 %.

Diese über Fibonacci ermittelten Zielzonen erlauben dem Trader oder Investor, Kursziele zu bestimmen und damit ein CRV für jeden Trade zu ermitteln!

Fibonacci-Expansion – Kurszielbestimmung Short

Bei diesem Beispiel für eine Short-Expansion muss der S&P 500 im Daily in Abbildung 136 herhalten. Am 03.11.2015 wird bei 2.116 Punkten das Hoch X ausgebildet. Die Abwärtsbewegung läuft bis zum 16.11.2015 bei 2.019 Punkten zum Tief A. Diese Bewegung wird korrigiert, es ist eine sehr starke Korrektur, denn sie läuft bis fast zum 88,6 %-Retracement = 2.105 Punkte. Das Korrekturhoch B wird bei 2.104 Punkten erreicht – also 1 Punkt zu wenig für eine Punktlandung zu den 88,6 %. Der Abwärtstrend wird mit einem tieferen Tief am 11.12.2015 bestätigt und am Handelstag darauf wurden schon die 127,2 % = 1.992,98 Punkte mit einem Tagestief bei 1.993,26 Punkten fast erreicht. Am 04.01.2016 dann wurde dieses Fibonacci-Expansionsziel mit 1.989 Punkten unterboten. Drei Handelstage später ging es mit viel Momentum unter die 161,8 % = 1.959 Punkte und nochmals sechs Handelstage später werden die 261,8 % = 1.862 Punkte mit 1.857 Punkten erreicht.

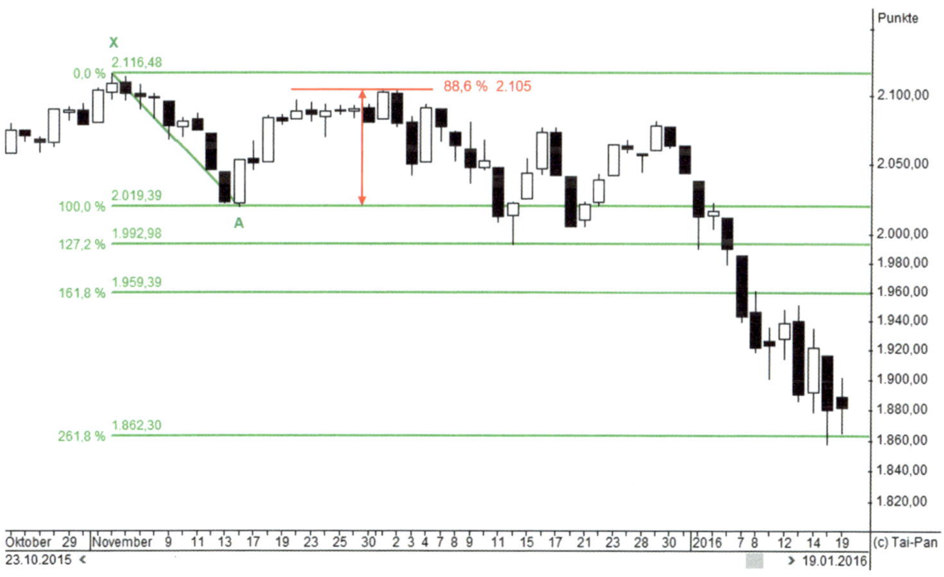

Abbildung 136: S&P 500 im Tageschart vom 07.08.2015 bis 15.01.2016 mit einer Fibonacci-Expansion Short

Fibonacci-Cluster

Kombiniert man die verschiedenen Methoden der Kurszielbestimmung – auch in unterschiedlichen Zeithorizonten – und ergeben sich dann Preisbereiche mit einer Häufung = Clustern von Kurszielen, dann ist die Wahrscheinlichkeit hoch, dass so ein Preisbereich erreicht wird.

In Abbildung 137 ist ein Cluster am Beispiel der SAP SE im Stundenchart gezeigt. In die abgeschlossene Aufwärtsbewegung vom 01.02.2017, 17:00 Uhr, bis 03.02.2017, 14:00 Uhr, wird für die mögliche Ermittlung der Kursziele ein Retracement reingelegt. Innerhalb von vier Stunden werden die 50 % erreicht, und zwar mit einer Abweichung von 1 Eurocent, das ist eine Punktlandung! Das Tief liegt bei 84,00 € und die 50 % bei 84,99 €.

Wem die Analysen der Autorin Karin Roller (www.boersen-knowhow.de) bekannt sind, kennt auch deren Standardsatz: Eine Korrektur besteht aus mindestens zwei Beinen. Und in diesem vorliegenden Fall war das nur ein Abwärtsbein. Da fehlt also noch was nach unten. Und in der Tat – das zweite Abwärtsbein folgt. Es kann eine grüne Projektion angelegt werden. Die 100 % liegen bei 84,75 € und »clustern« sich mit den roten 61,8 % = 84,72 € und die werden auch zügig erreicht. In diesem Fall ist es jetzt keine perfekte Punktlandung, denn das Tief liegt bei 84,58 €. Aber die Abweichung beträgt 0,17 € beziehungsweise 0,14 € und damit gerade mal 0,2 %.

Abbildung 137: Clusterbildung am Beispiel der SAP SE im Stundenchart vom 30.01.2017 bis 10.02.2017. In Rot das Retracement einer abgeschlossenen Aufwärtsbewegung und in Grün eine Projektion. Die roten 61,8 % und die grünen 100 % clustern sich.

Tipp: Sobald Sie Fibonacci-Kursziele bestimmt haben, schauen mal nach links im Chart. Diese Preiszonen haben oft in der Vergangenheit bereits als Unterstützung und/oder Widerstand gedient. Der SAP SE Stundenchart wurde in Abbildung 138 um den Monat Januar ergänzt. Die Zone zwischen den 84,99 € und 84,72 € hat bereits mehrfach als Widerstand und Unterstützung fungiert. Was ja nichts anderes heißt, als dass um diese Preisbereiche herum Orders liegen. Kauf- und/oder Verkaufsorders. Und je nachdem, auf welcher Seite der Orderüberhang liegt, erfolgt die Reaktion nach oben oder nach unten.

Denn wir dürfen eines nicht vergessen: »Börse« ist nicht Zufall wie einfaches Würfeln mit einer Chance fifty-fifty. Börse ist ***Würfeln mit Gedächtnis*** – mit dem Gedächtnis der Marktteilnehmer, die charttechnisch relevante Marken kennen und danach traden. Die eben ihre Orders an solche relevanten Marken gelegt haben.

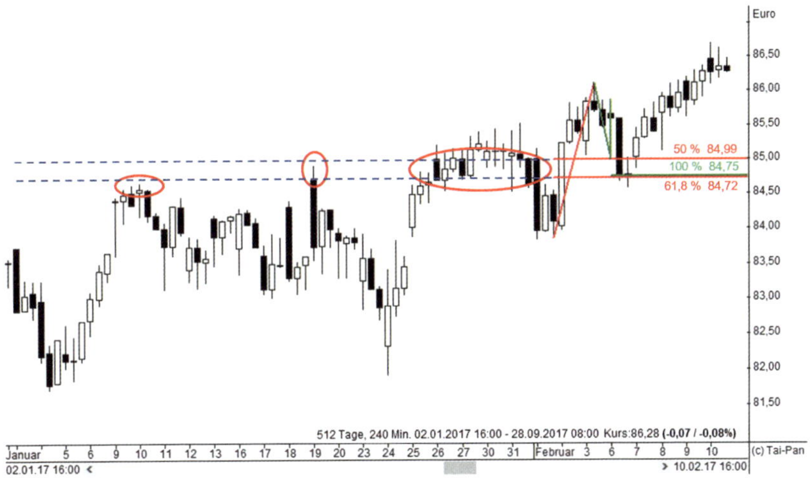

Abbildung 138: Ergänzen wir den Chart aus Abbildung 137 um den Januar und schauen uns den der Übersichtlichkeit halber als H4-Chart an. Die beiden Fibonacci-Zielzonen zwischen 84,99 € und 84,72 € waren bereits im Januar relevant. Am 9./10.01.2017 wird der untere Preisbereich als Widerstand getestet und am 19.01.2017 erfolgt sogar ein »Durchstechen«. Ab dem 26.01.2017 verläuft eine Seitwärtsphase in dieser Zielzone

Cluster finden Sie nicht nur im Tageschart, sondern in allen Zeitebenen. In Abbildung 139 ist als Beispiel ein 5-Minuten-Chart vom DAX eingefügt, vom 13.02.2017.

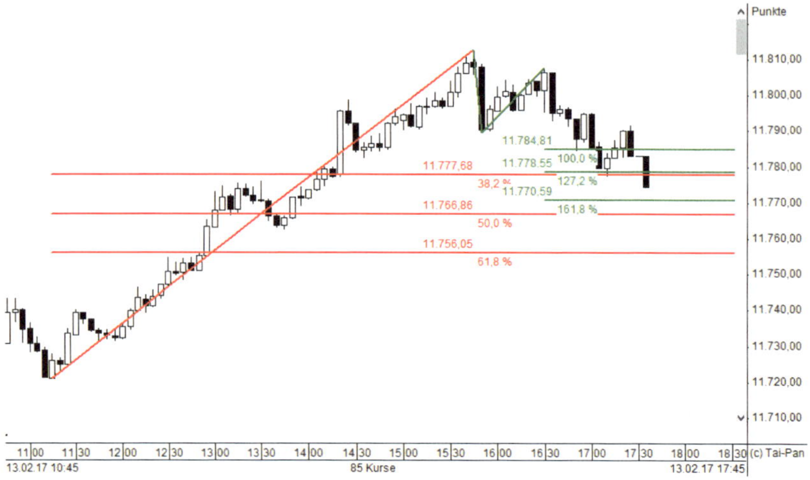

Abbildung 139: Der DAX im M5 vom 13.02.2017 mit roten Retracements und grünen Projektionen. Die roten 38,2 % = 11.777 Punkte und die grünen 127,2 % = 11.778 Punkte bilden ein Cluster mit nur einem Punkt Differenz. Der Tagesschlusskurs lag bei 11.774 Punkten. Eine Differenz von 0,03 %!

Fazit Fibonacci

Auf den letzten Seiten wurde Ihnen die Theorie, die hinter »Fibonacci« steckt, erläutert und Sie haben die vier Varianten der Kurszielbestimmung mit Fibonacci anhand gezeichneter Grafiken und realer Charts kennengelernt: Retracements, Extensionen, Projektionen und Expansionen.

Im Tageschart der Daimler AG (Abbildung 140) werden alle vier Varianten der Fibonacci-Kurszielbestimmung vom 24.02.2014 bis 02.06.2014 ausgebildet, und zwar hintereinander weg, ohne Pause. Beginnend im März mit einer Extension (in Blau hinterlegt). Der Kerzenkörper hat die 127,2 % erreicht, die Lunte fast die 161,8 %. Daran hat sich direkt eine 161,8 %-Projektion angeschlossen (in Grün hinterlegt). Direkt gefolgt von einem Retracement (in Rot hinterlegt), welches ein Korrekturlevel von 61,8 % erreicht hat. Die folgende Bewegung ist eine weitere Projektion (in Grün hinterlegt), die 127,2 % erreicht, und es schließt sich noch eine Expansion (in Dunkelblau hinterlegt) an, die 161,8 % erreicht.

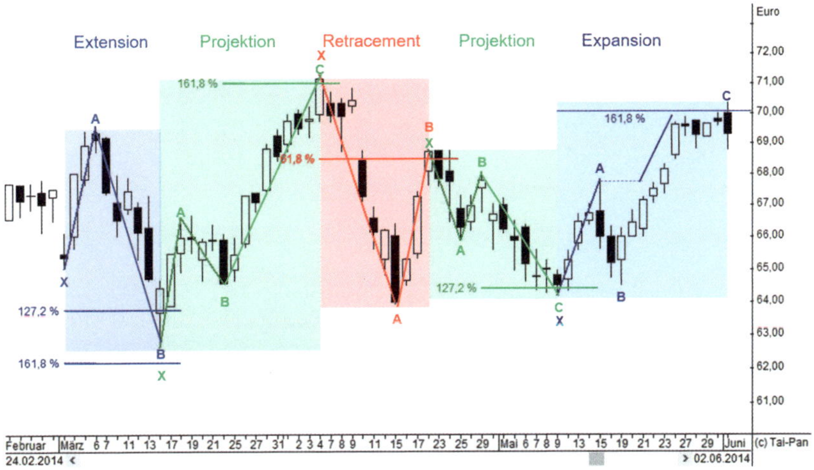

Abbildung 140: In diesem Daimler-AG-Tageschart sind alle vier Fibonacci-Kurszielvarianten eingezeichnet. Beginnend in Blau die Extension, gefolgt von einer Projektion in Grün, gefolgt von einem Retracement in Rot und nach einer weiteren Projektion in Grün noch eine Expansion in Dunkelblau

… da sag noch einer, Fibonacci funktioniert nicht … ☺

Was von dem vorgestellten Fibonacci-Wissen benötigen Sie fürs Pattern-Trading?

- **Retracements:** Korrekturlevels einer abgeschlossenen Bewegung bestimmen
- **Expansion:** Kurszielbestimmung in Trendrichtung ohne Berücksichtigung der Korrektur
- **Projektion:** Kurszielbestimmung in Trendrichtung mit Berücksichtigung der Korrektur
- **Beschriftung:**
  X = Beginn des Patterns
  A = erstes Hoch/Tief in Trendrichtung
  B = Korrekturtief/Korrekturhoch der ersten Bewegung
  C = Hoch/Tief der darauffolgenden Bewegung in Trendrichtung
  D = das über Projektion oder Expansion berechnete Ende des Patterns, die *Price Reversal Zone D* und der Handelszeitpunkt

ANHANG III – ELLIOTT WAVE PRINCIPLE

Der US-Amerikaner Ralph Nelson Elliott hat in den späten 1920er-Jahren das Elliott Wave Principle entwickelt. Elliott war Buchhalter und hat während einer schweren, jahrelangen Erkrankung, die ihn ans Bett fesselte, den Kursverlauf des Dow Jones Industrial Average studiert.

Ralph Nelson Elliott (1871–1948) war Buchhalter und unter anderem für Eisenbahngesellschaften in Mittelamerika und Mexiko tätig. In den 1930er-Jahren war er oberster Buchhalter in Nicaragua, als das Land US-Protektorat war. In dieser Zeit erkrankte er so schwer, dass er mit 58 Jahren frühzeitig in den Ruhestand gehen musste. Im »Un«-Ruhestand analysierte er Charts von US-Aktien und US-Indizes, vom Jahreschart bis hin zum 30-Minuten-Chart, und entwickelte daraus eine Theorie über Kursbewegungen, das Elliott Wave Principle. 1934 nahm er mit Charles J. Collins, dem Herausgeber eines wöchentlichen Börsenbriefes, Kontakt auf und präsentierte ihm seine Theorie sowie eine Prognose des Dow Jones Industrial Average. Er prognostizierte den kleinen Kursrückgang 1935 und dessen Ende fast auf den Tag genau und sagte einen langjährigen Bullenmarkt voraus. 1938 veröffentlichte er ***The Wave Principle*** und 1946 sein Hauptwerk ***Nature's Law – The Secret of the Universe***.

An der Börse werden Emotionen gehandelt: Wünsche, Hoffnungen, Gier und Angst. Blicken wir auf die drei Phasen eines *primären Trends* der Dow-Theorie zurück (ab Seite 211). Da ist die Rede von der *Akkumulationsphase* und der *Phase der öffentlichen Beteiligung* – die *Wünsche* und *Hoffnungen* der Kursteilnehmer treiben die Kurse nach oben. In der *Distributionsphase*, der *Absturzphase*, herrschen die *Angst und Verzweiflung* der Marktteilnehmer vor. Die Kursextreme sind Überreaktionen der Marktteilnehmer auf der Angebots- und Nachfrageseite.

Elliott war mit den Arbeiten von Charles Henry Dow vertraut und er sah in seinem Wellenprinzip eine geeignete Ergänzung zur Dow-Theorie. Elliott versuchte in seinem Wellenprinzip, die psychologischen Aspekte der Käufer und Verkäufer zu berücksichtigen. Die Elliott-Wellen-Theorie ist insbesondere eine Analyse massenpsychologisch bedingter Marktbewegungen des Aktienmarktes. Denn Märkte werden von Menschen gestaltet. Auch die Programme der Algo-Trader sind von Menschen programmiert. Unter Algo-Trader versteht man vollautomatische Kauf- und Verkaufsprogramme, einen reinen Computerhandel. Viele der Computerprogramme arbeiten mit ähnlichen Modellen, sodass in bestimmten Trendphasen eine Art Kettenreaktion stattfindet und die Kursbewegungen dramatisch verstärkt werden

Mit den Elliott-Waves lässt sich das Verhalten der Markteilnehmer beschreiben. Deren Verhaltensmuster wiederholen sich ständig, was sich im Kursverlauf widerspiegelt und die Kursmuster vorhersehbar macht. Aus der genauen Beschreibung und Analyse des Marktes wird somit ein Prognoseinstrument. Als mathematische Grundlage für die Kurszielbestimmung der Wellen dienten Elliott die Fibonacci-Ratios.

Grundlegende Muster

Das grundlegende Konzept der Elliott-Waves basiert auf der Annahme, dass sich Marktbewegungen (= Preise) aufgrund massenpsychologischer Verhaltensweisen verändern und sich daraus immer wiederkehrende, selbstähnliche Wellenformationen im Chart ableiten lassen. Hier gilt es natürlich zuerst zu klären, wie eine Welle überhaupt definiert wird: Jede Bewegung mit einem neuen Hoch oder einem neuen Tief ist eine eigene Welle. Das gilt über alle Zeithorizonte.

Elliott ging davon aus, dass die Kursentwicklung bestimmten Regeln folgt und dabei spezifische Wellenmuster ausbildet. Diese Wellenmuster beinhalten Längen- und Zeitverhältnisse. Durch die Identifizierung dieser Wellenmuster wird der künftige Kursverlauf prognostizierbar. Das *Elliott Wave Principle* ist in einem stringenten Regelwerk festgehalten.

Es gibt zwei grundlegende Muster: das Grundmuster einer Hausse und das Grundmuster einer Baisse (Abbildung 141). Ein Grundmuster besteht jeweils aus einem Impuls und einer Korrektur.

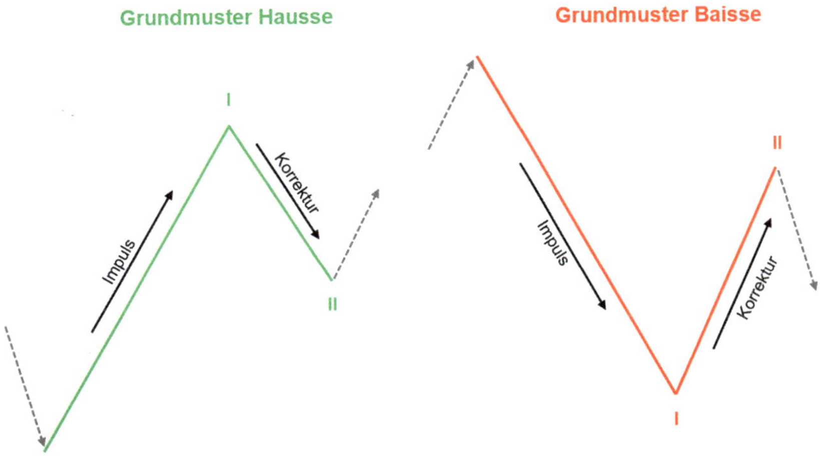

Abbildung 141: Die beiden Grundmuster des Elliott Wave Principle: links das aufwärtsgerichtete Grundmuster der Hausse, rechts das abwärtsgerichtete Grundmuster der Baisse

Die Richtung des Impulses korrespondiert mit dem übergeordneten Trend. Die Korrekturwellen entwickeln sich gegen diesen Trend. Ein Impuls besteht aus 5 Subwellen, eine Korrektur besteht aus 3 Subwellen. *Auf die Ausnahmen dieser Regeln wird später eingegangen.*

Damit jetzt mit der Nummerierung der Wellen nichts schiefgeht, werden

- Impulse immer numerisch und
- Korrekturen immer alphabetisch durchgezählt.

In Abbildung 142 sind die 5 (numerischen) Subwellen in den grünen und roten Impuls I eingefügt und beschriftet, ebenso die 3 (alphabetischen) Subwellen in die grüne und rote Korrektur II. Bei Elliott-Waves erfolgt die Beschriftung immer am Ende der Welle. Ein Impuls und eine Korrektur ergeben einen Zyklus, der in 8 Subwellen aufgeteilt werden kann. Jede dieser Subwellen kann ihrerseits wieder in Subwellen geteilt werden. In Trendrichtung ist es dann ein 5-teiliger Impuls, entgegen der Trendrichtung eine 3-teilige Korrektur.

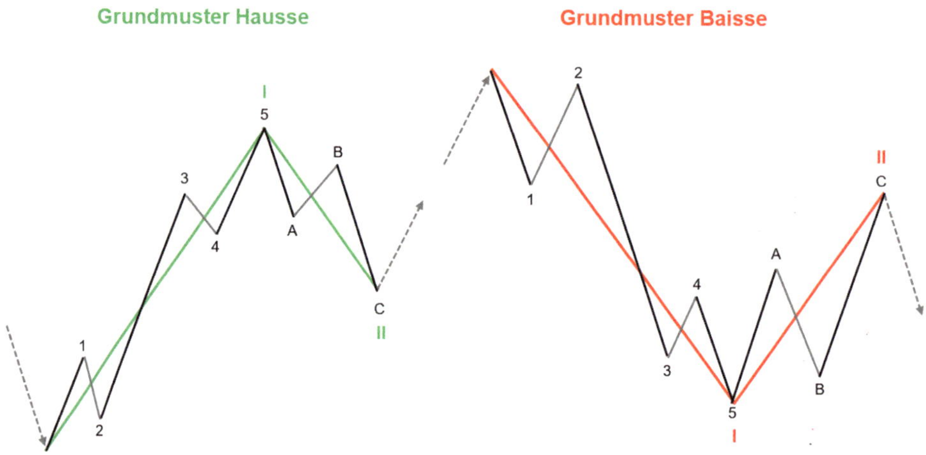

Abbildung 142: Die beiden Grundmuster wurden nun mit den untergeordneten Subwellen versehen. 5 Subwellen im Impuls und 3 Subwellen in der Korrektur

Betrachten wir die schwarzen Subwellen 1-2-3-4-5-A-B-C. Die Subwellen in Trendrichtung sind wieder 5-teilig, und die Subwellen entgegen der Trendrichtung sind 3-teilig.

In einer *Aufwärtsbewegung* sieht das dann so aus wie in Abbildung 143. Die Trendrichtung für die grüne Welle I ist aufwärts. Also sind die schwarzen Subwellen in Trendrichtung – die Wellen 1 und 3 und 5 – ebenfalls 5-teilig. Die Korrekturwellen der grünen Welle I sind die Subwellen 2 und 4. Da diese entgegen der von Welle I vorgegebenen Trendrichtung verlaufen, sind sie 3-teilig. Die Trendrichtung der grünen Welle II ist abwärts. Demnach sind die Subwellen A und C in Trendrichtung und damit 5-teilig. Die Subwelle B ist eine Korrekturwelle, denn sie verläuft entgegen der von der Welle II vorgegebenen Trendrichtung und ist damit 3-teilig.

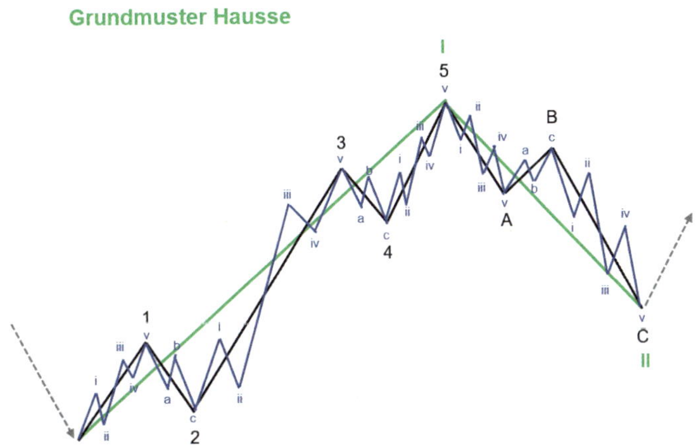

Abbildung 143: Die schwarzen Subwellen eines grünen Grundmusters Hausse, in ihre blauen Subwellen aufgedröselt

In einer Abwärtsbewegung verhält sich das genau andersherum, wie in Abbildung 144 dargestellt. Die rote Welle I gibt die Trendrichtung des Impulses vor: abwärts. Damit sind die schwarzen Subwellen 1, 3 und 5 in Trendrichtung und damit 5-teilig. Die Subwellen 2 und 4 verlaufen entgegen der von Welle I vorgegebenen Trendrichtung, es sind somit Korrekturwellen und 3-teilig. Bei der roten Welle II ist die Trendrichtung aufwärts. Damit verlaufen die Subwellen A und C in Trendrichtung und sind 5-teilig, die Subwelle B verläuft entgegen der von der roten Welle II vorgegebenen Trendrichtung, sie ist damit eine Korrekturwelle und 3-teilig.

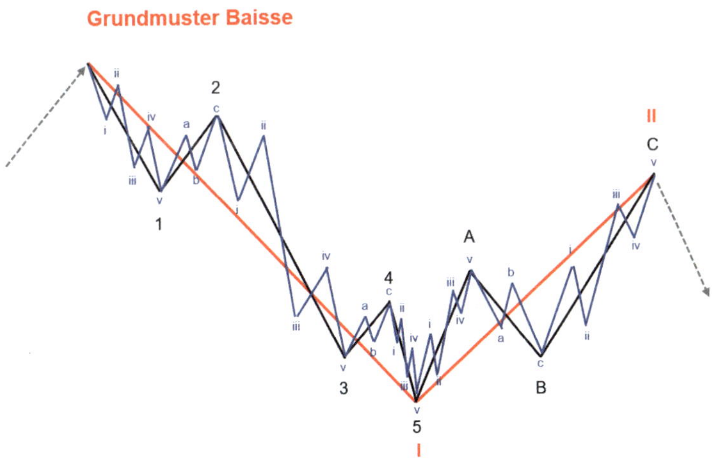

Abbildung 144: Die schwarzen Subwellen eines roten Grundmusters Baisse, in ihre blauen Subwellen aufgedröselt

Diese Basics nochmals kurz zusammengefasst:

Jede einzelne Welle lässt sich in Subwellen unterteilen. Die Wellen 1, 3, 5, A und C sind Impulswellen, da sie in Richtung des übergeordneten Trends gerichtet sind und sich in 5 Subwellen unterteilen lassen. Die Korrekturwellen 2, 4 und B laufen entgegen dem übergeordneten Trend und lassen sich in 3 Subwellen unterteilen. Dieser Prozess kann in beide Richtungen fortgesetzt werden – also übergeordnet eine Zeitebene höher und untergeordnet eine Zeitebene tiefer. Daraus ergibt sich die fraktale Struktur der Elliott-Waves.

Fraktal (lat. fractus = gebrochen, von frangere = brechen, in Stücke zerbrechen) ist ein 1975 von Benoît Mandelbrot (1924–2010, französisch-US-amerikanischer Mathematiker) geprägter Begriff, der geometrische Muster bezeichnet, die in Einzelteile unterteilt werden können, die einen hohen Grad von Selbstähnlichkeit aufweisen.

Um die Übersicht zu behalten, muss bei der Wellenbezeichnung eine feste Nomenklatur eingehalten werden. Ralph N. Elliott hat hierfür eine geniale wie simple Methode entwickelt: Impulse werden numerisch und Korrekturen alphabetisch gezählt. Die einzelnen Wellengrade werden in einem bestimmen Schrifttyp gekennzeichnet.

Bei den Grafiken von Abbildung 141, Abbildung 142, Abbildung 143 und Abbildung 144 wird der:

- übergeordnete rote oder grüne Trend mit großen römischen Ziffern I + II gekennzeichnet,
- deren schwarze Subwellen eine Ebene tiefer in arabischen Ziffern 1-2-3-4-5 und Großbuchstaben des lateinischen Alphabets A-B-C und
- deren blaue Subwellen in kleinen römischen Ziffern i-ii-iii-iv-v und kleinen Buchstaben des lateinischen Alphabets a-b-c.

Impulsmuster sind relativ einfach zu identifizieren und prognostizieren. Bei Korrekturmustern sieht das etwas anders aus, es können viele Varianten und Kombinationen ausgebildet werden, die dem Anwender das Identifizieren und Prognostizieren erschweren.

Wie sieht das in einem echten Chart aus? In Abbildung 145 ist ein DAX-Stundenchart mit einem kompletten Marktzyklus abgebildet. Die Welle 2 hat die Welle 1 im Tief um 78,6 % korrigiert, die Welle 3 hat eine Ausdehnung von 161,8 % der Welle 1 erreicht und die Welle II hat die Welle I um 78,6 % korrigiert. Die Subwellen der Wellen 1-2-3-4-5-A-B-C erschließen sich nicht in diesem Chart, da müsste eine Zeitebene tiefer, also zum Beispiel im M15 oder M5, gezählt werden.

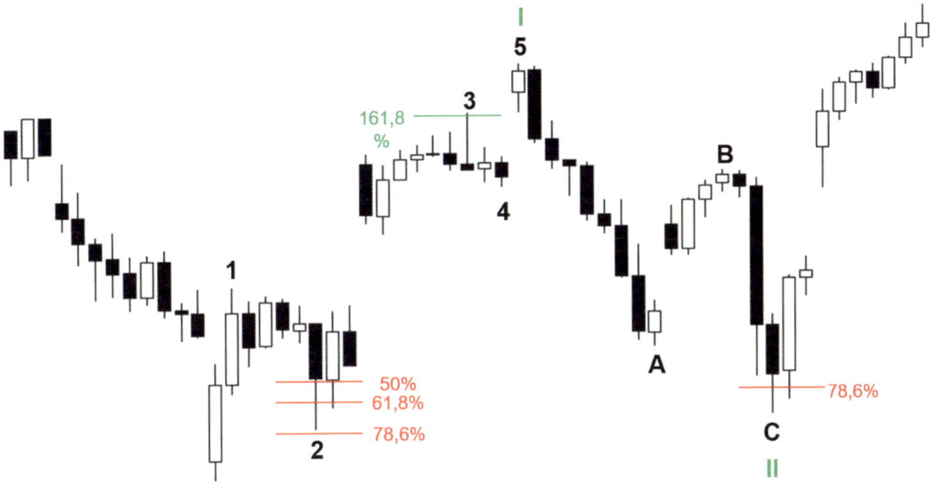

Abbildung 145: Das ist der Stundenchart des DAX. Ein kompletter Zyklus mit den Wellen 1-2-3-4-5-A-B-C ist durchgezählt, inklusive Fibonacci-Ratios

Nach den Basics nun zu einigen wohldosierten Regeln und Richtlinien. Worin liegt der Unterschied? Regeln *müssen* erfüllt werden, Richtlinien *können* erfüllt werden. Bereits in diesem kleinen Chartausschnitt können Sie erkennen, dass in einem Impuls in der Regel lange Kerzen und Gaps ausgebildet werden und in Korrekturen die Kerzen oft klein sind. Getreu dem Motto »Zwei Schritte vor und einen zurück«.

Impulswellen

Impulswellen laufen in Trendrichtung und bestehen aus 5 Subwellen. Die interne Struktur der 5 Subwellen ist 5-3-5-3-5. Sie werden numerisch gezählt. In einem kompletten Marktzyklus sind die Wellen 1, 3, 5, A und C Impulswellen. In Abbildung 146 ist eine Impulswelle schematisch dargestellt, und zwar als Aufwärts- und als Abwärtsbewegung.

Regeln:

- Welle 2 kann niemals unter das Preisniveau von Welle 1 fallen.
- Welle 3 ist niemals die kürzeste der Impulswellen – im Vergleich mit Welle 1 und 5.
- Welle 4 reicht niemals in das Preisniveau von Welle 1, *außer* bei einem diagonalen Dreieck oder Rohstoffen.
- Welle 5 übertrifft das Preisniveau von Welle 3, außer bei einem Versager (Failure 5th).
- In einem Abwärtsimpuls gilt das vice versa.

Richtlinien:

- Welle 3 zeigt das höchste Momentum, außer wenn Welle 5 die längste Welle ist.
- Das Volumen ist in der Welle 4 geringer als in Welle 3.
- »Rule of Alternation«: In der Regel alterniert die interne Struktur. Das bedeutet, dass in den Korrekturwellen 2 und 4 unterschiedliche Korrekturmuster auftreten.

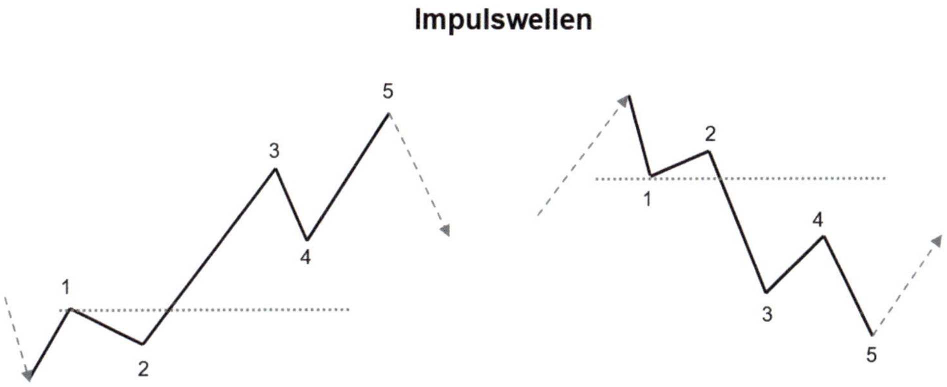

Abbildung 146: Schematische Darstellung einer Impulswelle

Failure 5th

Wenn eine Welle 5 das Preisniveau der Welle 3 *nicht* übertrifft, spricht man von einem Versager (= Truncated 5th oder Failure 5th) (Abbildung 147). Gleiches gilt natürlich für einen Abwärtsimpuls: wenn die Welle 5 das Preisniveau der Welle 3 nicht unterbietet. Es gelten dieselben Regeln und Richtlinien der Impulswellen von Seite 272.

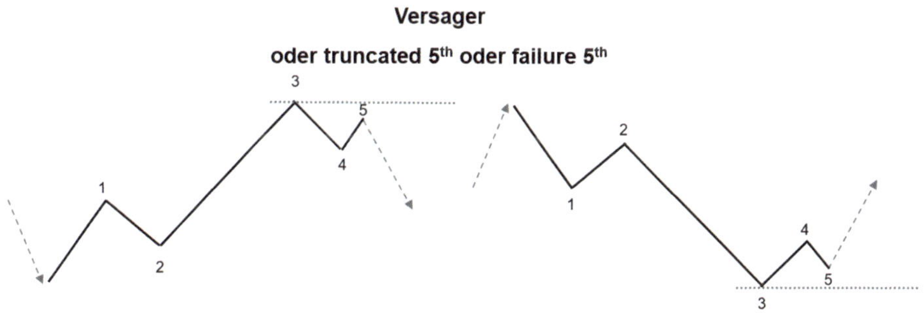

Abbildung 147: Schematische Darstellung einer versagenden 5. Welle, eines Failure 5th, bei der die Welle 5 das Hoch der Welle 3 nicht übertrifft

Auch bei einer versagenden Welle 5 besteht der komplette Impuls aus 5 Subwellen mit der internen Struktur 5-3-5-3-5, wobei die Subwelle 5 kein höheres Hoch (im Aufwärtstrend) beziehungsweise keine tieferes Tief (im Abwärtstrend) ausbildet. Ein Versager deutet an, dass der Trend schwach ist und wechseln wird.

Diagonales Dreieck Typ 1 = Keil

Ein Impuls kann auch als Dreieck ausgebildet werden. In diesem Fall kommt es zwingend zu einer Überschneidung der Wellen 1 und 4. Dreiecke sind relativ tricky, weil es auch Dreiecke als Korrekturmuster gibt.

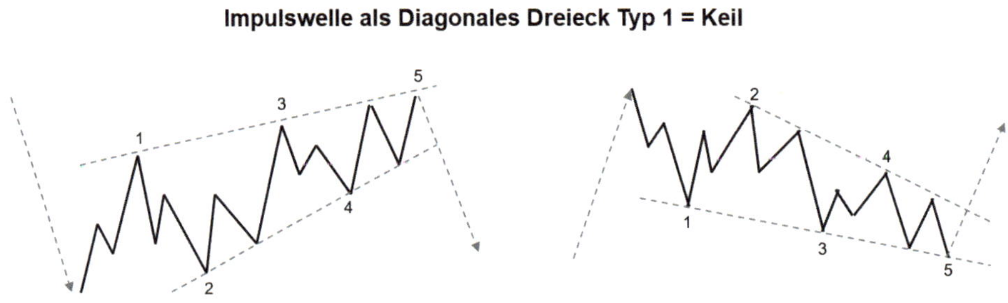

Abbildung 148: Impulswellen in Form eines Dreiecks Typ 1, interne Struktur 3-3-3-3-3

Dieses diagonale Dreieck vom Typ 1 besteht aus 3-teiligen Subwellen! Ist aber trotzdem ein Impulsmuster (Abbildung 148). Beim Pattern-Trading entspricht es einem Keil.

- Impulsmuster, normalerweise ein Abschlussmuster in einer Welle 5 oder C
- = Ending Diagonal Triangle (EDT)
- In der Regel folgt eine scharfe Korrektur
- Konvergierende Begrenzungslinien
- Wellen 4 und 1 überlappen
- Welle 3 kann nicht die kürzeste Welle sein
- Besteht aus 5 Subwellen, interne Struktur: 3-3-3-3-3

Diagonales Dreieck Typ 2 = Keil

Dieses diagonale Dreieck vom Typ 2 (Abbildung 149) hat die typische interne Struktur eines Impulses: 5-3-5-3-5. Ansonsten sieht es aus wie das diagonale Dreieck Typ 1 und entspricht im Pattern-Trading einem Keil.

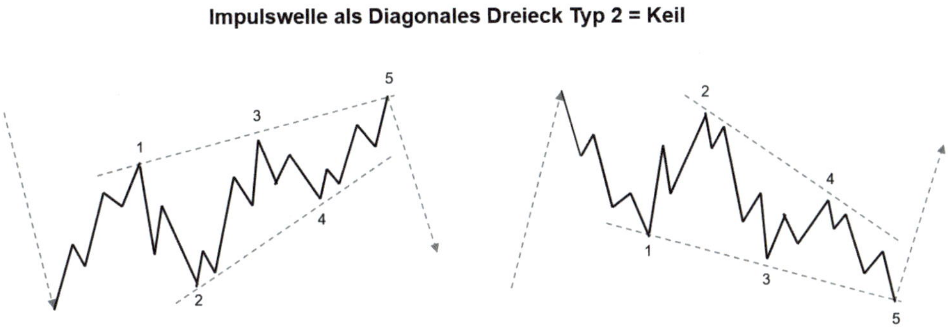

Abbildung 149: Impulswellen in Form eines Dreiecks, Typ 2, interne Struktur 5-3-5-3-5

- Impulsmuster, wird in der Regel in Welle 1 oder A ausgebildet
- = Leading Diagonal Triangle (LDT)
- Es folgt keine scharfe Korrektur und kein Richtungswechsel, da es kein Abschlussmuster in einer finalen Welle ist, sondern einen Impuls startet.
- Konvergierende Begrenzungslinien
- Wellen 4 und 1 überlappen
- Welle 3 kann nicht die kürzeste Welle sein
- Besteht aus 5 Subwellen, interne Struktur: 5-3-5-3-5

Extension = Ausdehnung

Nicht nur beim Frisör gibt es Extensions, auch bei den Elliott-Waves. Impulse können extensieren – sich ausdehnen (Abbildung 150). Bei einem solchen Impuls kann nicht mehr einfach auf 1-2-3-4-5 gezählt werden. In der Regel extensiert die Welle 3, dann sind die Wellen 1 und 5 gleich lang. In Rohstoffmärkten dehnt sich oft die Welle 5 aus.

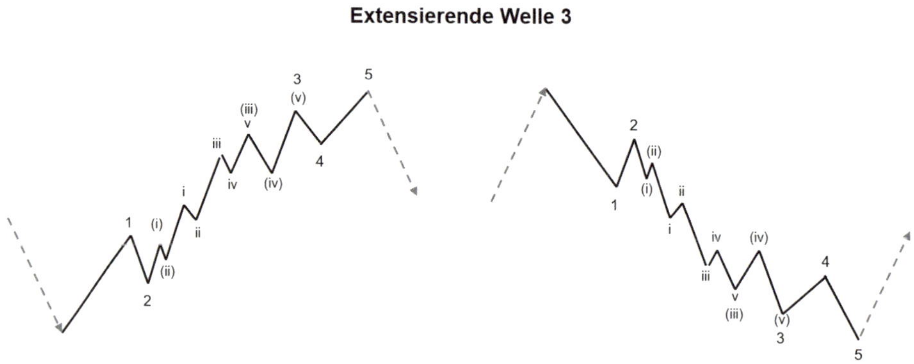

Abbildung 150: Eine extensierende Welle 3

Korrekturmuster

Damit kommen wir zu den Korrekturmustern. Die gute Nachricht zuerst: Es gibt nur drei Grundtypen von Korrekturmustern:

- ZigZag
- Flat
- Dreieck

Aber: Diese drei Grundtypen treten in vielen Variationen und komplexen Kombinationen auf, sodass selbst geübte Elliott-Waver ihre Schwierigkeiten damit haben, Korrekturmuster korrekt zu labeln.

In Bezug auf Korrekturen gibt es folgende wichtige Aussagen:

- Korrekturen bestehen immer aus 3 Subwellen, *außer* bei Dreiecken.
- Korrekturen bestehen niemals aus 5 Subwellen, *außer* Korrektur-Dreiecke. Eine gegen den übergeordneten Trend gerichtete fünfwellige Bewegung ist deshalb erst der Anfang einer Korrektur.
- Häufig (nicht immer!) enden Korrekturen am Endpunkt der vorangegangenen Welle 4.
- Korrekturen sind viel schwieriger abzuzählen als Impulsmuster.
- Sobald kein eindeutiger Wave-Count möglich ist, ist es eine Korrektur! Kompliziert aussehende Korrekturen sind zum Handeln meist wenig lukrativ, deswegen lassen Sie diese am besten außen vor. *»If it smells, don't eat it!«*

ZigZag

Ein ZigZag entspricht einer scharfen Korrektur und ist einfach zu erkennen. Eingeleitet wird ein ZigZag von einer fünfwelligen Bewegung gegen den vorangegangenen Trend, der Welle A. Anschließend folgt eine dreiwellige Bewegung in Richtung des vorangegangenen Trends, der Welle B. Zum Abschluss geht es mit einem Fünfer wieder gegen den vorangegangenen Trend, die Welle C.

- Heftige Korrektur
- Einfach zu erkennen
- Kann ein Doppel- oder Dreifach-ZigZag ausbilden, wobei dies nicht üblich ist, da keine Alternation vorliegt.
- Das Volumen in einer Welle B ist niedriger als in einer Welle A.
- Interne Struktur: 5-3-5

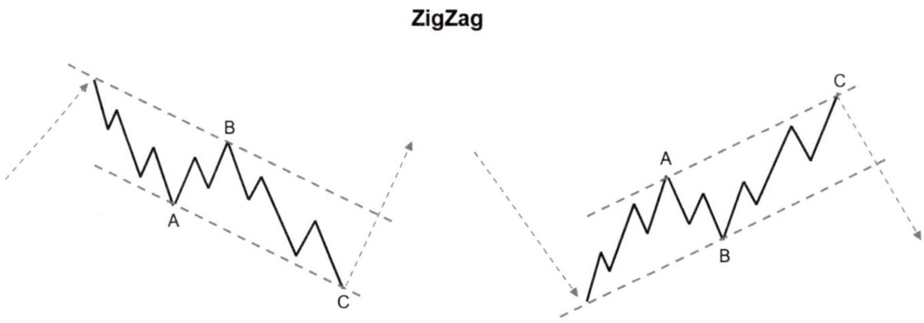

Abbildung 151: ZigZag

Flat

Ein Flat ist ein Korrekturmuster, das in der Regel in einem starken Haupttrend ausgebildet wird und die vorangegangene Impulswelle nur gering korrigiert – im Vergleich mit einem ZigZag. Flats werden häufig in einer Welle 4 ausgebildet, seltener in einer Welle 2. Flats sind gekennzeichnet durch die interne Struktur 3-3-5. Der geringe Marktdruck gibt keine einleitende 5er-Welle her: Die Welle A besteht aus 3 Subwellen. Der Gegendruck ist dann so stark, dass die 3-teilige Welle B fast die gesamte Bewegung von Welle A korrigiert. Die Welle C besteht aus 5 Subwellen. In der Regel endet Welle C auf dem Kursniveau von Welle A. Insgesamt betrachtet fällt die Korrektur eher dürftig aus, weil der Marktdruck zu gering ist. Das hat zum Ergebnis, dass nach einem Flat typischerweise ein starker Trend folgt. Ein Flat entspricht eher einer Konsolidierung als einer Korrektur, wobei »Konsolidierung« kein von R. N. Elliott geprägter Begriff ist.

Das Flat gibt es in drei Varianten:

- regular Flat
- irregular Flat (= Expanding oder auch unregelmäßiges Flat)
- running Flat (= laufendes Flat)

Das regular Flat (Abbildung 152) oder auch regelmäßiges Flat oder common Flat entspricht einer typischen Seitwärtskorrektur in Form eines Rechtecks. Die obere und untere Begrenzung des Rechtecks »fangen« den Kursverlauf recht präzise ein. Trotz der Bezeichnung regular Flat wird diese Variante selten ausgebildet.

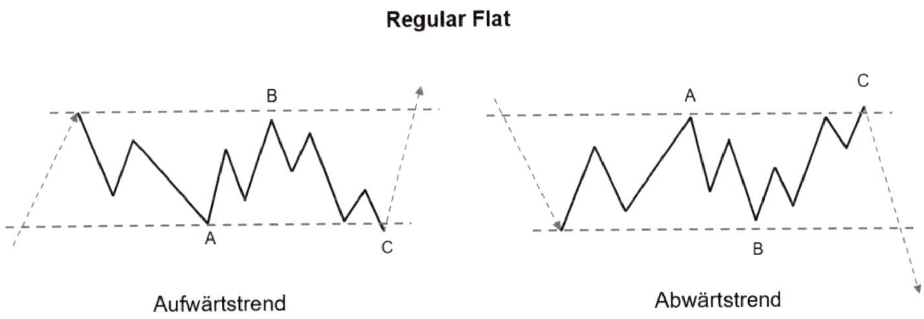

Abbildung 152: Regular Flat

Die zweite Variante, das irregular Flat (Abbildung 153) oder auch unregelmäßiges oder gedehntes oder expanded Flat weist im Vergleich zum regelmäßigen Flat zwei Besonderheiten auf:

1. Die Welle B überschießt (im Aufwärtstrend) die obere Begrenzungslinie beziehungsweise unterschießt (im Abwärtstrend) die untere Begrenzungslinie und

2. die Welle C endet unter (im Aufwärtstrend) der unteren Begrenzungslinie beziehungsweise über (im Abwärtstrend) der oberen Begrenzungslinie.

Weil eben Welle C beide Begrenzungslinien in beide Richtungen sprengt, wird diese Variante auch als expanded oder gedehntes Flat bezeichnet. Diese Flat-Variante wird am häufigsten ausgebildet. Auch wenn das expanded Flat so gar keiner Seitwärtsbewegung entspricht, qualifiziert sich dieses Korrekturmuster als Flat, weil sich die interne Struktur der Subwellen mit 3-3-5 ausbildet.

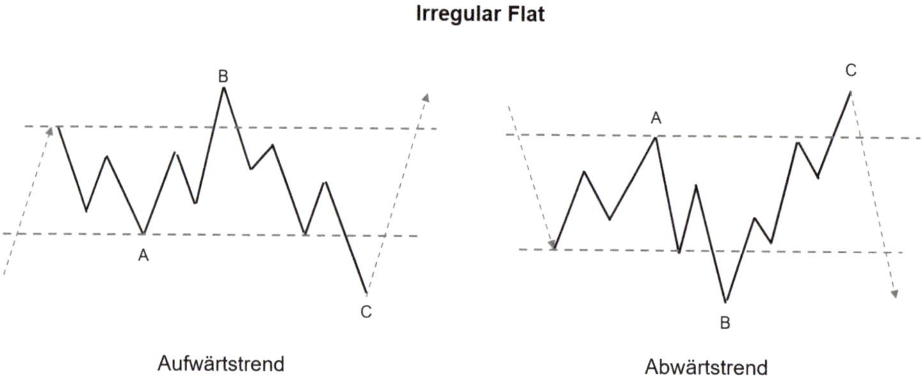

Abbildung 153: Irregular Flat

Das running Flat oder auch laufende Flat wird sehr selten ausgebildet. Es ist dadurch gekennzeichnet, dass

1. die Welle B über (im Aufwärtstrend) die obere Begrenzungslinie beziehungsweise unter (im Abwärtstrend) die untere Begrenzungslinie schießt und

2. die Welle C verkürzt ist, also mit einer Truncated 5th (siehe Seite 273) vergleichbar ist.

Aber auch bei dieser exotischen Variante des Flat gilt: Die interne Struktur der Subwellen ist 3-3-5.

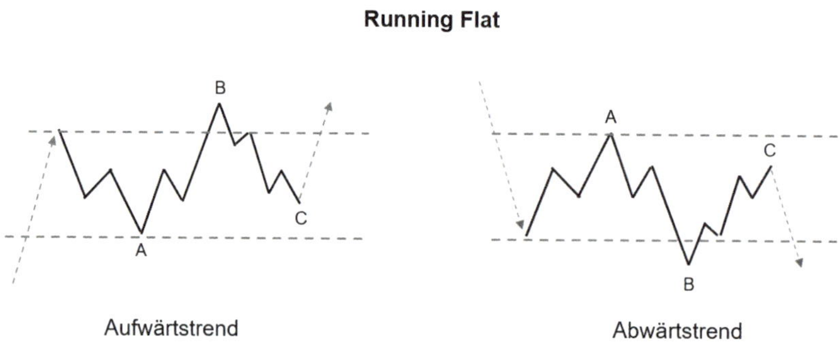

Abbildung 154: Running Flat

Korrektur-Dreiecke

Korrektur-Dreiecke entsprechen den Dreiecken der klassischen technischen Analyse. Korrektur-Dreiecke haben immer 5 Beine, die mit den Buchstaben a, b, c, d und e gelabelt werden. Jedes Bein besteht aus 3 Subwellen. Das letzte Bein (Welle e) kann überschießen und bildet dann einen Fehlausbruch = False Breakout aus.

Korrektur-Dreiecke lassen sich in zwei Kategorien einteilen:

Zur ersten Kategorie, den Contracting Triangles, zählen das symmetrische Dreieck, das absteigende und das aufsteigende Dreieck. Die Trendlinien laufen zusammen, sie konvergieren.

Bei der zweiten Kategorie, den Expanding Triangles, laufen die Trendlinien auseinander, sie divergieren.

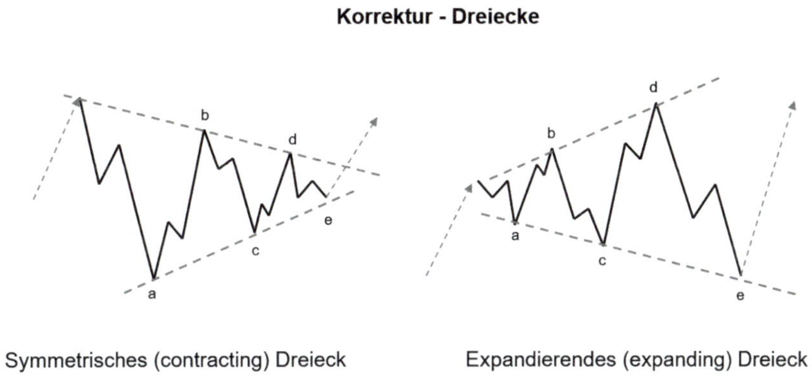

Abbildung 155: Korrektur-Dreiecke

- Korrektur-Dreiecke bestehen aus 5 Subwellen.
- Interne Struktur 3-3-3-3-3.
- Die Wellen 1 und 4 überlappen
- Sie werden in der Regel in einer Welle 4 ausgebildet, sehr selten in einer Welle B.

- Die Endpunkte der Subwellen a und c sowie b und d lassen sich durch Begrenzungslinien zu einem Korrektur-Dreieck verbinden. Die Linien konvergieren oder divergieren.

- Die Begrenzungslinien werden – wenn überhaupt – um höchstens 20 % über- beziehungsweise unterschritten.

Hier eine Dreiecksübersicht:

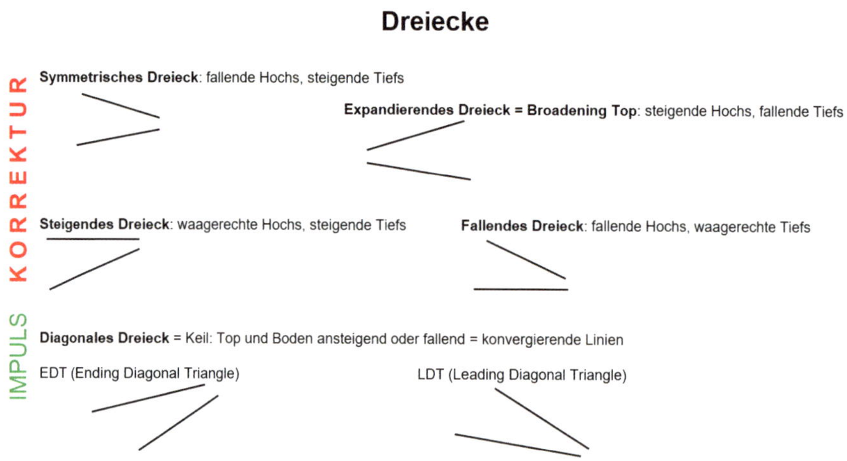

Abbildung 156: Übersicht über die verschiedenen Dreiecksvarianten bei Elliott-Waves

Kombinationen von Korrekturmustern

Die machen uns das Leben schwer. Korrekturmuster haben die unangenehme Eigenschaft, in den verschiedensten Kombinationen aufzutreten. Die einzelnen Korrekturmuster – ZigZag, Flat und Dreieck – werden durch X-Wellen voneinander getrennt. X-Wellen können ihrerseits (fast) jedes Korrekturmuster ausbilden – ZigZag, Flat oder Contracting Triangle – kein Expanding Triangle. X-Wellen sind also keine Schummelei.

Kursziele

Wie bereits am Anfang des Elliott-Wave-Anhangs geschrieben, verwendete R. N. Elliott für die Berechnung der Kursziele der einzelnen Wellen Fibonacci-Ratios.

- Kursziele für Korrekturen – also innerhalb einer abgeschlossenen Bewegung – werden mit Retracements (ab Seite 246 bestimmt.
- Höhere Hoch oder tieferes Tiefs – also Kursziele für Impulswellen – werden mit der Variante der Projektion (ab Seite 254 bestimmt.

Hier eine Übersicht über die wichtigsten Kursziele:

- Welle 2 korrigiert Welle 1 um 38,2 % bis 61,8 %, mindestens aber 23,6 %, maximal 99 %.
  Welle 2 darf nicht unter den Beginn von Welle 1 fallen.
- Welle 3 erreicht häufig 161,8 % von Welle 1, selten 100 % (dann extensiert Welle 5) oder 262,8 % (in einem sehr starken Markt auch 423,5 % oder noch mehr) von Welle 1. Ist häufig die längste Welle im Vergleich mit Welle 1 und Welle 5.
- Welle 4 korrigiert Welle 3 um 38,2 % bis 50 %; selten 23,6 % oder 61,8 %. Es darf keine Überschneidung mit dem Preisterritorium der Welle 1 geben (außer im diagonalen Dreieck).
- Welle 5 ist meist gleich lang wie Welle 1 (wenn Welle 3 extensiert) oder erreicht 61,8 % von Beginn Welle 1 bis Ende Welle 3.
- Welle 5 extensiert dann um 161,8 % oder 261,8 % oder 323,6 % von Welle 1 oder 161,8 % von Beginn Welle 1 bis Ende Welle 3.
- Ein Failure 5th erreicht mindestens 70 % von Welle 4.
- Welle C in einem ZigZag ist meist gleich lang wie die Welle A des ZigZag

Und so könnte ein idealer Impuls aussehen (Abbildung 157):

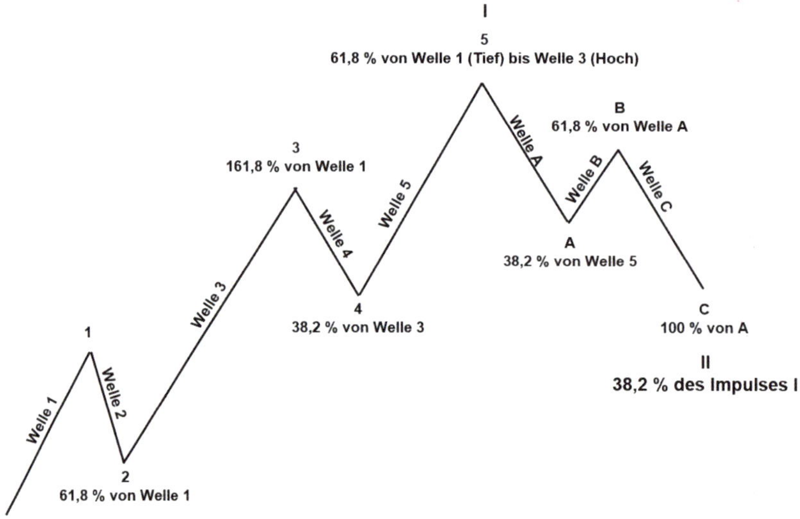

Abbildung 157: Der ideale Impuls

Wie bereits geschrieben: Die Fibonacci-Kursziele werden bei Korrekturen als Retracements bestimmt und bei Impulsen mit der Methode der Projektion.

Fazit Elliott-Waves

Elliott-Waves sind ein wichtiges Analyse- und Prognosetool der technischen Analyse. Es basiert auf einem klaren Regelwerk, das R. N. Elliott erstellt und der Nachwelt hinterlassen hat. In vielen Details war er seiner Zeit weit voraus:

- Er beschrieb massenpsychologische Verhaltensweisen, die als *Behavioral Finance* erst Ende des letzten Jahrhunderts zu einem Teilgebiet der Wirtschaftswissenschaften wurde.
- Er verwendete fraktale Muster, deren Existenz erst ein halbes Jahrhundert später durch Benoît Mandelbrot bewiesen wurden.
- Als mathematische Grundlage dient die Fibonacci-Zahlenfolge, die nicht nur eine mathematische Spielerei ist, sondern sich auch in der Natur vielfältig manifestiert.

Werden die Elliott-Waves korrekt und entsprechend dem Regelwerk angewendet, erweist sich der Makel, der den Elliott-Waves anhaftet – die unterschiedlichen Interpretationsmöglichkeiten – als DER Vorteil in den höchst dynamischen Märkten.

In Kombination mit »klassischen« Methoden der technischen Analyse können die Wahrscheinlichkeiten hinsichtlich der korrekten Prognose deutlich erhöht werden. Dazu gehören das Einzeichnen von Trendkanälen und das (sparsame) Verwenden von Indikatoren. Bei einer »normalen« Welle 5 lässt das Momentum nach, bei Keilen bilden sich häufig Divergenzen aus. Eine Trendumkehr oder ein Trendbruch geht häufig mit einem deutlichen Anstieg des Volumens einher.

Sicher, man muss sich intensiv mit dem Regelwerk auseinandersetzen. Aber dafür ermöglichen die Elliott-Waves jedem Trader, seine beiden Hauptgegner Gier und Angst in den Griff zu bekommen. Unabdingbar sind natürlich auch eine klare Strategie und entsprechendes Risiko- und Moneymanagement.

ANHANG IV – CANDLESTICKS

Candlestick-Charts oder Kerzencharts stammen aus dem Land der aufgehenden Sonne. Über Generationen hinweg wurden die Analysemethoden verfeinert und wohl im Jahr 1868 wurden Candlesticks in der Form, wie wir sie heute kennen, erstmals angewendet. Candlesticks sind ein probates Mittel, mehr über die Stimmung und Emotionen der Marktteilnehmer zu erfahren.

Die Marktteilnehmer sind Menschen und es ist Wunschdenken, dass wir immer als *Homo oeconomicus* am Markt agieren. Das limbische System – das ist ein phylogenetisch sehr alter Teil unseres Gehirns, der die Emotionen steuert – funkt immer wieder beim rationalen Denken dazwischen und stört. Wir Menschen und insbesondere Trader geben uns der Illusion hin, Kontrolle über unser Handeln zu haben. In Wirklichkeit aber werden wir von Emotionen wie Euphorie und Gier geleitet. Wenn die Illusion dann wie eine Seifenblase zerplatzt, verlieren wir die Kontrolle und Angst und Panik machen sich breit.

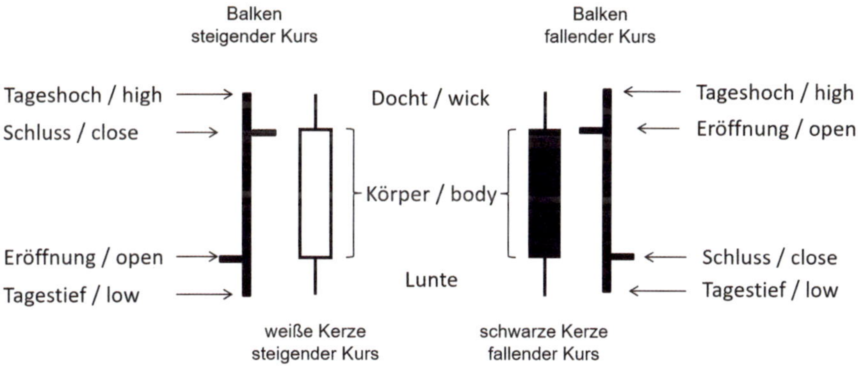

Abbildung 158: Konstruktion einer Kerze = Candle und eines Balkens = Bar, links bei steigenden Kursen in Weiß und rechts bei fallenden Kursen in Schwarz

Candlesticks machen die Emotionen der Marktteilnehmer sichtbar. Das kann bereits anhand einer einzelnen Kerze erfolgen oder aber durch eine Formation, bestehend aus zwei oder mehr Kerzen. Die Namen der Einzelkerzen oder Formationen geben in der Regel schon Aufschluss darüber, ob es sich dabei um eine bullishe oder eine bearishe Einzelkerze oder Formation handelt. Candlestick-Formationen sind ein Abbild der Markteinschätzung, welche die Marktteilnehmer vom Markt haben. Sie zeigen die Aktionen der Trader auf anschauliche Weise, während die Zeit im Markt voranschreitet. Die Analyse von Candlestick-Formationen funktioniert aufgrund der einfachen Tatsache, dass Menschen in ähnlichen Situationen auf vergleichbare Art und Weise reagieren.

Die wenigsten Einzelkerzen sind für sich genommen aussagekräftig. In der Regel muss eine Bestätigung abgewartet werden. Damit sind wir bei Kerzenformationen, die aus zwei oder mehr Kerzen bestehen (maximal fünf). Die meisten Formationen sind Umkehrformationen, Fortsetzungsformationen sind eher selten. Eine bullishe Umkehrformation hat immer eine inverse Version, die dann eine bearishe Bedeutung hat. Bei den Fortsetzungsformationen verhält es sich ähnlich. Auch bei den Candlesticks gilt: Ohne bestehenden Trend kann nichts umgekehrt werden.

Candlesticks visualisieren den Eröffnungskurs, den Schlusskurs, das Hoch und das Tief der vorgegebenen Periode. Ungefüllte beziehungsweise weiße oder grüne Kerzen zeigen steigende Kurse an, gefüllte beziehungsweise schwarze oder rote Kerzen werden für fallende Kurse verwendet. Der Einfachheit halber wird in diesem Kapitel von Tageskerzen geschrieben. Candlesticks können in jedem Zeithorizont analysiert werden und haben immer dieselbe Aussagekraft.

Der Kerzenkörper wird gebildet aus dem Eröffnungskurs und dem Schlusskurs, das obere Ende des Dochtes zeigt das Tageshoch an, das untere Ende der Lunte das Tagestief (Abbildung 158). Der Docht wird auch als oberer Schatten bezeichnet, die Lunte als unterer Schatten. Liegt der Eröffnungskurs unter dem Schlusskurs, ist es insgesamt ein positiver Tag und die Kerze ist weiß. Liegt der Eröffnungskurs über dem Schlusskurs, ist es insgesamt ein negativer Tag und die Kerze ist schwarz.

Werden in den Grafiken graue Kerzenkörper verwendet, dann ist es für die Analyse unerheblich, ob es eine schwarze oder eine weiße Kerze wäre.

Heute wird in der Regel die Chartart »Candlestick« verwendet. Bevor die Candlesticks in der westlichen Welt Einzug fanden, wurden sogenannte *Barcharts* verwendet. Für *Barcharts* oder auch *Balkencharts* werden die gleichen vier Informationen verwendet wie für die Darstellung einer Kerze: Open, High, Low und Close. In Abbildung 158 sind nicht nur eine weiße und eine schwarze Kerze dargestellt, sondern auch ein steigender und ein fallender »Bar« oder auch »Balken« oder auch »Stab«. Der Unterschied liegt in den kleinen Strichen rechts und links des Balkens, damit wird der Eröffnungskurs und der Schlusskurs dargestellt. Der Eröffnungskurs ist immer der waagerechte Strich links und der Schlusskurs immer der waagerechte Strich rechts vom senkrechten Balken, der die gesamte Handelsspanne abbildet.

Eselsbrücke: Der Chart entwickelt sich von links nach rechts – der kleine Strich links ist die Eröffnung, der kleine Strich rechts repräsentiert den Schlusskurs.

Bevor wir detaillierter auf die Candlestick-Formationen eingehen, hier zwei wichtige Begriffe:

Ein **Inside Day** oder auch **Inside Bar** oder auch **Innenstab** besteht aus zwei Kerzen und zeichnet sich dadurch aus, dass sich die *Handelsspanne* der zweiten Kerze komplett in der *Handelsspanne* der ersten Kerze befinden muss. Zusätzlich dürfen weder die Hochs noch die Tiefs der beiden Kerzen identisch sein.

Wenn Sie Definitionen von Candlestick-Formationen lesen, dann achten Sie ganz genau darauf, ob von der ***kompletten Handelsspanne*** oder nur vom ***Kerzenkörper*** die Rede ist.

Auch der **Outside Day** oder **Outside Bar** oder **Außenstab** besteht aus zwei Kerzen. Bei dieser Variante wird die *Handelsspanne* der ersten Kerze komplett durch die *Handelsspanne* der zweiten Kerze eingehüllt.

Bei diesen beiden Formationen geht es also um die *komplette Handelsspanne*. Der Eröffnungskurs oder der Schlusskurs sind nicht relevant. Sie werden im Verlauf des Candlestick-Kapitels feststellen, dass beim Harami und Engulfing »nur« vom *Kerzenkörper* die Rede ist.

Folgende Einzelkerzen und Formationen wurden in diesem Buch erwähnt:

Ein **Hammer** ist eine untere Umkehrkerze. Er hat im Allgemeinen einen kleinen Kerzenkörper, wobei die Farbe Schwarz oder Weiß sein kann. In der Grafik ist der Kerzenkörper deshalb in Grau gezeichnet (Abbildung 159). Des Weiteren hat er einen sehr langen unteren Schatten und keinen oder nur einen winzigen oberen Schatten. Sehr lang heißt in diesem Fall mindestens dreimal so lang wie der Kerzenkörper. Wobei gilt: je länger, desto besser. Ein Hammer signalisiert ein Intraday-Reversal (engl. = Umkehr). *The Market is hammering out!* Es wird zu Schnäppchenpreise unten gekauft, der Markt bildet eine Akkumulationslunte aus. Wird der Hammer durch eine starke weiße Kerze bestätigt, wird voraussichtlich die Trendumkehr eingeläutet. Der Hammer ist eine recht häufig auftretende und wichtige Kerze.

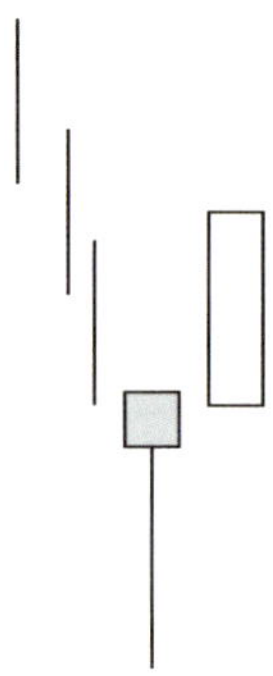

Abbildung 159: Hammer mit Bestätigungskerze

Ein **Shooting Star** (engl. = Sternschnuppe) ist wie der Hammer auch eine Umkehrkerze. Wird er in einem Aufwärtstrend ausgebildet, kündigt er eine obere Umkehr an. Die Einzelkerze heißt auch »inverted Hammer«, also umgedrehter Hammer. Der Kerzenkörper ist klein, die Farbe kann Weiß oder Schwarz sein. In der Grafik ist der Kerzenkörper deshalb in Grau gezeichnet (Abbildung 160). Die Kerze weist einen langen oberen Schatten auf, der mindestens dreimal so lang sein sollte wie der Kerzenkörper, eventuell hat sie auch einen sehr kleinen unteren Schatten. Diese Formation ist so zu interpretieren: Der Tag beginnt mit einem Up-Gap, die Käufer greifen nochmals zu, wenn auch auf hohem Niveau. Sie trauen dem positiven Marktumfeld aber nicht und haben Angst, dass eine Topbildung im Gange ist. Zum Schluss nehmen sie lieber ihre Gewinne wieder mit ... eine Sternschnuppe fällt auch zu Boden ... es wird eine lange Distributionslunte ausgebildet.

Es gilt, am nächsten Tag die Bestätigung durch die schwarze Kerze abzuwarten. Nur dann hat die obere Umkehr stattgefunden.

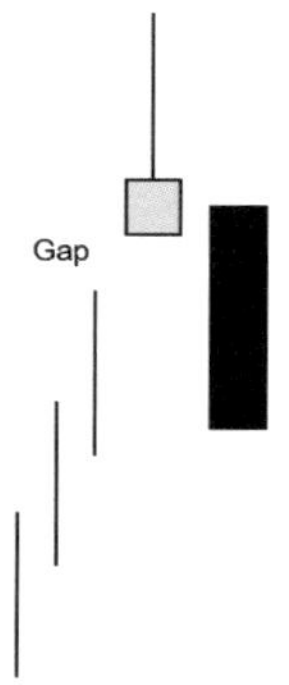

Abbildung 160: Shooting Star mit Bestätigungskerze

Ein **Morning Star** (engl. = Morgenstern) ist eine aus drei Kerzen bestehende Umkehrformation (Abbildung 161). In einem Abwärtstrend kommt es zu einem Gap (engl. = Kurslücke) zwischen der ersten und zweiten Kerze. Die erste Kerze ist eine ausgeprägte schwarze Kerze, der Abwärtstrend ist voll im Gang. Der zweite Tag zeigt ein Unentschieden zwischen Bullen und Bären. Die Bären sind angeschlagen. Am dritten Tag übernehmen dann die Bullen endgültig das Ruder. Die dritte Kerze ist eine starke weiße Kerze. Ein Gap zwischen der zweiten und dritten Kerze ist nicht zwingend notwendig. Die erste und die dritte Kerze sind starke Kerzen. Die Farbe der zweiten Kerze ist unwichtig. Dies ist ein starkes Umkehrsignal, das keine Bestätigung erfordert.

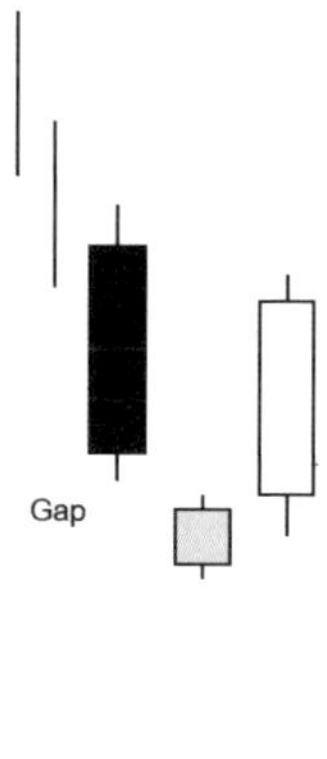

Abbildung 161: Morning Star

Ein **Doji** ist eine Kerze, bei der der Eröffnungskurs praktisch identisch mit dem Schlusskurs ist (Abbildung 162). An diesen Tagen ist die Unsicherheit bezüglich der weiteren Kursentwicklung geradezu greifbar. Angebot und Nachfrage befinden sich im Gleichgewicht. Die Marktteilnehmer wissen nicht, wie es weitergehen soll. Der Markt wird anfällig für eine Veränderung. Demzufolge wird ein Doji oft bei potenziellen Trendwendesituationen ausgebildet. Insbesondere bei einer unteren Umkehr muss zwingend eine Bestätigung in Form einer nachfolgenden weißen Kerze abgewartet werden und die untere Umkehr muss mit hohen Umsätzen bestätigt werden.

Bei einem **Long Legged Doji** (engl. = langbeiniger Doji) sind Eröffnungskurs und Schlusskurs identisch, aber es wurden eine lange Lunte und ein langer Docht ausgebildet. Sie drücken Unsicherheit und auch Unentschlossenheit der Bullen und Bären bei hoher Handelsspanne aus.

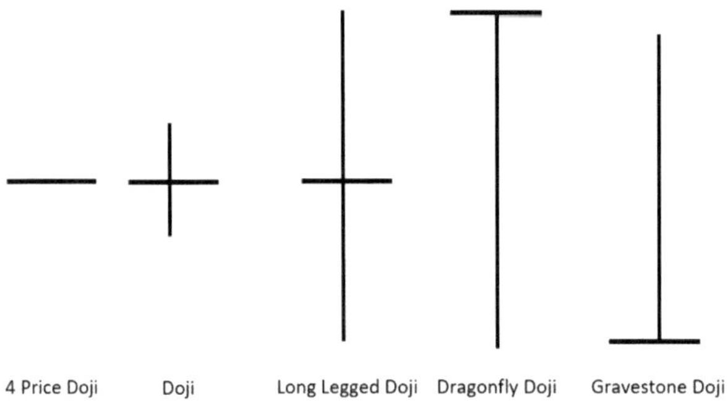

Abbildung 162: Dojis

Bei einer **High Wave Candle** (engl. = hohe Welle) kann der kleine Kerzenkörper schwarz oder weiß sein (deshalb mit Grau in Abbildung 163 gefüllt) und das »High-Wave« resultiert aus einem langen unteren und oberen Schatten, die mindestens zweimal so lang sein sollten wie der Kerzenkörper. Diese Kerze zeigt ein Unentschieden zwischen Bullen und Bären an. Taucht so eine Kerze in einem Aufwärts- oder Abwärtstrend auf, so hat der Markt seine Orientierung verloren. Soll es nun nach oben oder nach unten gehen? Keine Ahnung. Auf jeden Fall ist der gegenwärtige Trend in Gefahr.

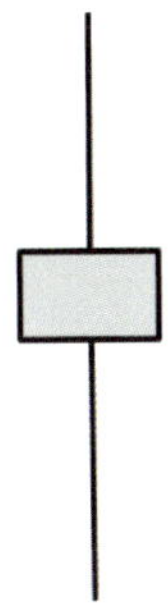

Abbildung 163: High Wave Candle

Ein **Harami** (altes japanisches Wort für schwanger) besteht aus zwei Kerzen (Abbildung 164). Nach den Auswertungen von Bulkowski ist die Bestätigung – und damit eine dritte Kerze in Umkehrrichtung – auf jeden Fall abzuwarten, da die Prognosegüte des Harami nicht ausreichend ist. Bei einem Harami handelt es sich um eine Variante des Inside Day. Der *Körper* der ersten Kerze umschließt den *Körper* der zweiten Kerze vollständig.

In einem *Abwärtstrend* ist die erste Kerze eine lange schwarze Kerze, deren Körper den Körper der zweiten weißen Kerze vollständig umschließt. Kommt es bei einem **Bullish Harami** zu einem Ausbruch nach oben und wird als dritte Kerze eine weiße Kerze ausgebildet, wird das Kaufsignal bestätigt. Das nennt sich dann **Three Inside Up** (Abbildung 164). Dies ist eine sehr starke Umkehrformation mit starkem Kaufsignal. Es ist keine weitere Bestätigung mehr nötig.

In einem *Aufwärtstrend* ist die erste Kerze eine lange weiße Kerze, deren *Körper* den *Körper* der zweiten schwarzen Kerze vollständig umschließt. Wird bei einem **Bearish Harami** eine schwarze Kerze mit niedrigerem Kursniveau als dritte Kerze ausgebildet, entsteht ein **Three Inside Down.** Dies ist eine starke Umkehrformation mit starkem Verkaufssignal. Es ist keine Bestätigung mehr nötig.

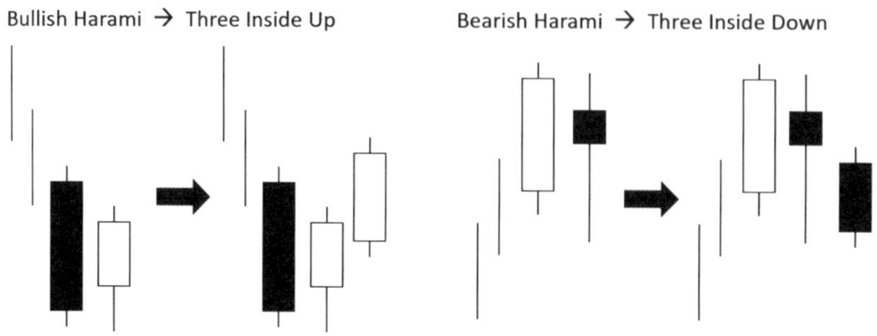

Abbildung 164: Bullish Harami und bearish Harami mit Bestätigungskerze

Da sich bei einem Harami nur die Körper umschließen müssen, können die Lunten der zweiten Kerze höher oder tiefer als die Lunten der ersten Kerze sein.

Bei einem **Piercing Pattern** ist die erste Kerze schwarz und lang (Abbildung 165). Die zweite weiße Kerze eröffnet auf einem neuen Tiefststand und schließt innerhalb der ersten Kerze in der oberen Hälfte. Es ist ein relativ starkes Signal für eine untere Umkehr und es ist keine Bestätigung mehr nötig.

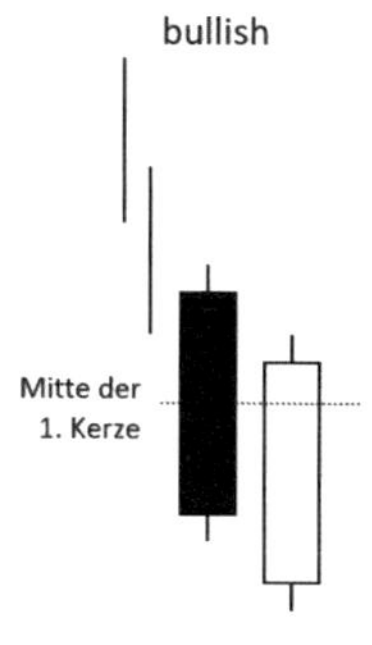

Abbildung 165: Ein Piercing Pattern, eine untere Umkehrformation

Bei einer **Dark Cloud Cover** ist die erste weiße Kerze lang (Abbildung 166). Die zweite schwarze Kerze eröffnet auf einem neuen Höchstkurs und schließt innerhalb der ersten Kerze in der unteren Hälfte. Relativ starkes Signal, keine Bestätigung mehr nötig.

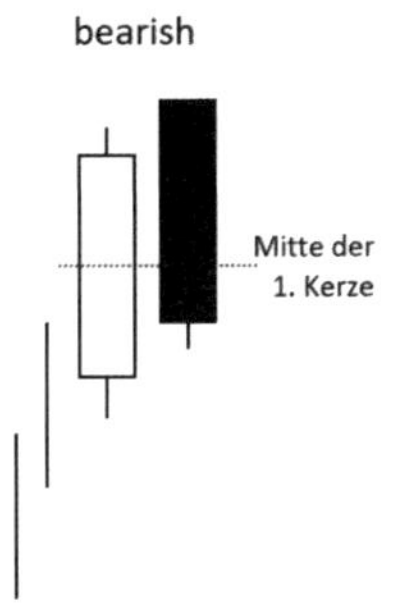

Abbildung 166: Eine Dark Cloud Cover, eine obere Umkehrformation

Ein **Engulfing** besteht aus zwei Kerzen (Abbildung 167). Bei einem Engulfing handelt es sich grundsätzlich um eine Variante des Outside Day. Es müssen sich die *Kerzenkörper* umschließen – nicht die gesamte Handelsspanne.

Ein bullish Engulfing ist eine untere Umkehrformation. Es muss also ein vorgelagerter Abwärtstrend vorliegen. Es wird eine schwarze Kerze ausgebildet. Es folgt eine weiße Kerze, deren Körper den der ersten Kerze komplett umschließen muss. Auch hier geht es also nur um Kerzen, die sich umschließen müssen, nicht um Handelsspannen.

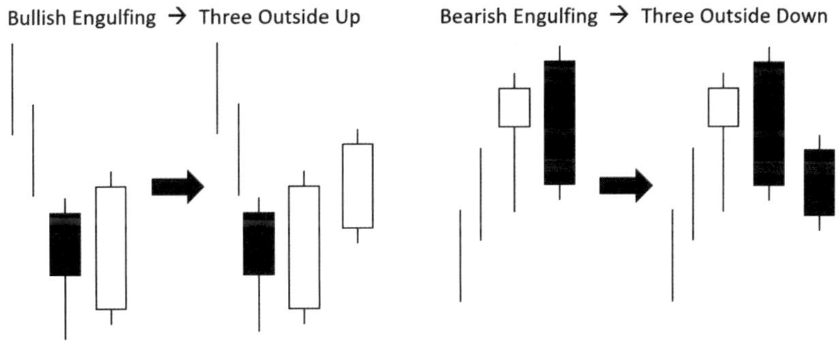

Abbildung 167: Bullish Engulfing und bearish Engulfing mit Bestätigungskerze

Ein Bearish Engulfing ist eine obere Umkehrformation, es muss also vorgelagert ein Aufwärtstrend vorliegen. Nach einer weißen Kerze wird eine schwarze Kerze ausgebildet, deren Körper den der ersten Kerze komplett umschließt.

Nach den statistischen Auswertungen von Bulkowski sind diese »umhüllenden Formationen« relativ zuverlässige Umkehrformationen. Ganz im Gegensatz zum Harami, bei dem noch eine Bestätigungskerze abgewartet werden sollte.

Ein **Long Day** ist eine außergewöhnlich lange weiße oder schwarze Kerze (Abbildung 168). Die außergewöhnliche Handelsspanne ist bezogen auf die Größe der Kerzen, die zuvor ausgebildet wurden. Long Days haben in der Regel nur eine sehr kleine obere und/oder untere Lunte. Nach Meinung japanischer Candlestick-Trader sollte bei einem Long Day der Kerzenkörper mindestens dreimal so lang sein wie am Tag zuvor. Widerstände und Unterstützungen werden oft mit Long Days und hohen Umsätzen gebrochen.

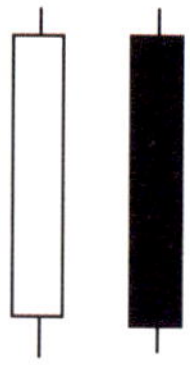

Abbildung 168: Long Day – in Weiß = Aufwärtsbewegung, und in Schwarz = Abwärtsbewegung

ANHANG V – EINSTIEGSVARIANTEN

Apropos Handelsanweisung: Sie werden in der gängigen Literatur überall lesen, dass die Position an Punkt C oder an Punkt B oder wo auch immer eröffnet werden soll – oft fehlt aber ein konkreter Vorschlag, wie denn die Position genau eröffnet werden soll. Methoden zur Positionseröffnung gibt es sicher viele. Die erfahrenen Trader unter Ihnen haben sicher ihre ganz spezielle und erprobte Methode, eine Position zu eröffnen.

Wir stellen Ihnen hier einige Einstiegsvarianten vor, aber die Liste erhebt keinen Anspruch auf Vollständigkeit:

1. Variante: **Dow-Theorie**
   Die (relativ) sichere Variante des Short-Einstiegs (long vice versa) entsprechend der Dow-Theorie/Markttechnik erfolgt, nachdem ein Tief unter Punkt B ausgebildet wird (Abbildung 169).
   Nachteile: Mit dieser Variante wird ein erheblicher Teil der Abwärtsbewegung »verschenkt« und der Stop, welcher knapp über Punkt C platziert wird, liegt sehr weit vom Einstieg weg und kann damit auch sehr teuer werden.
   Vorteil: Durch das tiefere Tief ist die Wahrscheinlichkeit groß, dass sich die Abwärtsbewegung fortsetzt und der Trade im Gewinn endet.

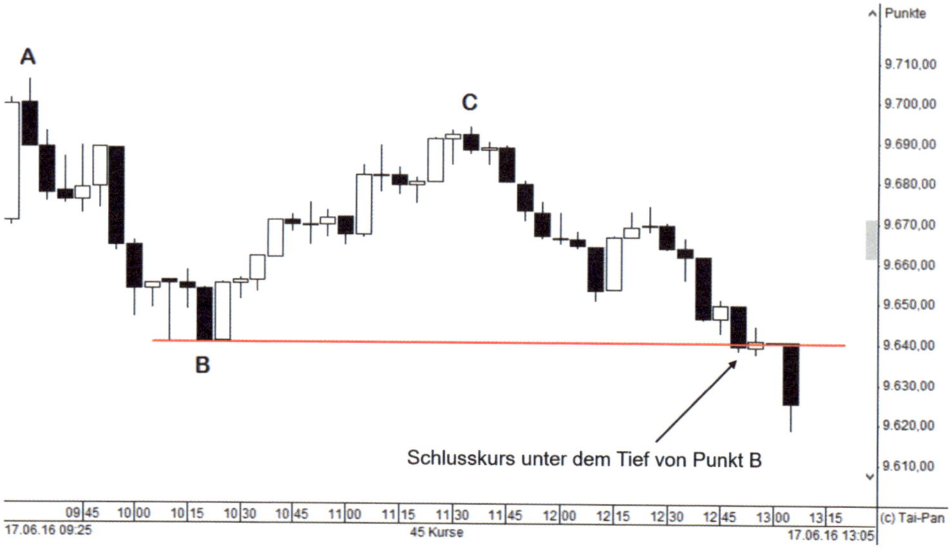

Abbildung 169: Bearish ABC beim DAX vom 17.06.2016 im M5-Chart, Einstieg nach Ausbildung eines tieferen Tiefs

2. Variante: **61,8 %-Retracement**
   Bei dieser Variante wird an die Strecke BC ein Retracement angelegt. Sobald der Kurs das 61,8 %-Retracement von $\overline{BC}$ erreicht und per Schlusskurs unterschreitet, wird die Short-Position eröffnet (Abbildung 170).

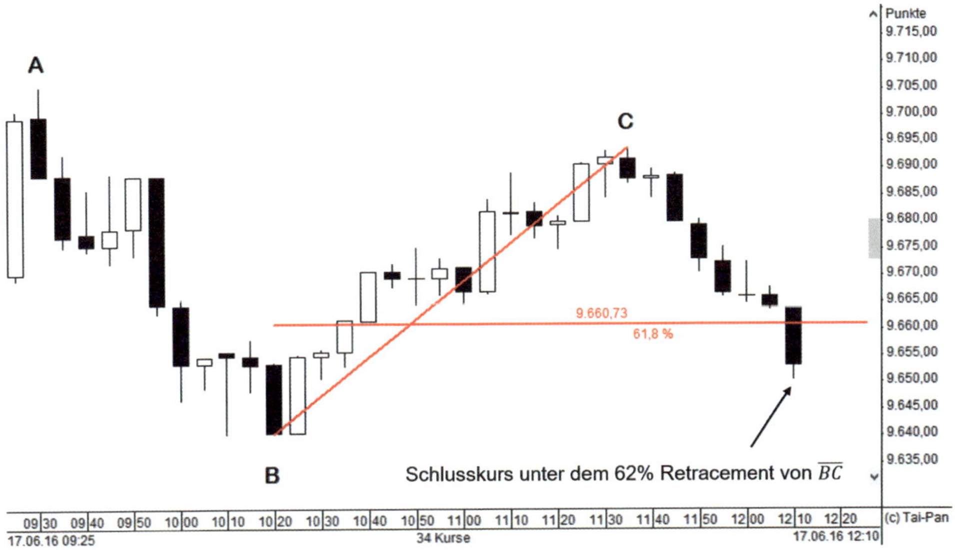

Abbildung 170: Bearish ABC beim DAX vom 17.06.2016 im M5-Chart, Einstieg am 61,8 %-Retracement der Korrektur

Nachteil: Auch in diesem Fall ist die Bewegung schon ein ganzes Stück gelaufen und der Stop knapp über Punkt C kann Geld kosten.
Vorteile: Dieser Einstieg ist etwas früher als der von Variante 1, damit können mehr Punkte mitgenommen werden und der Stop ist nicht ganz so teuer. Mit Erreichen des 61,8 %-Retracement ist die Wahrscheinlichkeit hoch, dass die Bewegung fortgeführt wird und die Position in den Gewinn läuft.

3. Variante: **Markttechnischer Einstieg**
Sobald an Punkt C eine Umkehrformation ausgebildet wird, wird die Position eröffnet. Diese Variante ermöglicht einen sehr frühen Einstieg und auch einen sehr kleinen Stop, aber nicht immer wird eine Umkehrformation ausgebildet – so wie in diesem Beispiel.
Wie wird dann der Einstieg gewählt? Eine Möglichkeit ist der markttechnische Einstieg. In Abbildung 171 sind die Kerzen durchnummeriert und es sind die vier für dieses Pattern relevanten Retracements in Rot von $\overline{AB}$ eingefügt.

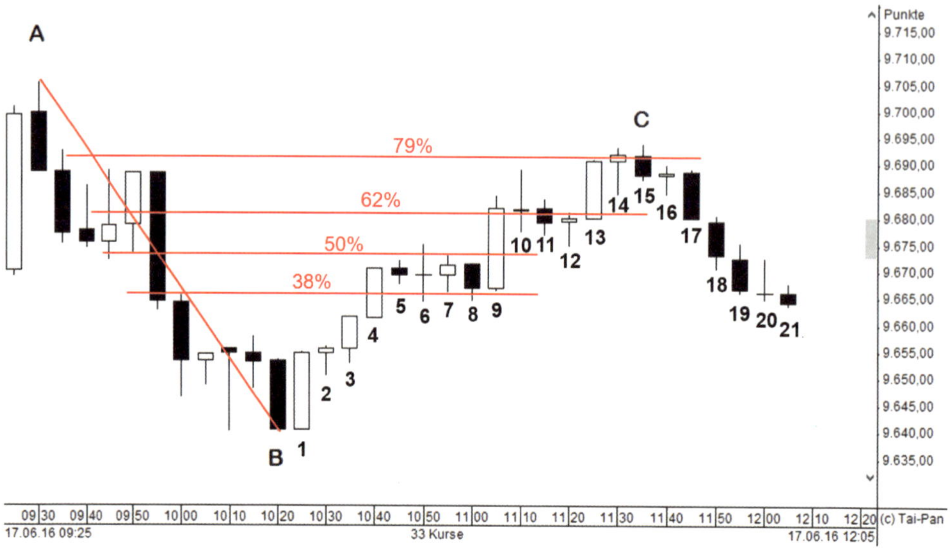

Abbildung 171: Bearish ABC beim DAX vom 17.06.2016 im M5-Chart., markttechnischer Einstieg nach Ausbildung einer Candlestick-Umkehrformation

Beginnen wir die Reise durch die Kerzen: Das relevante Swing-Low wird an B ausgebildet. Das Tief von Kerze 1 liegt auf Höhe von B. Kerze 1 macht ein höheres Hoch und einen höheren Schlusskurs, es kann also von einer Umkehr des Abwärtstrends $\overline{AB}$ ausgegangen werden. Damit können auch die Retracements zwischen Hoch A und Tief B eingezeichnet werden. Kerze 2, 3 und 4 bilden jeweils ein höheres Hoch und ein höheres Tief aus, damit ist der neue Aufwärtstrend intakt. Kerze 4 schließt sehr deutlich über dem 38 %-Retracement und erfahrungsgemäß wird dann auch das darüberliegende 50 %-Retracement erreicht. Nun heißt es abwarten, wann die 50 % erreicht werden. Vorher ist kein Short-Einstieg sinnvoll. Kerze 6, ein Long Legged Doji (Abbildung 162), erreicht mit der oberen Lunte die 50 %. Nach den Regeln der Markttechnik kann die Short-Position eröffnet werden, sobald ein Schlusskurs unter dem Tief von Kerze 4 ausgebildet wird. Mit Kerze 9 schnappt sich der DAX das 61,8 %-Retracement. Sollte jetzt ein Schlusskurs unter dem Tief von Kerze 9 ausgebildet werden, so impliziert das den Short-Einstieg. Kerze 10 ist wieder ein Long Legged Doji, dessen Hoch die 78,6 % nur knapp verfehlt. Kerze 13 erreicht nun die 78,6 %. Kerze 14 und 15 testen diese 78,6 %. Der Short-Einstieg kann nun geplant werden, sobald das Tief von Kerze 13 per Schlusskurs unterboten wird. Und Kerze 17 bildet auf Schlusskursbasis ein tieferes Tief aus. Also wird mit Kerze 18 die Short-Position eröffnet.

Diese Vorgehensweise erfordert die Präsenz vor dem Handelscomputer und Geduld! Denn wichtig ist, dass das Swing-Low auf *Schlusskursbasis* unterboten wird – das waren die Kerzen 4, 9 und 13. Und erst mit Kerze 17 wurde das vorangegangene Swing-Low tatsächlich auf Schlusskursbasis unterboten. Der Stop wird knapp über das Hoch von C, das ist Kerze 15, gelegt.
Was in diesem Chart auffällt, ist, dass die Candles 4, 9 und 13, die ein Retracement überschreiten, sogenannte »Power-Candles« sind, also Kerzen, die im Vergleich mit den benachbarten Kerzen relativ lang sind. Das bedeutet, dass auch andere Marktteilnehmer die Retracements so eingezeichnet haben und bei ihren Orders die Fibonacci-Levels berücksichtigen. Immer wenn das Retracement erreicht wurde, wurden Kauforders ausgeführt und haben so Momentum in den Markt gebracht.

4. Variante: **Zuhilfenahme von Indikatoren**
Beim Pattern-Trading werden eigentlich keine Indikatoren verwendet, aber für die Trader unter Ihnen, die nicht grundsätzlich darauf verzichten möchten:
Als Beispiel ist in Abbildung 172 in den M5-Chart des DAX der EMA 13 eingefügt. Der EMA 13 dreht an Kerze 17 und mit einem Schlusskurs unter dem EMA 13 bei Kerze 18 ist die Trendumkehr bestätigt.

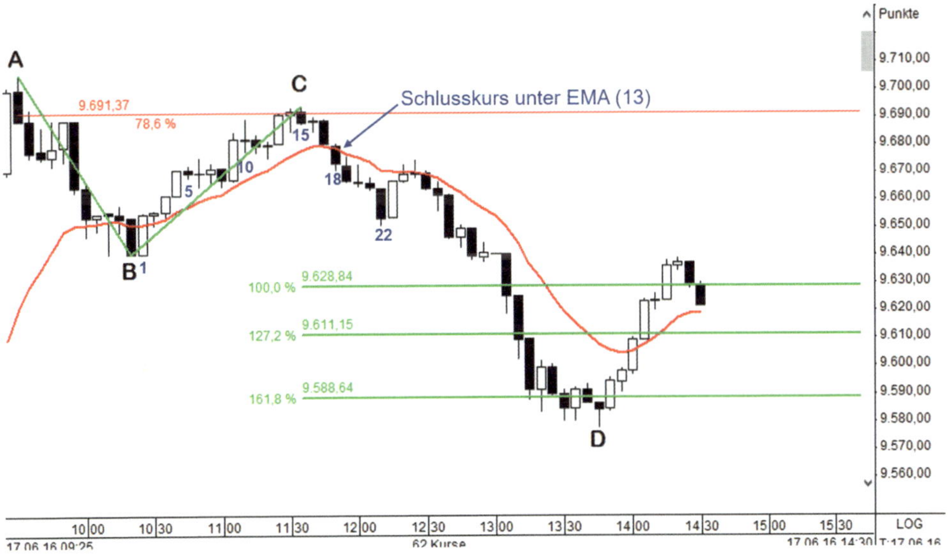

Abbildung 172: Bearish ABC beim DAX vom 17.06.2016 im M5-Chart mit einem EMA(13)

Grundsätzlich sollten Indikatoren sehr sparsam verwendet werden. Indikatoren sind nur eine mathematische Ableitung des Preises. Mal mehr und mal weniger kompliziert. Es sollten nur die Indikatoren verwendet werden, deren Berechnung und Interpretation auch verstanden worden ist. Da bei diesem Pattern eine Trendbewegung gehandelt wird, sollten auch Trendfolge-Indikatoren Verwendung finden. Dazu gehören zum Beispiel gleitende Durchschnitte jeglicher Couleur oder auch Momentum-Indikatoren.
Bevor Sie jetzt aber auf die Idee kommen, ein Handelssystem auf Grundlage von gleitenden Durchschnitten zu konzipieren: Das wird scheitern. Denn Handelssysteme auf Basis von gleitenden Durchschnitten funktionieren ausschließlich in Trendmärkten. Und leider laufen viele Märkte die Hälfte bis zwei Drittel der Zeit seitwärts. In diesen Seitwärtsphasen werden sehr viele Fehlsignale generiert, die zu hohen Verlusten führen und auch die Gewinne aus den Trendphasen auffressen.

5. Variante: **Fibonacci**
Bei vielen Patterns wird direkt an einem Fibonacci-Ratio (egal ob Retracement, Projektion oder Expansion) die Order *im Voraus* platziert. In diesem Fall wäre an den 78,6 % = 9.691 Punkte eine Stop-Sell-Order platziert worden (Abbildung 171), noch bevor der Kurs überhaupt in diese Richtung gelaufen wäre. Auch jegliche Bestätigung einer Trendumkehr an Punkt C wird nicht abgewartet. Der Initialstopp liegt über dem Punkt A. Erst wenn die Trendumkehr an Punkt C bestätigt ist, rutscht der Stop weiter nach unten über den Punkt C. Bei diesem Vorgehen handelt es sich um eine recht aggressive Einstiegsvariante, da der Trade blindlings ohne weitere Bestätigungen eröffnet wird. Eine sehr gute Alternative zu »Stop knapp über Punkt A« finden Sie im folgenden Tipp:

Tipp: Wohin mit dem Stop? Der sollte einerseits nicht zu weit weg vom Einstand liegen, weil es dann sehr teuer werden kann, andererseits sollte er nicht zu dicht am Einstand liegen, weil dann die Gefahr besteht, dass man mit einer Lunte aus dem Markt geholt wird, obwohl man sich richtig positioniert hat.
Bei Patterns bieten sich die **88,6 % als Stop-Level an**.

6. Variante: **Wechsel in eine kleinere Zeiteinheit:**
Pattern-Trading ist gerade in höheren Zeiteinheiten interessant, da Sie dort genug Zeit haben, den Trade zu planen. Aber oftmals ist der vom Pattern

vorgegebene Stop so weit weg, dass das Chance-Risiko-Verhältnis zum Einsteigen in den Trade nicht mehr lukrativ genug ist.
Diese Variante des Einstiegs haben wir bereits ganz am Anfang des Buches vorgestellt, beim alternativen, bullishen ABC (ab Seite 42 und der Alphabet Aktie.

7. Variante: **Traders Trick***
Eine weitere Methode der Position Eröffnung ist der sogenannte »Traders Trick«. Er stammt von Trader-Legende Joe Ross[13]. Ross hat zwar seine eigene »Trader-Sprache« entwickelt, aber es geht um nichts anderes als um die Anwendung der Dow-Theorie oder um den von Michael Voigt[14] geprägten Begriff der »Markttechnik«. Details zum Traders Trick im folgenden Anhang VI (ab Seite 305).

[13] Joe Ross, Aktien-Trading Band 1, Ross Trading 1999
[14] Michael Voigt, Das große Buch der Markttechnik, FinanzBuch Verlag, 12. Aufl. 2016

ANHANG VI – TRADERS TRICK

Nun zu Joe Ross und seinem Traders Trick: Es geht darum, möglichst frühzeitig nach der potenziellen Trendumkehr eine Position zu eröffnen. Und nichts anderes wollen wir auch beim Pattern-Trading erreichen. Das nun gezeigte Beispiel ist eine kleine Abwandlung des Original-Traders Trick. Es soll Ihnen das Prinzip verdeutlichen, wie Sie mit dem Traders Trick eine Position eröffnen können.

Als Blaupause dient die Aktie der Hannover Rück, und zwar im Stundenchart ab dem 22.06.2016. Sie erinnern sich ... am Donnerstag, den 23.06.2016, stimmten die Briten über den Verbleib in der EU ab – oder eben über den Austritt. Das BREXIT-Referendum ergab eine hauchdünne Mehrheit für die EU-Gegner. Einige Aktienmärkte eröffneten am Freitag mit einem imposanten Down Gap. Der DAX hat immerhin mit einem Eröffnungsgap von minus 1.020 Punkten (vom Schlusskurs Donnerstag zum Eröffnungskurs Freitag) auf den BREXIT reagiert.

Zur Hannover Rück: Das Votum hatte ein Down Gap von 12,91 Euro oder 13 % zur Folge. Nach dem ersten Schock hat sich die Aktie in der ersten Handelsstunde vom Freitag wieder berappelt und die Abwärtsbewegung bis zum 50 %-Retracement korrigiert (Abbildung 173). Die Überlegung ist nun, dass diese Aufwärtsbewegung nur korrektiv ist und über kurz oder lang die Abwärtsbewegung wieder aufgenommen wird.

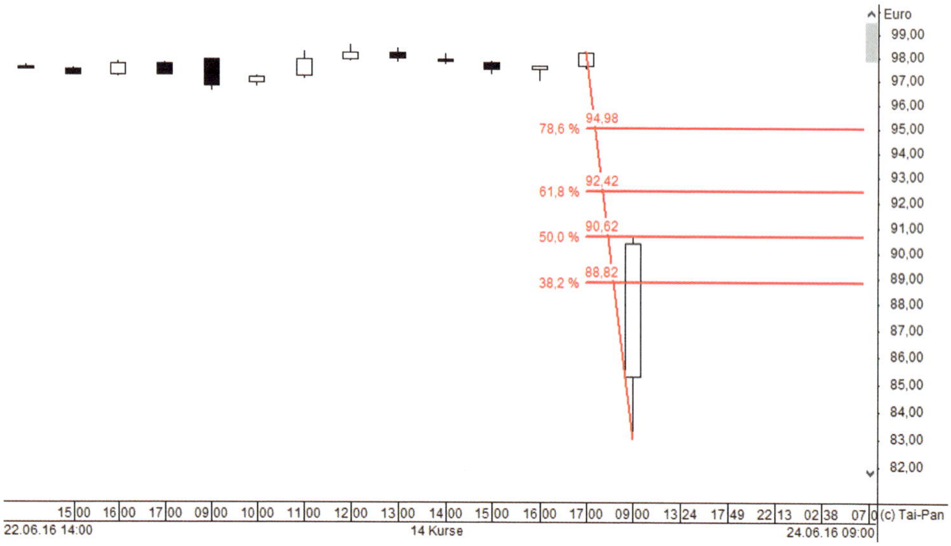

Abbildung 173: Traders Trick die Erste

Frage: Wie also eine Short-Order sinnvoll platzieren?

Antwort: Mithilfe des Traders Trick!

Die Grundüberlegung stammt von der Dow-Theorie: Bei einem tieferen Tief wird ein Verkaufssignal und bei einem höheren Hoch wird ein Kaufsignal erzeugt. In diesem Fall bei der Hannover Rück wird auf eine Fortsetzung der Abwärtsbewegung spekuliert. Sobald also ein tieferes Tief ausgebildet wird, wird eine Short-Position eröffnet.

Es wird also knapp unter das Tief der ersten Stundenkerze ein Stop-Sell gelegt (Abbildung 174). Sobald der Aktienkurs – von oben kommend – das Stop-Sell-Limit erreicht, wird die Order in eine Market Verkaufsorder umgewandelt und ausgeführt. Die Stop-Sell-Order wird über den Befehl »If done« mit einer Stop-Loss-Order verknüpft. Der Stop-Loss liegt knapp über dem Hoch der Kerze.

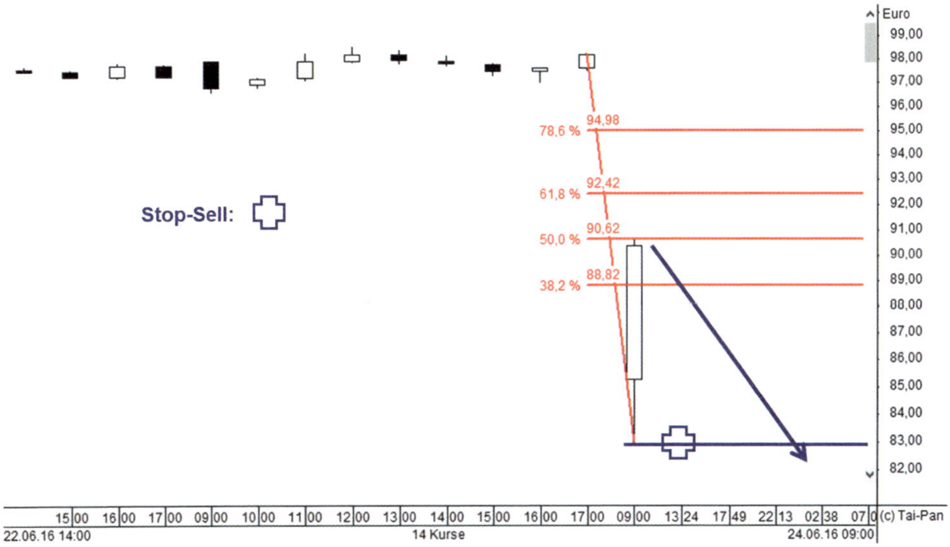

Abbildung 174: Traders Trick die Zweite

Die Aktie steigt weiter, die zweite Stundenkerze schließt mit einem höheren Tief und einem höheren Hoch (Abbildung 175). Der Schlusskurs liegt knapp über dem 61,8 %-Retracement. Der Stop-Sell wird nicht ausgelöst. Und nun kommt der Traders Trick zur Anwendung: Der Stop-Sell wird knapp unter das neue Tief nachgezogen, der Stop-Loss wird knapp über das neue Hoch nachgezogen.

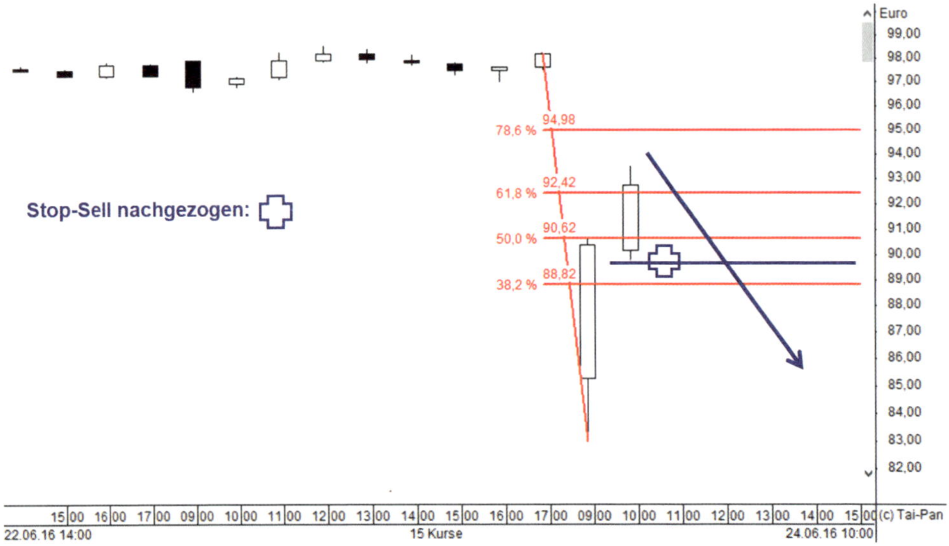

Abbildung 175: Traders Trick die Dritte

Auch die dritte Stundenkerze bildet ein höheres Tief und ein höheres Hoch aus (Abbildung 176). Der Schlusskurs notiert zwischen dem 61,8 %- und 78,6 %-Retracement. Damit sollte das 78,6 %-Retracement auch erreicht werden. Der Stop-Sell wird erneut knapp unter das höhere Tief nachgezogen, der Stop-Loss wird knapp über das neue Hoch nachgezogen.

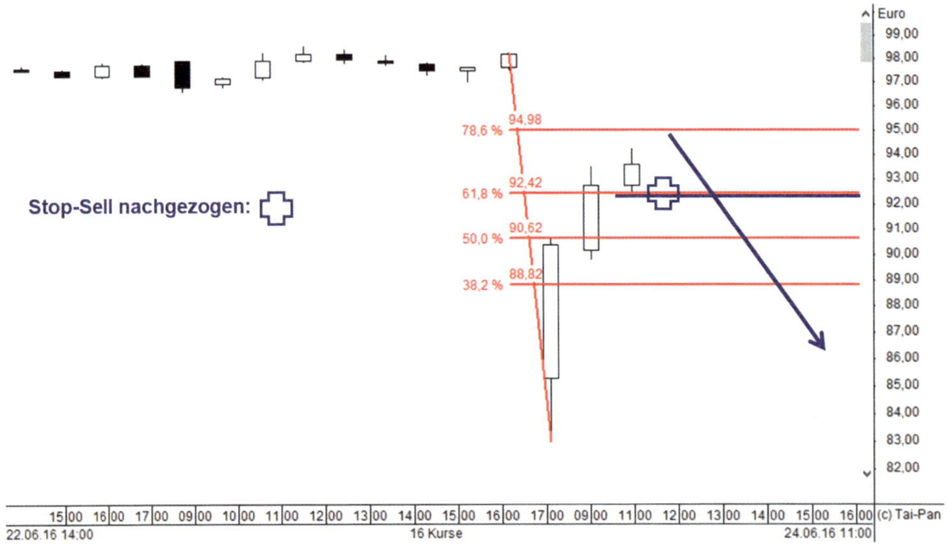

Abbildung 176: Traders Trick die Vierte

Auch die vierte Handelsstunde endet mit einem höheren Tief und einem höheren Hoch (Abbildung 177). Der Stop-Sell wird erneut knapp unter das höhere Tief nachgezogen, der Stop-Loss wird knapp über das neue Hoch nachgezogen.

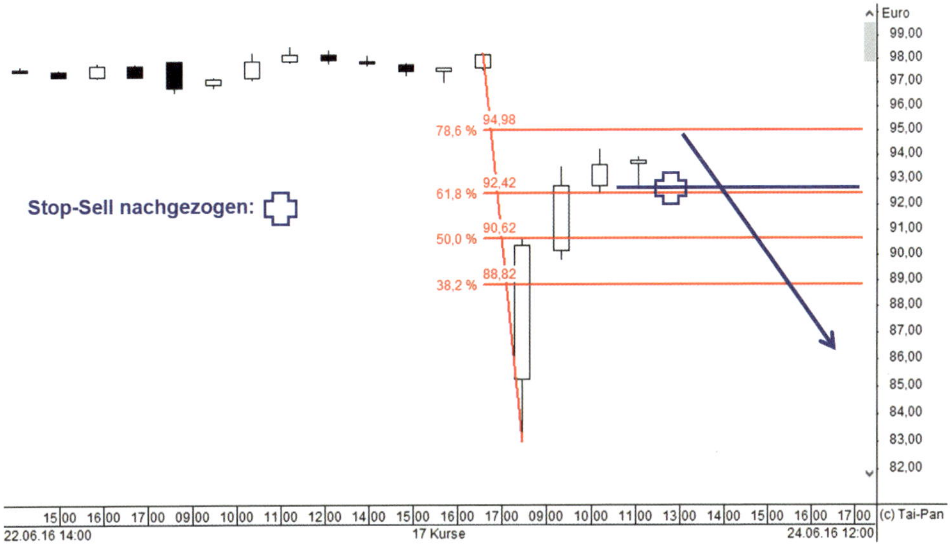

Abbildung 177: Traders Trick die Fünfte

Gleiches gilt für die fünfte Handelsstunde (Abbildung 178). Der Stop-Sell wird wieder um ein paar Eurocent nach oben nachgezogen, der Stop-Loss wird knapp über das neue Hoch nachgezogen.

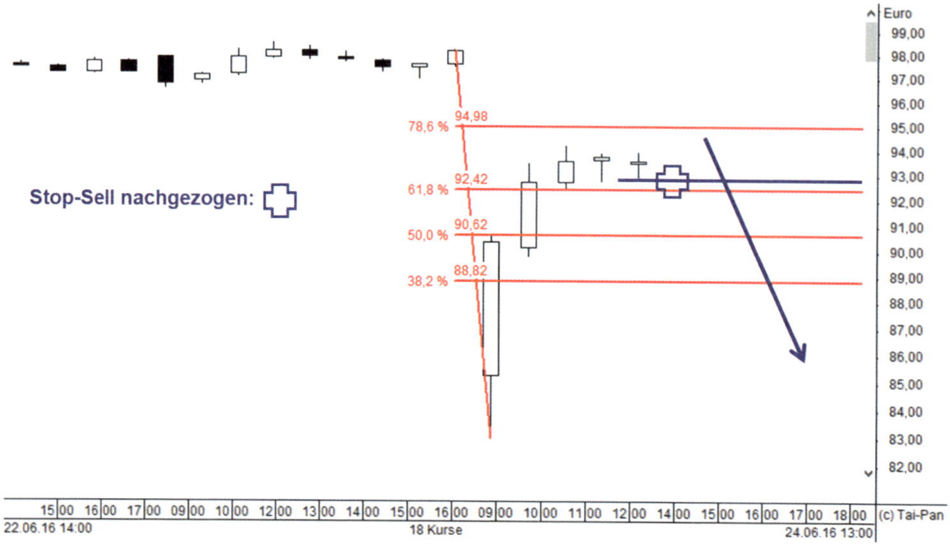

Abbildung 178: Traders Trick die Sechste

Keine Änderung nach der sechsten Handelsstunde (Abbildung 179). Der Stop-Sell wird erneut knapp unter das höhere Tief nachgezogen, der Stop-Loss wird knapp über das neue Hoch nachgezogen.

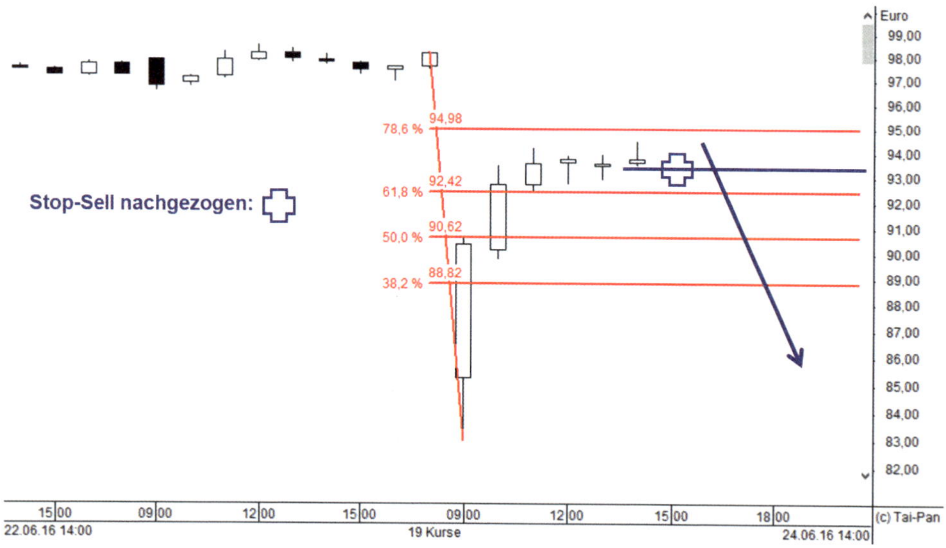

Abbildung 179: Traders Trick die Siebte

Keine Änderung auch nach der siebten Handelsstunde (Abbildung 180), aber das 78,6 % (= 94,98 €)-Retracement wurde mit dem Stunden-Hoch (= 94,92 €) fast erreicht. Der Stop-Sell wird erneut um ein paar Eurocent knapp unter das letzte Tief nachgezogen, der Stop-Loss wird knapp über das neue Hoch nachgezogen.

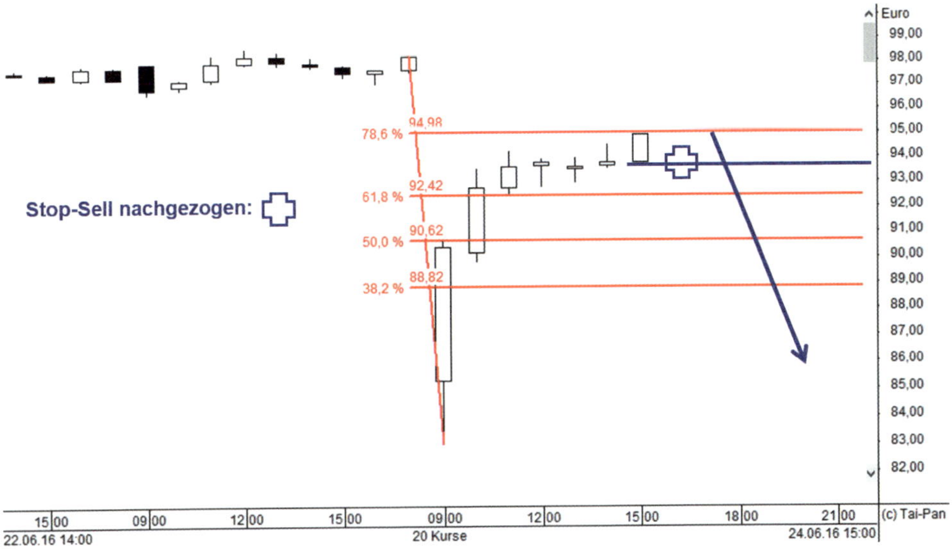

Abbildung 180: Traders Trick die Achte

Das Hoch der achten Handelsstunde (= 95,16 €) hat das 78,6 %-Retracement um 18 € Cent überschritten. Und das Tief der achten Handelsstunde hat den Stop-Sell getriggert, wir sind nun short in der Aktie der Hannover Rück (Abbildung 181). Mit der Stop-Sell-Order wurde der per »If done« verknüpfte Stop-Loss knapp über das Hoch der achten Handelsstunde ebenfalls ausgelöst.

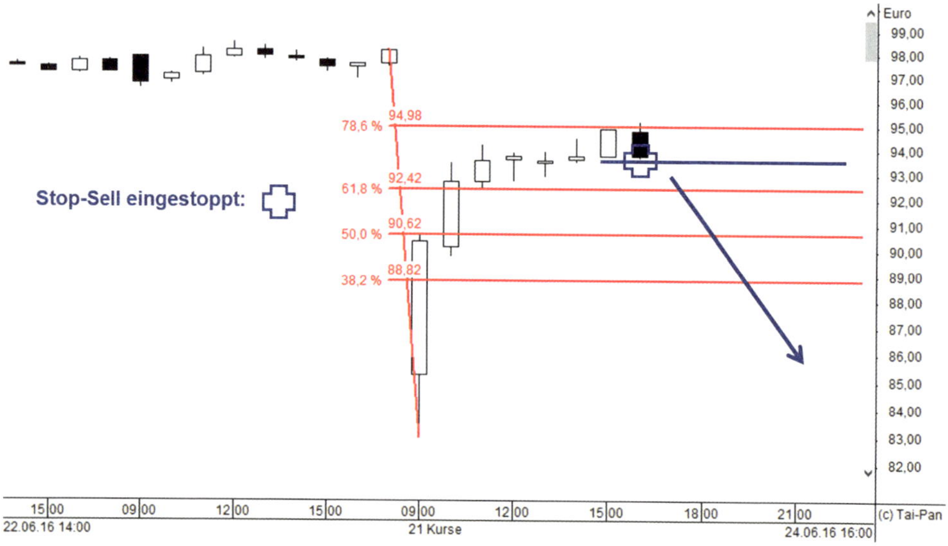

Abbildung 181: Traders Trick die Neunte

Die Grundüberlegung bei dieser Aktion war, dass die Aufwärtsbewegung korrektiv ist und die Hannover Rück die Abwärtsbewegung wieder aufnimmt. Über den *Traders Trick* konnten wir uns elegant in den Markt einstoppen lassen.

Es geht auch anschließend abwärts und die Position läuft in den Gewinn.

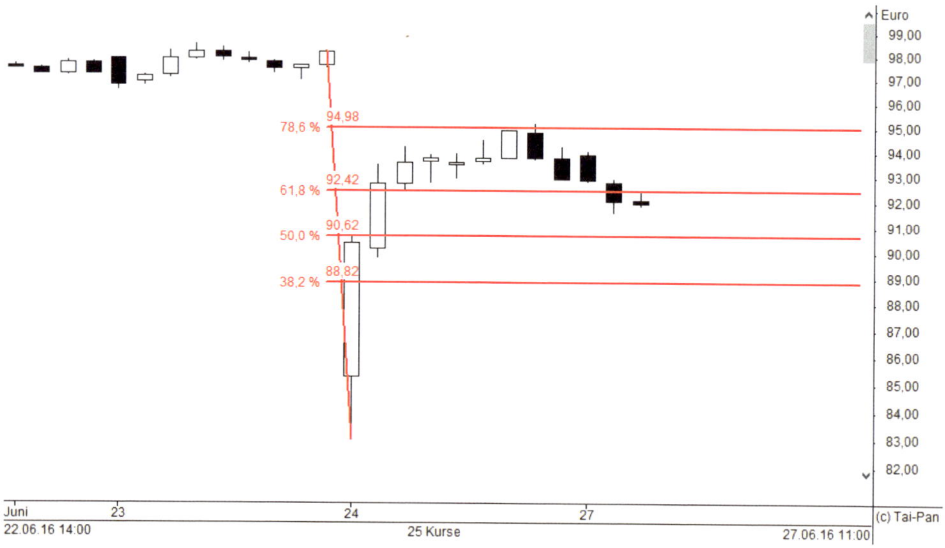

Abbildung 182: Traders Trick die Letzte

ANHANG VII – RUND UM DEN AUSSTIEG

Viele Trader richten ihr ganzes Augenmerk auf die Suche nach dem perfekten Einstieg und vernachlässigen den Ausstieg. Auf der anderen Seite gibt es von manchen Tradern die provozierende Aussage: Nicht der Einstieg ist wichtig, sondern der richtige Ausstieg.

Die Wahrheit liegt – wie so häufig – irgendwo dazwischen.

Keine Frage, der unbeliebteste Ausstieg ist der Stop-Loss, ganz besonders wenn die Position in den Initial-Stop läuft und im Verlust endet. Aber oberste Maxime ist immer der Kapitalerhalt, deshalb geht es nicht ohne Stop-Loss, auch wenn es psychologisch schwierig ist, sich von Verlustpositionen möglichst früh zu trennen.

Besser ist natürlich der geplante Ausstieg, wenn die Position – ohne vorher ausgestoppt zu werden – in den Gewinn läuft und die Take Profits abgeholt werden. Läuft der Kurs nach Erreichen des Take Profit weiter, dann ist es wichtig, sich nicht zu ärgern, wenn die Position bereits geschlossen ist. Denn das eigentliche Ziel wurde erreicht: Die Position wurde im Gewinn und entsprechend den eigenen Handelsregeln geschlossen. Das ist ein fachlich sauberer Gewinn (ab Seite 316).

Ambitionierte Kursziele können erreicht werden:

- Wenn Sie eine Position **in Richtung des übergeordneten Trends** eröffnen. Dann können Sie mit großer Wahrscheinlichkeit davon ausgehen, dass auch höhere Fibonacci-Ziele, dem jeweiligen Pattern entsprechend (siehe Seite 78), erreicht werden.
- Wenn **Gaps**, vor allen Dingen Ausbruchs- und Fortsetzungslücken, auftreten.
- Wenn lange Kerzen, sogenannte **Wide Range Bars**, in der Gewinnstrecke ausgebildet werden. Auch die sind Anzeichen dafür, dass die Bewegung impulsiven Charakter hat.

- Wenn **keine Divergenzen** zwischen dem Preis und einem Indikator, wie beispielsweise MACD oder RSI, ausgebildet werden.

- Wenn **Schlusskurse deutlich jenseits eines Fibonacci-Levels** ausgebildet werden. In der Regel wird dann auch das nächste Fibonacci-Level abgeholt.

- Wenn Sie einen **Anstieg des Volumens** während der impulsiven Bewegung sehen.

Konservative Kursziele sollten Sie im Blick haben:

- Wenn Sie eine Position **entgegen der Richtung des übergeordneten Trends** eingehen. In diesem Fall handeln Sie eine Korrektur und da empfiehlt es sich eben, die konservativeren Kursziele als Take Profit, entsprechend dem jeweiligen Pattern (siehe Seite 78), zu verwenden.

- Wenn **nur kleine Kerzchen**, die mal schwarz und mal weiß sind, ausgebildet werden. Denn auch das ist ein Anzeichen dafür, dass es sich um eine korrektive Bewegung handelt.

- Wenn mit einem Indikator **Divergenzen** ausgebildet werden.

- Wenn die **Bewegung nicht volumengetragen** ist.

- Wenn die **Handelszeit keine großen Bewegungen erwarten lässt**. Werfen Sie ab und zu mal einen Blick auf die Uhr. Beim deutschen Markt sollten Sie nach 18 Uhr nicht unbedingt mit kräftigen Marktbewegungen rechnen.

So eine Position muss nicht auf einmal geschlossen werden. Ist die Position teilbar, dann kann die Methode des **Scale out** verwendet werden, bei der immer Teilpositionen geschlossen werden.

Sie sollten auch immer im Hinterkopf behalten, dass bei Patterns die Gewinnziele in der Regel rasch erreicht werden – nachdem die PRZ ausgebildet wurde.

Sollte die Bewegung der Gewinnstrecke ins Stocken kommen, oder – als Daumenregel – zeitlich länger andauern als $\overline{CD}$, dann sollten Sie über ein vorzeitiges Schließen der Position nachdenken oder aber zumindest den Stop in den Gewinn nachziehen.

Trades klassifizieren

Ist der Trade beendet, dann sollten Sie diesen im Trading-Journal dokumentieren und auch klassifizieren:

Sie können Ihre Trades mit einem ganz einfachen System klassifizieren. Im Ihrem Trading-Journal können Sie den entsprechenden Smiley verwenden:

- ☺: Fachlich sauberer Gewinn: An den Trading-Plan gehalten und alles perfekt gelaufen! Der perfekte Gewinn-Trade.
- 😐: Fachlich sauberer Verlust: Auch hier an den Trading-Plan gehalten – aber Position im Verlust geschlossen.
- ☹: Fachlich unsauberer Verlust: Nicht an den Trading-Plan gehalten und Position im Verlust geschlossen. In diese Kategorie gehören Trades, bei denen Sie sich zum Beispiel nicht an Ihre Einstiegsregeln gehalten haben. Oder Sie haben sich bei der Berechnung der Positionsgröße nicht an Ihre Regeln gehalten, weil Sie geglaubt haben, das wird *der* Trade. Oder Sie haben den Stop entgegen der Gewinnrichtung verschoben.
- 💣 Fachlich unsauberer Gewinn: So gar nicht an den Trading-Plan gehalten – und trotzdem Gewinn gemacht! Das sind die *schlimmsten* Trades, denn wenn die zur Gewohnheit werden, dann ist irgendwann das Konto leer – versprochen!

Wenn Sie dann nur noch ☺ und 😐 Trades in Ihrem Trading-Journal haben, dann sind Sie auf dem Weg zum erfolgreichen Trader!

FAZIT

Die Grundlagen für das Pattern-Trading sind bereits ungefähr ein Jahrhundert alt, wurden also in einer Zeit entwickelt, als es nur handgezeichnete Charts gab. Der PC, so wie wir ihn kennen, wurde 1981 auf den Markt gebracht. Pattern-Trading erfordert ein geübtes Auge, es werden nur die Kursbewegungen, das heißt die Price-Action, analysiert. Zu einer schlichten Zeichnung aus einem Trading-Buch von 1935 wurden Ende des letzten Jahrtausends Fibonacci-Ratios hinzugefügt und die *harmonischen* Patterns, waren geboren; erster Vertreter seiner Gattung war das Gartley 222. Seitdem wurden viele harmonische Patterns entdeckt und beschrieben, die von »häufig« bis »sehr selten« in allen Märkten und allen Zeitebenen ausgebildet werden. Pattern-Trading ist nicht nur etwas für den Intraday-Trader – insbesondere in den höheren Zeitebenen ab dem 4-Stunden-Chart fühlen sich auch die berufstätigen Trader wohl.

Die beiden Basis-Patterns, das *ABC Pattern* und das *ABCD Pattern*, haben wir in aller Ausführlichkeit behandelt, denn bereits diese Patterns können Sie in Ihr Trading gewinnbringend integrieren.

Wir haben Ihnen die Evolution von den beiden Basis-Patterns hin zu den harmonischen Patterns mit fünf Punkten und vier Segmenten erklärt und detailliert aufgezeichnet. In Abbildung 183 sehen Sie einen Überblick über die neun bullishen Varianten und in Abbildung 184 die neun bearishen Varianten, jeweils mit den Fibonacci-Ratios.

Mit der Matrix haben wir Ihnen ein Werkzeug präsentiert, mit dem Sie das sich entwickelnde Pattern frühzeitig und eindeutig identifizieren können. Sie haben dann ausreichend Zeit, **den Trade zu planen**:

- den Einstieg festzulegen,
- den Stop-Loss zu platzieren und
- die Take Profits zu berechnen.

Und weil Sie dafür ausreichend Zeit haben, können Sie Ihre Trades immer im Einklang mit Ihrer Kontogröße und Ihrem persönlichen Risiko- und Moneymanagement planen. Den Trade und die Positionsgröße können Sie im Voraus so kalkulieren, dass Sie im Falle eines Verlusttrades nicht das Konto ruinieren.

Wir haben Ihnen bei allen neun harmonischen Patterns, die wir Ihnen in diesem Buch vorgestellt haben, jeden einzelnen Schritt – von der Planung des Trades und seiner Ausführung bis zum Management – mit unserem Schema F detailliert beschrieben, immer mit einer Schema-Zeichnung und einem echten Chart-Beispiel in bullisher und bearisher Variante. Mit dem **Schema F** wird das Pattern

identifiziert,

prognostiziert,

entschieden und

ausgeführt.

Sofern Sie sich an die vorgeschlagene Vorgehensweise halten, gehen Sie keinen Trade mehr »einfach mal so«, kopflos, sinnlos und planlos ein.

Sicher, man muss sein Auge trainieren, um harmonische Patterns im Chart zu erkennen. Aber mit etwas Übung haben Sie das bald drauf. Sie können sich das Aufspüren von Patterns erleichtern, indem Sie Swing-Highs und Swing-Lows und kleinere Zwischenhochs und Zwischentiefs im Chart markieren. Das geht manuell – oder mit einem ZigZag-Indikator. Und ja, es gibt auch schon »Pattern-Erkennungs-Software« – aber bevor Sie dafür viel Geld investieren, testen Sie die Software ausgiebig. Für uns waren die Ergebnisse bislang eher enttäuschend.

Zur Abrundung Ihres Strategie-Portfolios haben wir Ihnen dann sechs exotische Patterns vorgestellt.

Last but not least haben wir auf diverse Methoden der technischen Analyse verwiesen, auf die wir uns immer wieder beim Pattern-Trading beziehen, und sie Ihnen deshalb als separate Anhänge in aller Kürze vorgestellt:

1. Dow-Theorie

2. Fibonacci

3. Elliott-Waves

4. Candlesticks

5. Einstiegsvarianten

6. Tipps rund um den Ausstieg

Wir wünschen Ihnen viele erfolgreiche Pattern-Trades!

Karin Roller und Stephanie Eismann

PS: Trotz des Ihnen vorgestellten »Dead Cat Bounce«-Patterns kam weder Samira (4 Jahre) von Stephanie noch Schnurri (15 Jahre) von Karin zu Schaden. Beide Stubentiger erfreuen sich bester Gesundheit!

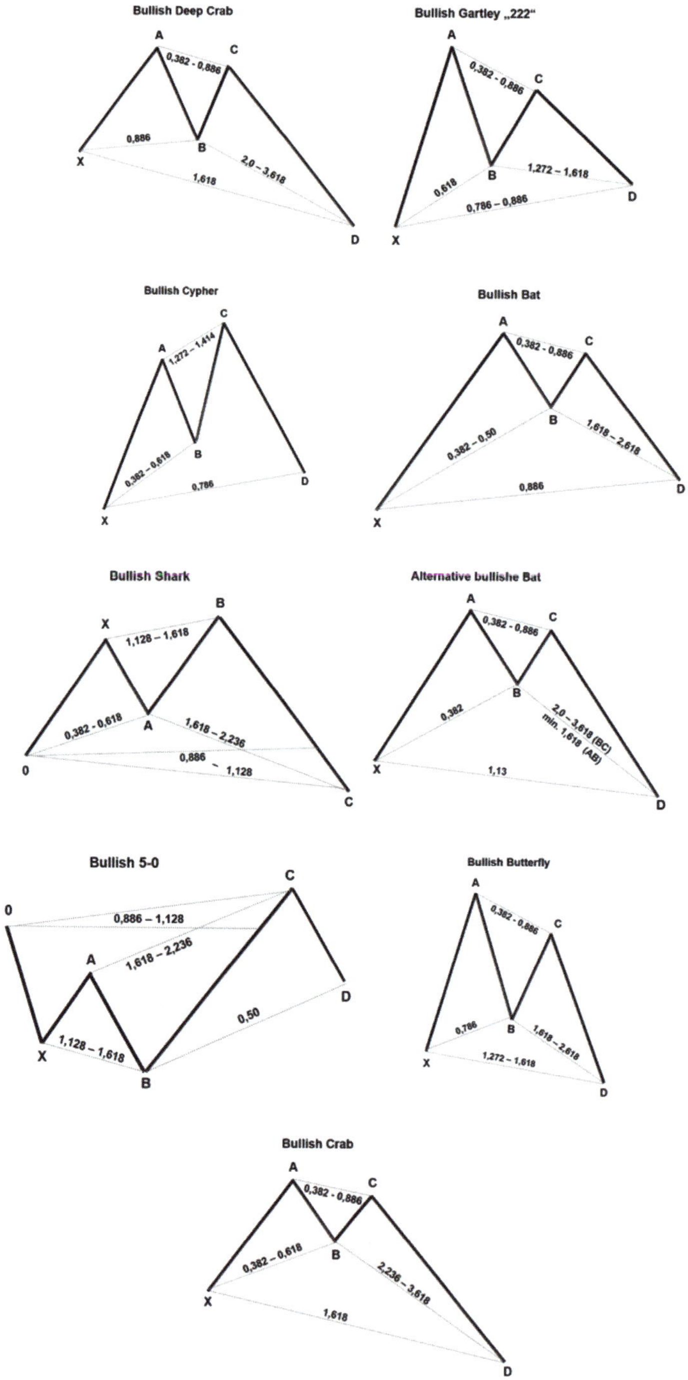

Abbildung 183: Pattern-Tour, bullishe Varianten mit Fibonacci-Ratios

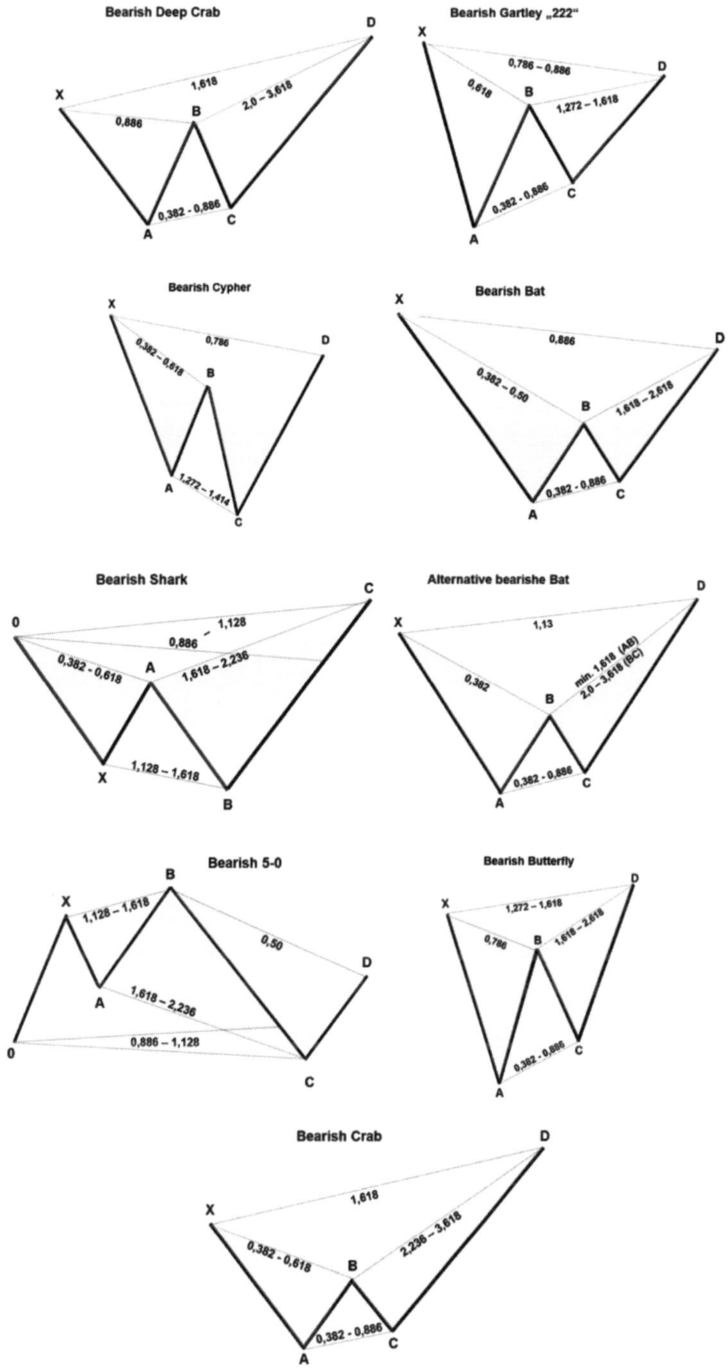

Abbildung 184: Pattern-Tour, bearishe Varianten mit Fibonacci-Ratios

	B Retracement $\overline{XA}$	**C Retracement $\overline{AB}$**	**D Extension $\overline{BC}$**	**D Retracement $\overline{XA}$**	**D Projektion $\overline{AB}$**
Gartley	0,618	0,382 – 0,886	1,272 – 1,618	0,786 – 0,886	
Bat	0,382 – 0,5	0,382 – 0,886	1,618 – 2,618	0,886	
Alternatives Bat	max. 0,382	0,382 – 0,886	2,0 – 3,618	1,128	mind. 1,618
Butterfly	0,786	0,382 – 0,886	1,618 – 2,618	1,276 – 1,618	
Crab	0,382 – 0,618	0,382 – 0,886	2,236 – 3,618	1,618	
Deep Crab	0,886	0,382 – 0,886	2,0 – 3,618	1,618	
Cypher	0,382 – 0,618	1,272 – 1,414 ($\overline{XA}$)		0,786 ($\overline{XC}$)	
	A Retracement $\overline{0X}$	**B Extension $\overline{XA}$**	**C Extension $\overline{AB}$**	**C Retracement $\overline{0B}$**	**D Retrace-ment $\overline{BC}$**
Shark	0,382 – 0,618	1,128 – 1,618	1,618 – 2,236	0,886 – 1,128	
5-0	0,382 – 0,618	1,128 – 1,618	1,618 – 2,236	0,886 – 1,128	0,5

Matrix 12: Die Fibonacci-Ratios in einer Tabelle zusammengefasst

ÜBER DIE AUTORINNEN

© privat

Karin Roller ist Traderin, Autorin und geprüfte Börsenhändlerin, langjähriges Vorstandsmitglied der VTAD e.V. und Regionalmanagerin der Stuttgarter Gruppe, und war langjähriges Board Member der IFTA (International Federation of Technical Analysts, www.ifta.org). Als CFTe® (Certified Financial Technician by IFTA) und Ausbilderin ist sie mit praktisch allen Methoden der technischen Analyse vertraut. Sie ist Autorin der Bücher *Zielgerichtet traden mit Fibonacci, Trading für Dummies*, welches in der Dummies-Reihe des Wiley Verlag erschienen ist, sowie *Ichimoku-Trading: Besser traden mit der Wolkenchart-Indikatorentechnik*, erschienen im FinanzBuch Verlag.

© Jana Hauschild-Dvořáková

Stephanie Eismann – vom Humanmedizinstudium direkt ins Börsengeschehen 2004, also echte Quereinsteigerin, Certified Financial Technician (CFTe), langjährige Regionalmanagerin der VTAD Freiburg, verliebt in harmonische Patterns. Immer auf der Suche, was rechts vom Chart kommt, sonst gerne hoch hinaus aufs Belchen, süchtig nach Kaffee und Keksen, technikbegeistert und bekennende Katzenliebhaberin.

LITERATURVERZEICHNIS

Bulkowski, Thomas N., Enzyklopädie der Candlesticks, FinanzBuch Verlag

Bulkowski, Thomas N., Traden mit Chartformationen, FinanzBuch Verlag

Carney, Scott M., Harmonic Trading Volume 1, FT Press

Carney, Scott M., Harmonic Trading Volume 2, FT Press

Carney, Scott M., Harmonic Trading Volume 3, FT Press

Dudella, Suri, Trade Chart Patterns Like the Pros

Elliott, R. N., Nature's Law, Snowball Publishing

Elliott, R. N., The Wave Principle, Snowball Publishing

Gartley, H. M., Profits in the Stock Market, Lambert-Gann Publishing Co.

Murphy, John J., Technische Analyse der Finanzmärkte, FinanzBuch Verlag

Pesavento, Larry, Fibonacci Ratios with Pattern Recognition

Prechter, Robert; Frost, A. J., Das Elliott-Wellen-Prinzip, FinanzBuch Verlag

Ross, Joe, Aktien-Trading Band 1, Ross Trading 1999

Roller, Karin, Zielgerichtet traden mit Fibonacci, Deutscher Wirtschaftsbuch Verlag

Voigt, Michael, Das große Buch der Markttechnik, FinanzBuch Verlag

ABBILDUNGSVERZEICHNIS

Abbildung 24 + 40: Eigene Darstellung von der Zeichnung von H. M. Gartley aus seinem Buch *Profits in the Stock Market*, Seite 222

Alle anderen Grafiken sind selbst erstellt

Abbildung 119: Eigene Fotografie

Abbildung 120: shutterstock 635637533 + shutterstock 669968716

Alle Charts wurden mit TAI-PAN End-of-Day 17.0 von Lenz+Partner erstellt

Tabelle 1 + 2: Selbst erstellt

Matrix 1 – 12: Selbst erstellt

STICHWORTVERZEICHNIS